歴史の現在と地域学

歴史の現在と地域学

——現代中東への視角——

板垣雄三著

岩波書店

まえがき

一九七〇年代以後、日本社会は中東問題に翻弄され続けた。七三年の第一次石油危機。そこで高度成長の時代は終わる。やがて七八—七九年のイラン革命にともなう第二次石油危機。ついで八年に及ぶイラン・イラク戦争。そして九〇—九一年の湾岸戦争。日本社会は国際社会の中でその役割を深刻に問い詰められ、日本の進路の大転換がはじまった。

湾岸戦争の前後、中東問題の津波が世界中に覆いかぶさってくることになった。戦争の結末は、ソ連やユーゴスラビアの解体であり、中国からヨーロッパにまたがるイスラム世界の不気味な鳴動であった。人類は地球大に拡散した民族紛争・地域紛争の激発に直面する。この混沌は、近代世界の構造が一新されるまで続く混沌であるかもしれない。

世界のどこかで事件が起きるたびに、どう判断すべきか、もどかしい思いを味わう。世界はどうなっていくのか、不安な気持ちをぬぐえない。このように感じている人は多いだろう。この時代を生き抜いていくためには、世界の諸地域・諸民族に関する的確な知識が必要である。これまで見向きもしなかったような場所を含めて、世界のさまざまな地域の歴史と現状と趨勢に関する総合的な知識が求められている。自然環境・生態・資源から社会・文化・心性にわたる全般的な地域認識を構築しようとする学問、それは地域研究と呼ばれる。地域研究こそ、世界的激動に身を処すための指針を与えるものであり、紛争を克服して理解と協力のネットワークを張りめぐらす土台であり、世界の未来を目指す文化創造のもっとも確かな基盤なのである。

ひろく世界諸地域のおのおのに目をくばるこのような総合的地域研究は、さらに地球大的視野をもつ総合化へと展開していくべきである。それは、長期的展望と持続力とをもった基礎研究として推進されなければならない。そのためには、着実な学問的手続きにもとづき現地に密着した研究と交流の中で得られる膨大な情報をストックし、これを適切に処理・利用する開かれた態勢が必要だが、それと同時に、組織的で効率的な共同研究を大規模に、かつ幾重にもコーディネートして、成果を蓄積・活用していける学術的センターが不可欠であろう。近代世界の秩序づくりにかかわった国家は、ロンドンの大英博物館やパリの国立図書館連合《ビブリオテーク・ナシオナル》のように、その時代時代の世界の総合「地域研究」の水準を示す巨大な根拠地をつくり出した。新しい世界に向かって、日本はこれから新しいやり方で人類に貢献できる学術拠点を築くことができるだろうか。

これまで私は、中東およびイスラム世界を中心として、地域研究をいかに前進させるかという課題に取り組んできた。そこで、大学を卒業してからこれまで四〇年間の私の研究者としての生活は、当然のことながら、共同研究をさまざまな場に形成し運営するという仕事にもっぱら捧げられてきた、といってもよい。それは、仲間うちの数人程度の小規模のものから、参加者数百人、数年間の研究プロジェクトといった大規模なものまで、しかも国際的にもいろいろな組み合わせで、おこなわれてきた。この経験は、いずれなんらかの形で、ぜひとも整理してみたいと考えている。しかしこの間、私は、地域研究とは何か、その方法論は？　それはどのように組織されるべきか、そしてそもそも「地域」をどう把握するか、「地域学」というものはありうるのか、といった問題のまわりを旋回しながら考え続けてきたのであった。

中東とは異常に不思議な地域で、それはつねに限りなく世界化する過程の中でしか捉えられない。中東の問題はたえずグローバル化し、また中東の内側にたえず世界が埋めこまれる。聖地エルサレムは中東域内の問題ではありえない。十字軍やモンゴルを抜きにして中東の歴史は語れない。パレスチナ問題は東欧・ロシアや米国のユダヤ人問題と切り離しては論じられない。中東は中国・東南アジア・インド亜大陸・中央アジア・アフリカなどのイスラム教徒の動向と連動している。メッカの聖モスクに反乱者が立てこもれば、それはサウジアラビアの事件ではないのである。中東研究者などではないだれもが中東に突き当たって思案しなければならないように、中東研究者は逆にいつも中東を越え出なければならない。越境と組み換えと変身を迫られる中で中東を考えている中東地域研究者は、地域学一般に対するなにがしかの考案を提示してみるべき立場にあるのではないか。

こんな思いから、これまで私が発表してきた仕事のいくつかを材料にして、地域学に関する私自身の考え方の輪郭を描いてみようとしたのが本書である。ここでは、おのずと「民族」とは何か、という問題についても見解をのべることになっている。地域や民族をめぐる議論は、抽象論だけではほとんど意味をなさない。私としては、中東の地域研究を素材にしながら、あるいは中東研究者としての立脚点から、また私の中東研究の軌跡によって、地域学への寄与を試みようとした。さきにのべた中東という地域の特質がそこで十分活かされているかどうか、それは読者の批評を待つばかりである。

そのようなわけで、本書はけっしてひとまとまりの「中東地域論概説」というようなものではない。そのためには、もっと別の仕事を選んで別の組み立て方をすべきだっただろう。しかし本書は、私の中東研究の歩みの一断面を示すものにはなっている。ここに選び出した仕事は、いずれも、「地域」という問題に熱した思いを寄せながら、いわゆる中東研究者あるいはイスラム研究者ばかりではない研究者たちともひろく協力し合おうとする共同研究作業の動機づけや企画立案や経営方針や果実評定とかかわりあっている。それらを映し出すものとして、私の使いだした概念装置は、本書の中では思いつく限り〈 〉の記号で示してみた。これも地域学の構築に向かって進もうとする姿勢のあらわれと受け取っていただきたい。

つぎに、同様に、書物のタイトルの一部となっている「歴史の現在」についても、その趣旨を説明しておきたい。本書に収められた仕事は、一九五六年から九一年にわたる期間に書かれたものである。最近、私は一九六七年から二五年間にパレスチナ問題、中東和平問題について発表した論説から選定したものを、本書とは別の一冊の本としてまとめた(『石の叫びに耳を澄ます――中東和平の探索』平凡社、一九九二年七月刊)。そこでは、時の流れの中での視点の移り変わりを示すことによってパレスチナ問題の展開を語りたい、という意図を働かせていた。だが本書では、採録されたものが、時期や読者対象は異なれ、いずれも、その時々のいちじるしくアクチュアルな関心から、つまり「歴史の現在」となんとか格闘しようとして、書かれたものだ、という共通性に読者が着目してくださることを希望している。

私は『講座・日本歴史』第一三巻「歴史における現在」(東京大学出版会、一九八五年一一月刊)の序文で、「歴史の現在」について、ことに「われわれにとっての現在」について、考えをのべた。宇宙観、物質観、生命観、自然観、人間観が揺り動かされる特異な現在が、いま、最初にも触れたように、さらに切迫的に特異な世界史の転換点、いやむしろ人類史の分水嶺としても、見えはじめている。一般に、現在は、積もり積もった歴史総体の切り口であるとともに未来の開口部であり、過去の帰結であり決算であるとともに将来への可能性のカードが積まれた「場」としてある。現在は、目まぐるしく過去に転化しつつ未来を実現することによって、過去と未来とがそこに統一されるのである。イスラム教徒は一瞬一瞬が神によって創られるというように考える。いくら先端技術がフェムト秒(千兆分の一秒)の操作や計測を達成するとしても、である。将来予測の作業において、過去の観測結果の規則性・傾向性から推論する探索的手法と将来のニーズや達成目標から設計をおこなう規範的手法とを結合させ、蓋然性と目的との間でフィードバックを繰り返しながら、複数のシナリオを描きあげるという方法がとられるように、歴史と未来とは交錯的に、相補的に、相互規定的に関係づけられる。歴史から未来を構築するのは、逆に進む時間をマネージして、遠未来から近未来へと「未来史」をデザインすることでもあるのだ。デザイン構築のために招かれる場、それが「地域」なのであろう。それは、個人の足元から宇宙空間まで伸び縮みするだろう。

地域研究は、いやおうなく、このような「歴史の現在」と向き合うことを運命づけられている。なぜ「地域」を総体として理解しなければならないのか。なぜ「自分たちにとっての世界」を知らなければならないのか。それは、過去と未来の緊張という瞬間瞬間をそれぞれに「特異」な「現在」として主体的に生きようとする人間の営為であり、時の流れの中にある「世界」を認識し摑みなおそうとする人間の願望なのである。

ありていに言えば、本書のとりまとめを強く勧めてくださったのは松嶋秀三氏だったが、同氏が定年で岩波書店を退かれるまえには、私は他の仕事にかまけて、本書のために働くチャンスを逸してばかりいた。一九九一年春、研究者仲間として見るに見かねた三浦徹、栗田禎子両氏が本書の構成プランの土台をつくるという労をとってくださった。これに励まされ、怠惰な私もようやく動きはじめた次第である。働きだしてみると、いまの世界にあって、歴史の現在に身をさらしつつ地域学を求めるべき機は十分に熟した、という感慨ひとしおであった。実現に向かっては、岩波書店編集部の新村恭氏に種々ご苦心いただいた。これらの人びとに、お詫びとともに、心からの感謝をささげる。

一九九二年八月

板垣雄三

目　次

I

〈地域〉を組み換えて生きる

一　アンドロメダ星雲状の〈地域〉

◆シリーズ〈世界史への問い〉第八巻『歴史のなかの地域』(岩波書店、一九九〇年一二月刊)の「序章」の一部分。同年八月のイラクのクウェート侵攻にともなう湾岸危機が抜き差しならぬものとなっていく緊張のもとで書かれた。日本を含めて世界中が激浪に見舞われ、事態は国連の名によるイラク武力制裁へと進んでいく。

地域のホラーキー

「地域」という語は、さまざまな使われ方をする。

地域住民、地域社会、地域生活というような場合の「地域」は、近頃ときに片仮名で「コミュニティ」などとも表現される近隣社会(ネイバーフッド)、つまり町内会・自治会レベルの区域のことか、あるいは、せいぜい市町村といった地方自治のやや小さな単位をさすのが、普通である。地域冷暖房などにいたっては、「地域」を都市の一区画(ディストリクト)に押し込める。ところが、地域開発となると、その「地域」の範囲はやや広くなって、ときには県レベルか、またはいくつかの県にまたがる場合さえも出てくる。しかし、地域統合とか地域協力機構とか地域研究(エリア・スタディーズ)とかいうときの「地域」は、今度は一挙にいくつもの国をくくり込むような規模、あるいは一つの大陸・大洋を包み込むほどの圏域にまで、拡張するのだ。欧州合衆国構想や米州機構や東南アジア地域研究などをさす場合のように。地域主義(リージョナリズム)が、ECとか北米とか環太平洋といった広域ブロックについて問題とされるのも、同様である。

そこで、「地域」といっても、いろいろなレベルがあることが分かる。誰であれ、「私」にとっての「地域」というものを考えてみれば、それは同心円的に膨張したり収縮したり、また渦巻き状にかさなり合っていたりするのである。「私」が生きている場、「私」の生活が埋め込まれている世界、「私」が関心をもち関与したいと思っている問題空間、これらは層状構造をもっていて、時とともに、また状況に応じて、伸び縮みする。あるいは、もっと自由なアメーバ運動で、ある局面に突出するといった変幻自在の挙動を呈しもする。その拡がりはどこで切れても、それ自体が完結的・自律的な意味をもち、しかもその切片は同時にたえず有機的な全体構造に向かって連結していく。

たとえば通勤電車の中で新聞を読んでいて、プロ野球の試合結果に興味を抱いている「私」と中東湾岸危機や米国経済のゆくえに関心をもっている「私」とが、ひとりのなま身の人間として統合されているのは、「私」が「私」の「諸」地域を跳びはねているということなのだ。純粋に個人的なプライバシーの世界から、「私」に呼びかけたり「私」を翻弄したりする地球政治の世界まで、「私」の地域は拡がり振動しているのではないか。

アーサー・ケストラーは、ギリシア語のホロス(全体)から造語して、全体子とか全体素といった語感をもつ「ホロン」(サブホール＝亜全体)という概念を提起した(一九七八年、『ヤヌス(邦訳名ホロン革命)』(田中三彦・吉岡佳子訳、工作舎、一九八三年)。一九六七年、『機械のなかの幽霊』(日高敏隆・長野敬訳、ペリカン社、一九六九年))。上位の生物体に対しては「部分」として従属している器官(臓器)やそれを構成する細胞が、さらに下位の構成要素(リボソームやミトコンドリアなど細胞内小器官、そしてまた細胞内小器官の構成要素はさらに分子、原子、素粒子、……とレベルを下降する)に向かっては独立の自律的な「全体」として成り立っている、という有機体のマルチレベル・ヒエラルキーのヒントから、それは生み出された。

ホロンは「部分」と「全体」という両極性を体現する二面神ヤヌス的実在で、世界の一般原理をシステム論的に把握する鍵となる、と言うのである。そして、絶対的な意味での「部分」や「全体」なるものは、生物の領域にも、社会組織にも、あるいは宇宙全体にも、まったく存在しない、とする。極微から極大まであらゆるレベルで、自己主張的全体と自己超越的部分とが、かならずどこでも背中合わせに存在しているホラーキー構造、つまりどこで区切っても統合性とともに全体性が宿ってしまっているようなホロンの層状ヒエラルキーを認識すべきだ、とケストラーは言う。この考え方を応用すると、すでに述べた「私」にとっての「地域」も、やはりホラーキー構造をもっている、と言えるだろう。

筆者は、むかし、「n地域」という作業モデルを工夫して、提案してみたことがあった。埋め込まれた差別体制の重層構造を拡大的に再生産する力(P)に抵抗して、差別の克服と連帯の獲得をめざす民族運動(Q)が生じ、つぎにこれへの対応的・対抗的なクサビとして打ち込まれることになる政治的・イデオロギー的組織化としての民族主義(R)がQと拮抗することにより、P×R対Qという抗争が展開する場として表現されるn地域が、そこでは考えられていた。

n地域は一般モデルなので、たとえば、一九世紀末の「日本と朝鮮とにまたがる地域の中の一部分としての沖縄」にそれを設定してみるというように、それは可変的で、置き換え可能であるが、それだから、いかなるP×R対Qに即して、いかなるnを、問題にするのかが争点となる。また、その脈絡で、上記の沖縄にフィリピンや米国やハワイを加えた飛び地の集合を一地域nとして設定しなおすことが必要な場合も生じるだろう。そのうえで、さらにnを変換しつつ、この問題を、それが一小村落もしくは一地点(論理上、最小の地域は個人)に収斂する場で観察することも、または人類的・地球大的規模に一挙に拡大して眺めなおすことも、可能なはずである。人間がさまざまな可能性をもったn地域に内在化し外在化しつつ生きるものだとすれば、思想史への新しい視野も開拓できよう。

要約すれば、以上のような趣旨の問題提起であった。それは、ホロンとしての地域、または地域のホラーキー、への視点に通じるものである。

獲得される地域

近年たかまってきた「地域」ないし「地域論」への社会的関心は、多分まちがいなく、多様なマルチレベルの「地域」を生きる人々の体験の中で、醱酵・醸成しているものなのだ。地域の多重化・多層化、そして驚異的な複合化と拡張、あるいは内省と緊張に満ちた縮小は、「都市化」とか「国際化」とか呼ばれる現象の中で促進されている。

それは、失われた「ふるさと」への単なる郷愁や立ち帰りを安易に許すようなものではない。ナショナリズムの情動を利用しようとする者も、失敗することになるだろう。交通手段の革命的変化の作用は大きい。情報通信技術の発達と資本の移動は、リアルタイムで結びあう「地域」というものの範囲を激変させてしまった。国家間のレベルでは、内政と外交の境目が不明瞭になり、経済・技術・文化などの面で多元的な相互依存関係がつよまった。多国籍企業、自治体、NGO(非政府間機構)などが、それぞれのやり方でトランスナショナルな関係の網の目を拡げている。

住民自治や市民運動は、「ふるさと」から疎外され「ふるさと」にこだわる分だけ、おのずとそのネットワークを拡げ、国の内外で、課題の共通性を分かちあい連帯しあうあまたの飛び地群を共同地域化しつつある。フェミニズムの輪についても、与えられた社会的・地域的枠組を超えて、つながりを拡充しているようすが観察される。外国での環境破壊や人権抑圧などの実態に感覚をとぎすまし自分の問題として取り組もうとする人、あるいは第三世界での貧困や飢餓や難民化の問題に立ち向かう国際的ボランティア活動に参加する人は、みずからの帰属意識のボーダーレス化とホラーキー化を実践している人々だ。

現代世界の構造や秩序のツケともいえる地球環境問題が、日常の身辺のことと感じられるようになってきた。リモート・センシングの技術が進み、地球観測衛星や気象衛星が送ってくる画像は、知らず知らずのうちに人々の国土観・地域観を変貌させている。

日常の社会生活の場が急速に国際化して、行事やパフォーマンスとしての「草の根」国際交流どころか、生活そのものとしての国際摩擦や国際的相互浸透がはげしく展開しはじめた。もともと「日本人」だけのものではなかった日本社会ではあるが、それはいま多国籍化を開始し、多民族接触をあらたに経験しようとしている。身のまわりに、バングラデシュ人がいたり、中国人がいたり、エジプト人がいたりする、といった状況、そしてその人たちの抱えている問題(日本で、また自国で)に首を突っ込み、相互に介入し合う事態が発生する、といった状況は、個人の社会生活の内面にいやおうなく「地域」の多様なレベル間遷移が起こりはじめていることを、実感させるのだ。

バグダードのホテルの厨房《ちゅうぼう》で働いていたフィリピン人の若者は、かねを稼いだらまた日本に舞い戻り、日本で働いている母親に合流するのだと言って、S県の地理を反芻していた。彼は、ルソン中部とイラクと日本という三角形を結ぶ「地域」に生きようとしていた。その後の彼の運命は分からない。だが、第三世界のこのような人々が、もっとも精力的に、「地域」の組み換えと創出を企て実行しているのだ、と言えよう。そして、彼らの問題提起が、日本社会内部での意識と現実の変化を刺激し、それと交感し合うのである。

こうして、「地域」は、単に所与の固定した地理的・空間的範囲としてではなく、また「地方」的地域としてでもなく、人間とその集団の活動が主体として埋め込まれることによって実現し獲得されるような、しかも多重の伸び縮みする場として、問題化する。

このようにして実現し、獲得され、しかも選び分けられる「地域」というものは、個人や集団の〈アイデンティティ複合〉と深く関わり合っている。ある地域をわがものとして、その地域に生きる、ということは、すなわち、自分が、あるいは自分たちが何者であるかを「決める」ことであり、それは、みずからのあり方とその問題性とを主体的に「選びとる」ことなのである。さきに述べたn地域の問題設定に即して言えば、いかなるP×R対Qの対抗関係を、自分の、あるいは自分たちの主要な、あるいは基本的な問題状況として「確認する」のか、そしていかにその認識に賭けるのか、ということになろう。

要するに、これは、世界全体を見渡してみて、人々がおのずと安住していられる地域(生活圏、生活世界)をもつことができなくなった、ということと関係している。ある程度の自己完結性とまとまりをもつ生活世界は、むろん、歴史的には、もろもろの規模とレベルで多様に存在した。帝国的編成の国家をとり出すこともできるし、孤立した集落に着目することもできる。安住とは言っても、土地に、むしろ地片にしがみ付く安住もあれば、草原・砂漠を、あるいは海を、移動する安住もあった。そして、外敵または権力の侵入や略奪・殺戮などの不安は、もちろん、いつもつきまとっていた。さらに、ある程度の自己完結性とは言っても、それはいろいろなレベルの境界領域において商業交易がもたらす開放性と裏腹だったことは、言うまでもない。

しかし、近代世界の形成とは、上記のような意味で「人々がおのずと安住していられた地域」を打ちこわし、再編成することであった。生活の場の拡がりは、いびつな重層構造につくり変えられていった。従属や収奪の世界的システムが形を整えるにつれて、世界全体が、あらゆる次元と局面で、入り組んだ幾段階もの重合性を帯びるようになった。

ところが、その近代世界は、こんにち、民族紛争などの激烈なきしみを伴いつつ、あらたな転換をとげようとしている。第三の時代の開幕だ。すでに述べたように、近代的な国家体系を突き破り、国家と国境を越えて権力関係の規定性を掘り崩そうとする問題群が、発生してきた。錯綜する選択肢をまえにして動揺しながらアイデンティティを選り分ける個々人の行動の集合として、結集と自立に進もうとする諸集団が、世界各地で、みずからの形成と展開の場＝「地域」を求めて沸き立っている。分離独立も、地域統合も、エスニシティ(民族的摩擦・紛争)も、トランスナショナリズム(政府間関係の回路をはずした民間主導の横断的・斜め切り的連携)も、噴出する運動総体の中では、それぞれ限られた側面を表すにすぎない。だが、あらゆる場面で、「地域」は新規に「探求される」ものとなっているのである。ただし、この探求には第三の時代への経緯が色濃く反映している。歴史における自由と必然、規則と戦略のはざまで、「地域」は「探求される」のだ。

古来、歴史の認識と記述とは、歴史が問題とされる「場」すなわち「地域」を設定する要求と固く結びついていた。国史、国家史、帝国史、普遍史、世界史、人類史、また地方史、地域史、国民史、民族史などなど。現在の世界の課題状況は、歴史が必然性を与えてきた地域ホラーキーの中からどんな場(＝地域ホロン)の設定の仕方を選ぶのか、それによって有意味な全体がどのように透視できることになるのか、そもそも、その選択は、誰のために、またなんのために、することなのかを、苛酷に問うているのだろう。シンクロニシティ（同時性＝非因果的な連結）の診断の次元で見えてくるハイパースペース（超空間）的地域への歴史的眺望、たとえば、相互に遠く離れた無関係の数人の人物ないし数件の出来事が形づくる精神史なども、新しい課題になりつつあるのではないか。

二　民族と民主主義

◆『歴史における民族と民主主義(一九七三年度歴史学研究会大会報告)』(青木書店、一九七三年一一月刊)に収録された〔大会報告〕「民族と民主主義」。発表は七三年五月だったが、〈n地域〉の議論の骨子は六八年ごろにはすでに出来あがっていた。パレスチナ民族運動の主体性が国際政治の前面に躍り出ようとする時期だった。

要　約

ここでとりあげたい問題は以下の二点である。

(1)民族形成にかんして。その主体的側面を不当に軽視して客観的にのみこれを把える把え方を批判し、これを民衆の運動の発展過程に即して見なおすこと。

(2)民族主義にかんして。近代・現代史の問題としては、そしてことに現代のアジア・アフリカの諸運動については、これを帝国主義と対立するものとして理解する見方を批判し、民族主義を民主主義にたいして対抗的な、むしろ本質的に「反動的」な(没価値的観点からも、価値的観点からも反作用的な)運動として検討しなおすこと。

われわれにとっての〈現実〉

ところで上の二点の議論に入る前に、まずつぎのことを強調しておきたい。現在、民族および民族主義(ナショナリズム)にかんする従来の諸説を、それぞれの仮説的前提、またはおのおのの問題意識にまでさかのぼって根本的に再吟味しなければならないのは、単なる研究上の関心にとどまるものではなく、むしろ世界の現実的事態がまさしくそれをわれわれに迫っているからである。そのような理論的要請をふくむ「民族的」事態こそわれわれにとってのactualitiesそのものであり、そうした理論的要請にさらされることがわれわれにとって日常化しつつあることは、事例を枚挙的に挙げてみるだけでも容易に理解しうるであろう。すなわち、「ビアフラ」の「独立」をめぐる問題、「バングラ－デシュ」の「独立」をめぐる問題、エールならびに北アイルランドにおけるもろもろの運動をめぐる問題、ユーゴスラビア国家の統一性をめぐる問題、スペインにおけるバスクなど地域的自立にかかわる問題等々が一方にあり、他方にこれらとつりあうかたちで、そもそも「パキスタン国家」とは何かという問題にはじまって中華人民共和国というものの発展の巨大な現実にいたる諸問題が存在する。ECの発展の将来にかんする問題、またいわゆるコメコン体制の現実と未来にかかわる問題、さらにはそれらの内的矛盾との関連でいわゆるドイツ問題もとりあげざるをえない。そして朝鮮の統一の問題、「ベトナム人」民衆にとって北と南との関係がいかに自主的に調整されるかという問題がある。「アフリカ人」というあり方の発展の過程で、南アフリカやローデシアなどの社会の政治体制および白人人種主義の支配イデオロギーは、すでに深刻な争点として決済を迫られている。いわゆるパレスチナ問題、そこでの「ユダヤ人」の「解放と独立」の問題、「パレスチナ人」の「解放と独立」の問題、パレスチナ人にとってのアラブ民族主義の問題などが、国際的なアンティ・セミティズムおよびシオニズムの組織化との関連で、まさしくただちに世界的な場の変革にかかわる問題として展開している。「ラテンアメリカ革命」の問題、あるいはまた国際共産主義運動の分裂や統一にかかわる問題も、以上のような諸問題の脈絡のなかで考慮せざるをえない。さらに、一九六〇年代以降、社会運動において階級的・民族的主体意識が power として表明されるような現実的事態にも、注意が払われるべきであろう。そしてそれは、ブラック・パワーやレッド・パワーの場合に顕著であるように、土地との結びつき、「地域的」権力の問題との深いかかわりで主張されるようになっているのである。しかもまた、それが power としてみずからを表明するかぎり、それが問題とする「地域」は従来の民族論一般における地域を超えるものでもあることは明らかである。たとえば、米国における「日系」三世が日本語教育を要求するというような現実の問題は、ひとつの「民族的」事態としてどのように説明されるべきであろうか。

このようにして世界をながめることをわれわれに強いているのは、実は、日本社会の現実の「民族的」事態のためであると考える。沖縄のあり方は深刻な矛盾をかたちづくっており、「日本人」としての「琉球人」という問題としても、沖縄の自主性という問題としても、在日朝鮮人などの社会的あり方の問題とならんで、われわれに世界の問題をみきわめることを不可避的に迫っているのである。

そしてわれわれは世界の諸問題との深部における結びつきを自覚することになるのであり、われわれの手持ちの概念やフレームワークや方法論を抜本的に再吟味するために、積極的に世界の新鮮な社会的事態を思考実験の装置のうちに反映させることによって、発見の手がかりを見いだそうとすることになるのである。

民族理論の東欧的刻印

民族ならびに民族主義にかんする従来の議論では、「民族の概念は不明確だが、とりあえずここでは……としておこう」といった便宜的措置がまず講ぜられる、ということがしばしばあった。議論のそのような曖昧《あいまい》性は立場や方法を異にするもののあいだでの前提の奇妙な一致とつりあっていた。それは、いわゆるスターリンの定義(一九一三年の『マルクス主義と民族問題』における)の事実上の承認としても示される。最近の日本ナショナリズムの諸潮流における天皇制の意義づけでさえも、これに対応的だといえる。「①言語、②地域、③経済生活、④文化の共通性にあらわれる心理状態、の共通性を基礎として生じ歴史的に構築された人々の堅固な共同体」というスターリンの定義そのものは、いわば常識化されうる側面をもっている。オットー・バウアー、シュプリンガー流のオーストリア社会主義者の民族理論が民族的性格・言語・「人種」などを相互にきり離された諸インデクスとしてバラバラにとらえるとして、スターリンはその抽象性・主観性を批判し、「すべての指標がまとまって存在してはじめて、われわれは民族をもつ」と考えて、あくまで歴史的な具体的な民族問題の扱い方を主張したのだと説明されている。スターリンの作業がある共通の基本的前提、もしくは少なくとも認識の前提について議論するための共通の基盤を用意しているのだとすれば、それはまさしくこの点にかんしてであろう。しかしロシアの革命運動の展開のなかで形成された民族理論としては、その歴史的性格と歴史的条件とに十分な考慮を払うことが必要である。レーニンやスターリンにとっては、「民族的」反目の煽動《せんどう》が徹底されてくる第一次世界大戦前の時期に、多「民族」的構成のロシア社会の現実のもとで、いかにして革命運動を前進させるかが課題であった。「プロレタリアの意識を堕落させないこと、階級闘争をあいまいにしないこと、ブルジョア民主主義的から文句で労働者階級をたぶらかさないこと、プロレタリアートの今日の政治闘争の統一を破壊しないこと」(レーニン『われわれの綱領における民族問題』)、ここにこそ問題にたいする意図と動機とを読みとることができよう。スターリンの『マルクス主義と民族問題』の場合も、民族の統一と民族自決権との基礎を明確にすることによって、革命運動の統一を攪乱《かくらん》されることがないようにしようとするものであった、というべきであろう。このような意味で、与えられた「民族問題」にどう対処するか、その悪い影響をふせぎつつ押しつけられた「民族問題」をどのように合理的・民主的に処理するか・再組織するか、というい わば受身の対応を強いられていたのである。政治的対処の原則が、しかもそのある構成要素が、のちになって、その歴史的条件の積極的意義を加味しないまま、一般的「定式」として権威づけられたのであった。

民族および民族主義について、マルクス主義的立場のみならず一般に説明の脈絡・整合性において混乱や困難を生じているのは、主としてつぎのごとき諸点である。

(a) 民族形成の歴史的把握。近代的民族もしくは近代的民族国家の成立とそれに先立つ諸段階における民族的基盤・基体の発展との関係。ナロードノスチ的民族とナーツィア的民族との関係、あるいはフォルク Volk 的民族とナシオン nation 的民族との関係。

(b) 民族主義あるいはナショナリズムの歴史的把握。フランス革命の発展において発揮されたようなナショナリズムと民族排外主義的・ゼノフォビア的ナショナリズム、パン……イズム的民族統合志向型ナショナリズムと反帝国主義的民族解放志向型ナショナリズム等々として把握された諸類型相互間の関係。これらを侵略的戦争に動員される「排外的」ナショナリズムとネーション・ビルディングや民主主義的解放をめざす「進歩的」ナショナリズムとに分類するパターン化的・カテゴリー的認識と、フランス革命およびそれに続く時代・帝国主義時代・アジア(後進的従属地域、アジア・アフリカ・ラテンアメリカ、第三世界等々)の民族運動の時代というように時代的に区分してその性格や役割の変化を追う段階化的認識との間の関係、ならびにおのおのの認識方法それ自体の問題性。

以上、(a)、(b)において概括した諸問題において、あるいはそれらにたいして、あらたに注意を払うべきだと考えられる点は、そこでの「民族」概念の基本的形成が、東ヨーロッパにおいて、あるいは少なくとも東ヨーロッパに関してみられるのではないか、ということである。歴史的にハプスブルク帝国やツァーリズム支配において体制化されたような社会の多「民族」的構成は、西ヨーロッパにおけるいわば国民的形成とはいちじるしく異なっているのであるが(そしてこのことは人民民主主義・社会主義の東ヨーロッパ社会を観察するときにも見おとすことのできぬ視点であるが)、民族形成および民族主義形成の理論的分析と理論的構想とは、主として東ヨーロッパの多「民族的」構成型の社会において、またそれに関してはじめられたのだということができないであろうか。しかもそこでの論理が西ヨーロッパにおける国民的形成の研究や現代のアジア・アフリカの民族的運動の研究の一般的前提をかたちづくっているのではあるまいか。東・西ヨーロッパにおける民族理論・民族観の形成に関しては、またこれとの密接な関係における人種理論の成立に関しては、いわゆるユダヤ人問題のもつ特異な性格と意義が強調されなければならない。上の問題に関連して、東・西ヨーロッパ社会の構造的・組織的特質の対比は、おそらくある普遍的な社会発展の尺度などによって測られる「進度」や段階のちがいによってよりは、「ユダヤ人」の社会的存在様式、「ユダヤ人」の社会的差別の形態のちがいによって、もっとも特徴的に説明されうるのではないだろうか。ここで念のためつけくわえておくと、「国民形成型」と「多「民族」的構成型」とはけっして固定的な二類型ではない。一面では、ユダヤ人問題が暗示しているように両者は理念的に相互に滲透《しんとう》しあうし、また西ヨーロッパ社会の今日においても客観的に明らかであるように「国民形成型」編成の基層に「多「民族」的構成型」編成が見いだされもするのである。もし類型として問題とするならば、「多「民族」的構成型」が世界史的に一般的なタイプであり、東ヨーロッパの「民族」的問題が反映しているのはその特異なひとつの形態にすぎない、と考えるべきであろう。

〈「族」的結合〉の状況性

上記(a)、(b)におけるごとき問題の混乱や困難を意識的に解決しようとする試みとして、最近の仕事としては、H・B・デーヴィス『ナショナリズムと社会主義』(藤野渉訳、岩波書店刊)や高島善哉『民族と階級』(現代評論社刊)が挙げられる。しかし、デーヴィスの場合のごとく、ナショナリズムの二重の相面を分割し、これに対応するマルクス主義(マルクスよりレーニンにいたる一筋の)の態度を再整理しようとする試みにおいても、また高島の場合のごとく、市民社会における、または市民社会にとっての国家と革命という視点において社会的運動の「母体」としての民族を構想し、またそこで「風土」やエトノスの意義をあらためて強調しようとする試みにおいても、一筋の体系として予想されたマルクス主義の理論的対応をプラスの方向にかマイナスの方向にか評価しようとする問題意識によって、そしてなによりも、民族的事態の多様性に直面しつつなお統一的な基準によって客体化されうるような所与のものとして「民族」を説明しようとするパッシヴな態度によって、本来の意図をとげてはいないというべきではあるまいか。

社会の多民族的構成という点では、ソ連邦も中国も軌を一にしていると考えられているけれども、ソ連邦における民族共和国と中華人民共和国における自治区とをとってみても、多民族国家における多民族性は、その歴史的伝統の面で、また将来に向かっての組織化の面で多様であるということに気づく。このことはアメリカ合衆国の社会についても、あるいはインド共和国の社会についても、またかならずしも「多民族地域」というコンテクストではとらえられていないアフリカやラテンアメリカの社会にかんしても重要な問題であるといわなければならない。

民族としてのあり方・民族的結合の仕方は民族ごとに条件をいちじるしく異にしており、ある民族が民族であることの条件はおのおのちがっていることを、むしろ積極的に認識すべきなのである。「民族的特殊性」の意味をこのように考えなおすとすれば、社会科学の問題としては、一般的定義にたいしてほんらい拒否的であるところにこそ「民族問題」の一般的性格を見定めるべきなのだ、ということになる。一般的メルクマールが存在するのではなく、特殊な諸モメントの独特の組合わせ、比重を異にする結合、それのみが個別的・実態的に問題とされなければならない。究極的には民衆意識、民衆の自覚形式に即してしか、民族は問題となしえないのであろう。

一般に、〈族的結合〉、氏族、部族、種族は共同体間の接触・関係の場であらわれ、また意識される。諸社会集団における身分・階級が、多くの場合、内的編成原理にかかわるのにたいして、族的な結合は、諸集団間の交通・接触の関係の場においてはじめて形成されることに注意しなければならない。族的結合がそれ自体階級的分裂をはらむ擬制的な共同体、共同体イデオロギーである場合、それはときとして内的編成原理を規定する契機にもなりうる。民族は、ひろい意味での国際的関係がひろがっていって、そこに不均等な不均質な関係がうまれるところで成立する、というようにいいかえることもできよう。

このような観点から、アフリカの部族社会にかんする、ことに部族混住と地域社会とにかんする富川盛道らの研究は注目される。〔以下の引用は、富川盛道「アフリカ社会の研究とイスラム――地域社会の形成とイスラム化」(アジア・アフリカ言語文化研究所『イスラム化にかんする共同研究報告』五、一九七二年三月、所収)からのものである。参照、富川盛道『ダトーガの地域集団』、今西錦司博士還暦記念論文集『人間』、中央公論社、一九六六年。同「ダトーガ族の分布と移動――マンゴーラ地域集団の形成と社会的特性」、今西錦司・梅棹忠夫編『アフリカ社会研究』西村書店、一九六八年。和崎洋一「部族混合の研究」、『アフリカ研究』第8号、一九六九年五月〕。富川は、集団再編成と地域社会の歴史的形成とについて、すぐれて部族社会の外部的

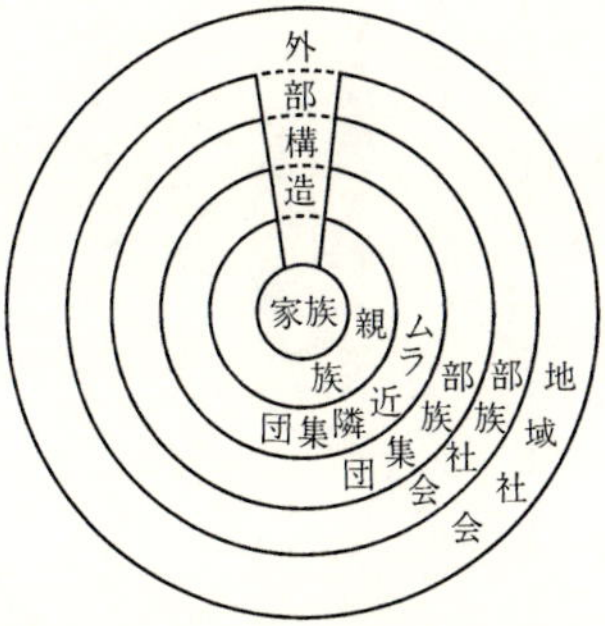

図 1　部族社会の内部構造と外部構造

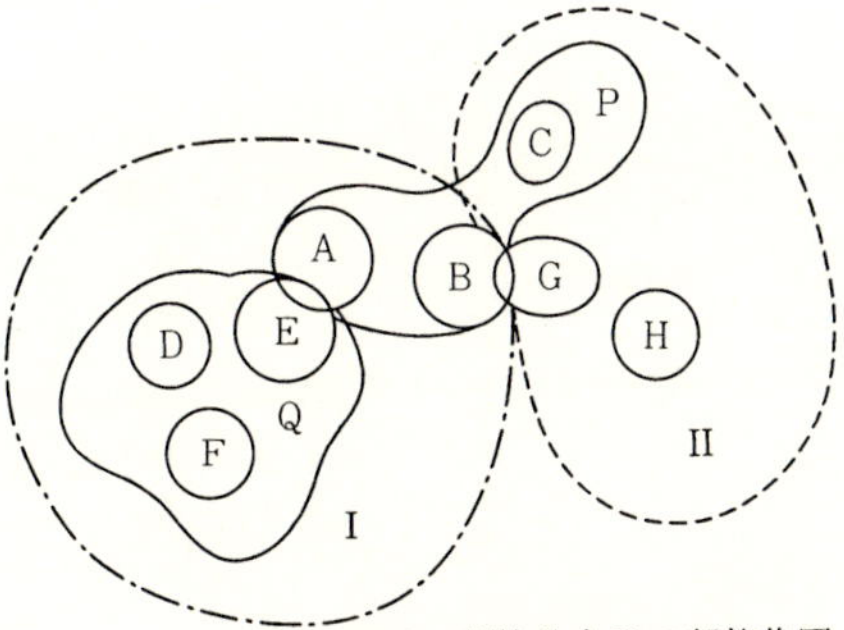

ABC：部族社会 P の部族集団
DEF：部族社会 Q の部族集団
I, II：地域社会

図 2　地域社会の構造

出所：富川盛道「アフリカ社会の研究とイスラム――地域社会の形成とイスラム化」(アジア・アフリカ言語文化研究所『イスラム化にかんする共同研究報告』5, 1972 年 3 月)

なそれに力点をおいての研究をおこなっている。彼は部族の移動・移住をアフリカ社会の基礎的なcultural patternと考え、「移動は部族の構造の中に機能として存在しているといってよい」として、つぎのようにのべる。「部族社会というものは、成員にとって他の地域へ行くよりも移動しやすい同質的な社会空間ではあるが、それ自体が世界でもなく、また閉鎖された社会でもない。部族社会をとりかこむ世界、すなわち地域社会の中の社会単位である。拡大の方向で見れば、成員の運動領域は他の部族社会と重なるし、収縮の方向で見れば、他の部族社会が運動しにくい同質的な領域である。より開放的な領域を外部構造とすれば、より閉鎖的な領域は内部構造であって部族社会の構造はこの両者をともに含んでいる。外部構造はそのまま地域社会にむかって開いている。地域社会は他部族社会と共生する領域であり、部族関係の布置である。」このようにしてアフリカの部族を地域社会という広い場での集団編成の原理としてとらえる見方は、上述したような一般に族的結合を関係の場で把握する方法にとって示唆的なものであることはいうまでもない。ここではその内容を詳しく紹介することができないので、参考までに富川が与えた図を借用して掲げておくことにする(図1・2参照)。

つぎに後藤明がイスラム初期の、つまりメッカ・メディーナを中心として七世紀のアラビア半島のアラブ社会の構造にかんしておこなった研究に着目することにしよう。(後藤晃「イスラム勃興期のアラブ社会の構造」、(1)『イスラム世界』第7号、一九七〇年四月。) 後藤は、従来「部族」とか「氏族」とかいう概念で理解されてきたアラブの血縁集団が、理念としては「誰それの子孫」banū fulānという父系の血縁的帰属意識を紐帯として成立していたにもかかわらず、奴隷《どれい》・マウラーmawlā(複数形マワーリー mawālī、解放奴隷)・ハリーフ halif(自己の血縁集団以外の集団に身をおき、そこで生活する自由人アラブ)など非血縁分子を含んでいたことに注目し、ことに集団構成要員としての権利をもつハリーフの存在を分析して、以下のようにのべる。「血縁集団は外部の者に対して排他的でなく、むしろ多数外部のものを含む状態が通常であった。」「未知の人をハリーフとして容易に迎え入れ」「構成員の出入に寛容な集団」であった。「外部の人間は擬制の血縁関係を結ぶことなく、そこに受け入れられている。彼らは日常的な生活を共にしているがゆえに、その集団の構成要員であったのであろう。また日常生活を共にしない者は、血縁者であってもその構成員でなく、彼は非難されることなく他の集団に属した。」こうして後藤はこのような集団のことを社会的・政治的単位として「日常生活を共にする小集団」と呼ぶのである。

交通・接触・関係の場の形成そのものは生産諸力の問題にかかわっているが、そのような場において〈族的結合〉が成りたち自覚されるためには、そこではおそらく言語・メタ言語・カルチュアが決定的に重要な意味をもつであろうことは明らかである。しかしそのような基準も、それ自体、関係の場においてけっして固定的にではなく、いちじるしく状況的にダイナミックに機能するものだろうことも、またたしかである。

〈日本史イデオロギー〉を批判する

民族形成において、客観的には資本主義的編成がとくに重大な意義を有することは認められなければばならないが、この場合にいう資本主義的編成とは、けっして国民経済論的な観点からの一国社会的規模におけるブルジョア的発展の一定度の進行とか国民的国内市場の形成とかによって示されるのではなく、本来、不均等性を相対的にたえず増幅するような世界資本主義的組織を意味するのである。そのような広い資本主義的諸関係の成りたつ場において、状況的なダイナミックな民族形成が進行するというように考えるならば、そこではもはや民族形成を純粋客観的な、あるいは自然的な発展のプロセスとしては問題にしえないこととなる。ナロードノスチからナーツィアへというような段階をふんでの民族の内的な継起的な発展という一国史的・一般法則論的把握は、もはや通用しないことになるのである。

日本社会ではわれわれは克服すべき二重の負い目を負っているといわなくてはならないだろう。民族もしくは民族の形成基盤をあくまでもすでに所与のものとして固定的にみがちなことは、日本社会の、かつそこでの社会科学の、伝統的条件として、二重の負い目をなしている。人種・民族・国民・国・国家というものが混沌と一体的に、あるいは循環的にとらえられているような、そして同一民族・同一人種のホモジニアスな社会という観念がまかり通る日本社会の「日本人」イデオロギーに規定された「日本史」的把握は、日本における民族的事態にたいしてほとんど批判性を保ちえない。日本資本主義の発展や日本をとりまく民族形成・民族的発展等を問題にするにあたって、おそらく従前の問題枠組に朝鮮史や満州史・台湾史、また沖縄史を追加的・補足的におりこんだり、足し算的「東アジア史」として単に視野を拡大したりすることによってでは上述の負い目を自覚的に克服することはできないのではあるまいか。さきに言及したいわゆるユダヤ人問題に関連して、われわれのなかでは、ことに歴史教育において、「イスラエルの民」と「ユダヤ教徒」との区別もできず、欧米社会における「ユダヤ人」差別とそこでの人種論も批判できず、イスラエル民族史・ユダヤ民族史のイデオロギー的性格を見ぬけず、結局まったく無意識のうちに反ユダヤ主義=反セム主義に堕している現状は、実はとりもなおさず、日本民族イデオロギー・〈日本史イデオロギー〉に無邪気にどっぷりつかっている状況の一効果にすぎない、ともいえるのである。

統合モデルとしての〈n地域〉

資本主義世界の構造、そしてそこでの政治的支配・従属関係が領域的に社会的に確立する意味では帝国主義世界の構造は、これまでは通常、モデル(i)の方式によって理解されてきた。つまり、ふたつの系のうちの一方にあるn国帝国主義が、いわば「植民地本国」として、これに対応する他の系のうちのn′社会を支配し収奪する。ここでは、一例としてイギリス帝国主義とインド社会、という場合をとりあげてもよい。そしてそのように対応しあうものの総和が帝国主義世界を構成する、というように考える(図3)。ここでは、各国帝国主義 In が外在的に各従属的地域・社会 Sn′ を支配するのであり、いわば攻めてきた In が立ちのくことによって対応関係からはずれることが Sn′ の独立を意味する、というように考えられる。このような独立のためには Sn′ 内部の革命が必要であり、Sn′ 内部の反革命はふたつの系をこえて、あるいはふたつの系にまたがるかたちで、あるいは In に支持されるかたちで

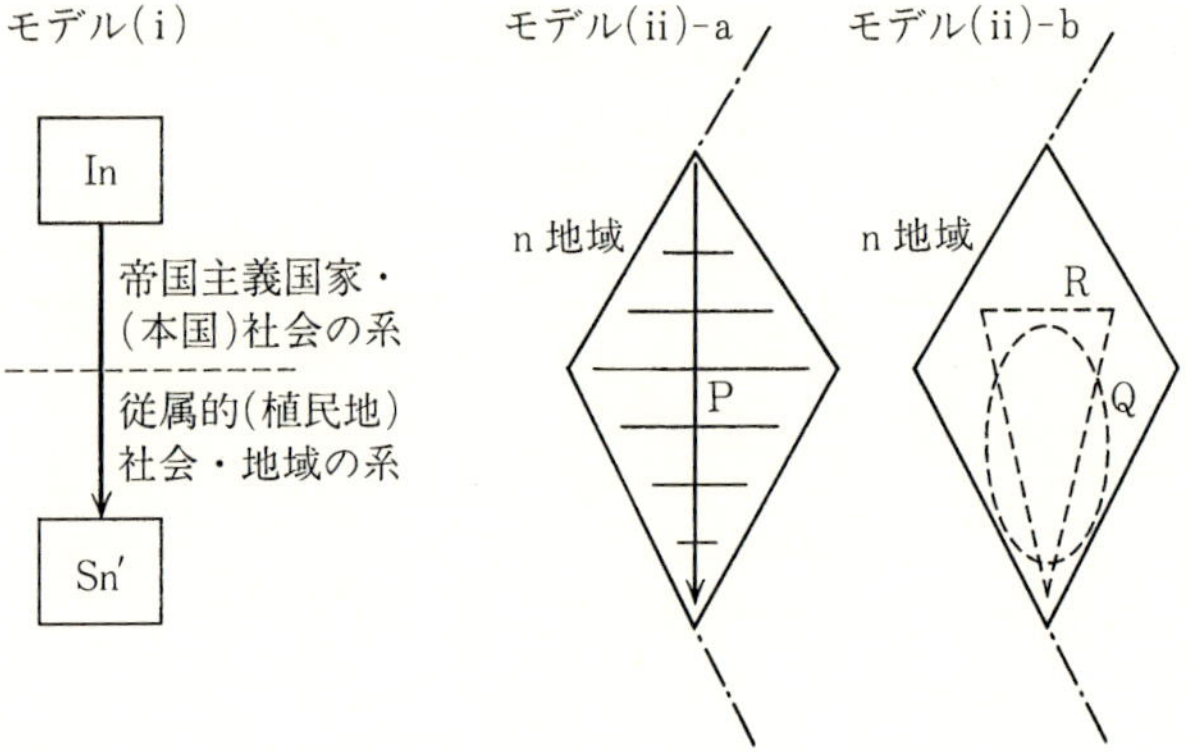

図 3

存在すると考える(反帝・反封建の革命的戦略の諸形態)としても、その場合でも、In—Sn′の対応関係の認識が基軸になっている。

これにたいして、あらたに立ててみたモデル(ii)においては、n地域の帝国主義、あるいは少なくともn地域における帝国主義が、n地域の差別体制の重層的構造(P)をタテに貫きとおすようなかたちで、また差別体制の重層的構造をたえず拡大的に再生産することによってはじめて維持されうるというようにして成立している、と考えるところから出発している。この場合、モデル(i)におけるInがSn′にとって外的であるのにたいして、帝国主義をn地域にたえず内在化せしめるかたちでとらえようとしているわけである。そして、同時にn地域はこの場合、モデル(i)におけるふたつの系にかかわることなく、世界のいかなる地域にも一般的に適合しうるように考えられている。したがって、モデル(i)におけるSn′のみならず、Inの社会にあたるものにもあてはめられうる。ただし、モデル(ii)におけるn地域は、けっして各国資本主義、各国帝国主義というようには考えないので、モデル(i)のInがただちにそのままn地域に代入されるということは成りたちえず、またおこりえない。しいてInの社会にあたるものをn地域としてとりあげようとする場合でも、モデル(ii)に従えば、いやおうなく、モデル(i)のIn—Sn、として示されたごとき関係のある局面が、Inの社会にあたるものにとって外的なものとしてではなく、あくまで本質的に内在的な要素としておりこまれたかたちでしかとりあげられないからである。わかりやすい歴史的例をとりあげれば、日本帝国主義—朝鮮社会(In—Sn、)とおくのにたいして、n地域を日本ととれば、そこにはいやおうなく在日朝鮮人、あるいは朝鮮人の在日化の問題がふくまれることになり、またn地域を朝鮮ととれば、そこにはいやおうなく日本人官吏・商人・資本家・地主・銀行・軍隊等の要素がふくまれることになる。そしてまたn地域を日本と朝鮮とにまたがるものとしておさえることも考えうるし、あるいはn地域をそのように日本と朝鮮とにまたがるような広い地域の中の一部としての沖縄の社会のみに限定してとりあげることもできる。n地域はそのようにして可変的であり、もろもろの地域レベルをつうじて置換可能のものとして考えられている。このことにより、モデル(ii)においては、モデル(i)的思考の枠にこだわらずに、あらゆる地域に即して資本主義的支配・帝国主義を一般的に問題とすることができる。したがって、一小村落あるいはより小規模の地域(論理上、最小の地域は個人)から、大きくとれば人類的・地球大的規模の地域までをn地域としてとりうることになるので、n地域がひとり歩きをするのでなく、n地域のおさえ方そのものが検討の対象とならなければならないことになる。たとえば極小のn地域のなかで帝国主義の全構造、あるいは世界史の全体をとらえることもできる。むしろ、いかなるn地域を問題とするかということこそが、歴史のなかで争われているのだともいえよう。

しかし、まさにこのことによって、民族形成・民族的発展の問題を、n地域のおさえ方との相互規定関係の検討という形式において動的に把握しなおすことができるようになるであろう。また、ナショナリズムとインターナショナリズムとを別次元の問題としてでなく統一的に問題にしうるようになるであろう。そしてこのことは、ことばを換えていえば、インターナショナリズムを概念上「ナショナル」というカテゴリーによって縛られ規定される二次的な立場からときはなつことにもなっていくのではあるまいか。

民族形成・民族的発展に即していえば、モデル(i)では、Inにおけるそれと Sn′ におけるそれとを分類的に切断せざるをえないことになる。デーヴィスを援用すれば、前者は非進歩的・反社会的・膨脹的ナショナリズムとなり、後者は進歩的ナショナリズムとなるであろう。しかも In における民族形成・民族的発展は、かつては進歩的だったのであり、この二種の相面の問題はふたたびさきに挙げた問題(a)、(b)に立ちかえることとなり、それはブルジョア的ナショナリズムの進歩性とその反動化の問題として処理されることになるであろう。これにたいしてモデル(ii)では、(i)の Sn′ において想定されている民族的発展は、資本主義的支配または帝国主義支配が貫徹している重層的な差別体制(P)の場そのものにおける差別の克服と連帯の獲得(Q)として示されることになるのである。それでは、ここで帝国主義にたいして民族主義はどのように扱われることになるであろうか。

民族主義と民族的運動との対立

すでにふれたように、帝国主義時代以降のアジアの民族運動・民族主義については、帝国主義からの解放と民主主義を目指すものとして、また一般化的理解の脈絡において、若いブルジョアジーの一定時期における進歩的・革命的役割をあらわすものとして議論されることが多かった。ここでは対抗関係の図式はつぎのようにも示すことができる。

帝国主義 vs 民族主義……(イ)

ところがモデル(ii)に即していえば、民族形成・民族的発展は、民族的あり方・民族意識・民族的文化・民族的運動を日々いきいきとあらたに獲得しようとするものとしての民衆運動によって担われていると考えられ、また民族主義(R)はこれに対応的・対抗的なクサビとしてうちこまれる政治的組織化およびそのイデオロギーとして考えられている。ここでは、民族主義は民衆の民族的運動にたいしてあくまで対立的なものとしてとらえられている。まず民族的運動があって、それから対抗の局面としてこれを成型化し、ある型枠に封じ込めようとする運動としての民族主義が機能しはじめることになる。そしてこの民族主義なしには、帝国主義の体制は存続しえないものである、というように考えられる。したがって、ここでは対抗関係はつぎのようになる。

民衆の民族的運動 vs 帝国主義－民族主義体制……(ロ)

後者の(ロ)においては、モデル(i)における In の帝国主義的ショーヴィニズム・植民地主義イデオロギーとSn′の民族主義的指導の日和見的動揺とが、(ii)のn地域に即して構造的に連関づけられることになるといってもよい。また、単に帝国主義時代のアジアの民族運動・民族主義にのみ問題を限定するのではなく、より一般的に、国民的統合のイデオロギーを、ブルジョアジーの二面性やあるいはある時点からの反動化という脈絡で説明するよりは、民衆の民族的運動に対処し対抗するものとして批判的にとりあげようとするものだ、といってよい。

そのために、ここでは、民族的運動も民族主義も、政治的対抗の動態における具体的状況認識をたえず基軸に据えることによってしか論じえないことになる。それゆえ、また対抗のせりあいの接点での指導の問題が、すなわち民衆の民族的運動の指導と民族主義的指導との間の複雑な対応のダイナミックな諸局面が、不可避的にたえず吟味され分析されなければならなくなる。それは従来、民族主義者または民族主義的知識人の思想史的研究という側面では検討されてきた問題を、高次の政治史の問題に転化することでもあろう。シェーマ(イ)においては、民族運動＝民族主義の指導について、ブルジョアジーからプロレタリアートへのヘゲモニーの段階的移行という観点でとらえられてきたことを、シェーマ(ロ)においては、むしろ帝国主義に抵抗する民衆運動の発展のゆえに必然化する帝国主義－民族主義体制にたいして、民衆運動の組織性の質的発展(n地域における連帯の質的強化)として問題にしようとしている、ということができる。

歴史における個人というものも、さきにのべたように、もしその人間が歴史的に有意味の一地点に生きているものとして、これをn地域と考えるなら、おそらく従来考えられてきた思想史とはちがう次元で、個人の、そしてむしろ自己の、思想を問いなおすということにもなるであろう。そして小さな「自己」の歴史をして世界史の鏡とすることもできるかも知れない。

三　エスニシティを超えて

◆『教養学科紀要』第一七号(東京大学教養学部教養学科、一九八五年三月刊)に収載の「エスニシティをこえて」。八四年一〇月におこなわれたシンポジウム「エスニシティ」の記録として発表された。シンポジウムを準備していた間、レバノン戦争の傷はさらに深まり、イラン・イラク戦争は「タンカー戦争」へと拡大、イスラエル政局も混迷する。

三つの論点

私がとりあげたいことは、以下の三点です。第一に、エスニシティについての私の考え方。この概念の有効性よりはむしろ問題点に目を向けたいと思います。第二に、「支配と差別」という視点から、エスニシティ問題の読みとり方を考察したい。第三に、nation-state system ならびにその思想とは違う角度から、特定の歴史的プロセスを参照しつつ、エスニシティ問題なるものの克服、もしくは組換えの可能性を考えてみたい。

都市化＝政治化と民族獲得

まず第一の問題です。『岩波哲学小辞典』(一九七九年)で、私は「民族」という項目を書いたとき、次のような書き方をしました。

……しかし現代世界における民族的事態と民族的運動のあらゆる現実は、民族概念のより豊かな理解を要求するものとなっており、近代ヨーロッパの民族(国民国家)形成モデルを相対化して、世界諸地域の、また世界史の全過程における民族意識・民族文化・民族的性格ならびに民族的発展についての多様な個性的認識を迫るものとなっている。その結果、民族運動における主体的意識の意義があらためて見直され、民族意識・地域性・エスニシティ(ethnicity. 人種、宗教、ナショナリティ、言語、地域性等にもとづいて進行する集団形成により社会的緊張や紛争が惹起されるような事態)の複合と重層とが注目され、その上でアイデンティティの主体的獲得がおこなわれる客観的過程が検討されるようになっている。

エスニシティの定義として、また殊に辞典の記述として、これがはたして適切であるかどうか自信があるわけではありませんが、しかし、私の考え方や姿勢は、明らかに「プロセス」的捉え方に属し、「下からの」定義に属するものだといえるでしょう。また、私は、エスニシティ問題を、今日世界中を覆っている巨大で圧倒的な都市化の過程のもとで起きている政治化現象がもたらす問題状況、およびそれを把握しようとする問題意識にかかわりのあるものと見ています。

アメリカ合衆国、ソビエト連邦、中華人民共和国等々の現実はいうに及ばず、さまざまな地域あるいは国家で生じている新しい事態は、一種のパラダイムとしての「近代国家システム」の行詰まり、すなわちそれをもってしては説明もできず運用もできないという状況をあらわしている、というべきでしょう。殊に、それぞれの国家の中にとり込まれている人々の内部で、国家の枠組を内に向かっても外に向かっても解体し、解消し、組み換えていくような集団形成の、また集団意識形成の急速な進行・展開が、こうした問題状況をもっとも鋭い形でつきつけている、といわなければなりません。それは、与えられた国家のもとでの政治参加というような次元をはるかに超え出るものです。

第一次世界大戦以降の新興国家が近代的 nation-state の枠組、つまり目標や機構を、自明の所与のものとして前提しながら、そのようなものとして自らを組織し、また運動していくことが困難であるという事態は、レバノンの例のみならず、枚挙にいとまなし、というところです。アフガニスタンやイランを「多民族国家」と見なすのは簡単ですが、あるいはクルド人やベルベル人の動向や社会的緊張を「少数民族」問題として検討することも従来ありきたりの手法ですが、レバノン戦争、イラン革命、イラン・イラク戦争、西サハラ紛争等々、第三世界のありとあらゆる問題群が、それぞれに、与えられた国家のもとでの統合や編成にかかわる問題設定を乗り越えて、むしろ全体としての諸国家システムの存立の根本に刃《やいば》を突きつけるようなものとして生じているということに注目しなければなりません。

エスニシティという問題視角にもし積極性を与え得るとすれば、それは、このような問題状況のもつこのような普遍的意味に関心を寄せることであると、いわなければならぬと思います。その意味からも、それは、人類を見渡してそこでの色々な集合(たとえば人種や民族)を識別・弁別するという実態論的なアプローチとは異なり、よりダイナミックな政治化のプロセスの研究、広義の紛争研究にならざるを得ない、と考えるものです。それは、民族の問題であるよりは、はるかに動的な民族形成の問題であり、むしろ民族獲得の問題というべきものではないでしょうか。

都市化状況の中で個人が自己のあり方およびその自覚をいやおうなく多重化させざるを得なくされるところで、アイデンティティはますます選択的に獲得されるべきものとなっていく。このことのもっとも尖鋭な局面が、第三世界の問題群に、またいわゆる「先進工業国」のその深奥の「第三世界的」問題群に呈示されつつある、といえるだろうと思います。現代世界の「底辺」において家族を引き裂かれ、生活を引き裂かれ、一体いかなるものとして自ら生きようとするかについて千々に心乱れること(内面的紛争)、個人個人の自己再編成をめぐるアイデンティティ獲得(政治化)、集団獲得のための「民族」運動(社会的紛争)がエスニシティだとすれば、それは、普通これまで問題にされてきたような意味での、近代国家を媒介《ばいかい》としての、またそれに向かっての政治化・社会化のプロセスとは区別される新しい問題領域だといわなければならない、というように感じています。

差別が強制する「われわれ」関係

議論の第二の部分に移ります。すでに述べたような新しい状況がひき起こされるにあたって、あらゆる人間が同じレベルで同様の問題状況、あるいは同様の問題意識を生むような状況に直面しているわけではない、ということは明らかです。あらゆる個人が均等に、あるいは均質に条件づけられているわけではありません。ここでは政治化の動機づけとしての政治的プロセスが問題にならざるを得ないのです。支配と、しかもとりわけ支配を実現するための差別とが、ここで問題となります。ある人々が呼応しあって一種の perceptive corporation 、つまり被規定的な「われわれ」の集団化を進めることを強いているような差別状況、差別支配という問題です。

従来の社会発展パターンをめぐる議論では、国民形成型のそれと多民族構成型のそれ(後者は帝国的編成ともいえる)とが、なんらかの手続きでたえず対比されてきた、ともいえるように思われます。そして民族に関する社会科学的関心が、オットー・バウアーなどを引きあいに出さずとも、後者を「代表」するものとしての東ヨーロッパに現実に存在した社会とそこでの経験とを記述しようとする仕事の一般化・理論化の模索として生じてきたことは疑うべくもありません。

しかし、これを歴史の問題として眺め直すと、実はそうした関心は、東方問題的な政策アプローチが強く働かされてきた地域にかかわるものであったことに気付きます。バルカンをはじめオスマン帝国のもとにあった地域では、ミッレトすなわち宗教的コミュニティを基礎に政治的編成がなされていました。オスマン帝国のルメリ地域(バルカン)では、ギリシア正教徒をはじめキリスト教徒があまた存在する。そこで、ヨーロッパ強国のがわからする東方問題の設定にあたっては、ムスリム支配からのキリスト教徒の解放が旗印とされるわけです。しかしギリシア正教会とそのヒエラルヒーは、それ自体がオスマン国家の支配機構を支える重要な柱だったのであって、ギリシア正教徒のミッレトの独立とか解放という問題は東方問題の中ではほとんど無意味であったといわなければなりません。ここから、ブルガリア人とかセルビア人とか、マケドニア人とかギリシア人とかいった扱い方が有効視されるようになります。スラヴという括り方に意味が与えられたりもします。そしてこうした政策的誘導とあいまって、宗教よりは言語・文化に力点をおく「民族」主義が枠づけられることにもなりました。

支配の編成の仕方において「民族問題」の操作が強く働かされた地域や社会で、「民族」論のパターンがつくり出されたのであって、「民族問題」が存在する地域や社会だったから「民族」論がうまれてきたのではない、ということに着目すべきでしょう。民族問題の管理・操作は、身分問題とも結合させられながら、帝国的編成の拡大のもとで規模をひろげ、そして第三世界をうみ出してくることにもなったのでした。

ここで、ロシア帝国において被差別身分としてのエヴレイであり、より巨視的にキリスト教のもとでの被差別者であるユダヤ人の問題に移りたいと思います。東ヨーロッパの民族研究の中でも、また一九六〇年代以降の米国でのエスニシティの社会学的研究の中でも、問題意識の根底にユダヤ人問題が大きく横たわっているからです。"Who is a Jew?" という問題はそれ自体論争の的でありますが、今日のイスラエルにおいては、法的なユダヤ人定義の暫定的結論として、「ユダヤ人とはユダヤ人を母とする者、またはユダヤ教徒」としております。

右の定義の前段は明らかにトートロジーであって、この矛盾は不可避的に人種主義の深刻な袋小路を形づくることへと導かざるをえないのです。しかも後段が、人類に向かって開かれた普遍主義的宗教としてのユダヤ教の性格に媒介されるとすると、前段と後段との矛盾もまた抜きさしならぬものになっていきます。

先程言及した東方問題の中でも、ユダヤ人のあり方は単純なものではありませんでした。政治的地位の面で見ても、主として東ヨーロッパから「東方」世界に移ってきてイギリス領事の保護下にある外国人としてのアシュケナージームと、オスマン帝国のミッレトのひとつとしてのユダヤ教徒コミュニティに属するオスマン帝国臣民としての土着のサファルディームとは、決してひとつの「民族」などではありえない関係のものでした。身体的形質や言語や内婚集団等の問題としても均質でない、東ヨーロッパのユダヤ人とシリア(シャーム=歴史的シリア)のユダヤ教徒とをユダヤ人として一括する立場は、社会的差別としてのヨーロッパのユダヤ人問題、反ユダヤ主義の押しつけ以外の何物でもありませんでした。

シオニズム運動の出発点とされる一八九七年のバーゼル綱領がユダヤ人の民族意識の育成を課題として謳《うた》っていたように、外側からの差別の力の強化によって「われわれ」意識をあらたにつくり出そうとするわけです。ユダヤ人が世界に離散したのではない。「世界のユダヤ人」という存在は、人間をユダヤ人と非ユダヤ人(異邦人)とに分類してやまぬキリスト教の反ユダヤ主義が世界に向かって「普遍」化した結果でありました。歴史的には「ユダヤ教徒」という認識はもっていたが「ユダヤ人」という認識はもたなかった「東方」に、ユダヤ人認識を強制するのがシオニズムであったといえます。一九四八年イスラエル国家が成立するまでは、欧米でユダヤ人とされた人々、または自らをユダヤ人と考えざるを得なかった人々の間でも、ユダヤ人がひとつの民族であるとするシオニズムの立場に対しては、強烈な反発を含むさまざまな意見の対立があったのであります。イスラエル独立とともに、シオニズムに対して批判的であったユダヤ人意識の流れが大きく変わることとなりました。

エスニシティ問題の論議にユダヤ人問題がたえず伏線として作用している面のあることは、すでに触れましたが、そこにエスニシティ論の割切れぬモヤモヤとした問題がわだかまっています。しかしユダヤ人の場合に明らかなように、欧米社会内部の差別が今日のパレスチナ問題に見られるような紛争管理の装置として生かされるといった問題状況さえあることは、一般に下からの政治化・下からのアイデンティティ獲得という課題が、いかに困難な条件を抱え込んだものであるかを物語るものでもあります。「ユダヤ人国家」イスラエルのもとで差別され、追放され、抹殺されてきたパレスチナ人の存在は、すこぶる啓発的です。

タウヒードの普遍主義的地平

第三の論点に入ります。歴史の中で、エスニシティ問題の克服とか組み換えという課題に関して参照できる事柄が見出せないだろうかという問題です。そこで、イスラムによる政治的編成の考え方、ムスリムにとっての国家というものについて考えてみたいと思います。

わりきって言ってしまえば、イスラムとは人間の商業的・都市的な生き方の中から生まれてきた一つの倫理システムだと説明することもできるかもしれません。いわば、たえず商《あきな》いとか取引きとか契約とかにかかわらせる形で、対人認識あるいは異人との関係のシステムの構築がおこなわれてきたともいえます。そこでは色々な人々あるいは人々の集団相互間の関係づけの中で最も重大な意味を持つ価値として、安全と正義とが強調されたのでした。安全とはアラビア語でアマーン amān とかスルフ ṣulḥ といわれるものであり、正義あるいは公正とはアダーラ ʻadāla にあたります。こうした安全と正義を基軸にしてもろもろの異なった社会集団が平和な関係を安定的につくりだすべきである、そこではイスラムのウンマ(ムスリム共同社会=ムスリム国民国家)がそうした社会契約関係の中心にあるべきだ、そのような関係の場の統合がダール・アル=イスラーム dār al-islām「イスラムの家」、つまりイスラーム世界なのだと考えるのです。このようにして、国際社会——かならずしもインター「ナショナル」ではないのですが——としての人類社会のさまざまに異なった言語、異なった文化、異なった宗教をもつ人々の間の関係づけの原則が強調されたわけです。

その場合、集団認識としてはまず何よりもアラビア語のミッラ milla(先程はオスマン帝国に即してトルコ語でミッレトとして述べました)という概念がありました。これは神がその救済計画を実現するための場として設定した人々の集団を指しますが、わかりやすく言ってしまえば、宗教コミュニティということになります。時間的にずれた形でn人の預言者を通じてそれぞれ特定の言語を媒介にして啓示を下す、それがもろもろの聖書《キターブ》として与えられ、そしてその聖書をn個の集団(ミッラ、複数形はミラル milal)がうみ出される。つまり時系列的にn個の言語によるn回の啓示の過程

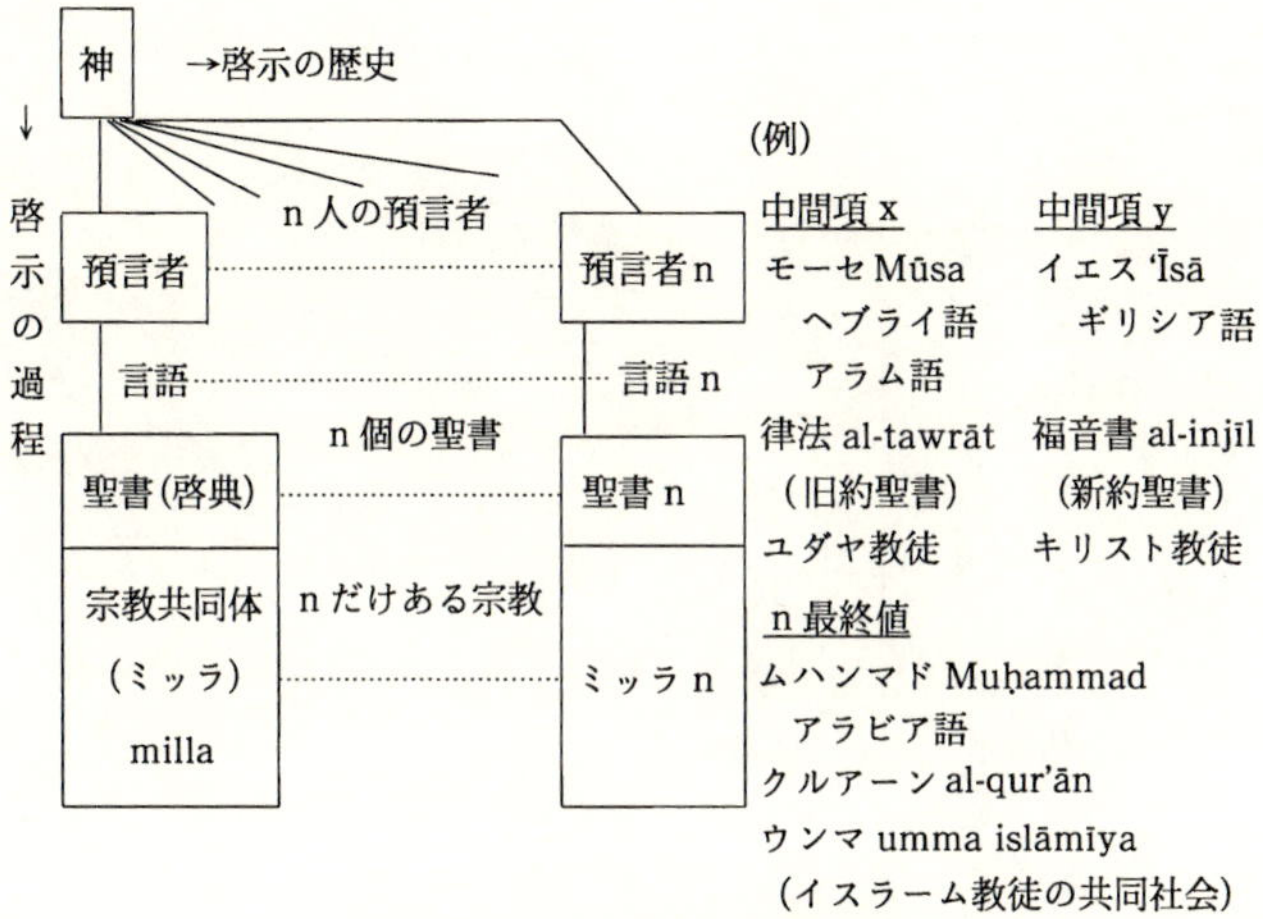

図4 n回繰り返された神の啓示

が繰り返されるわけですが、それらを連ねたものが、預言者の歴史ということになります。例えば預言者モーセ(ムーサー)を通じてヘブライ語やアラム語でトーラーというものが下されてそれを奉じるユダヤ教徒という集団が成立する。預言者イエス(イーサー)を通じてギリシア語で啓示が下され、その新約聖書《インジール》を奉じる人々がキリスト教徒となる、といった具合です。こうしてnに最終値を代入すると、預言者ムハンマドがアラビア語でクルアーンを伝えウンマが得られるという図式になります。人間の世界にはあまたの、いいかえればn個の宗教集団があり、それらが相互に安全と正義という原則に基づいてシンビオーシスの関係を求めるべきだ、という考え方なのです。そこでは例えば、仏教徒に出あっても、それは預言者ブーザーがメッセンジャーとして伝えた経典に拠るミッラのひとつだと扱ってビクともしないで、関係の場の設定を求める強さがあります(図4)。

もう一つ別の集団認識の系列は、家族です(図5)。この場合の家族とはアーイラ 'ā'ila で、単婚家族ウスラ usra よりもっと大きな規模の家族にあたりますが、このアーイラ的家族は伸縮自在なのです。一般にアラブの名前の構造(本人の名+父の名+祖父の名というような)が示すように、父の系列をたどる形で、誰それの息子の誰それの息子の(あるいは娘の)誰それ、という座標で個人の位置が示されます。個人(ないし私)の社会的位置、歴史的位置は父親の系列をたどることによって与えられる、という構造になっています。仮りに先祖Aから出た子孫共同体の中に「私」が存在するというように意識すると、私はバヌー・A(Aの子ら)というアーイラに属することになり、それをわれわれはしばしばA部族と呼ぶわけです。ところが「私」は同時に別の世代の先祖Bの子孫でもあるわけであって、同時に「Bの子ら」集団というアーイラの一員でもあり得るのです。このようにして、アーイラは先祖のある種の人気投票のごときものの上に成り立っているのでありまして、どの世代の先祖を「われわれ」集団の起点と考えるかにより、先祖のおき換え、スライドがおこなわれ、アーイラは伸び縮みすることになるのです。理念

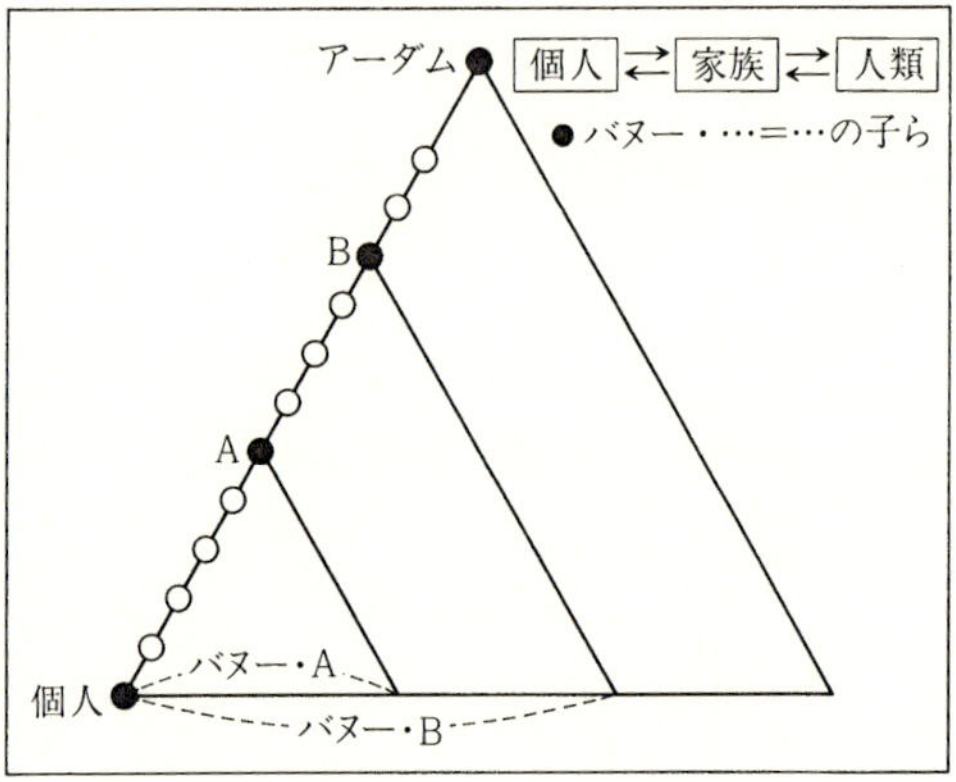

図5 社会における個人のあり方

上、もっとも古い先祖はアーダムということになっていますから、バヌー・アーダム(いわばアダム部族)は人類全体を包括し得るものです。私の属する家族という枠組は、究極的には「人類」家族という集団にそのまま移行し得る構造のものなのです。つまりアーイラの最大規模が人類であるというわけで、個人⇅家族⇅人類という移項が自由におこなわれ、家族は個人を人類につなぐ中間項として伸び縮みすることになります。中間項において任意に設定し得るあまたの規模の家族アーイラを選び分け組み換えつつ、人々は constructive corporation、つまり獲得的な「われわれ」集団をつくるわけです。個人、家族、人類が、開かれたシステムとして連続しあっているところで、自分が何者か、ということを、個人が状況の中で政治的に選びとるのです(アイデンティティ選択)。都市型の思考がひとを政治人間にします。しかし、家族を自在に伸び縮みさせることによって個人が人類にむかって開いているところでは、国家の座り心地はかんばしいものではない。ここでは、国家というのは、どうにも収まりの悪い、落ち着き場所のない存在であり、機構であるということになります。

「一つにすること」「一つと数えること」がイスラムのもっとも重視するタウヒード tawḥid の意味であり、その立場を貫くことが一神教の信仰であるのですが、本来神が一つであることを主張することや信じることと、諸宗教のタウヒードならびに家族のタウヒードとは固く結びついたものとされてきました。このような政治的・社会的タウヒードは著しく商業的な社会の中でこそ強調されることになったのではないか、と私は見ています。このような考え方はある意味で、エスニシティ的問題状況をつくり出してやまぬ現実に対して、積極的なパラダイム変換の契機たり得る問題を含んではいないでしょうか。都市化状況が人類的な問題になればなるほど、このような問題の立て方、考え方が訴える力を持ってくるのではないかと思います。それは、ネーション・ステート・システムの相対化といった問題の立て方とはかなり違った角度から、実は人間や世界や文明の将来の新しいあり方を見定めるさいの参照事項たりうるのではないでしょうか。

Ⅱ

〈第三世界状況〉が指さすもの

一　世界分割——二〇世紀に向かって

◆岩波講座『世界歴史』第22巻〔近代9〕（岩波書店、一九六九年八月刊）所収の「世界分割と植民地支配」。前年、英国は七一年末までにスエズ以東の軍隊を撤収《てっしゅう》すると決定。書物が世に出る直前にはアポロが月面着陸。文革。中ソ軍事衝突。第三世界に武装闘争が拡がる騒然たる時代だった。日本でも大学紛争。筆者の勤務した研究所も封鎖された。

「世界分割」史批判

「世界分割」や「再分割」が問題とされるとき、問題の前提や枠組そのものが根本的に問い直されることの余りに少ないのは、どうしてであろうか。しかも地球の領土的「分割」の主体たる諸強国政府の間の対立と協調にのみ論議の焦点がおかれ、「分割」の対象とされた従属地域の問題は「国際政治」の背景、取引きの材料、動機の一因子としてのみ扱われがちだったことはいなめない。そして説明は時として分配結果の単純な列挙にすぎず、「分割」地図はそのシンボルともいえる。たしかに「列強の角逐《かくちく》」の外交史はすでに批判され、「分割」、「勢力圏」劃定《かくてい》という形式での「対外進出」を必然ならしめた各国資本主義の内外の条件、ことに経済的・社会的要因の分析が強調されている。しかしヨーロッパ国際政治の体系とこれを支える思想の与えられた枠そのものについては、これを徹底的に相対化し対象化する努力が乏しかったといわざるをえない。これは帰するところ、資本主義の歴史的把握の問題にかかわるのである。帝国主義にとって死活的に基本的な従属地域支配を「植民地問題」に矮小化《わいしょうか》し、すりかえるところに、まさに帝国主義世界体制の本質があった。「東方問題」という伝統的思想の問題性が「植民地分割問題」という思想の問題性に転化・発展したところに、帝国主義の座標を見出すこともできよう。「分割」の行動ばかりでなく、「分割」の論理それ自体の帝国主義的性格を問題とすべきである。「分割」の論理は「世界分割」の過程を通じてあらゆる次元で強要されようとしていた。帝国主義は、発展のある部分や事態のある側面を切り離すいわば分断的認識をたえず産み出そうとする体制であるともいえようか。このゆえに、あらゆる面で連関と統一の客観的条件を強める世界的過程としての帝国主義は、その内的矛盾を深めざるをえないのである。「分割」は、帝国主義国の人民と従属地域の人民とを切り離し、アフリカ・西アジア・東南アジア・東アジア・太平洋・カリブ海など諸地域での発展をあらゆるレベルと局面で切断しようとして、かえって相互の結合と交錯を促進することになる。「分割」の意味を問わない「世界分割」史は歴史認識として積極的なものたりえないのである。

「アフリカ分割」の前提として、しばしば探険家の活動がのべられる。だが「探険」とは何であったのか。ナイル上流地域への「探険」はエジプト国家の東スーダン・エカトリア支配の拡大にともなう一挿話であり、西スーダンとサハラの「知見」は、ヨーロッパ諸国の地理学会と政府にとっては新奇だったとはいえ、安定した交易・巡礼ルートと連合・戦争という政治諸組織間の確立した関係によって結びつけられた西スーダンにとっては既知の世界をなぞるものにすぎなかった。ザンベシ川やコンゴ川周辺の「調査」はアラブもしくはアラブ化した奴隷商人の活動を追跡し、その組織に随伴・依存するものだった。リヴィングストンが世界に未知の民族と国々を知らせる使命感について語るとき、その「世界」とは何であったのか。「未開人の郷土の知識《ハイマート・クンデ》」(C・リッター)は、ここで発展しはじめる地理学・民族(誌)学・人類学・言語学・生物学・気象学・地質学等々の「客観性」の科学で武装した「世界」の帝国主義に素手《すで》で立ち向かわねばならなかった。一八八四―八五年アフガン「分割」をめぐって、イギリスが地理的国境《ジオグラフィカル・バウンダリ》を、ロシアが民族学的境界《エトノロギーチェスカヤ・グラニッツァ》を主張したとき、「科学的」境界線とはアフガン人にとって何を意味したのか。

「世界分割」は「先占」Occupatioと「勢力範囲」「利益範囲」という国際法上の概念を駆使して遂行されたという。だがむしろこれらの実定性は、「分割」の実践によってはじめて決定的なものとなった。領域変更の一方的行為として征服と先占が論じられるさい、先占とは国家が無主の土地を占有によって領土とすることであり、無主の土地とは無人の土地に限らず、どの国にも属していない土地をいう、とする注釈がつく。勢力範囲とは条約で将来の先占を認められた土地をさすとされている。分割の対象地域は、土人・原住民が国際法上の国家を構成していなかったから無主の土地だった(国はなかった)のであり、勢力範囲の設定は「先占に関して争いの生じるのを予防する利益もあった」

という。現行の国際法概論さえこうのべている。この点に関する限りは、一九世紀民族誌学者・人類学者の仕事のある部分は、人類「進化」の上で低級な原住民という見方に立つにせよ、その社会・政治組織をそれ自体として観察・記述したことにより、すでに重大な批判を提起する結果になっていたというべきである。「後背地《こうはいち》」(誰にとって?)、(架空の)「土地収用権」、「原住民保留地」、「保護領」、「不割譲条約」、九九カ年の「租借」、軍事的被干渉義務をさだめる「憲法」(キューバ)、このたぐいの手続きをアフリカ人大衆は直観的に新しい呪術として把握したのだったが、彼らのある意味での正しさに対して、列強の権利の正当性《レジティマシー》をふりかざす国際法とは一体何なのか。

　帝国主義をもっぱら「分割」するがわの問題からみるのか、それとも「分割された」地域・社会のがわにおいて問題とするのか、この方法上の対立は重大である。ここで、「各国帝国主義」という把握に対して、「各従属地域の帝国主義」の構造的動態論がとりあげられねばならない。英仏協商によるエジプトとモロッコの「分割」については、もともと異なったふたつの社会があらためて「分割」されたことの意味とともに、この「分割」はエジプトとモロッコの民衆にとって何であったのかが問題である。また、太平洋ニュー・ヘブリデスの島民とタイ民衆(チュラロンコーン王の国家《プラテト》のみならず)とマルガシュ(マダガスカル)住民の運命がだきあわせに論じられることのもっとも深刻な意義はどこにあるか。植民地のがわでみると、「分割」は必ずしも歴史的に形成された社会の分断を意味するのではなく、むしろ異質の分立した諸社会の暴力的統合の過程だという側面のあることを見逃すべきではない。たとえば「インドネシア」は「世界分割」を通じて民族的に統合されたのであった。

「分割」や「勢力範囲」の意味を従属地域のがわの問題として問いつめること、これがわれわれにとって第一の課題でなければならない。

さらに、「世界分割」が現在にかかわる面で、緊要な問題と思われるものについて、要点をあげておこう。

(1)　現代のアジア、アフリカ、ラテンアメリカの民族的運動にとって「世界分割」の結果は歴史的規定条件として決定的に作用している。そしてそのように条件づけられた民族・国土・人民にとって、独立や統一、そして解放はまさにこの歴史的条件の克服に向かっての課題なのである。それゆえ、帝国主義的侵略と収奪とに対する抵抗の発展こそ民族・人民の形成・成長を推進したのであり、「世界分割」過程それ自体がすでに民族的抵抗によって逆に制約されていたのだということに、あらためて光があてられなければならなくなっている。アフリカ諸国家の政治的独立が植民地単位におこなわれ、これまでのところこの前提の上でしか「アフリカ統一」が論議されなかったこと、アジア、アフリカの各地域で領有権・帰属権に関連して「境界線」をめぐる対立が生じており、今後も生じる可能性があること、また東南アジアの中国人や東・南アフリカのインド人の場合に問題であるごとく、新しい社会的要素の導入や歴史的対立関係の拡大・固定化によって帝国主義支配が利用してきた「不均等社会」(J・ファン・ヘルデレン)・「複合社会」(J・S・ファーニヴァル)的状況とその理論および民衆意識のうちにある偏見や相互不信が、民衆みずからの解放のために克服されるべき問題としてあること、などもここで検討を要する。

(2) 現代世界における「勢力圏」の思想がここで歴史的に批判されなければならない。しかし同時に「地域的統合」の人民的な民主主義的な可能性、もしくはむしろその歴史的必然性が、すでに「世界分割」の過程のなかでそれへの批判的課題として生じていたことに注意が払われねばならない。

(3) 現代の学問の幾多の分野は、すでに言及したごとく、まさに「世界分割」の中で形成され発展したといえる。* 学問の前提・制約条件として問題観と方法を強力にしばっているところの帝国主義的方向づけ、プレディレクションについて、いまや徹底的な反省が迫られているのではあるまいか。歴史学にとって、それが積極的な意味で「世界史」をめざすのであればなおさら、このことは深刻である。

* ある種の指標として、次のごとき人々の仕事をあげてもよい。J. G. Frazer; W. M. Wundt; E. H. Haeckel; J. Hann; F. de Saussure; A. Meillet; H. J. S. Maine; E. Durkheim.

転換点としての一八八四—八五年

「世界分割」は、それをうち続いた植民地獲得競争の帰結あるいはその激化・拡大(たとえ異常な加速とか爆発と呼ぼうとも)としてだけみることを許さないような、植民地体制の質的転換を意味している。資本主義の発展にともない、ことにその全面的な不均等発展により、「海外投資」の要求が原料・製品の独占市場の拡大・確保の要求と支えあいつつ強力となり、それが資本主義諸国家による植民地の政治的独占への要求を導き出すという一八七〇年代以降の変化の一般的・基本的特徴については、立ちいって論じないことにする。ここでは「列強」の複合的な支配秩序としての「分割」体制に特に注目したい。近代植民地の歴史を通じて「植民地戦争」にともなう政治的変動はあったにせよ、「本国」との関係という単系的理解が可能であった。しかしここで問題の時期において、植民地の地域・社会の国家的独占が目標とされるにいたって、その要求の錯綜のゆえに「独占」を保障するものとして、領域を「列強」が相互に明白な合意により、あるいは暗黙に、もしくは敵対的にさえ「認めあう」国際的体制が生じた。ある地域がある国の植民地(従属国)だということは、この場合、ただちに「分割」という複合的な国際秩序のもとに服することを意味し、また同時に「再分割」のための戦場となる可能性を担わしめられることを意味した。前段階までの植民地も、この新しい秩序の形成を通じてその中にはめこまれつつ再確認・再編成され、あらたな地位と性格とが与えられた。それはオランダ、ポルトガル、スペインなど「旧植民国家」やデンマルク、ベルギー国王レオポルド二世などの既得の、あるいは獲得しつつあった植民地についても同様である。それらの「領域」確定が実はほとんど一九世紀末におこなわれたことに注意すべきであろう。この場合、膨脹主義的「列強」による「分割」に代位する役割が顕著で、金融的従属とか国際的独占体の新しい意義が認められるが、この面でも国際的に複合的な支配秩序が問題とならざるをえない。イラン、タイ、エチオピアのごとく「分割」体制下でなお国家的「独立」を維持しえたといわれる国々の場合、おのおのの「独立」形態による従属が個別具体的に問われなければならないが、同時に一般的にはこれを「緩衝地帯」として生じた消極的結果としてでなく、「独立」保全の形式を強制的に設定する国際的秩序として把えなおすことが必要である。以上のべたような複合的支配秩序としての「分割」体制は、一八八四—八五年を境として急速に現実のものとなった。つまりこれ以後「世界分割」問題が発生したのであり、「世界分割」問題に媒介されない領土獲得や領域変更はありえないことになったのである。

コンゴ問題を中心とするベルリン会議（一八八四年一一月—八五年二月、アメリカ合衆国を含む一四カ国参加）を契機として、「アフリカ分割」は急速に展開した。レオポルド二世のコンゴ国際協会がコンゴ川流域を「保護」下においた（一八八三年）のに対するイギリス・ポルトガル条約（八四年）の妨害は、フランス・ドイツの提携を軸とするベルリン会議の国際的干渉下でのコンゴ分割へと導き、レオポルドのコンゴ自由国、その北のフランス領コンゴ、南（アンゴラ）のポルトガル領有（イギリスの擁護する）が確定された。ベルリン会議の過程は西アフリカへの軍隊派遣を促進し、黄金海岸《ゴールド・コースト》（独立後の名称はガーナ）・ナイジェリア・ガンビアはイギリスに、セネガルとともにダホメ・象牙海岸《コート・ディヴォワル》・ギニアの一部はフランスに、トーゴ・カメルーンはドイツに属することとなった。南アフリカではドイツ領西南アフリカが成立し（八四年）、これはセシル・ローズらのイギリス勢力に「ズールー戦争」の勝利を前提としてボーア人共和国の包囲体制をつくること（ベチュアナランド〈ボツワナ〉（八五年）、ローデシア（八八年）、ニヤサランド〈マラウィ〉（九一年））を急がせた。東アフリカへのドイツ進出（一八八四年）もこの動きを促進したが、それは他方アラブのザンジュ領域（一八世紀以降ポルトガル勢力を駆逐したオマーン支配領域）の分割という形式で勢力範囲の配分（ケニヤ→イギリス、タンガニカ→ドイツ、マダガスカル〈マルガシュ〉→フランス）が決定される（八六年）。イギリスはモザンビクのポルトガル領有を支持する一方、ウガンダ、ザンジバル、ペンバに対する勢力確立(英独条約、九〇年)へと向うのである。東北アフリカでは、イギリスのエジプト占領、イタリアのエリトリア植民地化(いずれも八二年)に続き、フランスのソマリア進出(ことにジブティ港建設)によってソマリア分割(フランス・八三年、イギリス・八四年、イタリア・八九年)が決定的となった。しかしエチオピア進出をめぐるイタリア・フランス・ロシアの対立を含めてこの地域での植民地「分割」は、東スーダンのマフディー国家の抵抗によって停滞した。マフディー運動がハルトゥームを陥落させ、「ゴードン将軍の最期」をもたらしたのは、ベルリン会議最終段階の一八八五年一月である。

ベルリン会議がアフリカの全面的「分割」の契機となったのは、そこでの一般議定書をめぐる論議で「アフリカの海岸で領土を先占する国は先占を尊重させるに必要な権力を確保する義務をもつ」こと、またこれを前提として先占の通告を他の締約国に対しておこなうべきことが決定される情勢となったからであった。こうして一定領域の統治を裏付ける軍事力が重大な意義をもつことになるとともに、「先占」のための競争が触発されたのである。ベルリン会議の決定がアフリカのみならず世界の「分割」問題にかかわっていたことは明らかである。一八八八年国際法学会の決議は、「秩序を維持し権力の規則的行使を確保するに必要な手段を有するところの責任ある地方政権の確立」を先占の一般的要件として確認するにいたった。八四年ドイツの植民政策が突如として動きはじめたとき、西南アフリカのアングラ・ペケニャをめぐってビスマルクが「実効ある支配」の問題に固執したように、ドイツは同時的に西アフリカでも東アフリカでも、ニューギニア〈イリアン〉でも南太平洋サモア群島でも、右の「先占」理論をもってきりこんでいったのである。ドイツの植民政策の開始は「世界分割」体制への強力な発条となった。ビスマルクの植民政策は、一般にいわゆる「平和政策」の脈絡の上で消極的なものとしてしか説明されず、帝国主義の問題としてはドイツの国内的な帝国主義体制の成立と「世界政策」への移行が論議されてきた。しかしここでわれわれは、「世界分割」問題の発生あるいは帝国主義世界の成立に関して、ドイツの植民政策をまったく異なった角度から評価せざるをえない。「平和政策」はすでにフランスのトゥニス占領やイギリスのエジプト占領に深く結びついていたのではあったが、この新しい段階での「ヨーロッパの平和」は従属地域を全体として犠牲にする方向でのみ平衡を保ちえたのであった。

このような事態が生じた背景に「エジプトでのイギリスの地位」をめぐる国際的問題が強く作用していたことは争う余地がない。イギリスのエジプト単独占領は、オスマン帝国の宗主権、コンスタンティノープル列国会議の「領土的関心をもたない」とする宣言(一八八二年)、エジプト国家の債務整理問題、スエズ運河問題などにしばられ、フランスの反対および民族運動のがわからする批判(オラービー運動は壊滅していたとはいえ)に直面して法理上も実際上も不安定なものであった。英仏協商(一九〇四年)と保護国化宣言(一九一四年)まで「エジプト問題」はイギリス帝国にとってのアキレス腱であった。一八八四―八五年において、「エジプト問題」がベルリン会議の動向と「世界分割」体制の急速な成立を導き出す端緒となったことは明らかである。ともあれ通商上の門戸開放に重点をおいたモロッコに関するマドリード条約(一八八〇年)などは、もはやたちまち前段階のものとなってしまっていた。

ベトナムをめぐる清仏戦争(一八八四―八五年)の結果は「フランス領インドシナ連邦」の成立(八七年)へと導き、これに対応してビルマはイギリスに併合され(八六年)、イギリスのマラヤ支配も全域化した。清仏戦争にさいしてイギリスがアデン港を閉鎖したのに対し、フランスは先述の通りジブティに拠り、ソマリア分割とイタリアのエチオピアに対する圧力強化とが生じた。ドイツのイリアン(ニューギニア)進出は、一方で太平洋諸島嶼《とうしょ》の分割促進を、他方で北カリマンタン(ボルネオ)のサバ・ブルネイ・サラワクのイギリス保護領化(八八年)やイギリスの援助下でのオランダのスマトラ征服戦争の遂行などによる「オランダ領東インド」の枠づけをもたらした。一八八四―八五年のアフガンをめぐるイギリスとロシアの衝突の危機は、ブルガリア事件の帰趨に影響していたが、また東アジアではただちにウラディウォストクの閉鎖やイギリスの巨文島《コムン》占領(八五―八七年)につながり、そして清仏戦争の動向とも密接に関連していた朝鮮の甲申の政変(八四年)やその結末にともなう日清間の天津条約(八五年)体制に深く結びついていた。以上の素描で明らかな通り、まさに「世界分割」過程の爆発的開始をみることができるのであり、「世界分割」問題の発生は従属諸地域間の運命をひとつの連鎖としていよいよかたく結合させはじめたということができよう。

しかし「世界分割」過程は、実にその発端において深刻な矛盾を露呈した。われわれはその躓《つまず》きの第一をマフディー国家の強力な抵抗とイギリスの敗退のうちに読みとることができる。ハルトゥームでのロマンティックな「英雄の悲劇」はこの限りでのみ劇的なのである。このことは、一八八四―八五年の転換点としての意味をその真の深みにおいて充実させるものだといわなければならない。そして躓きの第二はバルカンの情勢のうちに示された。ブルガリア統一をめざすブルガリア民族運動、ブルガリア公国と東ルメリアの合併(八五年)に対するこの時点でのロシアの強硬な反対、セルビア・ブルガリア間の戦争は、オスマン国家のバルカン領域をロシア・オーストリアの両「勢力圏」に「分割」する処理方式を完全な混迷におとしいれた。バルカンでは「世界分割」の論理が貫徹しがたいことが、こうしてたちまち表面化したのである。

民族的抵抗と「分割」、「分割」と民族的発展

「世界分割」体制は各地で民族的抵抗と対決し、これを抑圧することによってのみ成立しえた。東スーダンのマフディー国家は「アフリカ分割」を強力に規制し、これを長期にわたって阻止する抵抗の拠点となった。一八八二年イギリス軍がオラービー運動を弾圧してエジプト制圧を終えた段階では、マフディー運動はすでに運動参加者(アンサール)の基本的構成要素たる(a)商人・船乗り・兵士として東スーダン各地に散在したジャーリー、(b)バッカラ遊牧民、を大衆的に結合させており、エジプトのスーダン支配を支えてきた新しい火器をもつ軍隊ジハーディーヤや交通・通信機構を奪取していた。八三年のアル＝ウバイドとシャイカンでの勝利を通じて国家組織が確立し、イギリス軍指揮下のエジプト軍を圧倒していった。八五年一月のハルトゥーム占領はその結果であり、イギリスの東スーダン支配の樹立は九九年まで延期されざるをえなくなった。さらにマフディー国家の存在は、リビアのジャグブーブに本拠をもち北アフリカ一帯に拡大したサヌースィー運動(のちにイタリアのリビア併合に対して強大な抵抗勢力となる)をはじめとするスーフィー諸教団《タリーカ》の運動、およびチャド周辺のスルタン=ラービフの国家やギニア内陸部のサモリ・トゥーレを指導者とする部族連合など西スーダンでのフランスに対する抵抗力を強め、またイタリアのエチオピア進出を制約することになった。フランスがチャド周辺地域の支配を確立し、イギリスの期待に反してエチオピアのイタリアに対する勝利(アドワの戦い、九六年)が明らかになったとき、イギリスはボーア人国家への攻撃をあとまわしにして、急遽マフディー国家の破壊のために軍事力を集中しなければならなかった。イギリスのマフディー国家征服はフランスのサモリ・トゥーレの国家の粉砕(九八年)と呼応しあった。この状況を前提としてのみ、ファショダ事件なるものはおこりえたのである。

マフディー死(一八八五年)後のカリフ政権のもとで、ことにトゥシュキー敗戦(八九年)以後のジハードの外延的拡大の停止とともに、財政危機と支配諸層間の対立をかかえたマフディー国家は、イギリス軍の本格的攻撃によって壊滅させられた。しかしこの運動が東スーダンにおける民族形成の契機となったことは重視しなければならない。それはアンサールの政治的統合というイスラム的形式において国民的統一の決定的段階を劃したのであった。

「世界分割」をめぐる民族的抵抗が民族形成や民族的発展に対してもった意義は大きい。スペイン支配の末期からアメリカ合衆国の支配へ移行する時期のフィリピンもその一例である。リサールらの活動やカティプーナン運動の段階は急速に乗りこえられ、アギナルドを指導者とする革命運動へと発展した。米西戦争を通じてルソン、パナイ、ネグロス、セブ、サマル、レイテなど諸島をつらねた革命政府が組織され、誕生早々のフィリピン共和国は米国軍隊のあらたな侵略に抗して戦った。「フィリピン人」の民族的立場はこの間の武力抗争を通じて飛躍的に発展した。独立革命の鎮圧によって植民地化を遂行したアメリカは、民族的抵抗の抑圧の上に朝鮮支配を確立しようとする日本との間にフィリピン・朝鮮の「分割」体制をもつくり出してゆく(桂・タフト協定、一九〇五年)。

「世界分割」は反革命の過程として進行した。イランを南北に分割することをさだめた英露協商体制が、イラン立憲革命の発展に対応し、これに干渉するものだったことは周知の事実である。ロシア革命に呼応して一九〇六年以降たかまった立憲制要求運動は、シャーに憲法制定を余儀なくさせていた。英露協商の成立とともにロシアはシャー権力の反革命クーデタを応援したが、市民軍事組織や社会民主党を抵抗の中核とするタブリーズ市民の武装蜂起とアゼルバイジャン一帯の革命運動とを最終的に鎮圧したのは、イギリスの承認と対応行動に支えられて公然と介入したツァーリの軍隊であった。

「モロッコ事件」の展開については、従来もっぱら外交史的関心しか払われなかったが、それがスルタン支配の危機の発展に対処し、反スルタン・反帝国主義の運動を弾圧するためのものだったという基本的性格が明らかにされなくてはならない。「第一次・第二次モロッコ事件」という筋書きはこれを隠蔽《いんぺい》する性質のものである。スルタン=アブド・アル=アズィーズの支配に対する反乱の激化(一九〇三年以降)、ことに東部のウジダ地方のブー・ハマーラ(ジャラール・ブン・アブド・アッ=サラーム・アッ=ザルフーニー)のいわゆるルージー革命や北部のタンジャ(タンジール)を中心としてアフマド・ブン・ムハンマド・アッ＝ライスーリーのひきいる運動の拡大に対して、フランスの「改革《イスラーフ》」案強要やドイツ皇帝のタンジャ訪問はスルタン権力へのてこ入れを意味していたのであり、またアルヘシラス（アル＝ジャズィーラ・アル＝ハドラー）会議（一九〇六年）の決定は「治安」対策を主眼とする国際管理体制を意図するものであった。そこでは、てこ入れと反乱鎮圧の要求においてのみ合意が成立しえたのである。しかし一九〇七年局面を急転させたのは、ヨーロッパ人暗殺事件の頻発〔シャーウィーヤ族によるアッ＝ダール・アル＝バイダー（カサブランカ）事件など〕に続いて、外国支配の道具にすぎぬアブド・アル＝アズィーズを打倒しようとする反乱運動の波、これに便乗したアブド・アル＝ハフィーズのスルタン宣言とファース（フェズ）占領であった。翌年には、フランス・スペインを先頭にヨーロッパ勢力がアブド・アル＝ハフィーズに乗りかえる情勢が決定的となったが、一九〇八年の独仏協定（ドイツは経済的利益のみに関心をもち治安確保のためフランスの特殊な政治的利益を認めた）は、「混乱と危機」に対する軍事的対応の国際的表現であった。ところがモロッコの事態は前進し、スルタン－マフザン makhzan（徴税機構、ひいては全官吏機構）体制を総体的に批判する反乱運動が高揚する。ライスーリー指導下の運動の発展とともに、一一年二月にはベニー・ムタイル族にひきいられたバルバル諸部族の反マフザン連合が成立し、ファースは包囲されるにいたった。五月新スルタン救援のフランス軍はファースを占領し、反乱勢力を駆逐して、新独仏協定を基礎に公然とモロッコ「保護領」化へと進んだ。アガーディールでのドイツの示威も「収拾」の基本線をかえるものではなかった。反乱運動の発展の諸段階がモロッコ「分割」の過程を規定したと同時に、「分割」は明らかにモロッコの反革命の体制だったのだといえる。すでに英仏協商において、モロッコのスルタン権力倒壊の危険を想定しそのさいのフランス・スペイン間の分割が考慮されていたことが想起されねばならない。

抵抗が微弱だったところも含めて一般に植民地化は、現地の支配機構を温存・利用し、それと癒着《ゆちゃく》することによって進行した。かくして、資本主義国内部の社会主義的「反乱」をふき払うのみならず従属地域においてあらゆる反動的なものを組織してゆく体制＝世界反革命体制としての「分割」が実現する。この段階の植民地支配が軍事的性格を強くもったことは既述したが、諸地域の民族的抵抗を全体として抑圧してゆくためには、軍隊の移動や補給、軍事力をある地点に集中するための時間およびその必要量と可能量、行動範囲、現地で調達しうる、もしくは他の地域に投入しうる「植民地軍」の質と量などがつねに問題とならざるをえなかった。しかも「治安」問題のほかに、資源の確保と輸送、背後にある労働力市場・プールの確保のためにも、「列強」は分散する領土の統合化計画(ケープ―カイロ計画のごとき)をもち、海への出口、良港、補給基地としての島嶼などを求めたから、相互に軍事的衝突をきたす可能性もまた増大した。未知の潜在資源、交通・通信手段等の開発という「可能性」の独占への要求は、カラハリ砂漠やサハラ砂漠などの領有にさえも意味を与えた。バグダード鉄道のみならず、ウガンダ、エチオピア、中国その他多くの地域での鉄道敷設をめぐる問題にも軍事上の考慮が強く働いていた。「分割」はただちに「再分割」への条件をつくり出したのであって、「世界分割」の終了をまってはじめて「再分割」が開始されたとはいえない。こうして「世界分割」体制は軍事戦略的配置において把えられるものであった。しかし「分割」はまず何よりも民族的抵抗に対する軍事的抑圧体制だったのであり、強国間の国際関係はこれに対応するものだったことに注目する必要がある。ここにこそ「分割」の体制の根拠があった。そしてそれぞれの社会における従属の性格や形態をきめた基本的ファクターは、結局そこでの民族的抵抗の力量であったといわなければならない。

一九〇〇年、「列強」のすべてに日本を加えた「連合軍」の共同干渉下におかれた義和団運動の中国の問題は、複合的支配秩序としての、また民族的抵抗に対する軍事的抑圧体制としての「世界分割」をもっとも集中的かつ完結的に示すものであった。その意味でわれわれは「コンゴから中国へ」の歴史的道程を考えることができ、象徴的にここで「世界分割」は完成したということができる。そして中国の場合についていわれる「半植民地」という概念の特殊的意味あいのみならずその一般的意味あいをもここで問い直すことが必要となるだろう。

帝国主義時代の世界の構造

帝国主義世界は「帝国主義」と植民地というふたつの系に分解しきれるものではなかった。それは各地域で著しく異なった特徴を発展させたのであり、あらゆる面での不均等発展が問題化するのである。帝国主義支配は重層的な構造によって示される体制として成立した。

ボーア戦争をイギリスのボーア人共和国併合過程としてのみ描くのは誤りである。また戦後まもなく与えられる自治は、ただボーア農民の抵抗の根強さのゆえにではなかった。一九世紀のボーア人共和国、ケープ植民地、イギリス政府、現地の一切の政治グループの間の対立・闘争・妥協・利用・協調のあらゆる動きは、「原住民」たる「バントゥー」系住民をいかに支配するかという問題をめぐって生じた。五〇年代イギリスがトランスヴァール共和国・オレンジ自由国の成立を認めたのも、両共和国の一時的連合も、ケープを含めた連邦案(一八五八・一八七〇年)も、すべて「原住民」反乱対策に起因した。イギリスがオレンジ自由国を圧迫して西グリクアランドを占領し(七一年)、トランスヴァールを併合した(七七年)のは、ボーア人農業経営と鉱山業との間の徴発労働力の争奪戦を意味していた。ケープのボーア人の間でアフリカーンダーという意識が生まれ「アフリカーンダーのアフリカ」を要求する同盟《ボンド》の運動がめばえるのは、これを背景としていた。アフリカーンダー意識の反アフリカ人的性格はいうまでもない。トランスヴァールの独立の回復(イギリス軍に対するマジュバでの勝利、八一年)は、ズールー戦争(七七―八八年)におけるイギリス軍の苦境(一八七九年ケチュワヨのひきいる諸部族連合はイサンズルワナでイギリス軍部隊を全滅させた)によるものであった。イサンズルワナとマジュバのいずれを重視するかは、おそらく歴史家の試金石であるだろう。イギリスがトランスヴァールの対抗を打ち破って八四年末ボツワナ(ベチュアナランド)を「有効に占領」し併合したのち、あらたな変化が生まれた。労働力不足は一段と深刻になり、金鉱発見とともにボーア人地主の鉱山業の利益に対する寄生的傾向があらわれてきた。一八八九年イギリス南アフリカ会社の特許状を得、翌年ケープ首相となったセシル・ローズの地位は、実にアフリカーンダー同盟《ボンド》との提携に支えられることになった。「原住民」問題でイギリスとボーア勢力とはむしろ共通の利害に立つというローズの立場は、隔離と非就業人口への課税により黒人労働力の強制狩り出しを試みるグレン・グレイ法(九四年)に端的に示された。九三年、特許会社がマタベレの首長ロベングラを敗退させ、その支配するマタベレ・マショナ地域(抵抗の最後の拠点)を占領して「ローデシア」が建設される段階では、ボーア勢力との関係において、ローズらはジェイムスン侵入事件に見られるごとくトランスヴァール内部のよそ者《ウイトランダース》の市民権の問題をとりあげて干渉を試みることもできるようになった。よそ者の主流がイギリスの植民地的支配がはじき出したアイルランド移民だったこと、彼らの市民権要求が治安活動への兵役義務に発していたことは注意を要する。他方ローデシア「建設」とは牛の掠奪《りゃくだつ》と防疫を名とする大量屠殺、「原住民指定地」への隔離による住民経済の徹底的破壊であり、これに抗するマタベレ・マショナの弾圧(第二次マタベレ戦争、九六―九七年)であった。数次の「カーフィル戦争」、長期の「ズールー戦争」、再度の「マタベレ戦争」、イギリス・ボーア両勢力の恒常的討伐戦、かくして「バントゥー」系住民の抵抗力が破砕しつくされたとき、ドイツ資本の進出するボーア人共和国に対してイギリス本国政府の干渉と侵略が開始された。このときボーア人《レプブル》が戦った「祖国」の「自由」のための戦いとは何であったのか。「ボーア戦争史」にアフリカ人が登場せず彼らの払った犠牲が無視されるアリバイの理由と意味、そしてそもそもボーア戦争という闘争形式が可能となった条件に、正当な考慮が払われなければならない。プレトリア講和はボーア懐柔政策を支える「土着民《インディジン》」差別の体制化であった。すでに導入されていたインド人・マライ人、戦後輸入される中国人労働者などの諸要素や「よそ者」・零落ボーアなど貧しい白人を含めて、重層的関係において構成された帝国主義体制がここに成立したのである。

一八八二年以降のアラビア半島内陸部での抗争(イブン・サウード家とイブン・ラシード家の間の戦争、八九年からは敗れた前者をかくまうクウェートのアミール、ムバーラク・ブン・サバーフとイブン・ラシード家との闘争)は、砂漠の彼方の孤立した戦いではなかった。イブン・ラシード家の援助者はオスマン帝国スルタン、アブデュル・ハミト二世であり、彼は八七年シリア・イラクの行政機構改革によりアラブ地域支配の強化をおこなって、アラビア半島への拡大をめざしていた。ヒジャーズ(または巡礼)鉄道(ダマスクス―メディナ、一九〇一年着工、一九〇八年開通)の建設もこの努力の一環であった。シリア・イラクで反トルコ民族運動秘密結社を探索し弾圧してやまぬトルコ軍は、フォン・デア・ゴルツ将軍のひきいるドイツ軍事使節団によって訓練されていた。エルサレムやダマスクスへもあらわれたヴィルヘルム二世の「親善」訪問(一八八九年につづく九八年の再度の)ののち、ドイツはスルタンからバグダード鉄道敷設権を得た。この動きに対してイギリスは、クウェートを「保護」下におき(一八九九年)、イブン・ラシード家の攻撃に対して海上からクウェートを援護し(一九〇一年)、勢力を挽回したイブン・サウード家のアブド・アル＝アズィーズ(一九〇二年リヤード奪回)やイエメンのヤフヤー・ハミード・アッ＝ディーンのシーア派国家(一九〇四年オスマン支配から自立)に対する工作を強めた。アラビア半島の情勢は帝国主義世界の有機的一構成部分のそれであり、アブデュル・ハミトの専制は帝国主義体制を形づくる支配権力の一存在形態であった。ドイツ帝国主義―スルタン専制―シリア・イラクの弾圧政治―イブン・ラシード家の活動はひとつの連鎖として把握されねばならない。他方イギリスは、マフディー国家潰滅後、東スーダン支配をイギリス・エジプト「共同統治《コンドミニウム》」の形式で確立した(一八九九年)。これは統治機構上・経済上、支配従属関係の階層的序列(イギリス―エジプト―スーダン)として注目する必要があろう。しかもエジプトに対して宗主国としてのオスマン国家という関係もここに介在した。*

しかしこのような意味でもっとも複雑な条件のもとにあったのは東アジアである。中国・朝鮮・日本・フィリピン・ベトナムなどは歴史的な深い接触関係の上に、ある地域的結びつきを形成してきた。「世界分割」下のこの地域の条件は、日本が圧迫されるアジアの中で唯一の圧迫する国へと変わり、中国が半植民地と呼ばれる地位におかれた事情によって非常に複雑なものとなった。しかも「中国分割」の起点となった日清戦争は、英露対立という基調にもかかわらず東アジアの特殊性を如実に反映していた。近隣を侵略する方向でのみ日本支配層は東アジアの「国際政治」に自主的に関与することとなったが、少なくとも日清戦争までの事態では、朝鮮に対する支配に関して日・清の両側に一定の意味で帝国主義的状況への適応の可能性が存在したのであった。

「世界分割」体制に組み込まれてゆく過程で、従属地域の民衆運動は国際的にも社会的にも「分割」され分裂させられた。「分割」は抵抗を抑圧しつつ遂行されたが、この段階では抵抗の国際的協同と連繫《れんけい》は成立せず、分裂の徹底的な利用によってこの反動的体制は成立しえたのだということができる。「世界分割」のイデオロギーは、一面で「帝国」統合の理念につらなってはいたが、もっとも重要な表現はゴビノー、ル＝ボン流の優・劣人種論と、殊にグンプロヴィッチ、ラッツェンホーファー、ギディングズ、スタインメッツ流の社会進化論——「人種」間の生存競争・淘汰の論理——として示された。もっとも帝国主義世界の矛盾はまた、これとは逆に、あるいは裏がえしとしてヨーロッパ的価値の悲観的相対化と危機意識という知的傾向を生ぜしめるのでもあるが。しかし帝国主義世界で「劣等人種」「未開人」「幼児」「病人」という処遇を割りあてられたがわで、社会進化論を克服し、みずからの内なる価値を発見し、抵抗とその連帯の基盤を築こうとする思想的営みが、「分割」過程のもとで、しかもいち早くその出発点において存在したことの意義は十分吟味されなければならない。一八八四年、亡命先のパリでジャマール・アッ＝ディーン・アル＝アフガーニーとムハンマド・アブドゥフとは、イスラム世界に多大の影響を与えたアラビア語政治評論誌『強固な結合《アル＝ウルワ・アル＝ウスカー》』においで、エジプト、インド、アイルランド、ベトナム、スーダン、アフガン、ナジュド、ソマリア、オスマン国家、ヨーロッパ諸国の内政に及ぶ視野で「帝国主義」(イスティーマール al-isti‘mār)に対するムスリムの、さらには被抑圧者の団結を訴えて次のように書いた。——「いわれなき恐れと幻想(ワフム wahm)は決意を挫くものである。イギリスはアジア人にワフムを懐かせて支配している。それは彼ら自身の弱さの自覚とこれを被いかくす努力である。もしアジア人がワフムを脱却するなら、アジアのわずかな動きでイギリスは倒れ、消滅するだろう。」「イギリスは全力を投じても、エジプトとスーダンに二万以上の軍隊は送れない。スーダンに釘づけになったイギリスは、アジアでもうひとつの小反乱がおこれば、確実に混乱におちいる。」——アラブの自覚を強調したシリアのアブド・

アッ＝ラフマーン・アル＝カワーキビーは、アラビア語とその意味を共有する諸社会が、条件は異なれ帝国主義世界の中で抵抗の連帯を確認しあうアラブ意識を発展させずにはおかないことを知っていた。一八九八年オスマン権力の牢獄から釈放された彼は、晩年を「分割」の舞台たるエジプト、ソマリア、ザンジバル、イエメンでの宣伝活動に捧げたのであった。そしてわれわれは章炳麟《しょうへいりん》の思索のうちにもまた、進化論・「文明化」への根底的批判と、中国・インドの「神聖同盟」を軸として赤・黒諸族の解放に進もうとする連帯思想とを見出すのである。

＊ たとえばシナイ半島の帰属をめぐる問題があった。一八九二年アッバース・ヒルミー二世のエジプト－ヘディーヴ叙任のさい、スルタンははじめシナイ半島を除く叙任勅令を発したが、イギリスの圧力であらためてエジプトの領域にシナイを含む別の勅令を出した。一九〇六年には、シナイ半島の東部境界線に関してイギリスとオスマン帝国の間に紛争が生じた。しかも一九〇二年には、シオニズム運動指導者テーオドル・ヘルツルがアル＝アリーシュ地区をユダヤ人集合の拠点とする計画を提示したのに対し、J・チェンバレンはこれを支持したが、この場合オスマン帝国に対する考慮が特に払われていた。

二　民衆蜂起——エジプト・一九一九年

◆岩波講座『世界歴史』第25巻〈現代2〉(岩波書店、一九七〇年八月刊)所収の「エジプト一九一九年革命」。一九六五―六六年の二年近い在外研究のさい、エジプトの農村の状態や農民運動の内情を系統的に観察することができた。そこで芽生えた着想が、六八年に日本に招聘《しょうへい》するムハンマド・アニース教授との討論を経て、この仕事を生む。

一九一九年革命《サウラ》の見方をめぐる根本的対立

いかなる立場に対しても、そして当時も今も、次の事柄の承認を迫ってやまないような現実として、エジプトの一九一九年の革命《サウラ》はある。

(a)　それはイギリスの占領支配体制(第一次世界大戦のもとで保護国《プロテクトレート》=ヒマーヤ himāya という名分を強引に設定した)からの解放をめざす民族的闘争であった(危機、混乱、騒擾、暴動など、何と呼ばれようとも)。

(b)　それは、発端から、全国的規模で一挙に爆発した大衆的反乱運動(三月蜂起)としてはじまり、この一撃がヒマーヤ体制に致命傷を与えた。

(c)　サード・ザグルールの率いる代表団《ワフド》運動(英政府ならびに講和会議に対しエジプト代表団が「民族の総意」の名においてスーダンを含むエジプトの独立を要求する)が、またワフド分裂の過程ではサードのグループが、つねに「国民の大多数の支持」を得ていると主張する立場を排他的に独占しえた。

(d)　終局において、イギリス政府の一方的《ユニラテラル》宣言(二二年二月二八日)に基づく「エジプト王国の独立」とは、占領支配体制の再編成にほかならず、いかなる見地からもこの独立は不完全なものと認められざるをえなかった(英帝国にとって固守されるべき利害の焦点は、宣言の明記する四項の留保条件(順序に注意)、すなわち(1)英帝国の交通《コミュニケーションズ》の安全、(2)直接・間接の侵略に対するエジプトの防衛、(3)外国の権益および少数民《マイノリティーズ》の保護、(4)スーダン(の地位)として示された)。

右の諸点に関して、イギリスの政府内外のいずれの政策グループも、これを基本的には認めていたといえる。またフアード王や王族《アミールたち》も、ヒマーヤ下の首相ルシュディーのような対英協力分子も、ワフドから離脱していく「穏健《モデレーツ》」諸派(ワフドの主要な基盤となった旧ウンマ党の系列を中心とする)も、そのような妥協派の中からイギリスが交渉相手として選んだアドリーやサルワトら(二一年秋彼らは立憲自由党を結成、サードの党派は対抗的にワフド「党」となる)も、ワフドの内外で政略的に「完全独立」の原則論を説きながら大衆組織の面でワフド党にお株を奪われていくワタン党も、そしてあらたに形成された社会主義的諸派も、すべての政治グループがこれらの認識から出発することを強いられた。以下の過程はそのなによりの証拠である。イギリス側は、崩壊した権威の再建という課題をまさに危機的に受けとめていた（三月蜂起に対し緊急着任した特別高等弁務官アレンビー〔三月二一日任命、二五日カイロ着〕が譲歩――G・ロイドのいう「降伏」――を不可避としたこと、また混乱と不満の原因調査にあたったミルナー調査団〔一九年五月任命、一二月―二〇年三月現地で活動、一二月政府に報告書提出〕がヒマーヤ維持方策の検討という所与の任務を否定・逸脱して、ある「逆説的解決」――のちのいわゆる〈新植民地主義的状況〉の先取り――を探究せざるをえなかったこと）。そこでイギリスは、ワフドをも相手にして双務的《バイラテラル》性格の「同盟条約」という形式を求めることを余儀なくされ（二〇年六―一一月サード・ミルナー交渉、二一年七―一一月アドリー・カーズン交渉）、サード派のきびしい拒否を押しきって出発したアドリー「正式」代表団が国内の反対運動の高まりの前に交渉を投げ出すことになった上で、やがてやむなく「独立」の一方的宣言へと踏みきり、かつファード王やサルワト首相（宣言の翌日就任）からさえも宣言に対する公的受諾表明を引き出すことはできなかったのである。

(a)→(d)のすべてが誰にとっても否認しきれぬものとしてあったということは、しかし平板に受けとめられてはならない。構造化して把えるならば、(a)の性格や(c)の状況、従って(d)へのプロセスも、(b)の事実を基本条件としてはじめて存在しえたのである。実にここから、一九年革命を〈ワフド運動―ワフド党に代表され指導される民族独立運動〉という固定的な枠組の内側に封じ込めようとするいりくんだ反動的志向・運動が出発した。それは(b)の認識をできるだけ消去するために（あえて）(c)を強調する、ないしはせめて(b)をして(c)に従属せしめようとする運動であった。これは決して一九年革命史、の認識の仕方の問題であるのではない。一九年革命の過程そのものにおける闘争と対抗・挑戦の根本的形式をあらわすものなのである。革命は人民大衆の反乱とこれへの対応とを基軸にして展開していた。しかも反革命は反乱をワフド運動の中に解消させることをもって最後の防衛線としなければならなかった。三月の大衆蜂起に遭遇して、これを評価しこれに依拠せざるをえないと考えるに至った勢力が、極少数派とはいえワフド運動の内部に、しかも中枢部に生じたこと、そのことの上に(c)が成立したのであり、その意味では、論理的にも明らかに(c)は(b)に依存するのである。はじめあくまで平和的・合法的ラインの交渉に自らを枠づけていたサードやアブド・アッ＝ラフマーン・ファフミーらは、三月を転機として革命的立場へと移行していった。ワフド・メンバーの大多数が大衆蜂起に直面して早期の平和的収拾の立場に一層つよく傾斜したのとは対照的に。それ以前は、彼らはすべてワタン党の抽象的原則論にだけ対応し論議していればよかった。大衆反乱に直面して、彼らすべてはせっぱつまった対処の分岐点に立たされたというべきである。しかしそのサードらも、大衆の革命的蜂起の意味を民族的独立《イスティクラール》のための「革命的《サウリー》」闘争という次元でしか理解できなかった(または、理解しようとしなかった)。しかもサードらは国民との「協議《イスティシャーラ》」(上からの動員・組織化)によって対英妥協派・ワフド脱落派およびワフド運動多数派を牽制しつつ、民族的闘争をワフドの影響下に統一しようとする立場を追求した。この限りにおいて、(c)も(b)を取り込む最低限の否定的《ネガティヴ》枠組へと機能転化せしめられるという政治的過程がなりたちえたのである。

ワフド的次元で裁断され標本化された「一九一九年」認識は、つねに大衆運動に対して「政治指導」を——この場合、まさに変換的に——優先させ先行させ重視するような構成をとる。まず運動の準備過程として、一八年一一月一三日以降のサードらの高等弁務官R・ウィンゲートとの会見(エジプト独立の承認要請またそのための国外旅行許可の請求)を運動の起点として意義づけ、ついでワフド指名・信任《タウキール》運動の超党派性・大衆性を強調する。そしてこの前提の上に、一九年三月の反乱は、もっぱら三月八日サードらを逮捕しマルタ島に追放した英当局の弾圧に対する抗議の爆発としてのみ把える。四月七日アレンビーからサードらの釈放とワフドのパリ行きとを承認させる譲歩をひき出したこと、カイロにワフド中央委員会(議長マフムード・スライマーン、書記長アブド・アッ＝ラフマーン・ファフミー)が設立されたこと、これらは抗議運動の成功を示すものだとする。そしてワフドの第一次分裂を、四月二二日(ワフドのパリ到着三日後)アメリカ大統領ウィルスンがイギリスのエジプト保護統治に承認を与えたことによる衝撃・幻滅からだけ説明する。このようにして三月蜂起の意義はワフド運動の文脈の中に埋め込まれるのである。

次に、民族的闘争は、(イ)一九年三月、ワフド運動の最高潮としての反英闘争、(ロ)一九年一〇月―二〇年三月、ミルナー調査団ボイコット、(ハ)二一年一二月、対英交渉をめぐる抗議運動、という三つの高揚期をはさんで、局面の変転に応じて形態を変化させはするが、しかしワフドに率いられ組織された大衆運動という基本的性格においてはあくまで一貫した連続的過程として把握されてしまう。調査団メンバーの微行《おしのび》が各地で住民の警戒心と抗議デモによって立往生させられる(ロ)局面や、カーズン案に対する抗議デモの高揚の中で二一年一二月二三日またしてもサードらがセイシェル諸島に追放されるという弾圧が加えられた(ハ)局面も、(イ)と本質的に同次元に並ぶものとして意義づけられる。ここでは、「ワフド」と「大衆」は、それぞれ終始「指導↔支持」の固定的地位にセットされ、不変の安定的な関係によって結ばれ続けるという約束が設定されている。(ロ)→(ハ)中間期で深刻になるワフドの分裂は、対英交渉にあたる態度やスーダン問題をめぐる原則的姿勢の相違にだけ媒介される「指導」内部の分裂とされて、大衆運動とのかかわり方をめぐる分裂の基本的局面は極力視野からはずされる。まして「サード派」自体の矛盾が大衆運動との関係で問題にされたりなどはしない。結局、ここでのワフド運動論的枠組とは、大衆反乱の主導性、そのまさに起動力としての意義を否定し、(b)を(c)のうちに吸収・解消させようとする論理なのであった。

ここで次に注意すべきことは、ワフドの組織や運動をいかに評価・批判するかにかかわらず、従来おしなべていずれの立場についても、つまり「帝国主義」の立場、あるいは「民族運動」の立場ばかりでなく、期せずして「社会主義」の立場までも含めて、ワフドの指導権を基軸・前提としてみるという点で共通の視座への固執、または緊縛《きんばく》がみられ、その限りにおいて、「一九一九年革命」=「エジプト独立運動(反帝闘争)」論のある普遍的な骨組がおのずと形づくられ、保守されてきたということである。ワフド=「民族ブルジョアジーの政治組織(1)」論においても、それは民族解放運動の指導の先頭に立ったものとされ、その結成こそここでの反帝国主義闘争の開始の合図であり、それは人民大衆の革命的積極性を抑えようとはしたが客観的には進歩的役割を果したとし、また運動の発展の過程でプロレタリアートの闘争への参加・役割の増大が〈おくれて〉はじまり〈従ってこの面から二一年末の前記(七四頁)(ハ)の高揚とそこであらたに与えられるはずの「組織性」とが(イ)からの前進として主張されることになる)、ここにワフド党の「動揺性」もまた一層増大した、という定式が見出されるのである。(b)の決定的意義はここでもひとしく没却されている。

研究史上、三月蜂起への着目に関して注目される三つの仕事を段階的に挙げてみよう。

(i) ムハンマド・サブリーは一九年三月から二〇年末までを七つの時期に区分するが、その第一期(三―四月)について概括していう、「これは真に革命的時期で全国的・暴力的な蜂起によって特徴づけられた。ここではエジプト人は街頭の主人であり、権力の主人であった。男、女、子供、ストやデモの参加者、すべての者の集合場所《ランデブー》としての街頭は民族の全生命を吸い込んだ。政府はもはや存在しなかった。[2] ……」エジプト人歴史家によるこの最初の一九年革命史叙述は、民衆の闘争に関心を集中しようとした点で高く評価されなければならない。しかし既述したごときワフド的枠組を超え出ることはできず、また三月蜂起が抑圧された後も崇高な独立精神をもって「消極的抵抗《パッシブ》」を持続する民衆、というテーマが追求される中で、「三月」それ自体の把握の意義が希釈されてしまう結果となった。

(ii) 一九六〇年獄死したエジプト共産党指導者シュフディー・アティーヤのマルクス主義的立場からする民衆運動史の理論的整理[3]において、一九年革命は以下の目次構成で論じられた。第四章 一九一九年革命 (1)革命の諸条件(戦争中の帝国主義的搾取、帝国主義の政治的抑圧、国際的条件)/(2)ワフドの結成/(3)革命の発火(闘争の諸形態《アサーリーブ》、組織の諸形態《アサーリーブ》、指導部の優柔不断《タラッドド》、無名の戦士たち)/(4)

労働運動／(5)ワフド指導部の分裂。第五章　革命の諸結果　(1)革命が達成したもの（保護国制の廃止、憲法の公布と議会政治、工・商業のめざめ《ナフダ》、社会的・文学的めざめ《ナフダ》）／(2)革命が克服しなかったもの（帝国主義の支配、封建制の支配、大資本《キバール・アル＝マーリイーン》家の支配、エジプト工業の弱さ《ドウーフ》）／(3)なぜ一九年革命はその目的をとげなかったか？（ワフドの弱さ《ドウーフ》、ワフドの休戦交渉、新しい諸政党）。ここでは革命の総過程における人民闘争の掘りおこしが意欲的に企てられ、三月蜂起とそこでの人民的活動家とへの新しい光が投げかけられている。しかし構成が示すように、さきに挙げたワフド＝民族ブルジョアジー指導部論の定式から自由ではない。

(iii)　ムハンマド・アニースは前二者の視点を継承しながら、しかしまったく新しい見解を提起している。彼は一九年革命を一九年三月と四月以降との二段階に分かち、次の規定を与える。(1)暴力的革命の段階。サードらの逮捕に続くごく短い期間、英占領軍とのきびしい全面的対決、農民の参加、民族会議《マジュリス・ワタニー》や国民委員会《ラジュナ・ワタニーヤ》の名を冠した自立的地方自治権力（彼はのちにこれを秩序回復を欲する有産者層の自衛という側面に関連させてみるようになっている）の誕生、政治革命から社会革命への発展の可能性。(2)平和的闘争の段階。ながい期間、農民の退場、都市に限定された学生・サラリーマン・法律家・下層労働者の運動。こうして彼は三月蜂起が革命の全過程におけるあらゆる政治勢力の立場と運動とを規定し規制する決定的条件となったことを強調し、ワフド指導部内部の矛盾もここから解明しようとする。[4]

三月蜂起を正当に位置づけ、問題として吟味しうる状況へのきざしが、こうしてようやくひらけてきた。そして、一九年革命の中で争われた、またその理解をめぐって争われるべき根本的対立が、実はここでようやく明確になりはじめるのである。

(1) たとえば A. M. Голдобин, Египетская революция 1919 года, Ленинград, 1958. 読み易い形のものでは、ソビエト科学アカデミー版『世界史』現代2、江口朴郎・野原四郎・林基監訳、東京図書、一九六四年、六二四頁以下(いくつか重大な事実誤認がみられる)。

(2) M. Sabry, La Révolution Égyptienne, Seconde Partie, Paris, 1921, p. 39.

(3) Shuhdī ʻAṭiya al-Shāfiʻī, *taṭawwur al-ḥaraka al-waṭanīya al-miṣrīya* (エジプト民族運動の発展), *1882–1956*, al-Qāhira, 1957, ṣ. 28–76.

(4) Muḥammad Anīs, dirāsāt fī wathā'iq thawra 1919(一九一九年革命史料研究), ṣ. 10–11. ムハンマド・アニース「エジプトの一九一九年革命」板垣雄三訳、『歴史学研究』三四五号、一九六九年。

三月民衆蜂起の意味

サードら逮捕の翌日、一九一九年三月九日(日曜)、アズハルをはじめ各級学校の学生のスト・デモが開始され、一〇日にはカイロ各地区から動き出した市民の大デモに英軍が発砲して最初の死傷者が出た。一一日、弁護士スト、カイロ市電・馬車スト、商店使用人や門番の職場放棄など全市ストライキの様相があらわれはじめ、以後連日、デモの弾圧によって多数の犠牲者を生じ、またその人民葬が一層巨大な街頭デモを形成することになった。一五日にはブーラークの国鉄工場《アナービル》の鉄道労働者四〇〇〇がストに入り、この頃には各地方都市および周辺農村で激しい大衆運動がおきて、駅・鉄道・通信線を破壊し、中央につながる官署・裁判所や英軍駐屯部隊を襲撃し、統治機構は完全に麻痺状態に入っていく。英軍は各地で孤立した。三月末以降英軍の報復的弾圧がすすめられるけれども、四月二日からはエジプト人官吏の三週間ストも決行された。

　これを前記（七四頁）(ロ)あるいは(ハ)段階の抵抗と比較すると、その規模、激しさにおいて、しかも組織性の高さにおいてさえ、格段の相違があり、三月には状況に対する完全なイニシャティヴがあった。(ロ)では一〇月二四日以降約一カ月混乱の続いたアレクサンドリアでも、市民は自衛の塹壕・バリケードを築き、商店の一斉閉鎖やアブー・アル＝アッバース－モスクを拠点とする大規模なデモが連続したが、群衆への機関銃掃射、葬列への装甲車の突入などに対し、大衆は武装せず、英軍にビラを飛ばす子供の運動を組織したりした。一二月七日ミルナー調査団のカイロ到着に対して、直ちに各地で学生スト・商店閉鎖・抗議デモの波がおき、また一一日、英軍警備隊が火器をもち軍靴のままアズハル－モスクに乱入した事件の巻きおこした全国的憤激は大きなものであったが、しかしボイコット運動はあくまで調査団の動きに対してパッシヴな対応的なものなのであった。ミルナー卿が休養地で卵やミルクを全く入手できなかったとか、調査団とは関係のない知合いのイタリア人に作柄を尋ねられても、農民は「ザグルール・パシャにきけ」としか答えなかった、などの話題が支配的なのである。また(ハ)の運動は、部分的に対英人テロ（「報復団《インティカーム》」などによる）を含むにせよ、ほぼ都市の集会・デモという一般的形態に集約される。

　一九年三月の情勢は運動の急速な拡大・転移などと呼ぶべきものではなく、むしろ全国の運動の同時的発生であり、武装した農民の都市包囲・遮断とこれに呼応する都市勤労大衆のストライキ・反権力闘争とが（とりわけ前者が）、事態の深刻さを決定的なものとした。いわばメンフィスの時代以来のエジプト史を貫く「中央」の体制（ミスルはカイロおよびエジプトの両様の意味を同時にもつ）は、棍棒《ナッブート》と鉄砲とをもつ農民の決起によって寸断され解体された。一時期、「政府はなくなった」Mā fish al-ḥukūma! という実感が大衆を捉えたのである。英語のエジプト人蔑称が戦後を境にしてジッピー Gyppy からワグ Wog に転換するのは、恐らく、英国軍人・官吏がここではじめて「主役」として前面に出た貧しい農民大衆《ファッラーヒーン》に、いや応なく直接対面・対決せざるをえない苦汁を飲んだ体験と関係するであろう。農民蜂起の主要な攻撃目標が鉄道であった事実、およびその積極的な意味が確認されなくてはならない。五―六月に各地でひらかれた軍事裁判の被告の罪状は多岐にわたる（「黒い手《ヤド・サウダー》」など秘密組織結成と資金集め、武器準備・製造、英軍・英人襲撃、革命文書印刷・配付、政府財産の破壊等々）けれども、もっとも目立つのは鉄道切断（電信電話設備の破壊を含め）の実行と大衆的蜂起の教唆・煽動とである。多くは三月一二日タンターでおきた英軍との激しい衝突を通じての駅破壊やその後各地でみられた鉄道切断闘争、つまり周辺農村の村民（婦人・子供も）こぞって（いわば協同労働 zumla の一形態として）、枕木・レール・電柱を運び去る、そして修復作業の英軍を攻撃するという類のケースであったが、そのほかに、一八日アスユート・ミニヤー間でおきた民衆の鉄道制圧（北行き列車に乗っていた英軍将校・下士官・刑務所監督官〈イギリス人〉の殺害、ベニー・クッラで待ち合わせの南行き・北行き両列車へのただ乗りによる停車駅ごとの大衆交歓・集会）＝ダイルートーダイル・マワース事件などもおきた(図6)。

蜂起における農民の意識性に関して、一方では無定形の怨恨《ルサンチマン》の自然発生的爆発が、他方ではワフド的煽動・動員の作用が盾の両面として強調されるあまり、それを極力低次のものと見る傾向が強い。その闘争に復讐(殊に上エジプト《サイード》の農民の生活意識における)の局面があり、ヒマーヤ下の収奪・搾取のもった意味が顧《かえり》みられなければならぬことは、たしかである。しかし、大戦中パレスチナに派遣さ

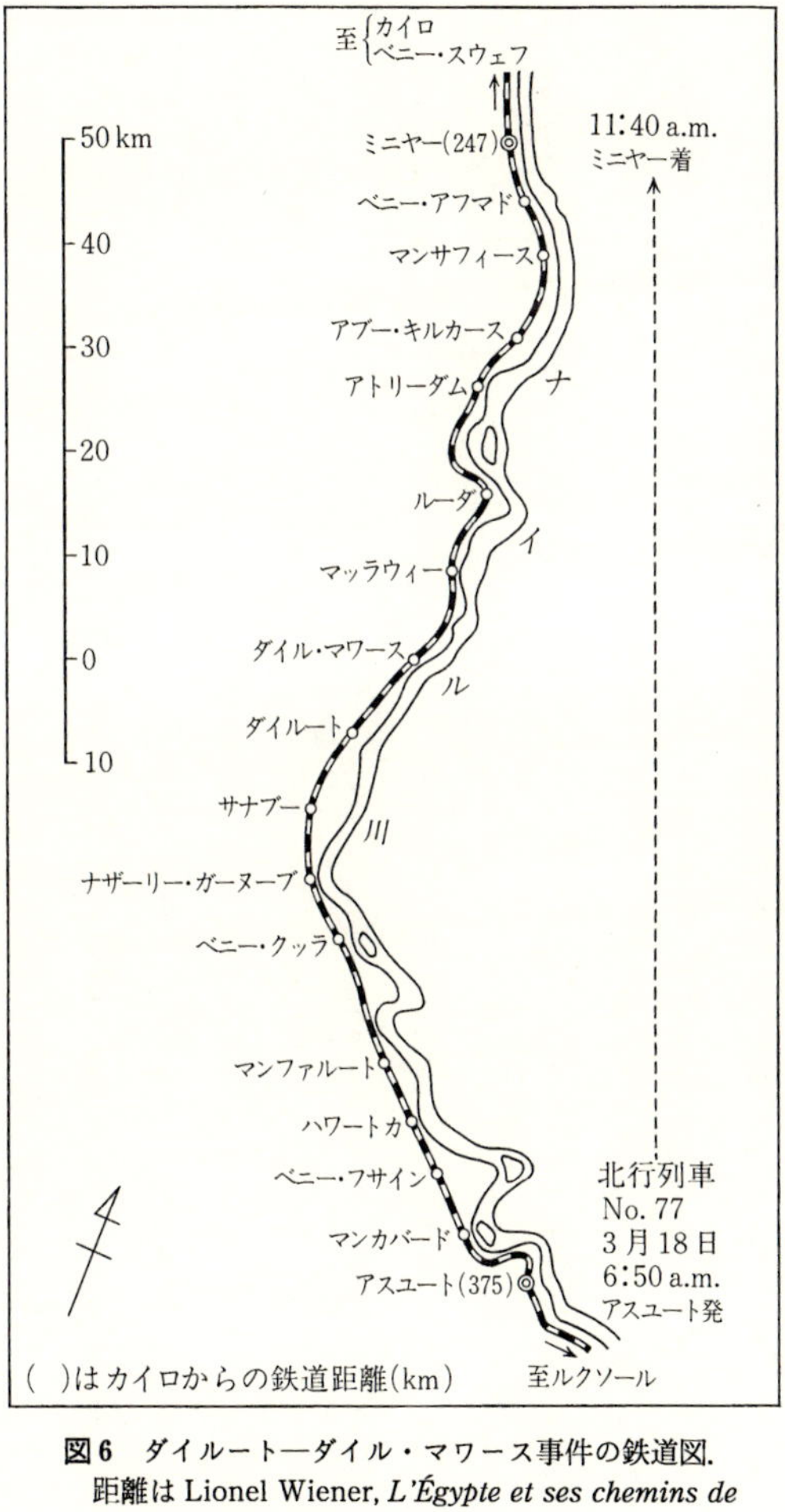

図6 ダイルート—ダイル・マワース事件の鉄道図. 距離は Lionel Wiener, *L'Égypte et ses chemins de fer*, Bruxelles, 1932, Chap. III. による.

れた作業隊《レイバー・コー》の中から歌われはじめ、都市・農村に広く流行した歌謡『おゝわがなつかしの《アーフ・ヤー・アズィーズ・アイニー》／わがふるさとに帰りたい《ワァナ・ビッディ・アルーフ・バラディー》』(Bahija Ṣidqi Rashid, *aghānin miṣrīya sha'bīya* (*Egyptian Folk Songs*), 1958, ṣ. 44)の一節、「おかみはわが子を奪った wa-l-sulṭa khaddat waladī」の sulṭa(権力)に、農民はいかなる意味をこめて歌ったか。ダイルート事件の一証言によれば、イギリス人とこれをかばうエジプト人官吏《エフェンディー》に対し石とナイフをかざして迫る農民は次のごとく追及したという、「イギリス人はわれわれの穀物を、らくだを、かねを奪った。孤児《みなしご》をつくった。サイド・パシャを捕え、ルシュディー・パシャを罷めさせ、カイロで母親たちとその赤ん坊まで殺し、アズハルとサイドナー＝アル＝フサイン〔モスク〕に火をつけた」と。大戦中の労働徴発、さらに生産生活の圏域と流通の市場圏、逃亡を含む抵抗の場などを、基盤として見直すことにより、農民の権力(国家)観と独自のコミュニケーションとをあらためて問題とし、その運動の分散性・局地性・非組織性の仮説を再検討しなければならない。かえってむしろ闘争の連帯局面(アスワーン周辺の農民運動のスーダンへの働きかけは勿論、リビアのサヌースィー派運動の介入に関して広く流れた噂などさえも、この面で再考する必要がある)を分断し、局地的「自治」に封じ込めていこうとするものとして、農民闘争の発展に恐怖をもつオムダ層(村長《オムダ》およびこれを出すシャイフ層)を基盤とした地方権力(「自治的」国民委員会《ラジュナ・ワタニーヤ》)創出の運動を把え直さなければならないであろう。この矛盾・対立の諸側面をみずに、イギリス側によってロシア革命における「ソビエト」などと対比されたこれら地方権力(ズィフタやミニヤーのそれに代表される)を一律に運動の「達成」と把握することが、従来の定説なのであった。こうして三月蜂起の同時的爆発

表 1　ダイルート—ダイル・マワース事件軍事裁判・死刑判決
(1919/6/19)

	被起訴者	死刑執行	死刑判決後の減刑のケース			
			終身重労働	15年	5年	釈放
マームール代理 nā'ib ma'mūr	1					
警　　視	2					
オムダ ‘umda	1					
シャイフ・アルバラド	1					
シ ャ イ フ	1					
オムダの子息	1					
名士たち a‘yān (3人兄弟，2人兄弟各1組他の1名はロンドン大学卒)	8	2	3	1		1
地主 dhū al-amlāk	2					
弁　護　士	1					
小 学 校 長 nāẓir madrasa D. M.	1					
学　　生	4					
土地登記代理人 dallāl misāḥa	1					
ワキール・シャイフ wakīl shaykh (差配)	1					
退職ガフィール隊長 shaykh al-khafr	1					
退 役 砲 兵	1					
ガフィール khafīr	4	1			1	
灌漑警備人 khafīr riyy	1	1				
農民 muzāri‘	10	6				
農民 fallāḥ	2	2				
パン製造 khabbāz	1					
商人 tājir	1	1				
職人 ṣāni‘	1	1				
病院看護人 mi‘wān mustashfan	1	1				
荷かつぎ人 shayyāl	1	1				
…住人 min ahāli…	29	13	5	3		
職業・住所記載なく不明	13	5	2	1		
計	91	34	10	5	1	1

〔資料〕 ‘Abd al-Raḥmān al-Rāfi‘ī, *Thawra sana 1919,* al-juz' al-thānī, ș. 70–74 に基づき筆者作製.

の条件を、安易に民族ブルジョアジーの全国的「指導」にのみ収斂させるのでなく、大衆運動の質そのものに還元して吟味し直さなければならない。

民衆蜂起はどのように潰滅していくか

単純にサードの追放にはじまりその釈放に終るようなものとしてでなく、むしろワフド運動を包摂し規定していくようなものとして、三月蜂起の意味を考え直すとき、戦後の物価騰貴の圧力と投機によるその異常な昂進や、シェーレ(農産物価格と農家家計に影響する工業生産物価格との鋏《はさみ》状価格差)の増大にともなう圧迫が農作業のひとつの切れ目においてもたらしたここでの特殊な効果など、大衆生活の経済的条件が、運動の爆発的形態に即してあらためて論じられるべきであろう。またアナービルの国鉄労働者をはじめ労働者の広範な三月ストライキ運動が四月初旬に終ることなく、五月二日まで持続したことも、重大な意味をもつ。全般的に蜂起の中で、それがまさに大衆的決起であればある程、階級的矛盾が強まらざるをえなかった。表1における「……住人」の表現 ahālī は、jamāhīr(大衆)とならんで、都市・農村に滞留する下層(失業)大衆を主として指すことが、この段階の他の記録から推定される。帝国主義的支配構造の中に系列的に組み込まれていた在留ギリシア人・イタリア人・シリア人等との矛盾も発展することとなった。こうして三月蜂起とそこでの労働者の闘争を劃期《かっき》として、つまり労働運動の「大衆化」によって、それまでエジプト労働運動を特徴づけていた混合組合《サンディカ・ミクスト》=ニカーバート・ムフタリタ(タバコ製造業の争議から発生し拡大した形態、外国人労働者の指導性が強い)の性格は一変し、労働運動の「民族化」＝エジプト化がすすむことにもなった。三月蜂起における女性・子供の役割は大きい(犠牲者のうち一二歳以下の子供の占める比重の大きさは特に注意されてよい)。都市の集会・デモにおける婦人の演説は劃期的なものであった。そして英軍の武力弾圧をひるませる葬儀デモの勇敢な組織者も女性であった。蜂起の時期、ムスリムがコプト教会に、コプトがモスクに自由に出入りしたことも、注目に値する。カイロのサイイダ・ザイナブ－モスクはコプトを含む女性大衆の集合場所ともなった。こうして三月蜂起は著しく豊かな展開の可能性をはらみ、あらたな社会運動の出発を一挙にもたらしたというべきである。

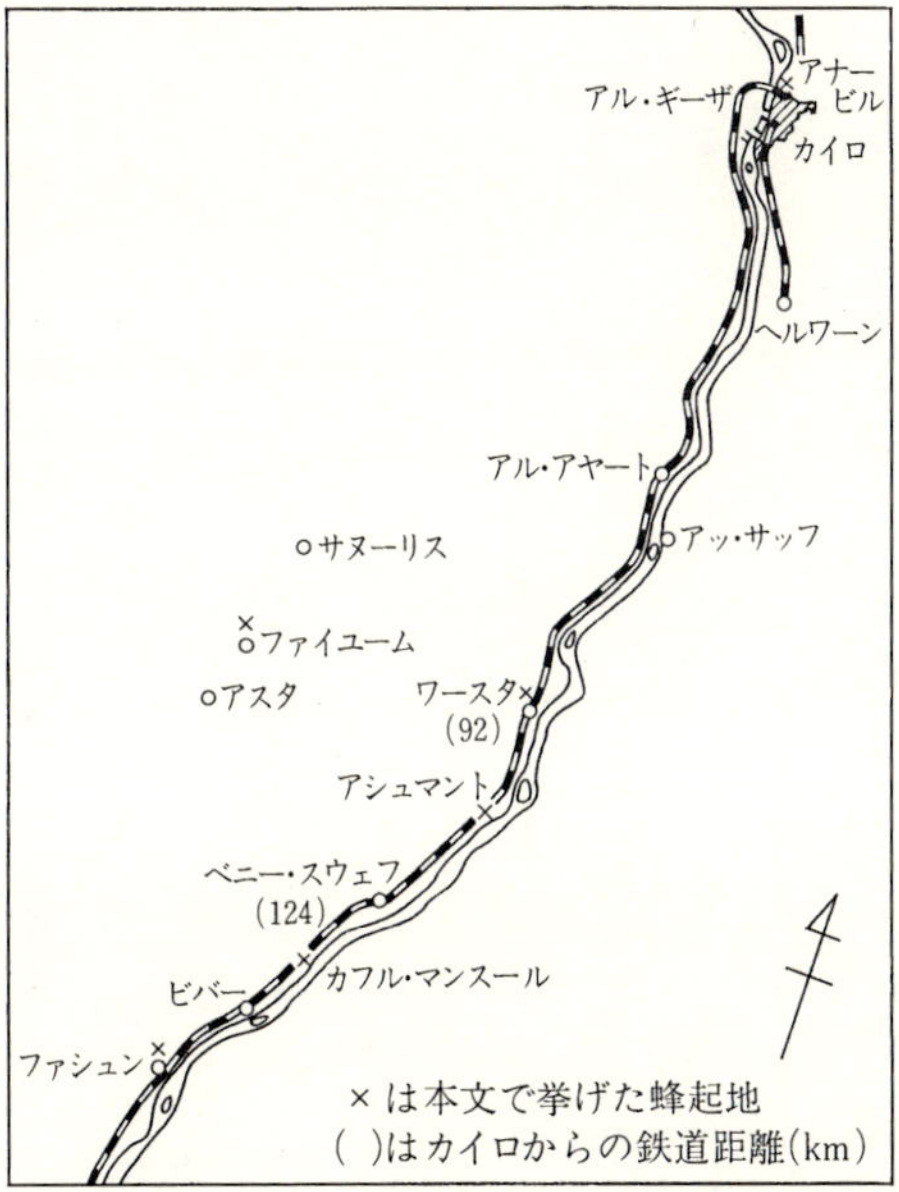

図7　ベニー・スウェフ周辺鉄道図．鉄道距離は Lionel Wiener, *L'Égypte et ses chemins de fer,* Bruxelles, 1932, Chap. III. 参照．

　各地の大衆蜂起の推移とその構造とをあとづける作業は、未だほとんどみるべきものがない。当時国内の新聞検閲の異常な強化の下では、この面での材料は絶望的なまでに乏しい。ここではエジプトで控訴院《マフカマ・アル＝イスティーナーフ》の巡回判事として在勤中、カイロから一二〇キロメートル余南方のベニー・スウェフ Bani Suwayf で蜂起に遭遇し戦った一イギリス人の日記("Tawwaf"〔ペンネーム、ṭawwāf＝「巡回者・さすらいびと」の意〕*Egypt, 1919, Being a narrative of certain incidents of the Rising in Upper Egypt*, Alexandria, 1925, pp.10–38. 三月一二—二五日、The Comic Opera Siege と題される)を整理・批判・再構成することによって得られるベニー・スウェフ局面の段階づけを要約的に提示しておこう。

(i) 12—13日、弁護士・学生の運動がはじまり、群衆に包囲され法廷維持できず。デモの圧力でムディーリーヤ(県役所。行政機構は中央—県《ムディーリーヤ》—郡《マルカズ》—村《カルヤ》というレベルに応じ、カイロの内務省—ムディール〔県長官〕—マームール〔警察署長〕—オムダ〔村長、警備人《ガフィール》をかかえる〕という系列からなる)の官吏も動揺。14日、一部農民ベニー・スウェフに向かうが、マームールにより阻止さる。前期的兆候の日々。カイロ、タンターの情報伝わる。

(ii) 15日、決定的変化おこる。多数農民が棍棒《ナッブート》をもち、学生・若いエフェンディー(洋服・トルコ帽《タルブーシュ》を着用する都市知識層)と町をデモ、裁判所・測量事務所・英人官舎等を襲い、この朝到着した英軍(一英人将校と五〇名のパンジャーブ兵)と武力衝突。警察力は完全に麻痺。英軍、ファイユームに増援を求めるがワースタの情勢(鉄道攻撃・破壊)のため得られず。15日カイロと、16日南と、交通通信途絶。英軍・在留英人はバリケード内に籠って町に出られず、恐慌状態。15—17日、蜂起は完全に町を制圧。英軍がわについて戦ったシリア人の商店破壊される。

(iii) 17日夕—18日、重大な転換のはじまり。ムディール、農村のオムダ、シャイフらと接触、秩序回復に向かって動き出す(英軍側とも連絡を密にとり、この方向を暗示)。名士委員会設置の準備開始。17日夕はムディールらの工作で平和的デモ・歌う集会となる。18日、英軍増援隊到着、在留英人の婦人・子供、ボートで脱出、カイロへ引揚げ。

(iv) 流動的情勢、しかし大勢きまる。19日、一方で大規模なデモ、他方で一五名よりなる名士委員会開かれ、(ii)での「掠奪」者四五名逮捕。20日以降、英軍側に運動の情報提供・密告入り出す(ギリシア人やキプロス人コック等のほか、エジプト人シャイフ・医師等)。英人暗殺などテロ計画が動きはじめ、また英軍側に知られる。21日、名士委でその強硬メンバーHをカイロへの派遣代表として「追放」する陰謀(中央からのみた「状況」の虚構性)。

(v) 22日、(iv)でデモを抑え農民帰村を推進していた名士ら、市民デモ計画に動き出す。しかも「国際化」の企て(イタリア領事、コレミ繰綿工場のギリシア人労働者等への工作)。ムディールは農村巡回によりデモの町をあける計画(黙認と責任回避＝「愛国者」)。23日、カフル・マンスール村民、ボートで南下する英軍部隊と交戦。24日、アシュマントで駅・鉄道破壊。25日、ファシュンで電話線切断、抵抗の分散化。しかも20日のファイユーム、23日のアスユートの戦闘の情報が入っても、「自立的」ベニー・スウェフの「自治」による連帯の切断→英軍・内務省の秩序回復へ。

右のようなベニー・スウェフ局面の展開の把握は、他の地方に関してもまったくパラレルな形で妥当するといえる。(iii)で暗示されるように、あらゆる政治勢力はそれぞれ大衆反乱に対応して急速に動きはじめたのであった。四月に入って各地に組織される国民警察軍《シュルタ・ワタニーヤ》は反英闘争の組織ではなく、名士層(オムダ・地主)の率いる治安維持のためのものであった。三月蜂起に対する反動期のムハンマド・サイード内閣(五月下旬—一一月中旬)のもとでは、運輸通信省が新設されて国鉄の管理体制が強化され、八月一七日労働「調停」委員会法が公布されて、労働者の運動を強力に規制する方向で委員会が機能しはじめるのも、その一段上のレベルの対応であり、かつ一九年四月七日から二一年二月に至る帝国主義支配の再編過程の初発段階(たとえば、刑法改正)を構成し、そのうちに包括される性質のものであった。表1が明示するように、そこには革命的下層大衆への集中的抑圧が含まれていた。三月

表2　村のシャイフ(オムダ＝村長)の職務

	18世紀末	ムハンマド・アリー治下	アッバース治下	サイード治下	イスマーイール治下	一八八〇—一九二三	一九二三—一九五〇
治　　安	+	+	+	+	+	+	+
政府指示の伝達，公証	+	+	+	+	+	+	+
客人の接待	+	+	+	+	+	+	>
村民の紛争の仲裁	+	+	+	+	+	+	>
裁判，処罰権	+	+	+	+	+	>	−
租税支払の保証，徴税	+	+	+	+	+	−	−
村民間の土地・税負担の配分	+	+	+	−	−	−	−
課税査定		+	+	+	<	−	−
公共事業・兵役への農民の選抜			+	+	+	>	>
国有地の貸付，債務者財産の差押え						+	−
出生・死亡の登録，選挙人登録，衛生管理，違法行為の報告						+	>
国勢調査，郵便局，電話						+	+

符号：+　村長の職務の一部であることを示す(初出の+ははじめて職務となったことを示す).
−　もはや職務ではない.
>　機能の漸減.
<　機能の漸増.

〔資料〕 Gabriel Baer, "The Village Shaykh in Modern Egypt", *Scripta Hierosolymitana*, Vol. IX, *Studies in Islamic History and Civilization*, ed. Uriel Heyd, Jerusalem, 1964, p. 137.

蜂起は帝国主義的支配機構の基底部分をなす村のオムダ体制を揺がせ、以後オムダ・シャイフ・地主層をむしろワフド党を根幹とする諸地主・ブルジョア政党組織の下部機構へと再編させるきっかけとなった(表2参照)。

二〇年一月確立するエジプト民主党も、そのメンバーのもろもろの政治的傾向への分裂と転回も、そのうちのひとつとしての立憲自由党への転回に対抗しつつ成立してくるワフド党も、それぞれ右の対応の諸形態を政治的に表現・組織化したものであった。そして重要なことは、ワフド党の内部にきびしい緊張・矛盾をはらみながら革命的・民主主義的立場を発展させようとしていたサードら少数グループが存在したことである。しかしこのグループは、ついに独自の独立した政治指導組織として自らを形成することができなかった。ひとしく三月蜂起の現実に対する別個の対応として生じてきた知識人内部でのエジプト社会党の結成(サラーマ・ムーサーやフスニー・アル＝オラービーに代表される)と、その分裂を通じてのフスニー(二二年末モスクワにおもむきコミンテルン第四回大会に出席した)ら左翼によるエジプト共産党の成立も、そのような形成を促進するのではなく、むしろ全体としてのワフド党との矛盾を強める中で、この段階での革命的民族運動への道は閉ざされて行った。二三年憲法による総選挙で、二四年ワフド党が圧勝し、サード・ザグルール内閣が成立したが、この政府は共産主義者を逮捕・裁判し労働組合連合を解散させた。しかし、イギリス労働党のマクドナルド内閣の退陣とともに、イギリス当局の一部と結びついた宮内長官ハサン・ナシャートら宮廷派の陰謀的挑発によるリー・スタック(スィルダル＝エジプト軍司令官兼スーダン総督)暗殺事件(二四年一一月)を機として、イギリスの強硬な軍事的圧力(アレクサンドリア税関の占領、スーダンからのエジプト軍の撤退強要)の前に辞職せざるをえないことになった。イギリス政府は、二二年二月宣言の抱えていた矛盾をこれによって強行的に調整したのである。三月蜂起の後、サードへの敬愛と支持のうちに抵抗を維持し表現しようとした大衆の希望もまた、ここでは潰《つい》えざるをえなかった。二四年あらたに高揚期をむかえたスーダンの民族運動も、ここで大きな打撃をこうむることになった。これとともに、エジプト民族運動にとってのスーダンの意味、スーダン人との連帯の意義は、一九年革命における(ナイル河谷人民の)「統一」の課題とは異なった方向に転換して行くこととなった。国王・宮廷派はイスラムの諸シンボルを反動的に組織し、ムスリム社会運動を、さらには婦人運動、「労働運動」をさえも対抗的に利用しようとする工作を開始していた(二〇年代思想史における注目すべき問題、アリー・アブド・アッ＝ラーズィクやターハー・フサインに対する思想弾圧などにも、それはあらわれた)。宮廷派のイニシャティヴによる擬似的政党たる同盟《イッティハード》党(のちの人民党《シャーブ》への系列)をも含むような「政党政治」の中で、運動とその指導のあらたな発展の可能性は、大衆がワフド党の役割の本質を見抜き、その「指導」を克服する将来の過程の中に約束されることとなるのである。

三　国家の断面図——アラブ東方・一九三〇年代

◆岩波講座『世界歴史』第28巻〔現代5〕(岩波書店、一九七一年七月刊)所収の「アラブ地域の民族運動」の前半部分。同年二月クウェートでの「パレスチナ問題国際シンポジウム」に参加、アラブ諸国を駆け足でまわり帰国したあと、あわただしく仕上げた。あの会議の主宰者＝現クウェート首長の二〇年後の変貌は、ここでのテーマにつながる。

転機としての一九三六年

アラブ東方にとって、一九三六年は、第一次世界大戦後に設定された政治支配体制の基本的組み換えを意味するいくつかの劃期的事件が一斉にもたらされた年である。すなわち、イギリス・エジプト(英エ)同盟条約調印(八月)、フランス・シリアおよびフランス・レバノン両条約締結(九月、一一月)、イラクの軍事クーデタ(一〇月)、パレスチナでのピール調査団の活動(一一月以降)。

これらは一九三〇—三六年の政治的危機の結末としてあらわれた。ここでいう政治的危機とは、第一世界大戦後の政治支配体制(a)の矛盾が、世界恐慌により尖鋭化された経済・社会構造の変化(b)、ならびに国際政治状況の変化(c)のもとで、直接的には(b)(c)にともなう大衆の社会的・政治的運動(d)によって、深刻な形で露呈され、矛盾の転換・吸収機構が十分に作用しなくなり、応急の体制的再編・調整(e)が試みられる過程であった。

危機は、まず(a)の基本形態の変更をも含む非常措置(e_1)をうみ出し、これに対する政治的反撥(e_2)が危機を一段と深化させるなかで、前記諸事件のうちに反映される新しい状況(e_3)をもたらすことになった。(e_1)はしばしば「ファシズム的」独裁・民衆弾圧政治として批判され、これに対して(e_2)は「民主主義」の要求、「統一戦線」「人民戦線」の闘争として自らを主張することになった。このことは直ちに(c)認識の問題と密接に関連する事柄であるが、(e_3)の検討は(e_1)(e_2)におけるファシズム、民主主義、統一戦線など政治的標識そのものの批判的吟味にわれわれを立ち向かわせることになるであろう。(e_2)を主導した「民族主義」的指導は明確に腐敗を露呈しつつ、(e_3)においてむしろ支配体制の主柱へと転化する道に決定的に踏み込んで行くからであり、またこのような現実(帝国主義＝民族主義体制)を総体として批判するために、大衆の側では、一方でこの時代のイスラム社会運動が代表するようなファシズム運動の中にひき寄せられる傾向を生じたからである。右のことは、より積極的には、一般に「ファシズムの時代」「帝国主義とファシズム」「国際的反ファシズム戦線」等、一九三〇年代をめぐる論議に対して、ひとつの新しい問題次元を突きつけるものだということを意味しているといえるかも知れない。

イラク

(a) ここでの委任統治国としてのイギリスの支配は、「独立」イラク政府を通じての間接的操縦へと急速に移行していた。「委任統治」は、シリア王国の潰滅によって追われたファイサルをイラク国王《マリク》として導入し(二一年)、双務的《バイラテラル》条約体制を樹立し(軍事・財政・外交上の勧告権を定めた二二年イギリス・イラク条約、二六年・二七年改訂)、立憲制の体裁を整える(二四年)ことによってはじまり、二五カ年間の同盟関係と「独立」への移行とをとり決めた一九三〇年一月の新条約により、かつ法的には三二年一〇月のイラク王国の国際連盟加盟によって、完了したとされる。これは「イラクの民族運動」の前進によるイギリス統治からの解放なのではなく、むしろ分割の結果、イギリス支配のために枠付けられた「イラク」という場に地域的統合を保証する現地権力をば育成しようとする政策の前進なのであった。イラクに含まれる「地方的」・社会的分裂の諸要素のうち、とくに注意をひくのは、北部のクルド(二五年モースル地方をめぐるイギリス・トルコ間の係争問題が、その「イラク」への帰属という形式で「国際的」に決着せしめられた後も、クルディスタン自治要求を掲げて反乱を持続した)と南部のシーア派住民(ナジャフ・カルバラーの二聖地を拠点とし、イラン人を含むウラマーの影響下で反英・反「イラク」政府の抵抗姿勢を保持した)とであった。これら少数民族・宗派の問題のほかに、中・南部の遊牧民の政治的掌握も困難をきわめた。イギリスの加速度的権限委譲は、基本的に「イラク化」的対処、つまり「地方的」反乱を制御しうるに足る「民族的」政府の創出と負担の転嫁とを緊要としたからである。この政策はイラク政治指導者層＝議員サークルの設定と操作を基軸として展開していた。ナキーブ（門閥）層、遊牧部族シャイフ、高級軍人（旧盟約《アフド》派、アラブ反乱でのファイサル擁立グループ）、宗教指導者らが「イラク政界」に組織され、イギリス人高等弁務官（三二年以後は大使）および行政顧問たちは、政党に擬せられるその流動的派閥の対抗を運用した。三〇年条約成立にあたり、この見掛けの対抗は、同条約を推進したヌーリー・アッ＝サイードら「親英派」と、さらに条約改訂を要求する「民族同胞《アル＝イハー・アル＝ワタニー》」派（ヤースィーン・アル＝ハーシミーやラシード・アリー・アル＝ガイラーニーの率いる（イハーと略記））との間のものとして与えられた。イラク石油会社の石油開発はようやく三〇年に開始されるのであり、三〇年代初めには国家財政の基礎は著しく脆弱であった。現地支配層は二〇年のメソポタミア住民の蜂起以降、その伝統的収奪機構の動揺に直面しており、自らの危機の打開の道を「民族的要求」（イラク国家の独立＝軍事的に強力な（＝イギリスに支持された）中央政府）のうちに探っていた。ここにイギリス支配による「イラク化」政策の現実的基盤があった。その意味で、「親英派」もイハーも現地支配層の政治的要求（＝民族主義）の表裏を表現したものというべきである。三〇年ファイサルが「独立」にともなう改革への展望を述べた覚書は、政府が所有する小銃一万五〇〇〇挺に対して一〇万挺（過小評価とみられる）が人民の手中にあることへの恐怖をモチーフとしていた。

(d)　一九三三年以降、現地支配層内部に深刻な葛藤《かっとう》（イハー内部の分裂抗争を含め）を生じ、連続的な内閣危機（三三年九月のファイサル急歿、若年のガーズィー Ghāzī 即位に続く目まぐるしい政府交替）が発生した背景には、全般的な社会不安、大衆の社会的動揺があった。三三年八月ラシード・アリー政府、ことに内相ヒクマト・スライマーンが組織したアッシリアン（アシューリー＝ネストリウス派キリスト教徒）排撃・虐殺や三四年末イハーのおこなった遊牧民煽動・買収工作（ヒクマト・スライマーン別邸での一連の「スライフ宴会」）のごとき不満の転換、政権抗争への吸い上げ・利用の政策は急速に破綻《はたん》をきたし、シーア派住民を中心とする反政府抵抗運動が武装反乱として爆発するに至った。三五年初めのユーフラテス中流域の情勢は内閣危機を完全な政治危機に転化させた。シャイフ層の誘導・抱え込みによる収拾という伝統的方法はもはや通用せず、各地で鉄道切断、政府建物《サライ》の破壊、地方駐屯部隊の孤立と降伏がおきた。

＊　アッシリアン教会司教マール・シモン Mar Shimun の指導下でアッシリアンは自治権を要求していたが、これが容れられぬのを不満とする一グループがシリアへ越境しようとしてフランス官憲の警告で果さず、イラク領に戻ろうとしてこれを妨害したイラク軍兵士を倒した。これを契機に二〇を越えるアッシリアン村落の焼打ちと虐殺が懲罰的に組織された。

(e₁)　一三日間のマドファァイー内閣を継いで一九三五年三月成立したヤースィーン・アル＝ハーシミー＝ラシード・アリー内閣（Y＝R政府と略記）は、全面的武力弾圧にとりくんだ。それは議会の解散、戒厳令による大量逮捕、軍事裁判、反乱拠点の空襲、徴兵制の強行によって対処しようとした。一方では、「議員改選」、農業銀行設立、「労働者保護」立法などによる革命も謳《うた》われたが、反乱の拡大（ユーフラテス中流域からバスラへかけての一帯、北部ではクルドおよびヤズィーディー（クルド系で独特の秘儀的混交宗教を奉ずる集団））にともない、その寡頭支配による抑圧的性格は一段と強められた。三六年三月にはアーシューラー（ムハッラム月一〇日、この場合はスンナ派にとってのそれでなく、預言者の孫フサインの殉教の死を悼むシーア派にとっての悲しみの記念日）の一切の行事が禁止された。アッシリアン弾圧で名を挙げたバクル・スィドキーが指揮する政府軍は各地の反乱を各個撃破的に粉砕していった。

(e_2)　Y＝R政府の強権（きびしい新聞弾圧をともなう）下でアハーリー（＝庶民）・グループの運動がひそかに拡大された。それは一九三一年に出発したバグダードの若い知識人グループの活動から発展したが、外国で社会主義に関する知識を得て帰国したアブド・アル＝ファッターフ・イブラーヒームおよびムハンマド・ハディード（それぞれコロンビア大、ロンドン大卒）の指導が強められた。彼らは自らの思想的立場を人民主義《シャービーヤ》と称したが、その主張は階級闘争を否定し、宗教および家族の伝統的イデオロギーと社会主義との折衷を試みるものであった。しかしアハーリー・グループは多様な「左翼」を吸収し、有力メンバーとしてマルクス主義者のアブド・アル＝カーディル・イスマーイールを含むほか、旧イハー系議員のカーミル・チャディルチーやジャーファル・アブー・アッ＝ティンマーン（シーア派）も参加した。そしてついにはこの最後の系列に連なるものとして、アッシリアンの抑圧者であるにもかかわらずY＝R政権から排除されたことに不満をもつヒクマト・スライマーン（トルコマン系、マフムード・シャウカトの異母弟）も親トルコのケマル－レザー型志向国家主義者《エタティスト》として加わるに至った。三五年春には上記諸メンバーによって構成される執行委員会が成立する。ここでアハーリーはY＝R政権に批判的な広くゆるやかな連合戦線ともいうべきものであった。しかもY＝R

政権の弾圧の執行者であったバクル・スィドキー(クルド)がヒクマトの工作でアハーリーのクーデタ計画の執行者へと変貌するのである。かくして三六年一〇月二九日、軍隊の反乱とバグダード進軍により、「憲法を逸脱した」Y＝R政府は倒れ、ヒクマト・スライマーンを首相とし、しかし参謀総長バクル・スィドキーが権力中枢を押えるアハーリー政府が成立した。その限りで国王もイギリス大使も、予期せざる軍事クーデタと新政権の出現を追認可能の現実として受けいれたのである。クーデタそのものは明らかにヒクマト－バクル路線で推進されたにもかかわらず、アハーリー・グループは新政権を人民戦線《ジャブハ・シャービーヤ》政府とみなし、不正の除去、政治犯釈放、労働組合の公認、民衆生活の向上、国民の権利の保障を宣言し(同時に、軍隊の強化、イラク統一の維持の主張をも掲げたが)、また一部産業の国有化、農民への国有地分配などの政策の実現にも期待をかけた。そこでは、ヒクマトやバクルの役割の本質が見抜けなかったというだけのことでなく、基本的に帝国主義への構造的批判が欠けていたといわなくてはならない。しかもまた大衆の側ではこれを反英勢力の勝利として印象づけられていた。一一月初めバグダードで組織された民衆の大デモンストレーションにおいては、「人民の政府万歳」と共に「(旧イハー派ラインのコンテクストで「反英的」とみなされていた)国王万歳」「国軍万歳」の叫びがあがったのである。そして国際的にも、イラクのこの政府はひとつの統一戦線戦術のあらたな成果とさえ、はじめはみなされたりした。ここでも帝国主義への構造的批判の観点が失われていた。

(e_3)　新政権の内部矛盾はただちに明らかとなった。それは事実上バクルの軍事独裁と化し、アハーリー・グループはあらゆる通路をふさがれた。一九三七年六月アブー・アッ＝ティンマーンら改革《イスラーフ》派四閣僚は辞職し、アブド・アル＝カーディル・イスマーイールは追放された。バクル＝ヒクマト政権が残したものは、ほとんど政権内部の腐敗と軍隊内においてクルド対アラブとして表現された対立（バクルはクーデタにおいてイラク軍の父といわれていたジャーファル・アル＝アスカリーを殺害させ、またその後クルド軍人を重用した）と対トルコ接近の結果として三七年七月に締結されたイラク・トルコ・イラン・アフガニスタンを結ぶサーダーバード相互援助協定のみである。そしてバクルは三七年八月モースルで暗殺され、サラーフ・アッ＝ディーン・アッ＝サッバーグらこの謀議に加わった軍人グループのクーデタによりヒクマト内閣は崩壊した。サッバーグらはやがて「七人」グループを形成して、三八年一二月第二次クーデタをおこない、マドファイー内閣を廃してヌーリー・アッ＝サイードを首相に据え、また三九年四月ガーズィー王が事故死すると、摂政としてアブド・アル＝イラーフを推した。同グループは第二次世界大戦の開始と共に分解し、ヌーリーにかえてラシード・アリーをかつぐサッバーグら四人があらたな権力サークル（イギリスの諜報機関は「黄金の四角形《ゴールデン・スクウェア》」と呼んだ）を固めた。こうして三六年以前の意味あいではまさに文字通り親英派のマドファイー、ヌーリー、アブド・アル＝イラーフが続々登場するにもかかわらず、そしてイギリス政府はこのことに好感を寄せたにもかかわらず、事態は完全に変化してしまっていた。頻発するクーデタを通じて実質的権力を握る軍人グループは、もはや伝統的装置たる「イラク政界」をはみ出した存在であった。これに対しドイツ大使F・グロッバは強烈な影響力を滲透させており、パレスチナを追われた親独的指導者アミーン・アル＝フサイニーは三九年一〇月その活動の拠点としてイラクを亡命地に選んだ。ガーズィーの死亡はイギリスの策謀だとして興奮した群衆によりモースル駐在イギリス公使が殺害される事件もおきた。イギリス政府は新しい状況の中で混乱しつつ対応を模索しなければならなかった。それはやがて大戦下での「黄金の四角形」権力の軍事的打倒へと結果して行く。しかしその困惑にかかわらず、またその成行きにかかわらず、イギリスにとって決定的に重大だったことは、三五―三六年の反乱を鎮圧したのがイラクの軍人勢力と軍事力とであったという事実である。

エジプト

(a)　基本的には三月蜂起が弾圧されたことによって、そして現象的には一九二四年サード・ザグルール内閣が倒壊したことによって、一九一九年革命が鎮圧されたのち、エジプトの政治過程は、なお軍事的掌握にもとづくイギリスの政治支配が全面的に貫徹する過程だったとしても、そこでは、(1)イギリス高等弁務官、(2)エジプト国王、(3)ワフド党という三者の対抗・競合関係の展開のみがもっぱら主要動機として示されるようになっていた。(1)にとって不可避的な矛盾は、政党政治の粉飾に依拠しなければならず、しかしその結果は、選挙のたびに都市中間層および農村のオムダ・シャイフ層をチャネルとする大衆的支持の組織化を独占する(3)の圧倒的「勝利」がつねにもたらされるということであった。そこで(1)は(2)の権力および憲法上の権限（議会解散・内閣罷免）を最大限に利用せざるをえないことになる。(1)と(2)は(3)の政治的影響力を抑制し排除するために、立憲自由党に代表される反ワフド「政党」・政治家グループおよび宮廷派の同盟「党」(いずれも大衆的支持基盤をもたず)を非ワフド政権維持、むしろワフドの政権からのひき離しのための道具立てとして操作した。この条件下で(2)は、実際には著しく限定されていたとはいえイギリス支配権力に対する相対的自主性を標榜し、また独自の利害を追求することが許された。このためある限られた局面では、(2)は欺瞞《ぎまん》的に「民族的」シンボルを利用することができ、さらにアズハルのムスリム指導者の支持をとりつけることにより、自らの政治的影響力を創り出し、拡張することができた。それが依存する政治組織としての宮廷派および非ワフド「政党」諸勢力にとっては、(3)の堅固な大衆的基盤を掘り崩すということなど思いもよらぬことであったし、それゆえこれらは決して(2)の権威の現実的支柱たりえなかったのであるが。しかしまた(3)の大衆的基盤とは、実はサード・ザグルールとその「党」への支持に托して大衆が表現しようとしたものを逆用する政治的組織化なのであった。上の意味で、ワフド党と王制それ自体とは、拮抗的に、かつそれぞれ異なった局面で大衆への影響力を確保した。このような影響力の拮抗および位相が問題となること自体、一九年革命の政治的収拾にともなう政治支配の構造的矛盾をあらわしている。(3)は、(2)の「大権」による他の諸「政党」の政権たらい回しに対しては、また無論(1)のむき出しの軍事的威嚇(二四年の大規模な軍事行動にひき続き、二七年には軍隊指導部〔司令官《スイルダル》・監督長官〕エジプト化案に干渉してアレクサンドリアに軍艦派遣)に対しては、自らを憲法上の手続きに縛りつけることによって全く無力であり、見せかけの政党政治のうちに大衆の不満と批判を吸収し解消させようとする機能を果していた。二七年サード・ザグルール(1)の拒否的態度のため国会議長の名誉的ポストに棚上げされていた)が死去し、ムスタファー・アン=ナッハースが代ってワフド党の指導者となることにより、そして二八年三―六月、短期のナッハース内閣の成立により、このことはいよいよ明らかとなった。しかしワフド党は、イギリス支配に抗する民族的結集の核として振舞うことによって大衆をひきつけることにのみ、その存在理由を賭けなければならなかった。基本的にはワフド党が「政党政治」を運用するイギリス支配の体系のうちにおさまりながら民族主義政党として独特の権威を保持しえた秘密はここにあった。イギリスが自由立憲党を中心とする反ワフド連立政府を相手に推進しようとした条約交渉(二七年のチェンバレン―サルワト交渉、二九年のヘンダースン―ムハンマド・マフムード交渉)をそれぞれ最終段階で破壊したのは、イギリス軍撤退およびスーダーンに対するエジプトの権利について原則的に固執するワフド党であった。議会で多数を占めるワフド党を抑えるために、ナッハース内閣を罷免しムハンマド・マフムード内閣(立憲自由党・同盟党の連立政府)を成立させた直後、七月勅令によって向こう三カ年の議会解散・憲法停止措置を強行しようとした国王・宮廷派クーデタといえども有効でありえなかった。イギリス労働党政府は、二九年一二月の総選挙で全議席の九〇%を占めて大勝したワフド党の第二次ナッハース内閣(三〇年一月成立)を相手に交渉を再開せざるをえなかった(ヘンダースン―ナッハース交渉)。しかしこの交渉はたちまち行き詰り、五月イスマーイール・スィドキー内閣の成立をみることになる。スィドキーは一九年のワフド運動ではサードとともに追放されたこともあったが、自由立憲党政府の内相を経て、民衆弾圧の有力な組織者であり、二〇年代末には宮廷派のもっとも強力な実力者となっていた。なお、ムハンマド・マフムード内閣のもとで、二九年五月ナイル水利協定の成立により二四年以来政治的・軍事的にエジプトから切り離されていたスーダンが、ここで経済的にも別個の発展過程へとひき入れられていったことも注意されるべきである。

(d) 世界恐慌によって尖鋭化されたエジプト社会の経済的打撃は甚大であった。それはたちまち原綿価格の崩壊的暴落によって示される。イスマーイール・スィドキー内閣が成立とともにおこなった議会召集延期は、ただちに一九二九年六月末ワフド党によるサードークラブ《アン＝ナーディー・アッ＝サーディー》での自主国会の開催および政府による抑圧措置につながっていったが、宮廷クーデターと「政界」中央での抗争ゲームに対する大衆の政治的反応は、このときには著しく敏感で、かつ新しい様相を呈した。それは七月初旬以降、ビルバイス、マンスーラ、ポール・サイード、イスマーイーリーヤ、タンター、アレクサンドリア、カイロなど各地で大規模な大衆デモが継起的に発生し、警官隊との衝突によって激烈な流血の諸事件となった。ここでは、学生の運動もさることながら、街頭闘争における都市労働者・失業者層の戦闘的な立ち上がりが推進力となったことが重要である。このため、イギリス海軍も介入への待機の態勢をとるに至った。八月には汽車旅行中の首相の暗殺未遂事件も起きた。この間の状況については、大衆デモの激発にのみ目を奪われるのでなく、むしろ全般的な秩序の動揺と、深刻な社会不安の瀰漫《びまん》にこそ注意が払われなければならない。

(e_1) イスマーイール・スィドキー政府は、大衆弾圧を強化しつつ、いくつかの非常措置をとった。それは、一方では、一九三〇年ワフド党政府にとって課題とされていた関税改革を実現して、繊維・

砂糖・綿実油・化学薬品等に対する高率の保護関税を設定し、また地主・農民経営に対するもろもろの債務救済措置と併行して三一年 農業信用銀行《クレディ・アグリコル・デジプト》を設立した。また、三〇年一一月には内務省に労働局《マクタブ・アル＝アマル》を設置した。しかし、他方、それは三〇年一〇月、二三年憲法を廃止し、またワフド党の支配する地方議会をも勅令によってすべて解体することにより、(a)で特徴づけられた体制の全面的な転換をはかったのである。かわりに施行された三〇年憲法によって国王の大権が無条件に保証されることになったとはいえ、このことは実はスィドキー政権の独裁体制の樹立を意味したのであった。一一月スィドキーを党首とするまったく私的な結合である人民党《シャーブ》が同盟党を受け継ぐ形で結成され、これにとってのみ有利な新しい選挙法によって、三一年六月流血と詐術《さじゅつ》の総選挙が強行された。ここでは立憲自由党もワフド党に歩調をあわせて選挙をボイコットするに至った。一切の政党集会の禁圧、政党指導者の地方遊説運動の妨害、大衆デモやストライキの弾圧のもとで、かつ買収と投票すりかえのあらゆる手段にもかかわらず、人民党はようやく過半数をおさえたのみであったが、しかし、こうしてイギリス当局と国王とは、ワフド党を排除し、ワフド党の支配しない「議会」をはじめてもちうることとなったのである。したがって人民党はその政治的機能において、また王制に対する関係において、自由立憲党や同盟党とは著しく異なる位置を占めることになったが、このことにより、しかもことにそれを可能ならしめた強硬な治安対策によって、スィドキー政権はイギリス政府の支持と承認とをとりつけたのである。三二年九月のイギリス外相サイモンとスィドキーとの会談は条約交渉としてはまたもや不発に終わったとはいえ、イギリスの支持と承認を如実に示すものであった。

(e$_2$)　スィドキー独裁体制と弾圧の強化(刑法改正や徹底した新聞検閲をも含む)にもかかわらず、大衆の政治的動揺はおしとどめがたく拡大し、街頭での大衆と警官隊との衝突が日常的なものとなった。そして鉄道のサボタージュ、イギリス軍キャンプに対する爆破事件の頻発などに発展していった。このような情勢を背景として、一方に諸政党の統一戦線、「国民戦線《ジャブハ・ワタニーヤ》」が展開し、他方にスィドキー政権内部の矛盾(アリー・マーヒルやアブド・アル＝ファッターフ・ヤフヤーの閣僚辞任に結果する)およびスィドキー政権と国王との間の対立が表面化したのである。「統一戦線」という名の政党間の協定は、一九三一年三月のワフド党・立憲自由党を中心とする反スィドキー・反人民党の国民会議《ムータマル・ワタニー》と民族憲章《ミーサーク・カウミー》によって出発した。しかしそこでは、ナッハースらは連合政権構想に反対してあくまでワフド党政権樹立の目標に固執しており、このためワフド党内部で分裂が進行しはじめたことも注意されるべきである。政権の矛盾は宮廷派内部の陰謀を激化させ、三三年一—九月スィドキー辞任へのジグザクの過程がうみ出された。そして結局スィドキー体制はヤフヤー内閣成立とこれに対する宮内長官イブラーシーの陰然たる指導権確立という国王独裁体制に移行した。イギリス政府にとっては、イギリス駐屯軍の存在という事実に裏付けられた二〇年代の「安定」状況が大衆の動揺によって根底から脅かされ、しかもスィドキー体制もこれに対抗して有効でないことが明らかになったとき、イタリアのバリからのアラビア語放送の反英煽動は、その実際の効果に比して過大に危険なものとして映ることになる。情勢の危機的な把握はイギリス当局をして直接介入に踏みきらせることとなった。新任の高等弁務官M・ランプスン(キラーン卿、三六年以降大使)がその主役を演じた。イブラーシーを圧迫しつつ三四年一〇月タウフィーク・ナスィーム内閣を設立させ、一一月には三〇年憲法の廃止、議会解散へと強行的に導く過程が展開された。イギリスの干渉と結合したナスィーム政権に対して、今や新しい「統一戦線」の結合が叫ばれるに至る。三五年を通じて、国王・宮廷派からワフド党に至る諸勢力が二三年憲法の復活を要求して「反英」・反ナスィーム統一行動をくむことになる。イタリアのエチオピア侵略政策に対するイギリス政府の態度、ことに一方でスエズ運河による輸送をめぐってイタリアに対する決定的な譲歩と、他方で在エジプト・イギリス軍部隊の増強とは、この統一行動が大衆の反英的気運を利用する、ないしはそれに便乗せざるをえないことになる主要な契機となった。「統一戦線」の指導部は、ナッハース、ムハンマド・マフムード、そして実にスィドキーらによって構成されたのである。三五年一一月の大衆闘争の高揚は、一二月の二三年憲法および二四年選挙法の再制定を実現させた。しかし、この段階の大衆運動は上記の「統一戦線」に加わった諸勢力によってほぼ完全に掌握されてしまっており、またこのことがこの「統一戦線」なるものの性格を規定したのである。三三年以降アフマド・フサインの指導下で組織され、主として学生の間にもっとも強力であった「青年エジプト《ミスル・アル＝ファタート》」は、緑シャツ隊というファシスト運動型の準軍事組織をもち、国王への忠誠を基軸とする「愛国」的排外主義を宗教的熱狂に結合させる運動であった（モットーは「神・祖国・王」）。ワフド党も青年組織をもち、その街頭運動グループとしての青シャツ隊を運用した。労働組合もそれぞれ有力政治家をパトロンとすることによって系列化されており、三〇年末ワフド党の組織した組合連合の総裁となった王族《ナビール》のアッバース・ハリームが三三—三四年ワフド党との絶縁を進めていくと、ワフド党は三五年二月対抗的にあらたな系列化運動を発足させるというような状況であった。しかも労働者大衆は二九年ハサン・アル＝バンナーによって開始されていたムスリム同胞団の運動のうちに急速に吸引されつつあったのである。左翼の運動は大衆的基盤というものをまったく見出しえなかった。そして大衆のがわではムスリム同胞団こそ既成秩序のがわからする操縦と誘導に抗するほとんど唯一の批判的要素であると受け取っていくような状況が支配的だったのである。三五年末のエジプト内外の情勢は、イギリスに大幅な政策転換を迫っていた。ワフド党が国王・宮廷派の連立政権要求を拒否して「統一戦線」が解体したのち、三六年四月ファアード王が死んで息子のファールークが即位し、五月の総選挙でワフド党が大勝したときには、イギリスの政策転換はすでに明確なものとなっていた。すなわち、ナッハースの率いるワフド党政府との交渉によって条約体制を樹立し、この地主・資本家政党をあらたなパートナーとして、支配体制の再編をめざそうとするのである。

(e_3) 一九三六年の英エ同盟条約は、形式上イギリスの軍事占領の終結と両国の対等の地位を確認したものであるが、イギリス軍のスエズ運河地帯駐留とスーダン管理権問題の保留とが重要な内容をなしていた。二二年の「独立」の虚偽性を問題にし続けたワフド党主流も、三六年の「独立」には一応満足したのである。ワフド党のがわでの譲歩は、将来の安定したワフド党政権への展望のために、今やイギリスの支持を必要とすると考えられたからである。そしてそれはミスル企業グループの急速な発展やエジプト工業家連盟の拡大（二二年設立当時のメンバー五五名、三七年には四三〇名）によっても示されるエジプト資本主義の成長が、三〇年にはじまる関税改革、三六年条約を前提として翌三七年キャピチュレーションの完全廃止を定めたモントルー条約(その結果、国際連盟への加盟がおこなわれる)などを通じて、イギリスによる経済のブロック化の枠内で可能となっていくという道筋を政治的に反映するものなのであった。そしてまたそれは、農村の危機と都市貧困大衆の急速な階層的膨脹とによる社会的動揺に対して、ワフド党はもはや二〇年代におけるごとき大衆の「政治的」組織化によってではなく、文字通り自らの体制内在化、ないし支配体制の主柱への転化によって切り抜けようとする状況がはじまったことを示していた。事実、ワフド党の勝利と三六年の「独立」に対する幻滅感が著しく早く大衆の中にあらわれてくることは注目すべきである。三七年のワフド党実力者をめぐる汚職・腐敗の暴露と国内「改革」の政策をめぐる対立とは、三八年、それからのサード党の分裂・独立をひき起こしていった。ワフド体制の矛盾がたちまち表面化したところで、新国王と宮廷派のあらたな巻き返しが「反英」・反ワフド・反三六年条約体制の装いをとりつつ、そして国内的にはムスリム同胞団・青年エジプトなどの大衆的社会運動をとり込む形で、またパレスチナ問題への反撥を国内政治的に利用しながら、あらためて登場してくることになるのである。イギリス支配は国際政治的対応の面でも、「ワフド体制」の補強とそれへの依存の道を探っていくことになった。

シリア*・レバノン

* 以下の記述でシリアという語は四様に使われる。歴史的なシリア＝〔シリア〕＝《シリア》＋《(プラス)》レバノン＋パレスチナ＋トランス－ヨルダン。《シリア》＝〈シリア〉＋(ドルーズ山地＋アラウィー＋イスカンダルーナ)。ただし《シリ

ア》——《（マイナス）》イスカンダルーナ＝〔シリア〕＝第二次世界大戦後のシリア共和国の領域。《シリア》は、三六—三九年の間のみ存在した。

(a)　委任統治の名によるフランスの支配が第一次世界大戦中のアラブ反乱にひき続くきびしい抵抗に直面し、これを暴力的に圧服することにのみ、その成否を賭けなければならなかったことは、特徴的である。武力的抵抗は実に二六年春まで持続し、フランス軍の砲撃・水道切断によるダマスクス制圧とドルーズ反乱の拠点スワイダーの占領とをもって、ようやく終わった。抵抗の鎮圧のためにも、またその後の支配体制維持のためにも、フランスはもっぱら伝統的な「東方問題」的操作（宗派的対立の煽動と利用）に頼らなければならなかった。レバノン、アラウィー 'Alawi（ラーズィキーヤ〔ラタキア〕を中心とする地方、なお本来アラウィーはヌサイリーとも別称される一宗派の名である）、ドルーズ山地《ジャバル・アッ＝ドルーズ》、残余の〈シリア〉（これも初期にはディマシュク〔ダマスクス〕、ハラブ〔アレッポ〕に二分された）ならびにイスカンダルーナ〔アレクサンドレッタ〕特別区域という地域的分割も、この政策の結果である。イギリスに割りふられた委任統治下のパレスチナおよびトランス－ヨルダンを含めて、かくして〔シリア〕は恣《し》意《い》的な分割政策によって切りさいなまれたというべきである。フランス統治は分立国家《パルティキュラリスム》の「自治」とこれらを結ぶ「共通利害《アンテレ・コマン》」（金融・通信運輸・税関等）に対するフランス高等弁務官府の独占管理とを原則とした。二六年以降、高等弁務官ポンソのもとで、主要地域における外見上の立憲共和政体の設定が進められた。レバノンでは二六年憲法が制定された（二七年、二九年改正）。〈シリア〉では、二八年選挙により議会が開かれたが、この議会の多数を占めた愛国ブロック《アル＝クトラ・アル＝ワタニーヤ》〔クトラと略記〕が用意した草案は統一〔シリア〕の独立の要求に貫かれたものであったため、フランス当局はこれを拒否し、三〇年五月ポンソは一方的政令の形で〈シリア〉憲法を発布するに至った。これらの憲法体制がまったく不安定なものだったことはいうまでもない。

(d) 久しく続いた戒厳令と反乱状態とのもとで荒廃していた経済にとって、恐慌の打撃は一段ときびしかった。ここで幾多の新しい地下運動組織が一斉に出発したことが注目される。都市の労働者の運動に共産党の活動が影響を与えるようになり、しかもアルメニア人党員にかわってソ連邦で訓練を受けたハーリド・バクダーシュ(彼はクルド系ではあるが)らアラブの共産主義者の指導が急速に形成されていった。他方、アントゥーン・サアーダ(レバノンのギリシア正教徒

表 3　シリア・レバノンの宗派別人口
(《シリア》: 1939 年〔*のみ 47 年〕, レバノン : 43 年)

	シリア	レバノン
ムスリムおよびイスラーム系宗派	約 240 万	507,547
スンナ派	1,971,053	230,604
シーア(十二イマーム派)	12,742	204,101
イスマーイール派(七イマーム派)	28,527	
アラウィー	325,311	
ドルーズ	96,641 *	72,842
キリスト教徒	403,036	585,443
マーローン派	13,349	322,555
ラテン教会〔ローマ-カトリック〕	5,996	3,044
ギリシア正教	136,957	108,093
ギリシア-カトリック(メルク派)	46,733	63,004
シリア正教(ヤコブ派)	40,135	3,671
シリア-カトリック	16,247	4,873
アルメニア正教(グレゴリ派)	101,747	58,763
アルメニア-カトリック	16,790	9,869
アッシリアン(ネストリウス派)	9,176	
カルデア-カトリック	4,719	1,308
プロテスタント	11,187	10,263
ユダヤ教徒	30,873 *	5,567
ヤズィーディー	2,885 *	

で、移住先のブラジルで育った）の率いるシリア民族党（PPS）、レバノン軍団《ファランジュ》などの多様なファシスト型青年運動諸組織が拡大しはじめた。

(e_1)　恐慌による財政・金融面での崩壊が顕著となったレバノンでは、一九三二年五月、ポンソは一片の布告によって憲法を停止し、非常行政措置を強行した。三四年一月、後任の高等弁務官ド＝マルテルはあらためて新憲法を発布するが、ここでは現地政治機構の宗派別構成（表3）の固定化と、そしてことにレバノン「独立」（〈シリア〉の他地域からのきり離し）要求の誘導・強化が目指された。レバノン、アラウィー、ドルーズ地域等を除く《シリア》分断の現実を、条約体制として固定化しようとする政策圧力が〈シリア〉に対して集中された。三二年六月〈シリア〉では、ポンソはレバノン対策の方向と一見まったく逆に議会を召集し、「合憲」〈シリア〉政府との「条約」交渉を推進した。そしてド＝マルテルは、ここでは「過激派《エクストレミスト》」（＝クトラ）を排除し、大衆の条約抗議デモやゼネストを弾圧する憲兵《ジャンダルムリ》政治の強化へと向かった。

(e_2)　一九三五年にはいると反仏闘争の新しい高揚の情勢がひらかれ、クトラを中心とする結集が進んだ。ここには国際的意識が強力な背景としてあった。すなわちイラク・エジプトの運動と呼応しあい、イタリアのエチオピア侵略に敏感に反応するのであり、そして「統一戦線」による闘争の呼びかけが盛んになされたのであった。状況の大幅な転換はフランス人民戦線内閣の成立によりもたらされた。ハーシム・アル＝アタースィーを団長とし、クトラを基盤に組織された六名の〈シリア〉代表団がパリに赴き、三六年九月、友好同盟条約調印がおこなわれた（代表団の活動は資金的にはイラクのアハーリーに負っていたといわれる)。条約は三年以内に《シリア》を独立せしめること、アラウィーおよびドルーズ山地を〈シリア〉に統合すること、ならびに軍事同盟関係を含むフランスの軍事上の特権を定めていた。

(e_3) 《シリア》では一九三六年条約の成立と総選挙での勝利とによって、アタースィーを大統領、ファーリス・フーリー(プロテスタント)を国会議長、ジャミール・マルダムを首相とする愛国ブロック「政権」がうまれ、ただちに条約の批准を終えた。シリア共産党の活動もクトラ「政権」(ファシズム al-fāshistīya に反対するため、また人民の民族的・民主的自由と国土の発展とのために強化していかなければならぬ民族的政府《フクム・ワタニー》とみなした)との連携のもとで事実上合法化され、フランス共産党との間の公的な接触もおこなわれるに至った。しかしクトラ「政権」の成立は、クトラそのものの分解をもたらした。大地主層よりなる同「政権」主流がフランス政府に対してとる弱腰の姿勢と国内社会改革に対する反対とは、大衆の間にたちまち幻滅と批判をうみ出した。クトラに加わっていたシュクリー・アル＝クッワトリーら独立《イスティクラール》派の政府離脱や亡命地から帰国したシャフバンダルらクトラ批判グループの形成と強化、そしてシリア民族党をはじめとする大衆的政治組織の拡大とそれら諸組織間の実力抗争などが、それを反映していた(「地元ボス《カバダーヤート》」層の組織化というこれまでの政治運動の形態にかわって「政治的カフェ《マクハー》」の役割が決定的に重要になるのは、この時期からである)。だが民族的「統一戦線」の「勝利」に対する最大の打撃は、条約の批准をおこなわないフランス人民戦線政府によって加えられたものである。もともと三六年条約は、その軍事諸条項が明示しているように、また条約締結の責任者(フランス側代表)だった外務次官ヴィエノが《シリア》内外の危機の回避を目指す方策の意図を後に明確に述べたように、それがあくまで帝国主義的再編成であって、決して「独立と民主主義」の勝利でなかったことが重要である。対《シリア》政策は常にアルジェリアをはじめとするマグリブへの対策との関連で考慮されてもいた。批准の拒否は、人民戦線政府の変質や内部の力関係によってのみ説明されるべきではない。三六年一一月のフランス・レバノン条約(ベイルートでド＝マルテルとエッデとの間で調印)は、独立獲得という面で九月の〈シリア〉のそれに連続するのでなく、むしろそれが〔シリア〕の統一と独立とへの打撃要因であるという意味で、フランス政府の側ではあくまで《シリア》でのクトラ体制承認へと転換する政策を補完するものであり、ここにのみ両者を同一線上に結ぶ脈絡が批判的に認められるのである。条約成立と共に開始されるジャズィーラ(〔シリア〕東北部、イラクの石油開発にともないパイプーラインによる輸送システムに対して地理的に重要性をもちはじめた)の切断工作は、アラウィーやドルーズ山地への伝統的政策を代替的に転移させたものであった。そしてこのような政策は、フランスの対トルコ外交における「アレクサンドレッタ問題」に集中的に表現された。アラブ・トルコ人・クルド等が混住するイスカンダルーナ地区《サンジャク》は、二一年のフランス・トルコ間のいわゆるフランクリン‐ブイヨン協定にもとづき、トルコ語をも公用語とするフランス統治下の特殊「自治」地域とされてきた。三六年のフランス＝〈シリア〉条約成立後、トルコはイスカンダルーナに対する要求を提起した(フランス当局の推定では人口二二万中トルコ人八万七〇〇〇)が、フランスはヨーロッパ情勢の緊迫のもとでの対トルコ接近政策において、また他方〔シリア〕分断政策のあらたな一環として、これを徹底的に利用した。三七年を通じて「自治区」行政機構の《シリア》からの切り離しが進められ、三八年七月のフランス・トルコ友好条約成立と共に治安維持への協力と称してトルコ軍が進駐し、九月には選挙がフランス・トルコ共同管理下で実施された結果（トルコ系住民が選挙人名簿の六三％を占めた）、完全にトルコ系の自治区政府がうまれ、ハタイ共和国を宣言した。ついで三九年六月には、パリでのフランス・トルコ相互援助条約締結と同日のアンカラ協定により、フランスのアレクサンドレッタ地区《サンジャク》割譲、トルコのハタイ併合が決定される（同地区から多数のアルメニアンが〔シリア〕・レバノンに逃亡・移住する結果も生じた）。以上のごとき状況下で、クトラ「政権」はなんら有効な対処をなし得なかった。結局、大統領辞任という事態のなかで、三九年七月一〇日のフランス高等弁務官ピュオーの一種のクーデタによって、憲法停止、議会解散、直接統治体制樹立、ドルーズ山地・アラウィー・ジャズィーラの分離、大衆運動および共産党の弾圧が強行された。二六年憲法が復活していたレバノンの体制もまた同様の逆転をとげた。第二次世界大戦のもとで、独ソ条約、フランスの崩壊、ヴィシー政府の支配、独伊勢力の進出、連合軍（イギリス軍）の占領と自由フランスの権力成立というように急激に変転する情勢に対して、〔シリア〕・レバノンの大衆的民族運動は三六年の「独立」の潰滅とクトラの解体という現実からあらためて出発せざるを得ず、また国際的「民主主義」戦線なるものへの徹底的不信から自由ではあり得なかった。「バース」（アラブの社会主義的復興）運動が発足するのは一九四〇年である。

Ⅲ　革命の制度化へのジグザグ

一　権力の解剖――スエズ危機・一九五六年

◆『インド・イラン評論』第五号（アジア・アフリカ研究会、一九五六年一一月発行）に掲載された「ナセル政権の性格について」。地域研究を志した若者たちの同人誌。文字通り進行形のスエズ危機のまっただ中での試論。五六年七月、スエズ運河国有化。一〇月二九日イスラエルの、三一日英仏の、エジプト侵攻開始。一一月六日、英仏イスラエル三国、停戦受け入れ。

政権の挙動と政権評価の移りかわり

ナーセル政権の性格について、与えられたごくわずかの資料だけから、なんらか特定の結論をひき出そうとすることは、まったく無謀といわなければならない。しかし現代のエジプトはわれわれの前に新しい問題をさまざまの形で提出しているし、不十分ではあってもひとつの理論的な見とおしをたてて、それを今後の現実の発展の中でたしかめていくことは、それなりの意義をもちうるであろう。

一九五二年七月のクーデターで新政権がうまれて以来、新政権の政治的評価は激動をきわめている。この点については、かねがね西野照太郎が指摘している（たとえば『世界』一九五六年一〇月号、「ナセルの顔」)。五二年西欧がわには好意的にうけとられていたナーセル(ガマール・アブド・アン＝ナースィル)は、五六年には「ナイルのヒトラー」とよばれるようになったのに対し、「独裁者」「狂った反動」「本質的にファシスト」とよんできたソ連のがわでは、五六年にはむしろ進歩的な大衆政治としてその政策を理解しているようである。

このようにあらゆる立場で、エジプト新政権にたいする政治的評価がゆれ動いてきたことは、それなりの理由があるであろう。ごく大まかにいえば、それは第二次大戦後のナショナリズムの意義と内容の大きな変化をうけとめる認識の発展を反映しているということもできる。

この新政権の主要な特徴は、軍事独裁とナショナリズムという風にいえると思うが、この二つの特徴も、五二年その成立のはじめから今日に至るまで、さまざまの曲折と変化のなかでしか把えることができない。まずこの新政権は、国際関係のうえでの巨大な変化＝局面の変転をともないつつも平和の維持の強力な可能性がうまれてきた変化のなかを経過してきたのであり、このことは、新政権の性格を平板に固定的に扱うことを絶対に許さない要因のひとつとなっている。具体的には、SEATO(五四年九月)やバグダード条約(五五年一一月)を通じてアメリカの政策とアジア諸民族との利害の対立が一段とはげしくなってきたところへ、ソ連首脳や代表のインド・ビルマ・アフガニスタン、リベリア訪問(五五年一一月―五六年一月)がおこなわれ、アジア諸国とソ連との急速な接近がはじまった。しかも、アジア・アフリカ諸国指導者の見解が反植民地主義という点で一致したインドネシア、バンドンでのアジア・アフリカ会議(五五年四月)は、アジアの歴史や平和の歴史のなかでひとつの大きな時期を劃するものであった。

このような環境の変化のなかで、同時にこの全体の変化の一要素となりながら、エジプトの国内政治や対外政策もきわだった変化を示してきたのである。軍事独裁の性格にしても、いくつかの段階を指摘できるのであって、クーデターの成功後、軍政を確立し、ムスリム同胞団以外のすべての政党を解散し、ユダヤ人と共産主義者にたいする徹底した圧迫・弾圧を組織した時期と、土地改革の展開をめぐってナギーブとナーセルの抗争(五三―四年)が表面化し、ムスリム同胞団が解散させられ、ナギーブが没落してナーセルの指導権がうちたてられた時期とは区別しなければならないし、またイギリス軍が完全に撤退し新憲法が実施され(五六年六月)て、国民投票でナーセル大統領が承認された時期、さらには現在の戦時体制の時期とうつりかわってきたのである。なお、ナギーブとナーセルのちがいは、ナギーブの方がより民族主義的であり、国内問題をすべて外側に転化しようとする傾向が強かったのにたいして、ナーセルは自由将校団におけるヘゲモニーをつうじて軍隊をつかんでいた上、国内改革の面でも民衆の期待に一応はこたえることができたし、政策の方向もはるかに現実的であったといえよう。したがって雑多な勢力の集まりであるムスリム同胞団にしか基盤をもたず、クーデター以来、事態の進行のなかでたえず傀儡《かいらい》的役割を果す結果となってきていたナギーブが、一旦独裁を強化しようとした途端、比較的簡単に排除されて、本来の実力者ナーセルのもとでの軍事独裁が実現されることになったのである。

ナショナリズムのあらわれ方についても、顕著な変化がことに五五年以後おこっている。ナーセルはクーデター当時は、むしろアメリカ大使キャフェリーの活動を通じてアメリカとの結びつきをすら疑わせる面があり、また対英交渉では、現実的な妥協と取引きでスーダン協定(五三年二月)、イギリス軍の撤退にかんする協定(五四年七月)を成立させるという方向をとったのであるが、五五年にはいると急速に外交上の自主性が発揮されるようになり、バンドン会議では大きな役割を演じたし、ナーセルとネルー、チトーとの接触が深められ、またアラブ諸国でははじめてのソ連との通商条約(九月)を結んで棉花・米とバーターで武器を購入するということになった。そしてガザ衝突(二月)にはじまるイスラエルとの紛争では国連の調停をうけいれ、さらに中華人民共和国の承認(五六年五月)、ソ連外相シエピーロフのエジプト訪問(六月)、ブリオニ会談(七月)と、中立主義から積極的な平和共存の政策へと移行してきたのであった。これらの動きの背後には、アメリカの余剰棉花の圧迫にたいして、エジプトとしては社会主義圏に棉花の販路を見つけなければならないという事情があるとしても、こうした動きは第二次大戦後のナショナリズムのあたらしい方向を典型的に示しているといわなければならない。スエズ運河国有化宣言では、ナーセル政権は西欧諸国にたいして完全なイニシャティブをにぎるにいたった。イスラエルとの紛争は、ナーセル政権のもとでも、パレスチナ戦争におけるごとき偏狭で侵略的なナショナリズムの側面を残していたが、運河国有化におけるエジプトのイニシャティブにたいしてひとつの切りかえしとしておこなわれた今度のイスラエルの侵入・英仏の軍事干渉にさいしてのエジプトのナショナリズムについては、事態がまったく一変したことを認めなければならない。この場合のエジプトの闘争は、一八世紀末以来、シオニズム・イスラエルとの関係ではバルフォア宣言以来、この地域で民族問題を歪めてきた強国からの独立のためのたたかいという性格をもたざるをえないであろう。

以上、検討したかずかずの変化からも、時期におうじ、立場におうじて、ナーセル政権の政治的評価が変動してきたことの根拠は説明できるであろうが、このような歴史的経過のなかで、ナーセル政権の性格についての学問的見とおしはどのように立てられるであろうか。

政治的可能性の振幅に着目する

エジプトの新政権にかんする研究といっても、まだ十分まとまった形ではまったくあらわれていないが、これまでの扱い方の諸傾向を整理してみることはできる。

新政権の成立のはじめの時期においては、よくその阻止的な役割が強調された。すなわち、国民の怒りが爆発点に達しようとしたとき、中間層出身の将校たちがヘゲモニーをにぎったこのクーデターは、客観的には国民の憤激を転換する方向、国民の民族解放のたたかいを抑圧し鈍らせる方向に作用することによって、そのこと自体は帝国主義支配の深刻な危機をあらわしながら、それを崩壊から救う結果となった、という風に理解されることが多かったといえるであろう(板垣雄三「エジプトの歴史」、東洋経済新報社『世界史講座』Ⅳ所収)。さらに極端な場合には、この政権が「従属的ファシズム」のひとつにかぞえられたこともあった(たとえば、勝部元「現代のファシズム」)。

しかし国際政治の上でのエジプトの動きの独立性がはっきりしてきた最近では、これとはまったく対照的に、この政権の推進的性格を強調する立場が強くなってきたように思われる。五二年七月二三日の事件を植民地革命として、たとえば「ブルジョア革命」的な要素と性格をもった「政治革命」と「プロレタリア革命」的な要素と性格をもった「社会革命」とが組みあわさった「ナショナリズム革命」のはじまりとして理解する見解などはこの一例である(西野照太郎訳・編『革命の哲学』中の解説)。いささか異色であるが、大まかにいえばこの系列にはいるものとして、ハルガルテンの独裁論のなかでのナギーブ独裁の分析がある(Hallgarten, G. W. F., Why Dictators? 1954)。ハルガルテンはナギーブを、かれのいわゆる古典的タイプの独裁者のうちの解放者の種類に分類し、アラブ国家では古典的独裁の本来の対立物である王や貴族は、ヒトラー主義者の宣伝によってユダヤ人とみなされている外国帝国主義者の単なる道具にすぎないと考えられている点、また、古典的独裁の本来の支持者であるインテリゲンチャおよび成長しつつある中産階級は、西欧ブルジョアジーの商業的、ユダヤ人的心情をほとんど示さず、むしろ伝統的信仰によって鼓舞されており、少なくともイデオロギーの角度からすれば、古典的独裁者とその敵との間の「規則的な関係」はこの場合しばしば逆転しているという点などの特殊性をあげている。

それではこれから、以上いくつかの例によって整理した二つの傾向の検討に移ることにしよう。

新政権の成立をその阻止的な役割において理解しようとする場合については、まず第一に、一九五二年のエジプトにおける危機の把握の仕方が問題となるであろう。すなわち、スエズ運河地帯からの撤退をイギリスが否定したのにたいして、五一年一〇月エジプト議会が対英条約の廃棄を決議してのち、エジプト民衆とイギリス軍との衝突事件の激発のなかで、現実の行きづまりをいかに打開するかについてワフド党のなかにも分裂がおこり、大資本家・大地主の利益を代表するワフド主流＝ナッハース政府は大衆運動の抑圧へ移行した。ことに五二年一月二六日のカイロ焼打事件をさかいに、戒厳令と労働総同盟の弾圧とによってそれは最高潮に達した。ところが国王ファールークは強く弾圧政策を命令しつつも、国民の不満の転換のためにワフド党政府を罷免し、つぎつぎと内閣をとりかえてかえって政情の不安定をはげしくさせ、加えてこのころ政界の腐敗があまた曝露《ばくろ》されたことによって、不満の要素をいよいよ増大させた。ぬきさしならぬ危機感がすべてのエジプト人をとらえつつあった。軍隊を中心とする七月二三日の爆発はかくしておこったのである。この爆発の意義と役割、またその必然性をどのようにみるべきであるのか。たとえ動揺的な分子が主導権を獲得したのだとしても、この軍隊の爆発はこの時点で国民の不満の爆発を代表しその突破口としての意味をもったとみるべきなのか、それとも、もっとなにか決定的な破局への発展が進行していて、それがこの爆発によってそらされてしまったとみるべきなのか。この後者の見解は、その当時、主導権をうばわれ圧迫された左翼のがわの見解であった。しかし、さまざまの傾向と立場からの不満の組織者のなかで、軍隊の動向を左右しうる自由将校団の活動が、なんといっても主導的かつもっとも組織的だったことは認めなければならないであろう。一八八二年イギリス軍に占領されてイギリスの植民地になって以来、エジプトの植民地としての意義は、経済的な比重よりも軍事上の比重の方がはるかに大きかったといえるであろう。したがってエジプトの従属はなによりも軍事占領によって維持されつづけたし、最近ふたたびその復活が企てられたのであった。このような現実のもとで、しかも一八八二年のオラービー反乱の伝統をもつエジプトの軍隊は、一九三六年以後、多数の中間層出身の将校をもつようになって、強大なイギリスの軍事力とファールーク国王とにたいする反対勢力の組織の拠点となったのである。五二年の危機の発展のなかでの自由将校団の圧倒的なイニシャティブは、こうして説明されるであろう。

第二に問題になるのは、クーデター後おこなわれた改革の評価である。国王の追放、共和制の実現、土地改革の着手を民族運動のなかでどのように位置づけるかについて、外国の支配にたいする抵抗と、その足場になっている国内支配体制にたいする抵抗とのからみあった発展を、統一的に検討することが重要であった。さしあたって外国、ことにイギリスの干渉・介入を避けながら、国王の勢力の打倒を実現しようとした点では、自由将校団の政策と見とおしが、たしかに現実的な性格をもっていたことは認めなければならない。七月二三日に決起した勢力の立場にたつバッラーウィーの研究は、この点を力をこめて主張している(Rashed El-Barawy: The Military Coup in Egypt. Cairo, 1952. pp. 30–42)。

以上あげた二つの問題、五二年の危機の内容はなにかということと、国王の追放の意義をエジプトの自由と独立の問題の全面でいかに把握するかということ、についての十分な検討をぬきにして、新政権の阻止的な性格を重視することはできないはずであった。

つぎに、ナーセル政権の推進的役割を強調し、それを文字通りひとつの「革命政権」としてみる立場についてであるが、この見解は、逆にこの政権を「従属的ファシズム」と規定した場合と同じく、もし平板に単調にそれだけの性格規定に終わって、この政府が経過してきたかずかずの曲折とその動揺の諸側面とを統一して把握しないとすれば、それは片面の認識にとどまっているというべきであろう。ここでどうしても問題にしなければならないのは、まず独裁の性格の問題、それが民衆の自発性とどう結びつくことによって成りたってきているのかということ、つまりその政府の革命的側面の根拠はなにかということである。運動のはじめにおいて指摘することのできる複雑な要素、アラブ民族主義、ファシスト運動、エタティスム、ケマル主義、プッチズム、共産主義、宗教的ファナティシズム……こうしたとりとめのない雑然たる諸傾向が、しかもアラブ民族運動のさまざまの伝統を背負いながら、混然として動き出したのであり、また民族主義者としての個々の指導者もおそらくこうした雑然たる要素を身につけて出発したのだと考えられる。つまり極端にいえば、かれらはもっとも進歩的な立場から、もっとも反動的な立場にいたるまで、あらゆる性質の行動の可能性の前にたたせられているわけで、階級を超越した民族のわくで物事をみる限りは、ことさらにその可能性の幅――振幅が大きいといわねばならないであろう。しかし一旦権力を確立し、エジプトの民衆全体および世界の客観的現実との責任ある対決を迫られるなかで、かれらがなんらかの前進的な役割を選びとるとすれば、その政権の進歩的側面の大きさを明らかに認めなければならないし、また逆転の危険も当然認めた上で、ひとつの傾向の問題としては、ますますそうした前進の方向が強められることもたしかであろう。ただ、あらゆる革命政権が無条件に革命的であるわけはないが、ナショナリズムの場合、ことさらにその推進的・阻止的役割の両面の条件が厳密に検討されなければならない。ナーセル政権はそのときどきの客観的・主体的諸条件のもとで動揺し、変化し、成長するものとして扱わなければならないであろう。その意味で、ハルガルテンの意見は、かれの全体系に裏づけられて大変示唆にとんだ指摘ではあるが、むしろモデル化よりもメタモルフォーズの方がわれわれの問題ではあるまいか。

還元主義的方法論への疑問と批判

ナーセル政権にかぎらず、ネルー政権でも蔣介石政権でも、また一般に国家権力の基礎について、その分析は、現在その方法論なり研究態度の反省をともなわざるをえないと思う。ナーセル政権の研究の諸傾向の検討を通じても、われわれは学問と政治との関係を反省しなければならないであろう。しかしその反省は、基本的には国家権力の基礎や従属の条件にかんする理論の弱さに帰着するにちがいない。たとえばマルクス主義でも、その国家論はそのもっともおくれた分野といえないであろうか。

権力の基礎の分析において、ほとんどひとつの定式として経済的分析にはじまり、そこに終るというようなことは批判されなければならない。これは公式主義的マルクス主義の非科学的態度の典型である。権力の物質的基礎はむろん経済的に明らかにされなければならないが、その社会的基礎はさまざまの面から考察されるべきで、政治・経済・イデオロギーのあらゆる分野で全面的に把握される必要があるであろう。こうした意味で、政治学の領域における方法と成果をも積極的に正しく摂取することがたいせつである。従属の条件についても同様で、一国の経済において外国資本の占める割合の計算から、その国家の政治的自立性がただちにわりだせるわけではない。インドの場合をとっても、国際政治の面での独立性の強化とは反対に、経済の面では、工業化政策のもとで調達すべき資本が国内の民間投資では間に合わず、外資の導入を促進して外国資本の支配がむしろ強化されるという結果をうんでいる。インド政府は自国の資本主義を発展させるため、外国資本の道をはき清める目的で、インド会社法を改正してインド人の投資を制限することすらおこなっているのである。政治と経済のこうした矛盾を統一して理解し、説明することこそ重要な仕事であろう。エジプトにおいても、独立の基本的条件は外国軍隊の撤退であった。

つぎに民族的モメントの扱い方も問題になるであろう。近代の歴史のなかで、民族の問題——民族意識とか民族性とか民族の利益等々——を第一義的にとりあげることは民衆の利益をうらぎる危険性がはなはだ大きかったために、進歩的勢力のがわでは、民族の問題をたえず階級の立場から見なおし、整理することを必要と考えたのであった。しかし民族の問題は決して階級の問題にすっかり解消・転化される性質のものではなく、それ独自の意義をもっているわけであり、したがってナショナリズムの発展も、この点をいかしたとりあげ方をしなければならない。歴史の具体的なあらわれ方とか指導者や民衆の意識およびその具体的な動き方は、従属的な地域であればあるほど一層、この民族的モメントをぬきにしては理解しえないのが現実だからである。そのような具体的な問題状況のもとでは、「ナショナリズム」が反動的であるとか進歩的であるとかの議論はまったく無意味であろう。これまでナショナリズムの分析のなかできまっておこなわれた階級規定、民族ブルジョアジーと買弁《ばいべん》ブルジョアジーの区別も、機械的におこなわれてはならない。このようなブルジョアジーの分裂が、従属的諸地域のブルジョアジーの地位の二重性、動揺性のあらわれである以上、ひとりの資本家も同時にたえず両面の可能性をもっているわけであり、かれの態度は、その企業の種類や大きさからだけではなく、政治情勢全体のなかで、また民族的モメントを形づくる複雑な諸要素にうらづけられて、決定されてくるであろう。このような意味で、民族ブルジョアジーという概念はすぐれて政治的な概念であるといわなければならない。ガンディや孫文やケマルの再検討の問題が注目されはじめたのも、民族的モメントのとりあげ方の反省から来たことはあきらかである。東ヨーロッパが当面している問題は、階級ないしは革命の問題と民族の問題との矛盾をいかにして解決して行くかということであろう。一般論として、政治と経済とを一体的に把握するのと同様に、階級の問題と民族の問題との統一的な把握をきたえて、前進させることが重要である。

なお、ナショナリズムを分析する場合、欠くことのできない重要な観点として、第二次大戦後のナショナリズムの質的変化ということがある。一概にいえば、ナショナリズムがインターナショナリズムなり平和共存の立場に一致する発展方向をもつようになったということであろう。ナーセル政権はこうした変化のひとつの典型を示していると思う。ナショナリズムの変化は、ひとつには大衆の政治生活が積極化した結果、民衆の動向が民族的指導者の動きを、民族的反目や侵略ではなく平和の方向へ強力に制約するようになったことと、またひとつには、民族主義者があいかわらず国際関係を利用し大国間の対立のスキをぬって行動するとしても、国際対立の一方には社会主義国が存在し、その質的なちがいに注目せざるをえない事情がうまれてきていること、によるのである。アジアの中小諸国はソ連のがわに、自立にたいする外交的支持とさらに質的に異なった経済援助とを見出すわけであり、そこでこの結びつきは対等で平和な諸民族間の関係を発展させざるをえないということになるのである。ナショナリズムの変化をひきおこした二つの要因は、第一次大戦とともに発生し、第二次大戦とともに決定的に作用するようになったのであった。

独立の意義

ナーセル政権の基礎はなにか、あるいはその階級的基盤はなにかという問題について検討しよう。バッラーウィーによれば、あたらしい革命的な中産階級として、つぎのようなものをあげている。

(1) 教師・警官・将校を含めて中小官吏
(2) 政府以外の会社その他の企業に働く中位以下の従業員
(3) 医師・法律家・技師・会計士・作家・ジャーナリストのような自由職業者
(4) 大学の学生
(5) 多数の中小商人および職人・中位の土地所有者

そしてこれらの中産階級がもっとも革命的であって、かれらは都市の労働者から支持され、また農民の同情をえており、民衆の不満は労働者と学生のストライキや学生によって組織された街頭デモによって表明された、とのべている。自由将校団も、大体、これらの中間層の人たちによって占められていると考えられる。

指導者たちの出身階層については、大づかみにこの材料を使うとしても、それではナーセル政権のおこなった土地改革は一体、農村のどの層の利益を代表するものであろうか。土地改革については、それがはなはだ妥協的な遅々とした改革であること(たとえば五六年六月末でやっと目標の半分を越したという)、種々の控除と私的売却とによって改革の対象の土地はどんどん減少してしまったこと、地主にたいする補償(改革前の平均地代の半分を三〇年間補償される)、および農民の負担(四五—六年の平均地租の七〇倍を地価として三〇年賦で償却する。その他灌漑費、政府事務費の一部も負担)、さらに契約関係の改革の内容からも、この改革において地主制の再編成としての性格がつよいことが、指摘されている。(たとえば中岡三益「エジプトの土地改革」、大月書店『現代アジア史講座』Ⅳ「アジアの展望」所収。)人口の圧倒的部分をしめる零細な農民はそのままとり残されているのにたいし、分配地の大部分は少数の富裕な農民の手に帰し、しかも地主制は強固にまもられており、むしろ地主の工業への投資が期待されているという状況である。以上の事実から、ナーセル政権が代表する利害をおおよそ位置づけることは可能であろう。

しかしここで、エジプトの土地改革を単に地主制の再編成とだけ規定するのでは不十分だということを指摘しておくことは重要だと思う。つまりエジプトの土地改革は地主制一般をなくしはしなかったが、帝国主義支配の支柱としての地主制は消滅させたとみるべきではあるまいか。約一八万ファッダーン(一ファッダーン=〇・四二ヘクタール)の王室没収地をはじめとして、少数ではあるが巨大地主の土地接収は、極端に土地の集中がすすんでいるエジプトでは、それなりに大きな意味をもたざるをえない。地主制一般と帝国主義支配の支柱としての地主制とを経済的に区別することは困難であろうが、ともかくナショナリズムの側に地主制が再編成されたことは、エジプトの独立の社会的内容の基本をなすものであった。

こうして、ナーセル政権の基盤となる特定の勢力なり階級を限定することは不可能である。しかも土地改革もなお進行の途上にあり、今後どのような展開をするか、まだ予測を許さない。いまのところ、国内の階級対立はエジプトにおいて主要な問題としてあらわれていない。むしろ反英とか反帝国主義の線で、民族的統一がえられる条件があることの方が問題である。五六年六月イギリス軍の最後の一兵まで撤退したあと、エジプトの独立にとって残された唯一の問題は、スエズ運河の管理の問題であった。エジプトの独立が完成にちかづくにつれて、国内の階級対立はやがてするどくあらわれざるをえないであろう。そのときナーセル政権の基盤がどこにあるかが明白になるであろう。しかし、スエズ運河国有化後の事態の発展、ことに英仏の運河攻撃は、ナショナリズムの現実的基盤、民族が統一されうる条件をさらに拡大したともいえる。エジプトはなおすこしの間、オラービーの反乱とそれにつづくイギリスの占領(一八八二年)以来の従属の殻のかけらを背負いつづけるであろう。ここにナーセルのような、一面単純で、一面強烈な個性をもって国民をひきつけるストロングマンのあらわれる根拠があるのである。

岐路の形式

ナーセル政権が危険なアラブ民族主義から中立主義、さらに平和共存の立場へと急速に移行し、紛争の解決を国連を通じて期待する堅実性の根拠は、ナーセル政権と平和をのぞむ世界の民衆との関係においてとらえられねばならない。エジプト国内については、エジプトの平和運動の根づよさ(エジプトの平和運動はイギリス軍撤退要求と結合して五〇年以後多くの組織をもつようになった)をナーセルの動きを規定する一要因としてあげることはできるが、しかしそれも、政府がわの圧倒的なイニシャティブの前にはかげがうすいように思われる。七月二三日の決起を弁護するためのバッラーウィーの研究で、「人民と軍隊の革命」が強調されるのは、ひとつの逆説とみてもよいと思う。ナーセルもかれの『革命の哲学』のなかで、七月二三日以後の「前衛」と「大衆」との関係をのべ、「大衆」が「前衛」についてこなかったことを「私はかなしみが胸にあふれ、痛苦のしたたる思いだった。前衛の使命は終っていなかった」と表現している。このようないわば圧倒的なイニシャティブの上に、軍事独裁が実現したのであった。

ナーセル政権が世界の民衆の動向に制約されているのは、ことにネルーやチトーとの結びつきを通じても顕著にあらわれているといえよう。いわば、ネルーやチトーは、ひとつの媒体としてナーセルに影響を与えているのである。

こうしてエジプト民衆の圧力は、まだ十分目立ったものとはいえない。しかし中央で教育された中間層出身の若い農業指導員が、生産を向上させ、協同組合をつくるために各農村に派遣されているが、そこでかれらは土地改革の不徹底の現実に直面して、それと対決せざるをえないであろうし、それと同時に農民の意識がどのように変化して行くかは興味ある問題である。また新憲法によって、労働者の団結権は認められても、団体交渉権は認められないというような条件のもとで、労働者の運動がどのように成長して行くかも同様に大問題である。

スエズ運河国有化宣言にたいして、西欧がわでは、それを動揺を転換するための「大ばくち」として説明しようとする傾向があったが、このような認識は単なるデマとしてまったく根拠をもたぬものではなかった。その宣言と措置はたしかにエジプトの独立をめざすたたかいの決定的な歩みであったが、「外国の手先」的役割を果してきた巨大地主を排除し、イギリス軍の完全な撤退をかちとった大きな自信に裏付けられている反面に、たえず国民に「団結・規律・勤労」をアピールできるような人気とりの政策をかかげていかねばならないナーセル政権の弱さを含んでいる面もあることを見おとしてはならないであろう。

今度の英仏の攻撃をおわらせ、ふたたび事態を有利に導くには、ナーセルとしては、エジプトの民衆の自発性を発揮させ、その力に依拠する方向と、国際政治の上ではソ連との結びつきの方向とを必然的に強化せざるをえないが、それは当然、土地改革を地主制の廃棄の方向へ徹底させるためのたたかいや工業化を民主的に推進するためのたたかいを強めるように作用するであろう。今後そのような問題に直面するナーセル政権にとって、変化や推移の無限にちかいさまざまの場合がありうることを前提とした上で、極端な場合に分けていえば、みずからその弱さを克服して民主主義的な権力へ成長しうるか、それともかえって、エジプトの民主化を抑圧し反動化して、独裁と危険なナショナリズムのつまった火薬庫と化してエジプト国民や世界の民衆から見捨てられるようになるか、ナーセル政権はこれから何度も重大な岐路にたたせられることになるであろう。

二　〈状況的イデオロギー〉の規定性——瀰《び》漫《まん》する　ムスリム同胞団

◆『イスラム世界』第一号(日本イスラム協会、一九六三年一一月発行)収載の「ムスリム同胞団の解体について」。六三年春、カイロでご法度の非合法団体の調査にとりかかった。知り合った旧活動家たちのその後の人生行路は、実にさまざまだ。人の運命と歴史の移ろい。同胞団も七〇年代半ば公然と復活する。新しい研究も現れた(小杉泰編『ムスリム同胞団—研究の課題と展望』、国際大学中東地域研究科、一九八九年三月)。

ムスリム同胞団の解体とは?

ムスリム同胞団(イフワーン・アル＝ムスリミーン)の発展と衰退とにかんする研究は、現代エジプト社会の運動を綜合的に理解するうえで、ことにその特殊な性格を把握するうえで、もっとも重要な課題のひとつである。

これまで私がムスリム同胞団をめぐって試みた議論の主題は、つぎのようなものであった。

(a) 現代エジプトの思想状況におけるムスリム同胞団の位置づけ。その理念と行動との分裂。

(b) 大衆(労働者・職人・農村の労働者=ファッラーヒーン・学生等)の組織化と指導の独特のタイプ。およびそこでの大衆の主体性。

(c) 一九三〇年代エジプトの社会的変化のもとでのムスリム同胞団組織の成長の意義。

(d) 一九五二年へと至る革命情勢の主導勢力としてのムスリム同胞団の役割。クーデターにおける兵士間の組織の問題も含む。

ムスリム同胞団の研究は、J. Heyworth-Dunne: Religious and Political Trends in Modern Egypt, 1950. Muḥammad Shawqī Zakī: al-ikhwān al-muslimūn fī al-mujtama' al-miṣrī, 1954. Isḥaq Mūsā Ḥusaynī: The Moslem Brethren, 1956 (al-ikhwān al-muslimūn, 1952を増補・翻訳したもの)などの仕事によって基礎がおかれたが、その後、注目すべき研究はほとんどあらわれていない。一九五四年以降の政治状況が研究のうえでも大きな阻害条件となっていることは明らかである。裁判記録を含むムスリム同胞団関係の諸史料の利用も、あるいは面接調査なども、かなり面倒であり、実証的な研究は困難に直面せざるをえない。

しかしそれにもかかわらず、ムスリム同胞団にたいして概括的にもせよ一定の評価を試みることは、現代エジプトにかかわるあらゆる研究にとって不可避的である。そのようなもののなかで、たとえば、W・C・スミスはムスリム同胞団をダイナミズムのなかでとらえ、リアクショナリーとしてみることに反対し、「真の宗教とノイローゼ的ファシズム、まじめな理想主義と破壊的狂気」の両面をみなければならないと主張する(Islam in Modern History, 1957)。ナダヴ・サフランは、ムスリム同胞団の思想を、自由主義的民族主義の政治的・社会的失敗にたいして反動の局面を代表する暴力主義的マフディー主義(メシア主義・ユートピア主義)として特徴づける(Egypt in Search of Political Community, 1961)。

これらの評価は、それぞれ正当な指摘を含んではいる。しかし、ムスリム同胞団の諸側面・諸傾向を部分的に恣意的にとりあげるならば、右翼超国家主義、ファシズム、テオクラシーの運動等々から(イスラム)社会主義やラディカリズムなどに至るまで、もろもろの説明が可能である。綜合し統一する視点という場合、はじめにあげた(a)〜(d)においても明らかなように近代エジプトの、そして直接的には一九三〇年代以降の民族的・階級的事態の打開として、一九五二年以後のいわゆる「エジプト革命」をいかに把握するかということが、そこでもっとも重要な鍵となるはずである。

以上のべたことからしても、一九五〇年以降、ことにその解体の段階がひとつの盲点となっているのは重大なことがらである。従来のムスリム同胞団論のほとんどすべては、第二次大戦後、とくにパレスチナ戦争を中心とするいわばクライマックスの時期のムスリム同胞団の性格と役割を議論してきたのであって、一九二九年のその成立から第二次大戦にかけての時期はあくまで序幕として扱われ、また一九五二年以後はフィナーレとして処理される傾向がつよかったのである。

ムスリム同胞団は、イギリス軍撤退問題をめぐる対英交渉への反対と、国内体制のイスラム的改革や政治活動の自由化の要求とによって、自由将校団主流ときびしく対立し、一九五四年一月一四日解散命令のもとにおかれ、さらに一九五四年一〇月二六日その秘密組織メンバーによるナーセル狙撃事件を契機として検挙・軍事裁判がおこなわれた。これらの抑圧措置により、ムスリム同胞団の組織と運動は解体し終熄してこんにちに及んでいる。しかしこの事実から、無条件に、ムスリム同胞団のイデオロギーと運動の展開をすでに完結した閉じた過程としてとらえ、この判断を前提として性格づけをおこなうことには、検討の余地があるのである。

このことは、単純に、一九四八年一二月八日の第一回解散命令とその後の地下活動、そして組織の再整備と活動の公然化というような過程を、一九五四年以後にも想定する、つまり運動の復活の可能性を検討するというようなことではない。一九五四年のムスリム同胞団の敗北と壊滅の問題は、第二次大戦期以降のムスリム同胞団が直面してきた抑圧と宥和《ゆうわ》との循環のサイクルにたいして質的に異なったものとみなければならない。ここでの大衆の動向、とくにムスリム同胞団の影響下にあった大衆の意識と行動の転換は、いかなる形をとったのか、また秘密武装組織への打撃は決定的であったとしても、一般組織《ムヒート・アーンム》の破壊はどれだけ徹底しえたのか。そこで課題をつぎのように整理してみよう。

(i) ムスリム同胞団を解体し、破壊したものはなにか。

(ii) ムスリム同胞団において、解体され、破壊されたものはなにか。

この二点について考察することにより、ムスリム同胞団とエジプト革命との関係の、あるいはムスリム同胞団論ならびにエジプト革命論それぞれの再構成のための、ひとつの論理的な見とおしをたてることが、本稿の目標である。

自由将校団とムスリム同胞団

一九五四年二―三月の軍事政権の危機において、かえってムスリム同胞団の敗北へと導いた要因はなにか。二月二五日ムハンマド・ナギーブの辞職・辞職反対武装デモ・二八日ナギーブの復帰という逆転から、三月を通じての革命指導会議《キヤーダト・アッ＝サウラ》（革命評議会）の大幅な後退（政党活動の復活の承認を含む三月二五日の六項目法令に至る）・三月二五―二七日解放戦線を中心とする政党復活反対デモ・二八日、三月二五日政令の事実上の取消し・再度のナギーブ退陣にともなうナーセル政権の確立へと移行する過程において、注目すべき点は、(a)一月一四日の解散令によってムスリム同胞団指導者の逮捕がおこなわれ、その指導の中枢は大打撃をうけていたこと、(b)自由将校団の一部分裂が生じたこと、(c)大衆運動の面で、ムスリム同胞団および共産主義グループから解放戦線へと主導権の急速な転換が生じたこと、である。

以上三点を分析すると、(a)有力指導者はすべて無差別に逮捕されたのではなく、ムスリム同胞団最高会議のうちでもかなりのメンバーが自由であった。このことは、ムスリム同胞団指導部のあいだの分裂が、一九五三年一二月サーリフ・アル＝アシュマーウィー、ムハンマド・アル＝ガッザーリー、アフマド・アブド・アル＝アズィーズ・ガラールの最高会議からの追放によって、すでに完全に表面化していたという事実とあわせて考慮しなければならない。一月一四日解散令とともに逮捕されなかったのは最高指導者ハサン・イスマーイール・アル＝フダイビーにたいする反対派を多く含むとみられる。しかしアシュマーウィーも武器隠匿《いんとく》のかどでつづいて逮捕されるのであって、革命指導会議がムスリム同胞団指導部内のある特定のグループと手を結んだというのではない。なお、二月一二日(同胞団創立者ハサン・アル＝バンナーが暗殺された五周年記念日)にナーセルがハサン・アル＝バンナーの墓での記念集会に出席したことは、その対ムスリム同胞団政策を考えるうえで重要な事実である。

(b) ハーリド・ムヒー・アッ＝ディーンのナギーブ支持と武装デモの指導とは、革命指導会議の基幹を構成する旧自由将校団執行部の内部におこった最初の敵対であった。しかしこの分裂は拡大せず、自由将校団の主要メンバーのうちでは、共産主義グループのハーリド・ムヒー・アッ＝ディーンとムスリム同胞団のアブド・アル＝ムンイム・アブド・アッ＝ラウーフが多数派にたいして離反する結果となったにすぎなかった。ムスリム同胞団と密接なつながりのあったアンワル・アッ＝サーダートやカマール・アッ＝ディーン・フサイン、フサイン・シャーフィイーらが分裂のがわへ動かなかったことは重要である。

(c) 大衆運動の面では、共産主義グループの活動はムスリム同胞団の組織に依存する度合が決定的に大きかったと考えられる。たとえば、サイイド・クトゥブはムスリム同胞団と共産主義グループとの間の連絡者として告発された。事実のいかんは別として、このような告発形式が成立可能な状況は存在した。一九五四年はじめのムスリム同胞団の運動の中心組織は学生と労働組合にあった。一九五三年を通じて、軍隊および警察のなかのムスリム同胞団組織が弱体化していた(Mahkama al-thawra, 3 vols., 1953–54 は軍隊内部の粛清についての記事を含んでいる)ことは、(b)の問題と対応する。ことに学生運動においては、対英交渉への批判がもっとも強烈に表明されており、それは一月一二日のカイロ大学学生集会および二月二八日以後の学生デモにおいて顕著であった。しかし二月二五―二七日の大衆の激動はナギーブの辞職を直接の契機としており、大衆の関心はジハードの煽動などよりもナギーブの地位のいかんに集中されていたとみなければならない。

他方、解放戦線(一九五三年一月結成)は五三年を通じてやがて来るべき新政治体制を準備するための過渡期における試験的機構であり、それはまず独自の大衆運動をあらたに組織するよりも、ワフド左派・ムスリム同胞団・社会党・共産党など諸運動の組織をふるいわけ、その協力的な部分を利用して革命指導会議の大衆的基盤をつくりだそうとするものであった。五三年前半に展開される国民感情動員のための革命指導会議メンバーの地方遊説運動は、このような意図にそうものであったと理解される。しかし多くの運動がムスリム同胞団に便乗しており、かつ実際にはすでに全政党が解散させられて、それから除外されたムスリム同胞団のみが公然たる組織活動を維持したままこのような工作の対象となりえたのであった以上、軍隊・警察等権力機構を別とすれば、革命指導会議が大衆指導のシステムとしてもっともつよく依拠したのは、やはりなによりもムスリム同胞団の末端組織であったと考えなければならない。「ナイル河谷からの占領者の無条件の追放」にはじまる解放戦線の宣言は、このような条件にも適合していた。

以上三点の分析を綜合すると、革命指導会議はムスリム同胞団の分裂を利用し、これを操作しながら、実はムスリム同胞団の大衆組織をテコにして危機を転換したという判断がなりたつ。つまり五四年二—三月の動向を、ムスリム同胞団と解放戦線とがおのおの組織原理を異にし対立しあう別個の運動として大衆の獲得をめぐってきそいあい、ついに解放戦線が勝利したというような筋道で理解することは誤りである。ムスリム同胞団指導部内に積極的に協力的分派を形成しようとする工作や、労働組合・学生団体のなかで非解放戦線派を系統的に排除する工作がおこなわれるのは、むしろ五四年四月以後である(この仕事は、カマール・アッ＝ディーン・フサインにより、社会・労働相、ついで教育相として推進された)。

自由将校団メンバーとムスリム同胞団指導層との政治的対立をではなく、大衆の意識を問題にした場合、二月二五—二七日のデモにおけるナギーブ支持は国民感情動員計画のひとつの「成果」でさえあり、三月二五—二七日のデモにおける旧政党政治家の腐敗政治復活の反対に連続しうる側面があることに注意しなければならない。これをムスリム同胞団の下部組織の問題にそくしていえば、指導部内の対立と解散令とによる指令系統の分裂・破壊にともなって、一定部分があたらしい強力な指導のもとにそのまま吸収されてしまう条件があったともいえよう。革命指導会議は、その成立の初期、ムスリム同胞団の主張を実行に移す勢力だと一般にうけとられており、両者の対立が非常にきびしくなった段階でも、大衆のがわではこの対立を軸として動くということはなかったと考えられる。

大衆運動の指導権の掌握という面でムスリム同胞団のシステムが徹底的に利用されるという場合、このような利用が可能であった条件は、上述のような大衆の意識ないしは大衆のムスリム同胞団への結びつき方のほかに、権力獲得に至るまでの過程で自由将校団がムスリム同胞団との密接な組織的連携を維持してきた事実、およびそれがムスリム同胞団の影響下にある大衆に働きかけうる有力なチャネル(サーダート、カマール・アッ＝ディーン・フサインら)をもっていたばかりか、さらにハサン・アル＝バークーリーの協力をすでにとりつけていたという重要な事実によって示される。バークーリーは、ハサン・アル＝バンナーの死後一九五〇年活動の自由が回復するまで、弾圧下、事実上の最高指導者として組織の維持にあたった。ハサン・アル＝バンナーは彼を後継者として指名していたともいわれるが、後継争いからは身をひいた。一九五二年一二月ナギーブ内閣において、ムスリム同胞団の推薦する三人の閣僚候補のうち、革命指導会議はバークーリーのみを承認したので、ムスリム同胞団は全面不参加を決定したが、バークーリーは入閣し、ムスリム同胞団から除名された。一九五九年まで彼はワクフ相として協力した。

イスラム国家論の袋小路

一九五四年はじめの危機において、ムスリム同胞団は大衆指導の収拾しがたい分裂と混乱とを露呈したが、ムスリム同胞団組織の内部矛盾は、一九四九年二月一二日ハサン・アル＝バンナーが秘密警察のテロによってたおれた後の再編成の段階からすでに表面化していたといわなければならない。

最高指導者の後任としてハサン・イスマーイール・アル＝フダイビーが登場したことについて、I・M・フサイニーは、ムスリム同胞団がわでは指導部内部の対立による人選難の一挙打開と、ファールーク王の側近ならびに裁判所にたいして彼がもっている有力なコネクションによってムスリム同胞団の立場を改善しうるであろうという期待との、ふたつの動機が働いたこと、そしてファールーク王がわの工作が存在したことを指摘している。この指摘の確実性はその後のフダイビーの行動によって検証されうる。ここでムスリム同胞団と直接の関係をもたない現職の裁判官が、秘密裡に、しかし国王の了解のもとで、終身制の最高指導者として導入されてくるという一九五〇年のこの異常な事態は、四八年末の解散令にともなう活動のいちじるしく困難な状態と、アシュマーウィー、アブド・アッ＝ラフマーン・アル＝バンナー、アブド・アル＝ハキーム・アーブディーン、ムハンマド・ムハンマド・ファルガリーらのあいだの対抗関係の膠着《こうちゃく》状態のもとで、ムスリム同胞団指導部が一種の無力感と混迷とにおちいっていたことを暗示していると思う。一九五〇年一月の選挙におけるワフド党の圧倒的勝利の背景も、この観点からより斉合的な説明を与えうるであろう。フダイビーうけいれを決定的にさせた直接的契機は、権力争いにおいてとくにアシュマーウィーの主導権確立を抑制しようとする要求の結合であったと考えられるが、団長フダイビーのもとで発展した分裂と抗争は決してフダイビー対アシュマーウィーという単純な形式のものではなく、多角的に複合したものであった。このことがかえって組織の形態上の分裂をあくまで阻止し、またフダイビーに最高会議メンバーの除名権をさえ与えるに至った原因とみられる。いわば対立のバランスと除名権による威嚇とによってからくも制御されている状態といえよう。最高指導者が国王・宮廷派との、ついでナギーブとの結合にみられるような権力への接近にたえず傾くのは、このような内部事情の反映でもある。

それにもかかわらず指導部内一般にフダイビーへのつよい不信(とくに宮廷との接触にかんして)が

拡大したことは否定できない。この点はやがて革命指導会議の対ムスリム同胞団操作にとってキイ・ポイントをなしたのである。一九五四年三月末以降の情勢の転換は、ムスリム同胞団指導部の内部対立を解放戦線のラインで、つまりナーセル政権への協力か、非協力かという線で整理するように作用し、一〇月二日ムスリム同胞団最高会議の多数派はフダイビーの退陣とムスリム同胞団の再組織、そのための過渡的組織形態などを決議するに至った。しかし一〇月二六日ナーセル狙撃事件をおこす秘密機関の暴走がこれらいっさいの新しい動きにとどめをさしたのである。

指導部の事実上の分裂の発展は、大衆運動の面では高揚・激発とからみあった。一九五一年九月以降、ワフド党のムスタファ・アン＝ナッハース政府はムスリム同胞団にたいする抑圧措置を大幅に緩和せざるをえなくなり、フダイビーの最高指導者としての社会的公然化もつよく要求されるに至った。この時期の大衆的高揚のもっとも尖鋭《せんえい》な表現は、スエズ運河地帯での反英ゲリラ行動であるが、大衆の不満の爆発は一九五二年一月二六日のカイロ焼打事件においてその力の大きさとアナーキーな性格とをもっともよく示した。ムスリム同胞団は一九五一年から五二年前半にかけて、大衆指導の面で、指導部の分裂・無力化の進行とまさに対照的に、大戦終結段階(一九四五―四六年)およびパレスチナ戦争段階(一九四八―四九年)をはるかにうわまわる規模と激しさで、大衆の動揺とジハードへの行動とを誘導したのである。それは、指導部が運動に組織性を与える能力をいよいよ失ったことによって、無定見・無分別に激烈な煽動をおこない、みずから誘発した無秩序な運動によってさらに指導性の混乱と弱化を招くという過程であった。

この時期のムスリム同胞団組織の最大の特徴として、ワフド党への幻滅感にともなうインテリ層の大量参加がみられた(その顕著な一例は、一九五一年末フアード一世大学(カイロ大学)学生委員選挙におけるムスリム同胞団の圧倒的勝利で、その率は、農11/11、理11/11、工7/10、文11/16、法9/10、商9/13。とくにワフドの牙城とされていた法学部の場合が注目された)が、これに対応してムスリム同胞団思想の体系化の努力が顕著にあらわれる。ムハンマド・アル＝ガッザーリーらの著作活動(min hunā na'lam や al-islām wa al-manāhij al-ishtirākiya など)がそれである。これらの仕事の動機は、ハサン・アル＝バンナーのパンフレット活動とはまったく異なっており、上に述べてきたようなムスリム同胞団組織そのものの危機を反映したものとして考えなければならない。理論的統一への要求はむしろ運動と組織の分裂が現実化するとともに強まったのである。このような状況に注意しないで、この時期の仕事をただバンナーの主張の理論化・体系化として評価したり(フサイニー)、ムスリム同胞団の思想史的位置づけにあたって思想的表明の面でこの時期をもっぱら重視する結果となったり(N・サフラン)するのは誤りであろう。

ハサン・アル＝バンナーの強烈な個人指導が突如として失われた段階でムスリム同胞団の分裂現象が顕在化したといえるけれども、バンナーの死はその契機ではあったが、原因ではなかった。すなわち、バンナーのもとで、ムスリム同胞団はすでに運動の拡大(ある意味で拡散)とともに組織性の喪失をはじめていたのであり、情勢の移りかわりのもとでイスラム国家建設の現実的コースの見とおしについて動揺せざるをえなかったのである。一方で支配層への了解工作(勧告と助言)によっても、他方で政治的テロルやジハードの組織によっても、これらは解決されえなかった。

その行詰りは、パレスチナ戦争の敗北により戦争の終結を緊急の課題としたマフムード・ファフミー・アン＝ヌクラーシー政府が、ムスリム同胞団にたいする利用政策から弾圧政策に急激な転換をおこなうとともに深刻化した。大衆の抵抗の拠点としての性格と支配層の道具としての性格との矛盾をいかに処理するかの答えが、いよいよ最終的に迫られることになったのである。根本的には、ムスリム同胞団が抽象的に、クルアーン(コーラン)とハディースへの復帰、現代社会のあらゆる問題にたいする解決としてのそれらの排他的完全無欠性、「イスラム国家」(その機能は、「礼拝の執行、施し、善をすすめ悪を禁ずる」、あるいは「ジハード、刑罰、慈善その他」、あるいは「高利貸と独占の禁止、専制と独裁の禁止、不信仰と腐敗の禁止」というように示される)の樹立に固執する以上、そのイデオロギーと運動とが現実にたいしてはらまざるをえない矛盾は、政策指導のうえでのオポチュニズムによっては、結局打開しえなかった。まさにそのとき、ハサン・アル＝バンナーは暗殺者によってその矛盾から解放されたのである。統一の神秘的シンボルが消滅したとき、たちまち中枢部の解体が生じ、それはさらに運動のシステム全体の解体をとどめがたく進行させる。このような意味で、ムスリム同胞団の発展は同時にそれ自体の解体の条件の発展であった点が、第二次大戦からパレスティナ戦争へかけての時期で注意されなければならない。

以上のべたことは、すなわち、ムスリム同胞団の解体についてその必然的な自壊作用を根底にみなければならないということである。一九五四年二―三月の大衆の動向は、大衆のムスリム同胞団にたいする結びつきの拡大が、イスラム国家が具体的に構想されうる現実的基盤の崩壊をいっそう明らかにし、ムスリム同胞団の思想運動としての崩壊を拡大させるということを示した。

一九五二年七月二三日の自由将校団によるクーデターは、政府の機能が完全に麻痺しムスリム同胞団の指導も麻痺していた状況に転換を与えた。自由将校団はムスリム同胞団の大衆行動を最大限に利用しながらも、かつそのなかにムスリム同胞団メンバーもしくは支持者を多く含みながらも、プラグマティックな原理によって統一された別個の集団をなしており、ムスリム同胞団の思想と運動との分裂を利用して、その大衆運動の基盤を有効に再編成しようとすることになるのである。

運動の終結と思想の持続

ムスリム同胞団解散措置にあたって、革命指導会議の政策の特徴点としては、つぎのような問題が考えられる。

(a) 一九五三年から五四年一〇月までは、ムスリム同胞団を宗教団体として承認しようとする立場が持続した。一九五三年一月一六日の政党解散命令のさい、ムスリム同胞団がこれから除外されたのはそのためであり、五四年一月一四日のムスリム同胞団解散命令はその政治的活動の抑制に主眼点がおかれた。これは、一九五二年においては自由将校団メンバーも一般にワフドをはじめ諸政党にたいする批判がつよくムスリム同胞団への同情の立場にあったこと、大衆動員にあたってムスリム同胞団の政治的機能を解放戦線のがわに吸収し、ムスリム同胞団そのものは宗教活動のなかに枠づけようとする要求が働いたこと、によると考えられる。

(b) ムスリム同胞団抑圧のもっとも主要な動機は、革命指導会議がイギリス軍撤退にかんする対英交渉の政治課題を解決するうえで、その妨害的要素をチェックせざるをえないということであった。フダイビーらはイギリスとの秘密折衝をおこない、背後から対英交渉を牽制し、破壊しようとした(『イーデン回顧録』の証言もその傍証)。これはナーセルらにとって国内政治の諸問題における対立よりもはるかに脅威であったと考えられる。ムスリム同胞団抑圧は、その運動なり思想なりへの一般的な批判からではなく、まさにこのような当面の最高政策遂行の必要から決定されたのである。

(c) 一九五四年四月から一〇月に至るムスリム同胞団対策は、解放戦線が大衆運動としての基盤をもちうる見込みがたった段階で、ムスリム同胞団指導部のなかにいわば解放戦線派を積極的につくりだし、これによって操作しようとする方向をもっていた。一〇月二日のムスリム同胞団最高会議多数派によって決定された再建プランは、このような政策と関連をもつことは明らかである。しかしこの方向はナーセル暗殺計画によって一挙に変更され、ムスリム同胞団の枠組はこれを認めてその内容を変えていこうとする意図は根本的に放棄される。それは秘密機関が一般組織と一体不可分のものであるという判断にもとづいていた。またそれは、多数派ひきつけ工作の一応の成功も十分安定的なものと考えられていなかったということと関係するとみられる。

(d) ナーセル狙撃事件以後、裁判や処刑を通じて、一般に宣伝された非難と告発の基調は、ムスリム同胞団が暴力的破壊団体だというものであった。組織の破壊の重点は秘密機関と指導の中枢部分に限られ、集会所・印刷所・学校・モスクなどの接収移管によって運動の拠点は除去されたが、ムスリム同胞団の組織下もしくは影響下にあった大衆の意識の問題としては、インテリ層のある部分(私の接触し採取しえた例では、ほとんどが「社会科学的開眼」というようなものであった)を除いて「挫折」や「転向」は存在しなかった。これはムスリム同胞団の組織と運動の特質にもとづくものであるとともに、ナーセル政権の政治指導の特徴をなすものである。

以上、(a)—(d)からの帰結として、ムスリム同胞団の運動は停止したが、その思想にたいする結着はもちこされたとみなければならない。ナーセル政権のイスラムにたいする態度は、政策指導のうえでそれを有効に利用しながら、大衆の意識や生活感情、社会生活の伝統的規範に即応しつつも社会的進歩にふさわしくそれを改造していこうとする方向で形成されてきたといえよう。それは、エジプトにおける近代イスラム思想のふたつの大きな潮流、いまこれをムスリム同胞団の発展の時期についていえば、ハーリド・ムハンマド・ハーリドの min hunā nabda'(『われわれはここから出発する』)の立場と、それへのムスリム同胞団がわの反論であるムハンマド・アル゠ガッザーリーの min hunā na'lam(『われわれはここから知識をえる』)の立場とに対比した場合、結論的には前者の、いわばセキュラリズムの系列に近いと考えなければならない。ナーセル政権のこのような基本的立場が確立してきたのは、ムスリム同胞団の解体を通じてであり、それは特定の思想の選択としてではなく、ムスリム同胞団への政治的対決をせまる現実的要請におしつけられてであった。これは状況に機敏に対応する自由将校団のプラグマティックな思考態度との関連で理解しうるであろう。ムスリム同胞団の解体は解体の執行者を規定したともいえる。

しかしナーセル政権は、政策の説明と大衆動員の形式においては、イスラムへの密着をたえず強調するのである(忠誠宣誓バイア、政治集会がクルアーンの読誦によりはじめられること、政府要人の集団礼拝参加の宣伝等をはじめとして、いくたの例を示しうる。重要な政治的決定のさい、巡礼やアル＝アズハルは有効に利用された)。そのもとでは、(d)である程度触れたように、ムスリム同胞団が主張した諸原則は信仰生活の強化、イスラムの絶対性・普遍性への確信の教説としては強力に生きつづけることができた。ムスリム同胞団のかつての有力な指導者も、ウラマーとしては権威と影響力をつよく保持しえているのである(かつてのムスリム同胞団の有力指導者のひとり、バハー・アル＝フーリーは、ワクフ省の啓蒙パンフレットの有力な執筆者である)。

アラブ連合政府がアラブ統一やアラブ社会主義の政策について、その正当性の証明をイスラムのうえに基礎づける場合、すくなくとも、その発想と論理の形式においては、ムスリム同胞団の主張がいかされているといわなければならない。ただそれは、まったく異なる別の論理をも自由に吸収し利用する態度が維持されるなかにおいてである。このような振幅をもった「アラブ統一」や「アラブ社会主義」の目標は、大衆のある一定限の政治的成長を反映しているが、これらの願望がいかなる発展の方向に具体化されていくかは、大衆の要求の組織され方のいかんにかかっているのである。

ムスリム同胞団が結集した大衆の感情と行動とは、こんにち、一方では解放戦線→国民連合→アラブ社会主義連合のラインに吸収され、他方では宗教生活の日常的なルーティーンのなかに埋没していると考えられる。

〈状況的イデオロギー〉の役割

一九六一年六月二三日、国民議会はアズハル再組織法案を通過させるにいたった。それはナーセル政権のイスラムにたいする政策の発展において、ムスリム同胞団との決裂につぐ、そして重要性においてはそれをさらにうわまわる劃期的な事件である。政治的独立(一九五二―五六年)、経済のエジプト化(五六―六一年)に続くエジプト革命期の第三段階をひらいた六一年七月以降の一連の「社会主義」的立法にさきだって、イスラム改革への積極的な着手が表明されたのであって、アズハル大学－モスクの再組織(その保守的・伝統主義的な構造と役割の改変)が、単に教育体系全体の改造のテコとしてばかりでなく、「社会主義化」のための必須の課題としてとりあげられざるをえなくなったことが注意される。

このあらたな挑戦を契機として、イスラムの立場からのナーセル政権の政策一般にたいする抵抗や反撃があらためて表面化しつつある兆候が認められる。アズハル改革は、アズハルがわの抵抗によって進捗を妨げられている。また一九六二年五月下旬―六月の国民憲章の審議にあたっては、シャリーア(イスラム法)の現代における規範性、婦人の地位、家族計画(産児制限)などにかんして、ムハンマド・アル＝ガッザーリーによる伝統主義の立場からする公然たる批判が社会的反響をよんだ。エジプト国内の「社会主義化」への対立勢力がムスリム同胞団の落穂拾いとなる条件は客観的に存在するといわなければならない。そしてかりに、そのような発展が現実化する場合には、さらにある条件のもとでナーセル政権自体がこれに適応するという逆転さえも問題になりうる。それは、アラブ連合からのシリア分離(一九六一年九月)以後のインター・アラブ関係の展開、ことに一九六三年のエジプト・シリア・イラク統合交渉の推移からも考えうる可能性のひとつの形式である。

三　社会主義の実験室——イシュティラーキーヤ・一九六〇年代前半

◆岩波書店発行の『思想』第四八三号(一九六四年九月号)に載った「アラブ社会主義論(上)」の一部と、同第五一二号(六七年二月号)に載った「イデオロギーとしての「アラブ社会主義」」の一部とを、接合。後者は続編として書かれたものなので、無理なくできた。のびやかに心を開いてみずからの生活と思想に触れさせてくれた、立場も暮らしぶりも多様な、エジプトの人々に感謝する。

アラブ社会主義の出現

「アラブ社会主義」については、つぎの三点が注意されなければならない。

(a)　「アラブ社会主義」の「出現」またはそれへの「転換」は、公式には、一九六一年七月の一連の「社会主義」法令から、とされている。

(b)　その前段階に(スエズ戦争以後、そして特にアラブ連合共和国成立以後)、「社会主義・民主主義・協同主義」の目標がかかげられていた。

(c) いわゆる「転換」の過程も、一定の振動をともなっており、それはさしあたりつぎのような局面の変化に即して説明できる。

(イ)一九六一年七―九月(アラブ連合からシリア離脱)、(ロ)一九六一年一〇月―一九六二年六月(国民憲章の決定)、(ハ)一九六二年六月―一九六四年四月(新憲法制定および政治犯釈放まで)、(ニ)それ以後。

状況対応としての「社会主義」

(A) エジプトの政治権力が「社会主義」の目標を明確にかかげたのは、ほぼ一九五八年以降、「社会主義・民主主義・協同主義」という形式においてである。自由将校団を根幹とした革命指導会議の初期の政策上の立場は、十分体系的に説明されることはなかったが、しかし資本主義の枠内で土地改革・中産階級育成・工業化をめざすものであったということができる。ただしその場合、社会正義(公正)al-'adāla al-ijtimā'īya と国家の規制がつねに強調されていたことは注目しなければならない。革命指導会議は成立早々の八月、カフル・アッ=ダッワルの紡織工場スト弾圧を転換点として、激化の傾向を示していた労働運動を抑圧し、他方、しだいに最大の政治勢力だったムスリム同胞団の解体を促進させつつ、対外的には多くの妥協をともなうにしても現実的な独立のコースを模索していたのであった。革命指導会議権力が一九五四年二―三月の動揺を克服して、主導権を確立した段階で、ムハンマド・アリー朝支配の廃絶・その経済的基盤の破壊(共和制の確立、第一次土地改革の主要部分の遂行)およびイギリス軍撤退にかんする交渉の妥結(大国の軍事支配体制からの解放)がはじめて保障された。一方で強力な軍事独裁、他方で土地改革・一般産業政策がラディカルでないこと、この前提のもとで、ある場合に、政権担当者みずからすすんで「市民革命」「中間層の権力」としての評価に公認を与えるような姿勢を示したのであった。この間、重要なことは、経済的破局の打開およびそのための革命情勢の鎮静化が、つねに政策決定の直接の決定的な基準となっていたことである。

それでは「社会主義・民主主義・協同主義」の主張はいかにして採用されるに至ったか。また、ここでの「社会主義」の問題は、右にのべた初期の基本ラインといかなる関係にたつものであろうか。

「社会主義・民主主義・協同主義」の目標の設定が、たしかに、社会主義諸国への経済的接近(国際収支改善のための原綿の販路、バグダード条約機構・イスラエルに対抗しての武器購入)、中華人民共和国承認、バンドン会議、ネルー・チトー・ナーセルのブリオニ会談、政権の安定(軍政の廃止→議会制)をその背景としていることは否定しえない。しかしその決定的な動機は、あきらかに、大規模なパブリック・セクターの急激な成立にあるといえよう。ここで重要なことは、「公共部門」の設立と拡大のプログラムがまずさきにあったのではないということである。スエズ運河会社の国有化決定においても、スエズ戦争に至る過程での政策決定においても、そこにはけっして明確な具体的な「経済開発機関」(EDO、一九五七年一月設立)への展望はなかった。戦争を通じて英・仏・ユダヤ系資産の接収の道がひらけ、これを一括して国家的に管理し、またそれを基盤として開発計画を立案しうるようになったところで、はじめてEDOの組織も第一次五カ年計画も具体化したのである。この新しい事実を前にして、新しい目標の定立とそれによるあらたな「国民感情動員」が必要だと考えられたと見るべきであろう。

スエズ戦争は、客観的には、エジプト革命にたいする反革命干渉戦争であった。そのことによって、そしてまた英仏がわの失敗という結末によって、ポール・サイードの市民ならずとも、大衆の政治生活における一定の高揚が結果した(労働組合運動の再建にもそれは見られる)。「公共部門」の成立の仕方それ自体も、戦争との関連で革命的性格をともなうものであった。「権力移譲＝独立」をへて一般的産業政策をもちつつ「公共部門」の問題にとりくむことになったインドの場合と比較して、これはひとつの特徴を示している。これ以後、「アジア・アフリカ諸国民の連帯」の闘争として、アルジェリア問題、コンゴ問題等を通じ、英・仏・ベルギー・スイス・ギリシア系その他の資産・企業・権益があらゆる産業部門にわたって(ジャーナリズムまで含む)つぎつぎと接収される「エジプト化」の過程が持続したのであった。

「社会主義・民主主義・協同主義」は、その提起のされ方からしても、このような過程・運動を導き方向づける理論ではなく、むしろそれを反映し、あるいはそれに解釈を与える性質の表明にすぎなかったということができる。社会的には、階級間のバランスの安定を強調し、国家の中立性・超階級的性格が主張される。社会正義と衡平、いっさいの社会的差別の廃止の実現が、「一神教的基盤」、「合理的思考への衝動と確信」、「実際的な経験主義」、「あらゆるドグマへの反対」(価値の相対化)、「中立主義」を媒介として追求されなければならない。「あらゆる体制のうちに社会主義の要素があり、民主主義の要素があり、協同的機能がある、多くのことばと多くの意味を数えたてることよりも、もろもろの社会が採用し主張しているなにがしかの人類的な原則と要求とを見いだそうとすることの方がはるかに重要である。」「富の独占者、特権階級、政党、個人による搾取から社会が保護されなければならない。〔しかし〕こんにち世界中で特権的な階級もしくは団体のなんらかの支配から自由な社会はどこにもない。」「われわれの社会の目標は、全体の努力がもっとも有効に全体の利益に役だてられうる共同体の創造にある。人民が共同に所有する工業での労働は、私的企業家や投資家のための労働よりはるかに生活を楽にするという信念は、まったく正当である。」「大切なことは、なんらかの主義を排除することではなく、協同主義の工業と私的資本主義の工業との健全な競争を行わせるために、両者に公正を保障することである。政府の仕事は……不正な労働の搾取または不正な資本の搾取さえも抑制するために監視することである。」

ここでは「社会主義」はほとんど「社会正義と衡平」と同義語であり、社会主義的民主主義・協同的社会主義等々、造語上の任意のくみあわせが可能であった。結局それは「プラグマティックな社会主義」とも説明されたのである。シリアとの合同によるアラブ連合共和国の成立にともない、バース党勢力との深い接触が生じたことは「社会主義・民主主義・協同主義」の論理的基礎づけの作業にたいして決定的な意味をもった。ただしこの場合も、バース主義は摂取・利用の対象のひとつとなることによってのみ影響をもちえたのであった。

「社会主義・民主主義・協同主義」は、政治的局面では、大衆(指導)組織としての「国民連合」の結成と照応している。それは政党制にかわる単一の政治的結集で、その理念的基礎は民族的利害の一致・国民の統合にあるとされた。こうして国内の現実の階級関係の固定化・凍結の方向がうち出された。しかし経済の「エジプト化」の進行と「国民連合」に組織された大衆の動向とは、「社会主義・民主主義・協同主義」――「国民連合」の内在的矛盾をたちまち明るみに出すのである。

(B) 一九六一年七月の「転換」とは何か。そして「転換」の要因をいかに見ることができるか。これを考えるためには、まず、革命九周年を迎えた七月下旬から八月にかけての一連のいわゆる「革命的」七月諸法令を検討しなければならない。ここでは諸法令の内容を紹介することよりも、それらの全体としての基本的意図を問題としたい。すべての銀行・保険会社を含む大会社・企業(エジプトで一五三社、シリアで八六社)の(全面的または国家の五〇%株式参加による)国有化、株式所有制限(超過分は国家へ吸収)、会社役員の(あらゆる名目の)収入の最高限設定、一人一職業の規定(直接にはいくつもの会社の役員兼任の禁止、および失業問題対策)、(公私をとわずすべての)会社役員会の構成の規定(七名、内一名は労働者代表、一名は職員代表をかならず含むこと、これらの秘密投票による選挙)、一九五二年土地改革法の改正(=第二次土地改革、土地所有の最高限二〇〇ファッダーン(ある場合三〇〇ファッダーン)を一〇〇ファッダーンにきり下げる。なお、一ファッダーン=〇・四二ヘクタール)、あらゆる企業の純利益の二五%は毎年労働者への現金ボーナスならびに厚生福祉費としてさくことの規定、賃金カットをともなわない労働時間の短縮(八時間→七時間、三交代制の維持)、累進所得税の税率表改正(年四〇〇〇エジプト・ポンド以上の所得にたいする税率の大幅ひき上げ、それ以下の据え置き)、家屋税の改正、家賃・部屋代の制限措置。これらを全体として眺めたとき、まず問題なくつぎのふたつの側面をひき出すことができる。

(1) ブルジョア・地主への規制の強化

(2) 労働者・農民の要求・不満への対策

しかも(1)の側面は特に重要である。資本家・経営者・地主・金利生活者等々はあらゆる方角からその活動を制限され、その基盤を移譲させられるに至った。一般に一五年期限の年四分利子つき国債というような形式で補償がおこなわれるとしても、それらの蒙った打撃は甚大であった。なかんずく所得税法改正は大きな打撃力をもったと考えられる。

以上のような措置が連続的・集中的にとられた背景として、すでに一九六〇年はじめ以降顕在化していた動きに注目しておかなければならない。

(1) 「国民連合」路線への批判、あるいは「連合」内部の矛盾の表面化。「社会主義」の理念や国民連合内部における階級対立の問題をめぐって数多くの論議がたたかわせられた。これには国民連合のピラミッド型組織が大衆の自発性をほとんど動員できなかったこと、そのような大衆の不満や批判が痛烈に作用しているとみるべきである。すでに農村の協同組合役員構成の改革(自作・小作農の代表をふやす)への着手などを通じて、第二次土地改革への道は必然的なものとなりつつあった。さらに、不安定な政情を続けるシリア、専制的王朝支配下のイエメン、これらの「アラブ連合」構成要素にたいする批判の展開は、当然論理的にも「国民連合」路線、そこでの統合の観念にたいする反省をつよめずにはおかなかった。しかもシリアでの国民連合方式への抵抗の発展は、エジプトでの批判をそれなりに刺激したのであった。

(2) 公共部門の拡大局面の転換。五カ年計画の推進、一〇年間の国民所得倍増政策の提起などを通じて、「エジプト化」の枠を大幅にひろげることが必要となり、ミスル銀行の国有化が決定された(六〇年二月)。公共部門の拡大は、公私両セクター間のバランスを大きく破りつつあった。「エジプト化」の発展は、エジプト民間資本の国家資本への転化の要求をも発展させたのであった。ミスル銀行創立者タラート・ハルブのエジプト工業の父としての評価にかわって、現実の「資本の専制」一般が強調されるようになっていた。七月法令は、部分的・なし崩し的に開始されていたこのような国有化について、大企業に関する限り一挙に決着をつけるという意義をもったといえる。

ところで、「転換」のための準備は、六月末のアズハル改革への着手やアラブの社会主義にかんするフルシチョフ発言をとらえての五―六月の反ソ・キャンペインの措置によってもあらわされている。前者は保守的ウラマーにたいする、後者は特に「西」がわ国際世論を考慮にいれての一定の予防的対策であったことは明らかである。

前年以降の(1)(2)の前提と、「試験気球」や法案作成を含む準備作業、これらにもかかわらず七月諸法令がことさらに劇的な緊迫感をもった「転換」として宣伝され、かつ事実、改革の集中・波状的激しさと有産者層への予想をうわまわる大幅譲歩の強要をともなったのは、六―七月段階で急速に絶望的となってきた綿の不作=経済危機という状況が直接の決定的な要因である。綿とスエズ運河とはふたつの主要な外貨獲得源であり、それはエジプトにおけるインフレ傾向にたいしてこれをチェックする重要なファクターである。五―六月に原綿輸出業者への監督が強化され(第七一号法律)、六月末にはザキー経済相のアレクサンドリア先物市場の閉鎖・原綿貿易にたいする政府の完全な監督権の確立の発表があり、七月には第七一号法律の改正によって貿易企業の統合・国有化とエジプト化とが一挙に決定された。他方、七月はじめには輸入の厳重な管理体制＝新割当て制がしかれた。このような貿易上の措置にとどまらず、八月七日には緊急閣僚会議で殺虫剤の緊急大量輸入が決定された。そしてやがて農民金融の特別措置、契約量確保のためアメリカからの代替綿花買付け交渉へと進んで行くのである。「社会主義」諸法令はこのような事態のもとで出された。束としてのそれらは、個々の措置についての調査・準備段階とは異なった、状況に対する新しい意義をもつことになった。この場合、「社会主義への転換」は以上のような情勢下での政治的局面打開への志向にほかならなかった。

(C) 本稿冒頭でふれた「社会主義化」の(c)－(ロ)局面、すなわちシリア分離以後における変化をとりあげてみよう。一九六一年九月二八日にはじまったシリア反乱は、この年に入ってから促進された経済上・行政上のエジプトとの統合の強化、そして決定的には七月法令、にたいする軍人・地主勢力の不満の爆発として生じた。これに直面したナーセル政府は、シリアへの不干渉を決定し、シリア問題での失敗の承認(自己批判)を、主として「『反動勢力《ラジュイーヤ》』が反人民的活動・陰謀をおこなうのを国民連合路線の中で放置した」という形でおこなった。そしてエジプト国内では、シリア情勢のはね返りを防止する強硬措置をとったのである。すなわち「反動」退治、社会からの「隔離」(公民権停止)・財産没収の先制攻撃、「社会主義の防衛」である。

一〇月二〇日ごろから特に富裕な市民のうち「公共の敵」の逮捕・財産没収が開始され、『アル＝アフラーム』紙によれば、被没収者は一〇月末四二二人、一一月末八〇五人と増加していった。六二年はじめにおいてもそれは断続的にみられ、たとえば大資本家アフマド・アッブードは一部財産の国外もち出しの故に告発された（彼の所有するヘディーブ郵船会社の船舶を含む全商船の国有化は一一月はじめに決定された）。この時期の財産接収は反動的敵からのそれとしておこなわれ、一般の補償の枠外におかれた。こうして六一年一〇月から六二年四月末にかけて、激化の時期を迎えたのである。

この間、議会を解散して、新しい「人民勢力の国会」の開設が定められ、農民・労働者・自由職業・民族資本・公務員・大学教師・学生・婦人という階層・社会グループ別に代表の選出をおこなおうとした。これ以後、「人民」「人民勢力」とは何かという規定問題の論議が活発となった。これと見あう形で、「国民連合」はここではじめて破産が宣告され、あたらしい「社会主義連合」の組織化が日程にのぼることになったのである。このような激化の過程の中で、六二年三月には二五万ファッダーンのワクフ（宗教財産）耕地が分配にまわされたことは、特に注目される。六一年一二月末イエメンとの名目的連合関係を断ったこと、全外国系学校の国有化が決定されたこと（六二年一月、九月実施）、六二年五月一日エジプトではじめての公然たるメーデー集会がカイロのグムフーリーヤ広場で数千名を集めておこなわれたことも、この時期の特徴を端的に示している。

しかし、七月法令→反動の隔離→国民憲章という過程を、一直線上につらなるものとして理解することは、ほとんど不可能である。国民憲章をめぐる問題はあとで検討するが、それはここで問題とした時期の反動、つまり激化から安定化・妥協へのふれという側面をもあらわしているといわなければならない。この時期は、いずれにせよ、「社会主義化」の発展にかんして非常に大きな問題をはらんだ時期であった。

以上、(A)(B)(C)を通じて、とりあえず、ここでつぎのことがいえるであろう。「社会主義」の提起はつねにそのときどきの目前の局面・危機の打開をめざすことを主要な動機としてきた。その意味で、この「社会主義」は現実にたいしていちじるしくパッシブ、かつ便宜的な側面がつよい。しかしそれと同時に、そのことによって「社会主義」の内容的変化・発展が促されたということも見逃すべきではない。

イスラムからマルクス主義への連続スペクトル

一般に、「アラブ社会主義」は、単一の脈絡をもったひとつのイデオロギー体系として理解されようとしている。この場合、それは現代エジプトにおける政治指導のめざす方向として認識の上で固定化され、そしてしばしば、ナーセル個人の思想の次元にまで還元されてしまったりするのである。しかし、アラブ社会主義 al-ishtirākiya al-'arabīya あるいは一般に社会主義 ishtirākiya の意味は、アラブ社会において、はなはだ多様に理解されており、それらあまたの立場のからみあった複合的な全体が、とりあえず「アラブ社会主義」とよばれていると考えるべきである。そしてそれらを一括する「アラブ社会主義」という枠組を強調しようとすること自体が、ひとつの立場なのであり、かつこの立場はそれだけで「アラブ社会主義」のすべてではないのである。したがって、諸立場間の分裂・闘争・癒着・相互滲透を全体として動的に把握することなしには、いわゆる「アラブ社会主義」をただしく問題とすることができない。

一九六一年以降、新聞・雑誌を中心として社会主義をめぐる論議が活発となり（ムハンマド・ハサナイン・ヘイカル、ファトヒー・ガーニム、イフサーン・アブド・アル＝クッドゥースらの論説）、さらに一九六四年春の政治犯の釈放によって、それ以後マルクス主義者の言論活動が積極的になる（六五年一月から『アッ＝タリーア』誌（前衛、月刊）が発刊され、すでにあった『アル＝カーティブ』誌（文筆家、月刊）とともに、前者は理論誌、後者は総合雑誌として、エジプト左翼の拠る、かつ比較的質の高い雑誌となった）という過程を通じて、いまや主要な三つの潮流ないしは三つの派が形成されたといってよいであろう。すなわち、(1)アラブ社会主義派、(2)「社会主義へのエジプトの道」派（『アッ＝タリーア』誌は六五年七月号を thawra yūlyū wa al-ṭarīq al-miṣrī ilā al-ishtirākiya（七月革命と社会主義へのエジプトの道）の特集とした）、(3)イスラム社会主義派である。おのおのがそれぞれ、ニュアンスの異なった見解を包摂していることはいうまでもないが、特に(1)は雑多な要素をかかえこんでおり、(2)との対立の局面でのみ結合しえているのだ、と見なすことができる。なお、この三つの流れは、公開的な論壇の場で観察・識別しうるもので、当然これ以外に、(2)や(3)の外側に、ことに(3)の場合、非合法化された立場での議論の展開がありうるのであるが、現実の政治運動においてそれらの力は決定的に破壊されているので、さしあたりは無視してよいと思われる。

概括的にいえば、(1)はアラブの「社会主義」の独自性を強調する民族主義的立場であり、(2)は「社会主義」理論が人類社会にたいしてもつ普遍性を前提としながらエジプトの現実へのその適用を主張する立場であり、(3)はイスラムの原則や制度が真正の社会主義実現の保証であるとし、また初期イスラムの社会を社会主義の実現としてそれへの復帰を説く立場である(Muṣṭafā al-Sibā'ī, ishtirākīya al-islām, Maktaba al-ittiḥād al-qawmī, 1962〔イスラム社会主義〕。預言者ムハンマドやカリフ-ウマルの「社会主義」を論じたパンフレット類も多い)。(2)、(3)では社会主義建設はあくまで目標であるのに対して、(1)にあっては、現実の(一九六一年七月以降の)社会状態を「社会主義」としてただちに承認・肯定する立場を有力な要素として含んでいる一方、開発の計画化の問題に〈近代化論〉的見地を導入するような部分もある(Ṭal'at 'Īsā, al-ishtirākīya al-'arabīya wa al-ishtirākīya al-'ālamīya, 1965.〔アラブ社会主義と世界の社会主義〕Yaḥyā al-Jamāl, al-ishtirākīya al-'arabīya, 1966〔アラブ社会主義〕など)。

あえて図式的にいえば、(3)—(1)—(2)の順で右翼から左翼にかけてならんでいるということにもなろう。しかし、おのおのが微妙につらなり連続しているので、機械的な配列でわりきることはできない。ことに(1)の場合、それ自体が、たとえば、(a)社会主義の具体的・現実的形態の多様性、アラブの社会的条件の特殊性を問題にする立場→(b)アラブの社会主義の独自性あるいは優越性あるいは正統性を問題にする立場→(c)イスラムの伝統を強調する立場、というような幅広いスペクトルを呈するのであって、(a)は(2)に、(c)は(3)に自然に移行し、また交流しうる。(2)の場合でも、「社会主義へのエジプトの道」の議論のなかで、「社会主義へのアラブの道」という問題のたて方にたいする相違点が十分明確にされていないことがしばしばある。社会主義化のコースを検討するにあたって、アラブ諸国のなかでのエジプト社会の構造や地位の特殊的条件の分析は決定的な重要性をもつが、この作業を推進しないかぎり、(2)は(1)にたいして観点と立場の本質的なちがいを積極的に主張することはできないのである。「科学的社会主義」al-ishtirākiya al-'ilmiya ということばも、決してただちにマルクス主義を意味するわけではなく、ある場合にはマルクス主義批判を含むこともあり、イルム 'ilm の内容もすでに完全にセキュラーなものであるとはいえ、その背景にはイスラムにおける伝統的用語法があり、(3)にさえ引き寄せて意味を転換することが絶対にありえないわけではない。こうして事実、「科学的社会主義」は(2)の立場と(1)の立場のある部分とに意味をスライドさせながら通用することができているのである。

以上のごとき関係にたつ三つの流れが、三つの派として示されるのは、思想状況・政治状況のなかで、一定の意味で人的結集がすすみ、具体的な問題にかんして対立点がしだいに鮮明になり、またアラブ社会主義連合のような組織のなかで勢力対勢力の対立の様相があらわれてきているからである。最近の動向としては、「社会主義へのエジプトの道」派の「アラブ社会主義」批判が、科学的社会主義の歴史的位置づけ、社会発展の法則性の問題、階級分析の方法、エジプトにおける社会主義化の条件の成熟度などをめぐってするどく提起され、「社会主義へのエジプトの道」派とそれ以外とのあいだの対立が、思想状況のなかで特に注目すべき問題となってきている、といえよう。(2)のがわからの(1)、(3)にたいする積極的批判は、一九六四年以降展開された「エジプトにおけるマルクス主義の役割」の論議からつらなっているとはいえ、六六年後半期において、それは新しい段階に入ったとみなければならない。一〇月二四―二九日、プラハの『平和と社会主義』誌と『アッ＝タリーア』誌とが共催したカイロでの国際シンポジウム「アフリカ――民族解放・社会主義革命」は、「社会主義へのエジプトの道」派の人びとによって準備され、運営されたものである。またその準備段階で、一〇月上旬この派の一部の人びとが逮捕される事件がおきたのは、上述のような現在の思想・政治状況の特徴点を考える上で、深い意味がかくされているように思われる。

国民憲章の「社会主義」

アラブ連合共和国における「社会主義」の基本的・集約的表明であり、憲法をもしばっているといわれる綱領、いわゆる「国民憲章」（板垣雄三訳『アラブ連合共和国・国民憲章』〔アジア経済研究所所内資料・翻訳No.12、一九六六年〕）の立場は、以上のような思想的対立の問題にたいしていかなる関係にたつであろうか。

国民憲章は独自の「社会主義」のコースを志向しつつ、政治・経済・社会・文化のあらゆる分野にわたって「エジプト革命」の全般的方針を規定している。それは一九五二年以降の革命の発展を総括し評価するなかでおこなわれており、したがって憲章はエジプト革命の立場の総合的な自己主張となっている。革命の初期の段階（政治的独立の達成を目標とした第一段階〔一九五二―五六年〕、経済のエジプト化を目標とした第二段階〔一九五六―六一年〕）には、このような包括的綱領は存在しなかった(むしろ存在しないところに特徴があった)。いわゆる「アラブ社会主義」への転換は一九六一年七月の一連の「社会主義」法令であるとされているが、その後の過程は決して直線的なものではなく、いちじるしい局面の転回を示しており、それはつぎのごとき小時期区分によって説明できるであろう。

(イ) 一九六一年七—九月(アラブ連合からのシリア離脱まで)
(ロ) 一九六一年九月—六二年六月(国民憲章の成立まで)
(ハ) 一九六二年六月—六四年四月(新憲法制定および政治犯釈放まで)
(ニ) 一九六四年四月—六六年九月(ザカリヤー・ムヒー・アッ=ディーン内閣辞職まで)
(ホ) 一九六六年九月—(六七年六月イスラエルに敗北するまで)

国民憲章という綱領的文書の必要が考えられた(ロ)時期は、まさに一種の「激化」の時期であった。いわゆる「反動の隔離」の措置(反政府的有産市民の公民権停止・財産没収)は、七月の国有化措置とはいちじるしく異なった革命的性格をおびたもので、一定の大衆的「反動摘発」運動を基礎とするものであった。議会の解散→人民勢力国会(農民・労働者・自由職業・民族資本・公務員・大学教師・学生・婦人という職能・社会グループ別代表選出、農民・労働者の比重を半分とする)、国民連合の破産→アラブ社会主義連合の組織化という転換のもとで、「社会主義」の問題は六一年七月のいわゆる「社会主義宣言」とは質的にまったく異なった次元でとりくまれ、これが国民憲章のなかに凝集されているといえよう。

そこでは「人民の民主主義」dīmuqrāṭiya al-sha'b「アラブ民族のなかのエジプト人民の闘争」を基礎とする独自の「社会主義」コースが志向され、在来とはやや異なったニュアンスで「エジプト人民《シャーブ》の闘争」という主題が展開される。テキスト上、民族 umma とわずかな回数で大衆 jamāhīr はあらわれるが、民族 qawm（一九四六年労働者・学生委員会をきり崩した民族委員会 al-lajna al-qawmīya、ムスリム同胞団の語法における qawmīya、国民連合 al-ittiḥād al-qawmī のごときニュアンスをもつ）はあらわれない。イスラムの扱い方は殊に特徴的である。宗教はたえず複数形で示される。ただ一度「イスラム世界への精神的きずな」がのべられる（人民の連帯の文脈で）ほかは、「イスラムの歴史においてエジプト人民は文明と人類の擁護に主要な役割を果した」「イスラムのカリフ制の仮面をかぶったオスマン帝国主義」という形でしかあらわれない。国民憲章を審議した人民勢力国会の一般討論において、家族計画・婦人の平等の地位・婦人の服装を批判したムハンマド・アル＝ガッザーリーやイスラム同盟結成のよびかけの挿入をもとめたアフマド・アッ＝シャラバッスィーらへのナーセルの痛烈な批判は、起草者がわの態度を明確に示すものである。

国民憲章では「アラブ社会主義」al-ishtirākiya al-'arabīya ということばが完全に回避され、一度も使われていないことは注意されてよい。「社会主義のアラブ的適用」al-taṭbīq al-'arabī li-l-ishtirākiya とか「社会主義の適用」al-taṭbīq al-ishtirākī (the socialist application の意) とか「われわれの社会主義」ishtirākiyatunā という表現が用いられ、もっとも多くは単に al-ishtirākiya である。

国民憲章の論理には、局部的には、いくつかの異なった立場（福祉国家論、諸開発理論、〈近代化論〉等）からの影響の所産を抽出しうるとしても、基本的・総体的にはマルクス主義の立場のもっとも顕著な影響が認められることを指摘しなければならない。この点は、人民勢力国会議事録に基いて、討議の際のナーセルの全発言の内容分析により裏付けられる。彼の発言は多岐にわたるけれども、次の三点に収斂する傾向がある。

(1)　階級および階級闘争の認識の必要性

(2)　農民と労働者があらゆるレベルの議会で半分の議席を占めるべきこと

(3)　いかにして全勤労人民を結集するか

おのおのについて主要な関連問題を挙げると、(1)旧体制の階級分析（地主・搾取的資本家の同盟、中間階級、勤労大衆）、現段階に残存する階級支配の実態、資本主義から社会主義への移行（権力・社会建設）、人民勢力・勤労諸階級の定義問題、法律の階級的性格、社会矛盾の平和的解決の条件（反動の出方）、オムダ（村長職）制改廃問題、「人みな労働者・農民」観批判、解決しうるのは階級矛盾で個人間矛盾ではない。(2)労働者階級の性格と役割、農民進出の悪条件、被収奪者の革命性、八年間綱領（七〇年目標）、「非現実的社会主義」批判、五五年以来の「社会主義」観の批判的回顧。(3)人民諸勢力間の矛盾の解決、官僚主義批判（新階級出現への警告）、ファナティシズム批判、「社会主義化法令」が労働者の要求に先行したことの問題性、終身大統領制提案への反対、学生・知識人の帰郷・農村訪問運動。

以上のごとき議論の展開と同時に、ナーセルはマルクス・レーニン主義とのちがいを、「プロレタリア独裁」、「反宗教」、「私的所有の否認（土地国有化を含む）」、「暴力革命」を批判する形で説明した。この主張はフルシチョフの干渉に対する六一年五―六月の反ソ・キャンペインでの議論の繰り返しであり、さらに重要なことは、憲章の討議における反対論（イスラムのがわからの反論という形式が中心）に対応するものであった点である。

しかしナーセルらの努力が、客観的には、ムスリムの熱狂をしずめ科学的思考に導くことにあるといわなければならないのは、全体として討議のやりとりにおける文脈を整理したとき、階級闘争や統一戦線（ふつうには「人民諸勢力の協力」という）等々の基本概念をつねにマルクス主義的意味づけに引き寄せようとしているように観察されるからである。

国民憲章は、ガッザーリーを擁護してアル＝アフラーム新聞社を襲ったムスリムたちのデモや政府が組織した各地の討論集会など大衆の動揺を伴いながら、八部に分かれた作業委員会（いわゆる百人委員会）の検討を経て、六月三〇日原案どおり（一片の修正もなく）可決された。しかし決定的に重要なことは、その成立の矛盾にみちた状況である。すなわち、憲章は宣言と前記委員会の意見表明（各議員個別の）とを付して発表されることになったが、宣言は「社会主義」に全く言及せず、宗教的色彩が濃厚で（たとえばシャリーアの語が挿入される）、エジプトの特殊性にふれずアラブの強調だけに終わるものであり、また意見表明は満場一致、無修正可決と矛盾する内容のものであった。こうして憲章は文言に手を入れられることなく、大幅にその性格を弱められた。それは前記小時期区分における(ロ)の激化の局面の急速な後退を意味したのである。

憲章の路線にたいするこのような形での消極的抵抗、効果の減殺や原則の歪曲をねらう運動を通じて、もろもろの要素をつらねた「アラブ社会主義派」の形成がはじまったということができよう。しかもそれは「イスラム(社会主義)派」との提携ないしそれへの依存という特徴をもって出発したのであった。小時期(ハ)は(ロ)への反動の局面となった。憲章の準備段階からはじまって(ハ)時期を通じ、つまり人民勢力国会の組織・活動、社会主義連合の組織化、新憲法準備の過程で、議論の主題のひとつは、「人民勢力」の規定問題であった。しかし憲章はこの問題に十分こたえていない。提案者の見解は結局は留保され、むしろただしい階級概念は大衆的討論によって確定すべき将来の課題とされた。(ハ)時期のひとつの特徴は、「人民」「階級」のこの曖昧さに沿って農民・労働者の枠組の急速な拡大解釈に導いた点である。比喩的にいえば、この方式で「アラブ社会主義派」「イスラム派」は失地の回復をおこなった。六二年一二月に制定されたアラブ社会主義連合規約は「五〇%労農代表」条項を形式だけのものとし、また上向的組織化のたてまえが事実上、下向的組織化に代位されることによって、国民連合の轍《てつ》をふむ危険が生じたのであった。新憲法は憲章を形骸化しつつ、イスラムの国教化を再現する。国民憲章の形骸化、しかし抽象的原則としての確認という事態は、この時期の政治指導の効率と異様な政治闘争の形態とを示すものなのである。

なお次の(ニ)時期の六五年夏にひき続いて摘発された反政府陰謀(最大のものはサイイド・クトゥブらの指導部をもつ再建ムスリム同胞団)のすべてが(ハ)時期の初期に出発していたことは、「アラブ社会主義」の迂回路線にさえ危機を感じたイスラム積極抵抗派やムスタファ・アミーン(アル=アフバール新聞主筆・前所有者)に代表されるブルジョア勢力にとって、憲章の出現がいかに深刻なショックであったかを明らかにしている。

左翼政治犯の釈放は、たしかに(二)時期の政治指導のあり方に転換を与えるものであった。共産主義者を主体とする彼らの多くは、アラブ社会主義連合の内部で組織活動に参加しはじめたが、それは国民憲章のうちに一定の保証を認めたからにほかならない。社会主義連合の組織は改造され、中央に分野別書記局amāna(宣伝・イデオロギー、南部方面連絡、北部方面連絡、労働、公務員・民族資本家問題、青年、農民等々)を構成して、その充実が目指されるようになった。またカイロの高等社会主義学院をはじめ各地方都市に社会主義学院を設立して、活動家の理論的訓練を開始するようになった。ヨーロッパ諸国からの共産党代表団との討論会などもおこなわれた。言論活動におけるマルクス主義の影響は急速に強化された。こうして「社会主義へのエジプトの道」派の形成、「アラブ社会主義」派との対峙・論戦がみられるようになったのである。以上のような状況下で、共産党の解党がおこなわれたことも発表された。

しかし他方、情勢は急速に転回しつつあるように思われる。すなわち民主的な大衆組織はまだ十分発展しえていないにもかかわらず、一定の大衆組織をおさえた諸書記局がそのことによってむしろ「アラブ社会主義」派の占拠するところとなるというような事態が進んでいると見られる。それは権力の中枢的な政治指導層内部の分解に応じて促進されているように考えられるのである。前述のアフリカ・シンポジウムがナーセルによって強力に支持されたことや、主催者が『アッ＝タリーア』誌であってアラブ社会主義連合でなかったことは、ナーセルらの思想的発展の現段階と社会主義連合の現在の組織状況に対する彼らの判断とを示唆している。

「社会主義へのエジプトの道」派にとって国民憲章はまもり強化すべき拠点であるとしても、同時に少なくともこれまで「アラブ社会主義」派の多様な要素、さらに一部の「イスラム社会主義」派は、国民憲章の目標を棚上げしつつも、憲章を成立させる基盤となった現実の社会的・経済的変化には適応し、かつ耐えてくることができたのである。彼らの多くははるかに進んでしまう客観的事態に対して、これをたえず凍結しようとしつつも、同時にナショナリストとして対応している。もはや外国勢力および旧支配層の復帰は全く不可能といってよい。一九六一年を劃期とするエジプト社会の大きな変貌(公共部門の瞰制陣地の占領、旧支配階級の社会勢力としての壊滅)に適応しつつ、かつそれを制約しようとしてきたものこそ、「アラブ社会主義」イデオロギーであった。

四　政治的対抗の闘技場《アリーナ》――階級とは何か

◆『アジア・アフリカ言語文化研究』第一号(東京外国語大学アジア・アフリカ言語文化研究所、一九六八年二月発行)に発表した「「アラブ社会主義」におけるṬabaqa(階級)認識について」の導入部と脚注とを削ったもの。意味をめぐる闘い。それも拍手喝采とお追従笑いによって反対する隠微で陰険な……。都市性と政治の結合の一つの極限を見た。傍線により、対応する語句が示されている。

争点としてのタバカ概念

一九六二年五月二一日、人民勢力国会に「エジプト革命の新段階に応じる綱領的文書」としての国民憲章 al-mīthāq al-waṭanī(正しくはただ al-mīthāq)がナーセル大統領によって提案された。六月三〇日可決・宣言されるまで一カ月余にわたる討論がおこなわれる(国会外でも地区別に大衆的討論集会が組織された)が、その中心テーマは「社会階級」の認識であったということができる。階級＝タバカ ṭabaqa の問題がはじめて広い社会的論議の対象となったのである。

一九世紀にリファーア・アッ＝タフターウィー(一八七三没)がおこなった社会の階層区分――(1)統

治者 wulā al-umūr、⑵学者・裁判官・宗教上の指導者 ṭabaqa al-ʻulamāʼ wa quḍā wa umanāʼ al-dīn、⑶戦士 ghuzā、⑷農・商・工業にたずさわる人々 ahl al-zirāʻa wa al-tijāra wa al-ṣināʻa の四つの諸タバカ ṭabaqāt にわけた (Rifāʻa al-Ṭahṭāwī, manāhij al-albāb al-miṣrīya fī mabāhij al-ādāb al-ʻaṣrīya, al-Qāhira, 1912 (2nd ed.), p. 348) ——以来、タバカの意味は近代社会の中でしだいに「社会階級」へと接近してきていたとはいえ、その理解の幅ははなはだ広いといわなければならない(イスラム的観念もあらたな「動員」の対象にならないとは限らない。Muḥammad Saʻād Jalāl, mafhūm al-dīn wa al-ʻilm fī al-mīthāq, mafhūm islāmī ṣaḥīḥ/《al-kātib》, 1966/6)。⒜エジプト社会の階級関係をどのように認識するか、⒝そもそも ṭabaqa をどのように概念化するか、をめぐって、認識上、もろもろのきびしい対立の形式が、人民勢力国会を中心とする上述の論議においても見出され、それはまたすぐれて社会的・政治的対立関係の表現でもあったとみられるのである。

国民憲章テキストの分析

国民憲章を貫く主題のもっとも端的な表現は、つぎの一節に示されているといえよう。

> エジプト人民 al-shaʻb al-miṣrī はいかなる階級的独裁 dīktātūrīya ayy ṭabaqa min ṭabaqāt をも拒否し、階級間の差異(差別)の解消 tadhwīb al-fawāriq bayna al-ṭabaqāt こそ全勤労人民勢力の完全な民主主義 al-dīmuqrāṭīya al-kāmila li-jamīʻ quwan al-shaʻb al-ʻāmila にいたる道であると決意した。

国民憲章のテキスト全体について、(イ)社会階級・階層・勢力・グループ、(ロ)エジプト社会の旧体制ならびに現段階の社会的構成の把握(したがって「エジプト革命」の性格づけ)、(ハ)社会分析の方法、にかかわるすべての表現を選び出し、明らかに単純な重複・くり返しとみられるものは一単位とすることにより、語句・文章・パラグラフの八七単位と六カ所のかなりながい(二ないし数パラグラフにまたがる)議論の展開部分とを得た。つぎにこれらの単位・部分のおのおのについて、意味の方向を、(1)「エジプト革命」による社会関係の変化をいかなるものと規定するか、(2)「階級」および「階級闘争」をいかにみるか、(3)「人民」の内容をいかに規定するか、にかんして検討し、以下のように整理することができた。

(1) 一九一九年革命の批判という形式で革命の社会的側面 jānib ijtimāʿī min asbāb thawra al-shaʿb が強調され、これが全般的基調となっている。旧体制は、ひとつの支配階級 al-ṭabaqa al-wāḥida al-ḥākima ; al-fiʾa al-mutaḥakkima をなす封建制と搾取的資本との同盟 al-taḥāluf bayna al-iqṭāʿ wa bayna raʾs al-māl al-mustaghill という反動勢力の独裁 diktātūriya al-rajʿīya であった、とされる。エジプト革命の性格の説明として、「エジプト人民は、封建社会が残した諸結果を一掃しながら、資本主義の社会主義的変革を平和的にもたらすという複合的な発展段階に精力的に進み入った」、「社会主義の道は、資本主義と同盟した封建的地主の独裁支配から勤労人民の権利と願望をあらわした民主主義の支配へとむかう必然的な政治的発展に門をひらく」などは、もっとも要約的な表明である。一九五二年革命について、決起した軍隊が革命的前衛であったこと、人民の意識の純粋さと力とが軍事独裁の可能性をとり去り人民諸勢力を指導者の地位につけたことが強調され、また一九六一年の変革については、封建的地主の存在を許さぬ土地改革、労働の諸権利の確立(労働者は生産過程における商品 sil'a fī 'amaliya al-intāj から主人 mālik へ)、生産手段 adawāt al-intāj; wasā'il al-intāj および剰余 fā'iḍ 運用の人民管理 sayṭara al-sha'b(国有化 ta'mīm)によって、一九六一年の七月法令は搾取 istighlāl の廃絶に道をひらいたが、反動は永久に除去されるものではなく、いまなお物的・知的影響力をもっており、また「この段階で新しい指導部 al-qiyādāt al-jadīda がさらされる最大の危険は、おそらく、彼らが正しい道すじから逸脱して、自分自身を古い階級 al-ṭabaqa al-qadīma にとって代りその特権をひき継いだ新しい階級の代表だと考えることである」とする(なお搾取は、階級的遺産と寄生的オポチュニズムの結果との両面から問題にされている)。社会革命の発展段階 marāḥil al-taṭawwur という概念が導入されていることも注目すべきである。

(2) 階級 ṭabaqa ということばがつねに搾取・被搾取関係(労働の果実 thimār al-'amal を奪う salaba)との密接な連関のもとに用いられていることは注意を要する。それゆえ、人民の諸階層については、「他の人民諸階級の間の矛盾」mutanāqiḍāt bayna baqiya ṭabaqāt al-sha'b という場合を例外として、ṭabaqāt よりむしろ諸勢力 quwan が選びとられる。社会経済的な意味でよりは政治的な意味で支配階級というような語をとりあげる場合には、ṭabaqa のかわりに fi'a を用いている。私的所有一般の中で非搾取的所有 malakiya ghayr mustaghilla を区別し、非搾取的な民族資本 ra's al-māl al-waṭanī ghayr al-mustaghill という範疇が設定されている。

農村における封建的大地主層 kibār al-iqṭā'iyīn、小地主 ṣighār al-mallākīn、農民大衆 mala' al-fallāḥīn、農業労働者 'ummāl zirā'īya(日雇い ujarā')などが識別され、ことに農業労働者への着目が顕著である。その限りで農民 fallāḥūn の一律的な扱い方への反対が看取される。

階級闘争 al-ṣirā' al-ṭabaqī; ṣirā' al-ṭabaqāt; al-ṣirā' bayna al-ṭabaqāt、階級間の衝突 al-taṣādum al-ṭabaqī の不可避性はつねに明確に認められている。しかし多くの場合、それは平和的解決およびその条件が問題にされることとのだきあわせにおいてである。それはつぎのごとくである。「不可避的で必然な階級闘争は無視したり否定したりすることができない。しかしその解決は平和的に、民族的統一の枠内で、階級差別を解消することにより達成されなければならない。」「階級闘争のむごさや血なまぐさい性質は、……実は人民の搾取をつづけるため独立の特権的立場の放棄を欲しない反動勢力がつくり出す。……階級闘争の平和的解決は、反動勢力がまずまっさきにそのあらゆる武器を奪われない限りは実現されることはない。」「衝突の除去 izāla は階級闘争の平和的解決に道をひらく。それは人民諸階級の間にある矛盾をとり除きはしない。しかしそれは矛盾の平和的な、すなわち民主主義的行動による解決を可能にする変化をつくり出す。」「搾取者と被搾取者との間の決して和解しえない利害対立から生じている階級間の衝突の除去は、一夜にして階級差別の解消の実現に導くことはできない。」なお上記「民族的統一の枠内で」は、内戦や外国の干渉の危険に対してのべられているとみるべきである。こうして階級間の平和的闘争 ṣirā' silmī の可能性をたかめることが工業の公共部門 qiṭā' 'āmm の私的部門 qiṭā' khāṣṣ に対する役割として期待されることになる。

(3) 勤労人民の諸勢力として、農民 fallāḥūn、労働者 'ummāl、兵士 junūd、知識人 muthaqqafūn、民族資本 ra'smāliya waṭaniya の五つがあげられている。そして「勤労人民を代表する諸勢力の同盟 taḥāluf al-quwan al-mumaththila li-l-sha'b al-'āmil こそ、封建制と搾取的資本との同盟にとってかわるべき正当な交替者で、それのみが真の民主主義を反動的な民主主義におきかえることを可能にする」とする。歴史を通じての被搾取者・権利の被剝奪者としての人民の革命性、住民の大多数を占め生産の中枢をにぎる農民と労働者が人民諸勢力の前衛であることが確認されている。しかし議会をはじめ各レベルの政治的組織において農民と労働者がかならず五〇%の議席を占めなければならないという規定の根拠は、十分明確にしめされているとはいえない。

以上、(1)(2)(3)において整理した国民憲章の立場には、マルクス主義の顕著な影響が認められる。政治制度がもっとも有力な(現行の)経済機構 al-awḍā' al-iqtiṣādiya al-sā'ida の諸利害の直接的な反映 in'ikās であり正確な表現 ta'bīr であるという言明や、ジャーナリズム・教育・裁判・行政法規が階級支配の道具であったとする批判、労働力・剰余労働の考え方など、厳密にいえば問題があるにせよ、マルクス主義の一定の強力な影響を前提としなければ理解できないであろう。そしてこのことは、国民憲章の重要テーマである「階級」「階級闘争」の認識においてもっとも明らかなのである。

国民憲章は科学的社会主義を標榜するとはいえ、しかしその立場は決してマルクス主義ではない。それは、「一九世紀の公式化された法則」という批判や農・労五〇%代表の主張によるプロレタリアートのヘゲモニーの否定などによって示されるほか、階級社会の歴史的・弁証法的発展の見地を欠いていること(反動勢力・人民勢力の諸階級がはじめから与えられたものとしてあり、それらの発生・発展の歴史的過程への顧慮がない)のため、階級差異(差別)の解消が、歴史的必然としてよりは歴史を通じて「失われた正義」の回復への努力・決意として提起されることにもあらわれている。この点は、人民の諸勢力は示されても、人民の階級的構成は結局示されないということと深く関連している。それは非搾取的資本を含む人民の平和的階級闘争と同盟とが一体いかなる関係に立つのかを不明確にしたまま、国民憲章の理論的矛盾を形づくっているということができるであろう。

「人民」を構成する要素とは?

国民憲章の準備にさきだって、ナーセル大統領は一九六一年一一月四日、(イ)人民勢力国会準備委員会 al-lajna al-taḥḍīriya li-l-mu'tamar al-waṭanī li-l-quwan al-sha'biya を設置して人民勢力国会の選出方式を審議させる、(ロ)人民勢力国会を選挙し、これに国民行動憲章 mithāq al-'amal al-waṭanī を提案、審議・決定する、(ハ)国民行動憲章にもとづき、新しい憲法制定に着手する、というきたるべき三段階の措置を明らかにした。

一一月一八日、準備委員会の二五〇名のメンバーが大統領により任命されたが、その発表の公式文書では、名簿ははじめの部分を占める政府指導者を除き、単にアルファベット順となっており、個別に具体的な職業・地位が示されていて、特別の分類はおこなわれていない。名簿にしるされた職業にもとづき分類を試みると、つぎのようになる(『アル＝アフラーム』紙一九六一年一一月一九日による分類が

Anouar Abdel-Malek: Égypte, société militaire, Paris, 1962, p. 180 にあるが、やや不正確である。職業がふたつ与えられている者はより重要な一方により分類した)。

政府指導者五六(副大統領五、前国民議会議長・経済機構議長各一、大臣二〇、次官五、知事二四)／農業関係二八(農協役員一九、農業技師四、農民三、その他二)／労働関係二四(労組指導者および労働者)／自由職業七一(医師七、弁護士一三、薬剤師二、獣医一、作家・ジャーナリスト一〇、教育家七、技師六、大学教師二五)／経済活動関係二一(公共部門企業体代表一〇、会社役員八、協同組合役員三)／前国会議員二三／国民連合組織メンバー四／官吏一七／学生組織代表五／婦人運動代表一

この準備委員会に課せられた任務は、アラブ連合共和国の人民の基本的にして真正なる諸勢力 quwan の結集をはかることで、その諸勢力は農民 fallāḥūn、労働者 'ummāl、学生 ṭullāb、工業家 aṣḥāb al-ṣinā'āt、商人 tujjār、自由職業 mihan ḥurra その他、の諸部分(諸グループ)＝タワーイフ ṭawā'if と指示されていた。

準備委員会の作業結果は一九六二年一月一七日の人民勢力国会の組織にかんする決定となってあらわれたが、その選挙方式にかんする附則 mulḥaq bi-qawā'id intikhāb a'ḍā' al-mu'tamar al-waṭani li-l-quwan al-sha'bīya は議員一五〇〇名のうちの配分をつぎのように定めていた。

(1) 農民、それに準ずるもの　三七九名
(2) 労働者、それに準ずるもの　三〇〇名
(3) 民族資本、それに準ずるもの　一五〇名

(4) 職業組合(シンジケート)niqābāt mihnīya メンバー、組織対象外職員(公務員)al-muwaẓẓafūn ghayr al-musta'mīn、婦人、それらに準ずるもの　四六一名

(5) 大学、それと同等のもの、および学生、それに準ずるもの　二二〇名

議席の配分は各項ごとにさらに細かく決定されていた。

(1) 農地改革協同組合 al-jam'īyāt al-ta'āwunīya li-l-iṣlāḥ al-zirā'ī メンバー八四、農業協同組合 al-jam'īyāt al-ta'āwunīya al-zirā'īya メンバー二六五、漁業団体 jam'īyāt ṣayd al-asmāk メンバー八、農業組合 al-niqābāt al-zirā'īya メンバー七、政府管理地 al-qiṭā' al-ḥukūmī 農業労働者一五

(2) 工業(食品・紡織・化学・金属鉱山・その他)労働者一二〇、商業(食品・繊維品・薬品石油・その他)労働者二六、サービス(運輸・銀行保険・社会サービス・その他)労働者六四、政府機関労働者九〇。〔工業の八五は七五の工場・会社での投票により、三五は地域別選出。商業の一二は一一の公共部門企業体・会社から、一四は地域別。サービスの三四は二二の公共部門企業体・会社から、三〇は地域別〕

(3) 商業七五、工業七五(私的部門三七、公共部門三八)

(4) (イ)職業組合関係＝医師一七、歯科医八、獣医八、薬剤師九、弁護士一六、教育者八三、農業技師一八、工業技師三一、会計士八、ジャーナリスト一〇、科学者八、芸術家九

(ロ)、(ハ)略(いずれも地域・団体両単位から選出)

(5) 大学・研究所・専門学校一〇五(大学七二〔うちアズハル四〕、研究所一一、高専二二)、学生一

表 4

	人口(万)	組織登録	人口比重(%)	国民所得への貢献度 (%)	評価値(%)	決定値(%)
a 農　民	320	1,154.332	44.3	26.6	35.4	25
b 労働者	160	466.328	17.9	30.8	22.4	20
c 民族資本	60	276.824	10.6	8.7	9.7	10
d 職業組合	17.3	全　員	6.6	22.0	14.3	15
e 組織対象外職員	70	194.000	7.5	10.9	9.2	9
f 大学教師	0.75	全　員	0.4	1.0	0.7	7
g 学　生	30.5	全　員	11.7	0	7.0	7
h 婦　人	650	25.457	1.0	0	7.0	7

〇五（大学五七〔うちアズハル四〕、高専一三、在外留学生五、高校三〇）

以上のような、人民勢力国会における議席数わりあての根拠は、表4のような算出過程を経て与えられた（al-ṭarīq ilā al-dīmuqrāṭīya, al-Qāhira, 1962, pp. 727–730）。すなわち、各セクター qiṭā' の人口比重と国民所得に対する貢献度との勘案により評価値を導出し、政治的規準でこれを修正して決定値を与えたのである。計算は、まずa→eについて人口比重と国民所得への貢献度との百分比の算術平均をとり、f→hをおのおの七%とし、これにもとづきa→eを調整したとみてよい。その結果、農民・労働者への配分を減らして合計四五%とし、民族資本・職業組合への配分をわずかずつふやすこととなった。

なお、人民勢力国会の組織にあたって特に注目に値することは、「反動隔離措置」によって、(1)人民の社会革命の敵、(2)社会主義建設の当面する段階で、人民の利益と矛盾するような利害にたつすべての人々、から選挙権・被選挙権をまったく奪ったことである。こうして排除されたものは、具体的にはつぎの(イ)→(ホ)のようなものであるとされた(al-ṭarīq ilā al-dīmuqrāṭīya, al-Qāhira, 1962, pp. 586–589)。

(イ) 一九五二年・一九六一年の農地改革の対象とされた土地所有者

(ロ) 一九六〇年・一九六一年の国有化措置にあたってその対象とされた者

(ハ) 革命の敵として、一九六一年末に財産を没収され、または拘禁された者

(ニ) 世論に働きかけて政治的腐敗を促がそうとする犯罪行為をおかした者

(ホ) 公共部門・私的部門の別を問わず、企業体におけるその地位を濫用して個人的利得をえようとし、また企業体のよって立つ原則を破壊しようとする犯罪行為をおかした者

以上のべてきた人民勢力国会の準備過程を通じて、同国会の構成原理を検討してみよう。

(1) 一九六一年一一月から六二年一月までの間に、組織原則のいくつかの点で重要な変化が生じた。むしろ六一年一一月においては、人民諸勢力の結集という以上になんら具体的な組織原則はなかった、とみるべきかもしれない。しかしそれにしても、ṭawā'if という枠組はキターアート qiṭā'āt という枠組にかわっていくし、六一年一一月の段階ではまだ民族資本という単位は考えられていなかった。上記の反動隔離措置がこの間にはげしく展開されていくのであり、準備作業はまさにそのような激動のもとで進められた。六一年一一月には、まだアラブ社会主義連合の具体的イメージも存在しなかったのである。

(2) 人民勢力国会の構成原理はセクター=キター qiṭā' もしくは分野=マジャール majāl の考え方にもとづいている。それはむしろ開発計画への「動員」、計画における一種のマンパワー政策と深く

かかわるような性格をもっている。このことは議席配分作業における各セクターの評価方法にもっともよくあらわれているといえよう。六一年九月末、アラブ連合からのシリアの離脱にもとづく危機の状況のもとでは、ṭawā'if は運動の中で必要に応じて諸グループを政治的に捕捉して行く発想に裏付けられていたというべきであるが、ここでの qiṭā'āt は斉合的な集団的枠づけ、もしくは配置を意味したのであった。

(3) 上述のような人口学的・産業分類的区分の原則にもかかわらず、現実の人民勢力国会が、厳密にいえばその成立が、一定のするどい階級的意義をもったのは、かかって反動隔離措置によるものだったといわなくてはならない。むしろ大衆的摘発と隔離とがはげしく展開するさなかで、準備委員会の作業は大衆の階級的自覚と運動とを抑制する方向性をになっており、隔離の運動の進展はこれとの対抗関係において人民勢力国会を「階級化」する役割を果たしつつあったというべきであろう。他方、こうした状況下で、ナーセルらによる国民憲章原案の作成がすすめられていた。

(4) しかし実際に選出された人民勢力国会の議員メンバーは、諸 qiṭā' あるいは諸 majāl の代表であって、人民の諸 ṭabaqa の代表としては問題があった。ここから、農民・労働者とは何か、という定義問題があらためておこらざるをえなかったのである。

論調の分析

人民勢力国会における国民憲章の審議は五月二一日から本格的に開始され、六月六日以降はいわゆる百人委員会＝憲章制定委員会 lajna taqrīr al-mithāq の起草作業に入り、六月三〇日同委員会の報告をえて原案の通り、一片の修正もなく可決されるにいたった。しかしこの結果は、憲章の内容に批判的な意見が多く出された審議経過および百人委員会の報告書さらに可決宣言の内容と矛盾するものであった。

以下は、人民勢力国会議事録 maḥāḍir jalasāt al-mu'tamar al-waṭanī li-l-quwan al-sha'bīya, 1962/5/21～1962/7/4, 1962 のテキスト分析にもとづく(同タームを使用した議員たちの名は略。以下同様)。

討議の主題の一つは宗教的色彩をまったくもたぬ憲章に対するイスラム勢力のがわからの批判であったが、しかしもっとも集中的にとりあげられたのは、人民勢力ことに農民・労働者の定義、いわゆる man huwa al-fallāḥ, man huwa al-'āmil(農民とは、そして労働者とは、誰のことか?)の問題であった。ほとんどすべての発言者がこの問題に触れているが、主張の方向は、(1) ṭabaqa のすりかえ、(2)農民・労働者の拡大解釈、(3)農民・労働者が代表の五〇%を占めることに対する反撥、の三つに整理することができる。(1)、(2)の立場も結局は(3)に帰する性質のものであるが、公然とは反対を表明しない屈折した政治的態度だといえる。

(1) 意識的にṭabaqaを回避して、セクター qiṭā'、グループ fi'a、職業 mihna、天職 ḥirfa、グループ ṭā'ifa などとして農民・労働者を扱っている。階級的視角に対する嫌悪から、民族全体の利害の一致を強調する場合もこの系列に入る。

(2) 定義については非常に多くの発言者がのべているが、大同小異で、「農民とは土地より生じるなんらかの商品の生産に直接・間接参加するすべての市民。労働者とは農産物あるいは金属原料等々を加工するなんらかの商品の生産に参加するすべての市民」のごときものである。農民＝すべて土地を耕作するもの、労働者＝すべて労働により賃金をえるもの。農民＝土地で働くもののすべて、労働者＝工場・公共企業体などで腕と道具によって働くもののすべて。これらの認識は「労働者・農民」の枠組を極端に拡張しようとする運動に結びつくのであり、それはたちまち「われらすべて労働者・農民」kullunā 'ummāl wa kullunā fallāḥīn（ヒクマト・アブー・ザイドの発言、前掲議事録、p. 186. および nashra al-wathā'iq, 1962/5–6, p. 61）という「ひとみな労・農」観として展開するのである。拡大解釈の方式は多様であるが、「ひとみな労・農」観は五〇％条項の実質的破壊にもっとも効果的であるようにみえる。リファート・アル＝マフグーブの場合は農民を農業労働者・小作人・耕作地主に分けているが、農民＝ファッラーフ fallāḥ を五ファッダーン以上の土地所有者と考える人たちのうちにも二〇ファッダーン以上を経営農民 fallāḥ muzāri'、五〇ファッダーン以上を搾取農民 fallāḥ mustathmir として三つのセクション qism をおく者もいた。また二五ファッダーン以下の土地所有者でみずから農耕に従事するものを農民と主張する者もあった。オムダ（村長）制廃止を主張したり農民を一～五ファッダーンの土地所有者とする者たちをも含めて、一般に農民大衆・農業労働者への関心はいちじるしく低いことが注目され、それは人民勢力国会を構成するメンバーの階級的立場を示すものだと考えられるのである。

(3)　まっこうから五〇％条項に対する批判を投げかける場合、「割合を決める必要はない。われわれの社会主義は豊かさと正義を目指すものだから、可動的なダイナミックなものであり、代表率の最大限の決定は、人びとがこれに安住することによってアラブ社会主義を停滞に導く」というような批判の提起の仕方を多くの人がしていることが注意される。

以上のような論議に対する答弁・応酬の形で大統領ナーセルがのべたことを対照的に整理すると、つぎのようになる。

(1)′　階級支配を理解させようとして「旦那がたの支配」ḥukm al-asyād ということばを使っている。エジプト社会を形づくってきた三つの ṭabaqāt として、(イ)ひとつの階級として示される封建的地主と搾取的資本の同盟、(ロ)中間階級 al-ṭabaqa al-mutawassiṭa 、(ハ)労働者・農民〔この順序に注意！〕、を挙げ、人民諸勢力の同盟・協力を(ロ)と(ハ)の提携と考えている。労働の搾取者がいなくなったとき、全人民は一階級 ṭabaqa wāḥida となるであろう。このようにして階級社会の認識を強調する。他方、マルクス・レーニン主義とのちがいを、プロレタリア(階級)独裁・反宗教・私的所有の否認(土地国有化を含む)・暴力革命を批判する形で「保証」する。

(2)′　「ひとみな労・農」観を現段階の問題としてはっきりと拒否する。旧支配勢力の残存に注意を喚起し、農業労働者の問題の法律上のではない社会的な解決の必要を説き、生産手段の正しい理解(家屋の所有に関連して)を訴える。しかし労働者・農民の定義にかんしては、大衆的な討論を求めるのみで、みずからの意見は保留し、結論を出すのを将来に予定する態度をくりかえし表明する。

(3)′　五〇%の規定にかんして、原案作成のはじめには「少なくとも五〇%」としていたが、「少なくとも」を除いた。農民選出の困難からしても、まず五〇%を目標にする。農民・労働者の社会的役割は決定的に重要であり、それゆえ彼らはその本来の地位 al-waḍʿ al-ṭabīʿī につくべきである。古い支配階級にとってかわろうとする階級的野心 taṭalluʿāt ṭabaqiya から労働者は自由であり、このことは指導者や中間階級の階級的上昇の野心に対して歯止めとなる。

なお、五〇%の原案作成(ことに「少なくとも」の削除)が、前述の準備委員会の作業(農・労への四五%の議席わりふりを決定した)と時期的におなじであり、むしろそれと対抗するものであったことが、ここで明らかになった。

つぎに、討議の最終的なまとめとしての百人委員会の報告を検討してみよう。スライマーン・フザインを長とするこの委員会は、(イ)全般的問題、(ロ)民主主義、(ハ)生産、(ニ)社会主義、(ホ)アラブ統一、(ヘ)外交政策、の六小委員会を設けて作業したのであったが、報告書は(A)全般的見解、(B)憲章の報告にわかれ、(B)は(i)憲章の必要とその性質および歴史的意義、(ii)宗教と社会、(iii)民主主義、(iv)社会主義、(v)生産、(vi)科学と文化革命、(vii)婦人・家族・青年、(viii)アラブ統一、(ix)外交政策、という組立てとなった。特に(ii)がおりこまれたことは、国民憲章の可決宣言にシャリーア sharīʿa＝イスラム法への服従の一節が挿入されたこととならんで注目すべき動きであった。それは明らかに国民憲章への抵抗の表明であったといわなければならない。以下、報告において「階級」をめぐる問題を探ってみよう。

(A)　階級の区別を抜きとる ijtadhaba al-imtiyāzāt al-ṭabaqiya という表現は、階級間の差別の解消 tadhwīb al-fawāriq bayna al-ṭabaqāt を意識的に回避し緩和しようとするものとみなければならない。この表現は、審議の議事録にはまったくあらわれず、ここにはじめて登場したものである。

(B)(i) 末尾に、搾取的反動階級の専制 diktātūriya al-ṭabaqa al-raj'īya al-mustaghilla という国民憲章で示された封建制と搾取的資本とを一括しての表現が見出される。

(B)(ii) 他の部分とまったく異質の宗教的文章の中に、イスラムのアンダルス征服にかんして、人民 al-nās・奴隷 al-'abīd の現世の諸階層 ṭabaqāt al-dunyā といういいまわしが唯一の関係事項である。

(B)(iii) 一階級の支配、反動勢力の階級支配、新しい階級の専制、階級闘争など、大体において国民憲章の記述に沿った論調であり、階級の問題への言及が急激にふえる。ただ農民を二五ファッダーンまでの土地所有者、労働者を年五〇〇エジプト・ポンドまでの賃金取得者とする定義への傾き、労働者階級(グループ) fi'a al-'ummāl の語などに考慮が払われる必要がある。

(B)(iv) 基調は(iii)に連続する。階級矛盾 tanāquḍ ṭabaqī、「封建的地主・資本家」階級と「農民・労働者」階級との対立が強調される。そして伝統的な階級的特権 mazāyā ṭabaqīya mawrūtha というような語句もあらわれる。主題のひとつとして階級矛盾の平和的解決 al-ḥall al-silmī li-l-mutanā-qiḍāt al-ṭabaqīya が大きくとりあげられ、血みどろの衝突 ṣidām damawī にかえて経済的見地からする諸階級の接近 al-taqrīb bayna al-ṭabaqāt min al-nāḥiya al-iqtiṣādīya が主張される。(この時期のマスコミの論説のひとつ Iḥsān 'Abd al-Quddūs, ṭabaqāt bilā ṣirā', Rūz al-Yūsuf 1962/6/11 は有力な影響を与えたとみられる。)

(B)(v)↓(ix)においては特に問題にすべき点がない。

報告の全体としての特徴は、項目ごとに内容と論理の不均衡が目立ち、そのことによって国民憲章における ṭabaqa の認識の一貫性をむしろいちじるしく傷つけている（部分的には完全な同意を示しつつも）ものであるということができよう。

分析結果の吟味

人民勢力国会の組織過程と国民憲章への対応過程において、科学的もしくは革命的社会認識への志向を否定しようとする運動が強力に存在した。それは社会科学的概念としての ṭabaqa を忌避する、もしくはこれに適応しつつ本質をすりかえる運動であり、ṭabaqa 認識における革命的志向の発展を阻止するものであった。もっとも、人民勢力の結集を構想し、国民憲章原案を準備しつつあった勢力も、反動隔離・摘発運動を通じてはじめて社会構成的視角の提起、科学的社会認識への接近を示しはじめたのであって、認識の進化・展開の過程に国民憲章を位置づけなければならないであろう。（この面での ṭabaqa 論の重要な前提として、一九四六年以降の諸左翼グループの新聞・雑誌・ビラなどによる大衆宣伝活動および「理論闘争」〔Miṣr al-iqṭāʿīya〈封建制論〉を中心とした〕に注意しなければなるまい。さらに Ibrāhīm ʿĀmir, thawra miṣr al-qawmīya, 1957; Shuhdī ʿAṭīya al-Shāfiʿī, taṭawwur al-ḥaraka al-waṭanīya al-miṣrīya, 1957; Fawzī Jirjis: dirāsāt fī taʾrīkh miṣr al-siyāsī mundhu al-ʿaṣr al-mamlūkī, 1958 のようなマルクス主義者によるエジプト社会論〔検閲を注意深く考慮しての記述ではあるが〕の影響は無視できない。）このことは、人民勢力国会の準備過程と労働者・農民の規定を明確にうち出しえなかった結末とにもっともよくあらわれている。他方、国民憲章に対立した諸勢力のがわも、あくまで反動の隔離という革命的措置(旧体制の解体を決定的とする)の進行を所与の避けがたい現実として認めたうえで、一九六二年初頭の段階で状況を凍結、固定化しようとしたのであった。国民憲章を形式的には満場一致で可決しながら、同時にこれに対立的な報告および宣言をだきあわせることによって、憲章の意義と内容を希釈する、という独特の対決の仕方がこうしてあらわれた。

当面の必要が押しつける政治的打開の道としての「反動の隔離」政策のもたらした結果が、逆に政治的意識を強く規定していくことになった。「アラブ社会主義」の主流は、一九六一年七月以降の現実をそのまま「社会主義」として認め、「人民諸勢力」間の平和を強調し、国民憲章を棚あげしようとするものとして形成された。ここでは人民勢力の拡大解釈が重要な武器とされる。こののちアラブ社会主義連合規約(al-qānūn al-asāsī li-l-ittiḥād al-ishtirākī al-'arabī)においても、新憲法(一九六四年)においても、農民・労働者への五〇%の議席の割当ては明記されつつ、そのṭabaqa的規定を与えることは完全に回避され、拡大解釈が現実の運動となるのである。(アラブ社会主義連合ではjamāhīr(大衆)という枠組があらたに強調される。なお、同連合の各レベルの委員会メンバーの選出にあたって、労働者・農民であるかないかのチェックに候補者のランクづけ suffa(<saff ふつう軍隊の階級の意味に用いられる)al-murashshaḥ ということばが使用されることになった。)

五　自画像の探究――「エジプト的性格」論争

◆岩波講座『哲学』第一三巻月報（岩波書店、一九六八年八月刊）中の「エジプト的性格」。「エジプト」（という地域）のパーソナリティ、と言ってもよい。それが全社会を巻き込む共通論題となる。「水土」論や「やまとごころ」や「みくにぶり」の比ではない。この問題では、やがて奴田原睦明『エジプト人はどこにいるか』（第三書館、一九八五年三月刊）というすぐれた業績が世に問われる。読者には、ぜひそれも参照してほしい。

近代・現代のエジプトにおけるありとあらゆる思想的営みにとって、「エジプト的性格」アッ＝シャフスィーヤ・アル＝ミスリーヤ al-shakhṣīya al-miṣrīya の問題は、いやおうなしにかかわりあわざるをえない、絶対に回避することのできない問題であるように見える。「エジプト的性格」とは、一九二〇年代からこんにちに至るまで続いている、エジプト論壇の論争のテーマであるが、それはいわば社会や文化の歴史的条件・伝統をいかに認識し、将来への発展の主体的基盤をどこにもとめるか、という問題に関連する。

一般には、エジプト民族・文化の独自の枠組を強調する立場と、アラブひいてはイスラムの伝統を強調する立場とのあいだの論戦なのであるが、しかしその間には、エジプト古代文化を記念してやまない「ファラオ主義」や、ビザンツにたいするコプト教会(エジプト土着のキリスト教)の抵抗を高く評価しコプトの伝統をおもんずる立場などもあらわれてきた。このような問題状況は、一方では、ふつうファラオの時代、ヘレニズムの時代、キリスト教の時代、イスラムの時代などといわれるごとく、それぞれもっとも先進的な文化を代表するような諸時代が積みかさなった、いわば重層的な多彩な過去を背負っていることの反映であると同時に、近代において、外国支配のもとで民族的な自覚と運動がになわなければならなかった課題の多様性・多面性によるものだと、いわなくてはならない。

そしてすでに、論争のための素材たるべきものははやくからあらわれていた。西欧文化を精力的に紹介した外国語学校校長、官報編集長、翻訳局長、リファーア・アッ゠タフターウィー(一八〇一—七三)は、晩年の著作『エジプト人の精神が現代文芸のよろこびに達するための道程』で、古代以来のエジプト文明の発展をあとづけ、はじめて「エジプト国民」という認識をうち出し、ワタン(郷土)への愛 ḥubb al-waṭan を国民統合の基本理念とした。他方、最高ムフティー(イスラム法学者の最高権威)ともなり、タフスィール(クルアーン注釈)という形式でイスラム改革思想を展開して、理性と啓示との調和を説いたムハンマド・アブドゥフ(一八四九—一九〇五)は、新しい時代のいかなる事態にも対応しうるイスラムの永遠の積極性を主張し、預言者とサラフ(初代の人びと)への尊敬と愛とのうえにウンマ(民族、信徒共同体)の内面的なあらたな覚醒を期待した。

タフターウィーの立場からはエジプト民族主義が、しかも地縁的・歴史的な民族形成を重視するワタニーヤ（民族主義）が、宗教的結合あるいはアラブの結合に関心をもつ傾向の強いカウミーヤ（民族主義）を批判しつつ発展しはじめることになった。ただこの場合、帝国主義にたいするアラブ諸国民の抵抗の連帯としての「アラブ民族主義」の立場については、とかく見落しがちだった事実は否めない。またアブドゥフの思想の継承者たちは、イスラム改革の志向において、自由主義的開明派と厳格な正統主義的復古派とに分裂して行く。分裂したふたつの傾向の前者は世俗国家の確認や「政党政治」（とやがてその腐敗）への積極的参加へとつらなり、後者はムスリム同胞団の大衆的運動のなかで、「イスラム国家」の建設やアラブ民族主義（エジプト民族主義を前提とはしないたぐいの）をめざす一種の熱狂主義におちこんで行った。こうした状況のもとで、一九二〇―三〇年代、主としてワタニーヤ的立場にたつ自由主義的知識人のがわから、「エジプト的性格」の論議が活潑に展開されたのであった。

彼らの活動は、一九二二年の「エジプト王国」の名目的「独立」とワフド党を中心とする形式上の「政党政治」に見あうもので、それゆえ彼らの多くは、作家・評論家・学者・教育者・司法官などのうちの二、三を兼ねる一方、諸政党（ワフド党、立憲自由党など）の機関紙を舞台に政治への参加の姿勢がはっきりしていた。それだけに、保守派のがわからの激しい攻撃にさらされ、政治的混迷が深まるにつれて、「エジプト的性格」をめぐる彼らの議論もまた、迷路に踏みこまざるをえなかったのである。このようななかで、ターハー・フサイン（一八八九―一九七三）は、『エジプト文化の将来』（一九三八)で、エジプト文化の地中海的性格、東方へつらなるよりは西方につらなる性格を強調し、タウフィーク・アル＝ハキーム(一八九九―)は、古代文明に民族的伝統の拠点をさぐり、ムハンマド・フサイン・ヘイカル(一八八九―一九五六)は、『ムハンマドの生涯』(一九三五)をさかいとしてアラブ的伝統の再評価へと転換して行った。

二〇―三〇年代の論議にたいして、それよりのちの世代の仕事は、「エジプト的性格」をより総合的に、あるいは統一的・全面的に問題にするようになっているといえよう。エジプト史の「哲学的解釈」とも評される『エジプト問題の根源』(一九五〇)を書いたスブヒー・ワヒーダは、有能な経済学者で、革命前のエジプト工業家連盟の書記長でもあったが、彼は、政治危機の打開のために国王と共同してパレスチナ戦争の熱狂へと大衆を誘導することにその運命を賭けるまでに至ったブルジョアジーのなかにあって、古代から現代にいたるエジプト史の全体を冷静に社会史的に展望することにより、「自信」の回復と「近代化・工業化」への未来図を予想しようとする。もっとも一九五二年革命はワヒーダの立論の動機をさえ吹き払ってしまったが、それにしても、ワヒーダの方法は立場のちがいを超えてエジプトの財産たりうる側面をもっている。

第二次世界大戦後の大衆的な左翼運動にむかっての橋わたしとして、かつてマルクス主義の普及のための啓蒙家の役割を果した作家フサイン・ファウズィーは、一九六一年に至って、『エジプトのシンドバード』という大著を世に問うた。この仕事は、おそらく「エジプト的性格」論の新しい、そしてもっとも本格的な展開を含んでいるといえるであろう。ここで彼は、エジプトの歴史の各段階のあいだに横たわる「断絶」をつき破って、むしろ一貫し連続したエジプト民衆の歴史を構想する。そして近代を別とすれば、わずかにオスマン支配の時代を除く他の時代はすべてエジプトの独立と発展の時代だったことが強調される。イスラムの時代においても、西暦九世紀のトゥールーン朝以降のエジプト国家の発展が特に注目される。そして、民衆の労働と生活、感情と心理を一貫するもの、さらにエジプト人の価値観と論理方法を貫いて流れるもの、さらに歴史を通じて絶えることのなかった国家的統一などの意義が論じられるのである。

論議のこんにちの段階の問題として、一連のマルクス主義者たちによる民族主義論、民族運動論(たとえば、共産党指導者のひとりで獄死したシュフディー・アティーヤ・アッ＝シャーフィイーや数学者・統計学者で科学運動の指導者でもあるアブド・アル＝アズィーム・アニースらの仕事)において、かつてのアラブ的観点の軽視や無視が批判・克服され、エジプト社会の運動がより広いアラブ連帯のなかで議論されるようになったことにも注意しておく必要があろう。

しかしそれにしても、「エジプト的性格」論争はまだ終らないどころか、かえって激しさをましているといわなくてはならない。「科学的社会主義」の立場からは、支配的イデオロギーとしてのアラブ社会主義・イスラム社会主義に対する批判のなかで、「社会主義へのエジプトの道」という課題が設定されているからである。

六　幻想を払いのける——革命の着地点の不安定性

◆『エコノミスト』一九七四年五月二一日号(毎日新聞社発行)に掲載された「親米路線強めるエジプトの真意——サダトは危機を乗り切れるか」。七〇年のナーセルの死、そして日本ではもっぱらオイル・ショックとして記憶される七三年一〇月戦争を経て、「ナーセル＝親ソ」から「脱ナーセル＝親米」への転換だととらえる風潮に投じようとした一石。

ナーセル時代からの解放

役所の壁からナーセルの写真が消えた。ナーセル時代のエジプトのスポークスマンをもって自他ともに任じていたヘイカルは「失脚」した。アラブの歌の女王、オンム・カルソームは引退して、毎月第一木曜日の晩、あれほどエジプトの大衆を興奮させ魅了していたリサイタルはポッカリ穴があいたようになってしまった。誰もがナーセルの悪口をいえばよい、という風潮が今や煽《あお》り立てられている。こうして、世界のジャーナリズムは声をそろえて「脱ナーセル化」を吹聴するのだ。女性歌手シェリーファ・ファドルの歌う「私は英雄の母」がヒットし、それはたえまなく町に漂《ただよ》っている。十月戦争のあと、サーダート夫人は文字通りエジプトの「英雄の母」として各地の病院をめぐり、親《した》しく戦いに傷ついた兵士たちを見舞った。そのファースト・レディぶりは、かつての王妃ファリーダを人びとに思いおこさせている。

十月戦争を決断し、遂行したサーダート大統領は、アスワーンで、またアレクサンドリアで、「もっとも親しき友ヘンリー」ことキッシンジャー米国務長官を抱擁して、中東和平の達成を議している。七一年五月、アリー・サブリーら「左派」勢力を政権から放逐し、七二年にはサーデク将軍解任にともなう軍の動揺を抑え、七三年には学生・知識人の「反乱」を封じ込めた。そして十月戦争の「勝利」。さしあたってもはや強敵はいない。

「外部勢力(リビア)に買収されそそのかされた」分子の不穏な動きはあるが、ようやくナーセルの幻影から解放されたサーダートは、いよいよこれからその独自の手腕を発揮していくのではないか?……ロバート・マクナマラはエジプトの経済開発の将来性を語って世界銀行の五〇〇〇万ドル出資を約し、チェース・マンハッタン銀行のデービッド・ロックフェラーの提案はさらにこれを上まわり、そしてGMのエジプト進出も伝えられている。日本の、西独の、クウェート等々の、各国使節団はひきもきらない。

こうしてサーダートの「開放」(インフィターハ infitāḥ)政策の本格化が祝福され、「サーダートの時代」が注目されるのだ。

だが離脱すべき「ナーセル時代」とは何であったか。「脱ナーセル化」とは何であるのか。そして七四年春とは、エジプト社会にとってどのような意味で転機なのか。現在の過程の行きつくところは？

いくつかの鮮明な記憶が筆者の頭をかすめる。ナーセルが死んでまだ四カ月というころ、カイロのある医師の家庭で私は話していた……。医師は私になぜ国民憲章なんぞというものを日本語に翻訳したのか、ときいた。私は彼の心理をこころえているから、ひねくって、「歴史的文書として重要だから」と答えると、それへの反応は「ブラボー、あんなうっとうしいものが歴史の中にしまわれたのは、いいことだ」であった。またナーセルの死からちょうど一年のころ、私は東京でエジプト人のさる出版業者と会っていた。彼はいった。「電話をかけるにも聞かれてるんじゃないかとビクビクしないで済むようになった。やっとわれわれは解放された。」

〈社会対立の体制内化〉の回路

一九七〇年九月にナーセルが死んでサーダートが大統領になった直後、私は『図書』(岩波書店)の一一月号に、「地下運動家と権力――ナセルを継ぐというサダトの周辺」を書いた。当時あまりにも一般的でありすぎた論調、つまりサーダートは「親米派」と「親ソ派」との間で中立の、二流の、第三の男だ、サーダートは「ナーセル路線」を継承する集団指導体制の形式上のプリムス・インテル・パーレス(同等者中の第一人者)に過ぎない、という議論に強い疑問をもったのが、それを書く動機だった。これを一部分引用すると――。

サダトは、自由将校団を、ついでナセルに代表される権力を、たえず右よりに強力に牽引するという役割において、二流どころでなく、また中間的どころではなかった。……手さぐりで進みつつあったナセルの社会主義《イシュテイラーキーヤ》の志向と矛盾〔しっこ〕、……しかしサダトは最後までナセルの協力者＝反対者として、つまり体制内ブレーキマンとして留まり、そしてついに〈ナセル路線〉の〈継承者〉としてさえたちあらわれることになったのだ。

旧自由将校団の同志たちの多くが、アラブ社会主義の織りなすスペクトルのどこかの地点で、ナセルの固執した〈科学的社会主義〉の公的イデオロギーに対して何らかの批判者となっていたとき、サダトはまさに自由将校団的路線に沿って、ある特異な対応を示した。あくまで対極的地平に目をむけるシャム双生児として、ナセルと一層かたく結びつくことによって制動・批判しようとしたのだ。……

私は、ファシズム的イスラム社会運動というべきムスリム同胞団との彼の深い関係、五四年以降の国際的イスラム会議の組織化やスエズ戦争後の国民連合の超階級的民族統合イデオロギーや五九年はじめの共産党弾圧などにおける彼の中心的役割、六一年の彼のモスクワでの対フルシチョフ論争と反ソ・キャンペインの盛りあげ、六二年国民憲章をタテマエとしてのみ棚上げ化していく装置の案出における人民勢力国会議長としての彼の指導性、また同年のイエメン出兵の政策決定における彼の地位、などに注意を喚起しようとしていた。

「ソ連は〈近代化論〉的立場の旧〈アラブ社会主義〉派の復権に対抗して、サーダートの指導性にある期待をつながなければならないとは、ひとつの皮肉だろう」というのがその文章の結びである。

今あらためて、七〇年秋のこの文章を自ら検討してみて、私の中でなおこの考えが基本的に変わらないでいることを確認する。エジプト社会の外側では、「独裁者ナーセル」の単色のイメージが強すぎて、ナーセルが代表した体制の内的な矛盾や抗争が軽視され、そして公的イデオロギーが状況的支配イデオロギーによって包囲され、出口をふさがれ、棚上げされるという構造が見失われてきた。ナーセル体制とよばれたものは、実は本来すでに脱ナーセル化、没ナーセル化、非ナーセル化、反ナーセル化の契機をはらみ、むしろ対立的諸契機間の衝突・闘争の場そのものだったのではないか。社会的矛盾がある特殊な仕方で「体制内化」するプロセスが、ここで分析されなければならない。そしてこのことは、中国・インドネシア・ガーナをはじめ一九六〇年代のアジア・アフリカに一般的に通じることでもあっただろう。

アンシャン・レジームから遠く

こうした意味で、こんにち流行の「脱ナーセル化」の概念の前提がそもそも吟味されなければならないのである。さきに挙げた断片的回想に示したごときエジプト・ブルジョアジー諸層の対応にこめられた政治的態度は、いうまでもなく、今日につながるだけでなく、れっきとした「ナーセルの時代」にさかのぼるものである。そして、一九六七年六日戦争後の「ナーセルの時代」末期のナーセル自身が、すでに「脱ナーセル化」していたのではなかったか。そこでの社会主義《イシュティラーキーヤ》志向の破綻と逆行的再編成、国際政治的調整への陥没を、むしろ肯定的に促進しようとするサーダートの政策的立場は、すでに早く一九六二年春においても、七〇年秋においても、またいま七四年春においても一貫している、といわなければならないのではないか。

ナーセルが死の直前に選びとったもの——ナーセルにとっては「否定的」に、サーダートにとっては「肯定的」に——は、ロジャーズ和平提案の受諾、ヨルダンの「黒い九月」事件およびカイロ協定(いずれもパレスチナ人の弾圧と枠付け・封じ込め)であった。この選択こそが、今や、対米「自由化」の全面的展開、キッシンジャー主導の中東「和平」工作とパレスチナ小《ミニ》国家案となって結実したのである。

サーダートの権力を支えている基盤は一体いかなるものなのかを考える場合に、右のような「脱ナーセル化」への視点は、判断への重要な手がかりを与えるものであろう。

そして、「ナーセル」批判がこんにちようやく「解禁」されたことの意味や、六七年以降、実は追求されてきていた対米関係の強化があたかも今ようやく全面的に「公認」されたかのように見せる手続きの意味を、考えるうえでも。

最近の論調の中では、「脱ナーセル化」に関連して旧体制《アンシャン・レジーム》の「復活」がしきりと取り沙汰されている。たしかにファールーク王の「再評価」とか、新聞界におけるアミーン兄弟の再登場とかは、そのような議論にとって絶好の材料だろう。そして、建築家でインター・アラブの巨大実業家、大富豪のオスマーン・アフマド・オスマーンがサーダートによって、「再建」大臣に任命されたことも。

だが、大規模な揺り返しが今はじめて突如としてはじまったのではない。またどこに揺り返すのかといえば、一九五二年以前に揺り返せるものではない。一九五二年以降のエジプト社会の変化は、すでにある決定的な歴史的刻印となってしまったのである。

ここでいう「歴史的」とは、カイロの裕福な一医師の願望のうちにあったそれではなく、私がアンビバレンスをこめて表現しようとした場合のそれであるが。この歴史的変化は、その過程のうちに絶えざるエジプト・ブルジョアジーの「揺り返し」運動をはらみつつ、ブルジョワジーそのものの社会的構成を変革してきてしまった。

新しい受益者層の成立

キッシンジャーと抱《だ》きあうサーダートが人格的に表現しているアメリカ資本への「開放」政策を歓迎し、これに適合的に身をゆだねようとしているのは、一九六七年まで社会主義《イシュティラーキーヤ》を主観的には耐え、客観的にはむしろそれによってこそ特権にあずかり肥えてきたエジプトの新しいブルジョアジーである。五二年以前の旧体制にとって代わり、すでに新しい旦那《だんな》がた、貴顕、支配階級となった彼らは、もう「私は社会主義者《アナ・イシュティラーキー》」と唱えるバカバカしいおつき合いから自由になってよかろうと考えているのだ。土地改革や産業国有化の結果を逆にひき戻そうとする動きも、それが単純な旧勢力復活を意味するものではないことに注意しておく必要があろう。

かつてエジプトの左翼のさる大学教授が私に語ったことがある、「一九世紀の支配者ムハンマド・

アリーが代表した封建的勢力は封建的マインドで資本主義を築こうとした。ナーセルが代表するブルジョアジーはブルジョア・マインドをもって社会主義への道をひらこうとしている」と。日本の社会経済史の先生たちが目をむいたり肩をすくめたりしそうな意見だが、この論の線上で現在を把えれば、一九七四年と一八四〇年(ムハンマド・アリーの「近代化」政策が国際的圧力で挫折した年)との比較があるいは成り立つかもしれない。

いわゆる「ナーセル体制」の末路とサーダートの権力の現実とは、すでに大衆の急進化した部分、すなわち批判的な学生や若い知識人の広範な層の形成と、そして決意固く抵抗したあのヘルワーン労働者に代表されるような労働者の運動の自主的な組織化とを生み出してしまった。これからは、エジプト社会の階級的対立はいちじるしく先鋭な形をとらざるを得ないだろう。「ナーセル時代」の社会的・階級的対立の「体制内化」装置は、今や明らかに壊れ去ったのである。それは下からの圧力によってではないが、下からの強烈な圧力に対抗すべく取り払われたのだ。もし「サーダート時代」というものがあり得るとすれば、それは大衆の抵抗を「開放」(インフィターハ)してしまう激動の時期ということにならざるを得ないだろう。このことこそ、こんにちの転機としての意味なのではないか。

大衆の批判的圧力に対処するために今や残された唯一の方策は、イスラムという宗教に依存しての政治的再編成でしかないように思われる。この点でサーダート政権なるものは、これまで多分に日和見的な対応を強いられてきた。しかし今やサーダートは、そこでの明確な選択と踏切りをおこなったように見える。これも、十月戦争を境としての、いわゆる「脱ナーセル化」の新局面を規定する重要な要素である。

きたるべき反逆の発現形態

こんにちアラブ世界における政治的リアクションは、つまりアラブ社会主義《イシュティラーキーヤ》がはらんでいた政治的・社会的対抗のもたらす変革的可能性に敵対的に阻止的に対抗しようとする動きは、二つの潮流から成り立っている。ひとつは、サウジアラビアのファイサル国王が代表する「イスラム国家同盟」(アル＝ヒルフ・アル＝イスラーミー)の立場であり、いまひとつはリビアのカッダーフィー「議長」が代表する「イスラム社会運動」的ラインである。

前者は現状維持《スタトス・クオ》的であり、国際政治論的対応によるきり抜けを志向するのに対して、後者はそれへの危機感からいちじるしくラディカルに現状打破的志向をもつイスラム社会運動の性格をもっている。パレスチナ問題に対していずれもひとしく聖戦《ジハード》論的姿勢をもってはいるが、国内政治の危機への対応の仕方において相互にきびしい矛盾と対立をきたしている。思いきった比喩で割り切るなら、前者は統制派、後者は皇道派とでもいえようか。

今、サーダートは明らかに前者にくみすることとなったのである。すでに一九七二年、スエズ運河再開を突破口として、部分的「和平」から中東問題の「政治的解決」に向かおうとしていたサーダートは、対米折衝においてサウジアラビアの橋渡しに依存していた。七二年七月二日のイエメン・アラブ共和国の対米復交はそのための重要な布石でもあった。

同月一八日サーダートがソ連軍事要員の引揚げを要求したのは、もともとピノグラードフ・ソ連大使と人間的にも対立している反共主義者サーダートの気質に適った措置であったとはいえ、それは実は米ソが合意しているコースの受諾表明だったのであり、かつ国内的にはナーセル的装置の破壊宣言でもあったのだった。しかしこの部分的「和平」工作が同年九月五日のミュンヘン・オリンピック村事件で挫折したあと、サーダートはサウジアラビアとリビアとの間に立って、いっそうフラフラした日和見主義におちいったのである。統合問題を軸としたリビアの強烈な圧力は、サーダートをしてついに最終的踏切りを決意させることになった。

こうして米ソ、メジャー(国際石油資本)、サウジアラビア、さらに、イスラエル政府の主流とも暗に共同して、エンスト車「和平」号にエンジンをかけ直す十月戦争というものに、サーダートは政治生命を賭けることになった。

しかしここでようやく「決断」を下したサーダートのコースは、資本主義の繁栄を夢みる現状維持派的「イスラム国家」であり、ブルジョア的虚飾と腐敗に身を沈め聖戦《ジハード》をサボる偽《いつわ》りのイスラム教徒指導者の道ではないかとするカッダーフィー的批判が強まらざるをえない。

サーダートがまず乗り切らなければならぬ危機は、そしてすでに早くも直面している危機は、そうしたラディカルなイスラム社会運動の潮流からする攻撃と反逆とである。

おそらくエジプト社会の現状は、町に流れる「英雄の母」の歌声があらゆる意味で暗示しているように、サーダートの権力の動揺と躓きにつながっていく危険がはなはだ大きいと見なければならないだろう。そしてやがて歴史は、もろもろの動機からこのサーダートの権力にもたれかかろうとした人々に憐みの目を向けることになるのではないか。

しかもエジプト社会の現在の支配的状況を乗りこえていこうとする人々にとっては、イスラム的右派からするサーダート批判にもうちかたなければならぬという困難な課題が待っているように見えるのである。

Ⅳ 文明環境と政治文化

一　外的環境と内的環境——アラブの政治文化

◆日本政治学会編『国民国家の形成と政治文化〔一九七八年度年報政治学〕』(岩波書店、一九八〇年三月刊)所収の「アラブの政治文化と国民形成——アイデンティティ・クライシスをめぐる試論」を圧縮・補正したものに、嶋田襄平編『イスラムの世界〔新NHK市民大学叢書15〕』(日本放送出版協会、一九八三年一一月刊)のなかの「近代イスラムの諸問題」から引き抜いた〈アイデンティティ複合〉にかんする一片を組み込んだ。

1　伝統の構造

歴史の重層性

ひとつの例として、エジプト人が自国の歴史をいかに見るか、という問題をとりあげよう。ここでは個人の教育や社会化のコンテクストに考慮を払いつつ、エジプトの歴史研究者の認識や大学研究機関の制度の問題としてではなく、あくまでも大衆の歴史意識のあり方を剔出《てきしゅつ》しようとする。そうすると、おのずと幾段階かの性格的に異なる過去が積みかさなったものとしての「エジプト史」像の様相が浮かびあがってくる。これを時代区分の形式で示せば、

(i) ファラオの時代

(ii) ヘレニズムの時代(その後半はキリスト教の時代として認識されている)

(iii) イスラムの時代

iii－1 メディーナ、ダマスクス、バグダードからの支配に服した時期

iii－2 ファーティマ朝、アイユーブ朝、マムルーク朝など、カイロに政治的中心をもつ国家の時期

iii－3 オスマン帝国支配の時期

(iv) 近代(ナポレオン・ボナパルトの率いるフランス軍の占領を劃期として)

以上の重層的過去のいかなる層に伝統の源泉を見出すかについては、社会的分裂があることに注意しなければならない。圧倒的多数を占めるムスリム人口は、明らかに(iii)、しかもiii－2に非常に大きなウェイトをおくのであるが、しかしコプト人口は(ii)にみずからの「歴史」の起点を予定する。このことは、社会グループ間のアイデンティティの分裂の問題に直結するが、同時に歴史的過去の重層構造にかんする歴史意識は個々人の内部・内面におけるアイデンティティの分化・矛盾とも関連する。それは、西暦、ヒジュラ暦、コプト暦、ユダヤ教暦を併用するエジプト人の生活にも反映している。右のごときエジプトの例は、ただちに他のアラブ諸社会にもあてはまる。すなわち、シリア、イラ

クの場合では、歴史的過去は、バビロニア、アッシリアを基層として、その上にローマ帝国とイラン人国家（パルティア、サーサーン朝）との抗争の状況が一段落をなし、そしてさらにイスラム化、イスラム支配の時代があり、さらにオスマン支配を体験するというような構造になっている。しかも、その間をぬってシリア文化、シリア教会の伝統が連続するのである。マグリブ（西アラブ）について見ても、フェニキア人の植民活動にはじまって、ローマ帝国の属州支配、ヴァンダル人によるゲルマン支配、ノルマンの介入などの時代が積みかさなり、そしてイスラム化の過程を通じて、アラブ化とベルベル的「基層」とが干渉しあうというように、重層的であり、かつ各層がモザイク的に形成されるという構造を見出すことができる。

以上のような歴史的過去の構造のために、歴史意識の問題は、いかなる層の過去に自らを結びつけるのか、自己の発見や確定にかかわる伝統の基盤を歴史のいかなる段階に予定するのか、について、各個人、各グループのアイデンティティの複合・選択における鋭い緊張をもたらすことにつらなっている、といわなければならない。

中心性と辺境性

アメリカ大陸のインディオの文明を別の問題とすれば、歴史的世界というものは、(i)ユーラシア世界、(ii)インド洋世界、(iii)地中海世界（いうまでもなくアフリカ大陸はこれに含まれる）という三つの円環のかかわりあいの中で示されたといってよい。この三つの円環が三つ巴に交錯しあって、その結果

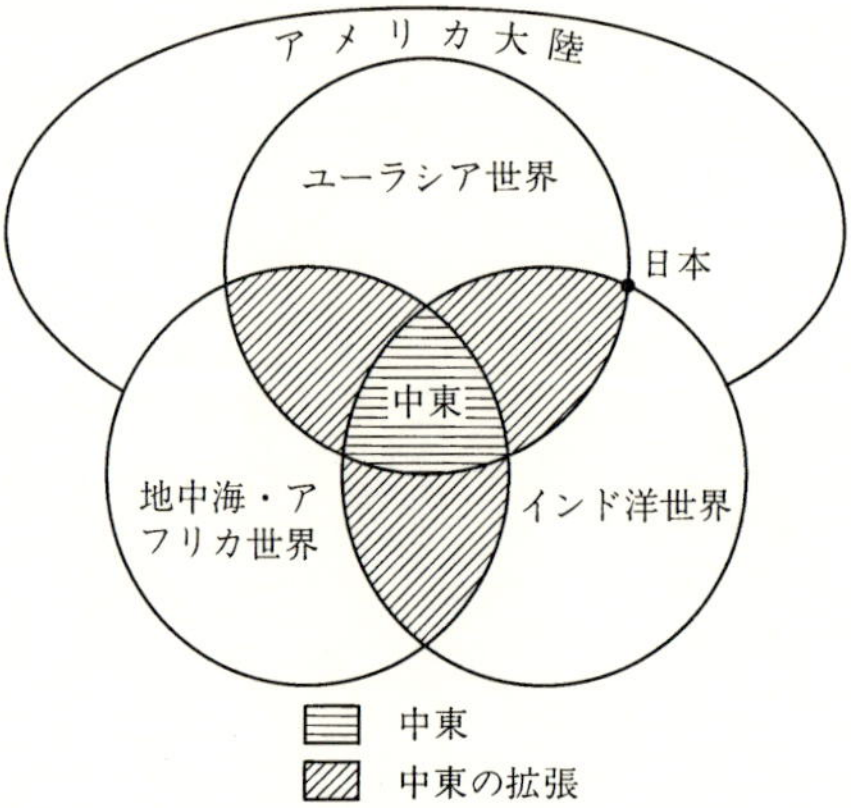

図8　世界史の中の中東

つくり出される完全重複部分、すなわち三つの円環を共有する部分が、中東、わけてもそのセンターとしてのアラブ地域の歴史的地位をあらわしている、ということができる(図8)。アラブ地域社会の世界史的センター性は、聖地問題の中にもっとも象徴的に示されている。世界的宗教の多く(ことに啓示宗教)はこの地域に発して世界的に拡大していったのであり、したがって、エルサレムとか、メッカ、メディーナなどの聖地としての象徴性が、またこうした聖なる象徴がアラブ地域に特異的に集中しているという事実が、グローバルな意味をもつ聖地「問題」をかかえてしまったアラブ社会の負い目を規定するのである。

しかし、このようなセンター性の裏側に、アラブ地域社会をたえずペリフェリー(周辺)化する力が作用してきた状況にも、また眼を向けなければならない。エジプトとアッシリア、ローマ帝国とイラン人国家、「キリスト教世界」と「イスラム世界」、オスマン国家とヨーロッパ、そして東方問題を通じての諸強国間の競合、といった継起的状況は、アラブが絶えることなく二つ、またはそれ以上の帝国的編成=ヘゲモニーの交錯する局面のただ中におかれてきたという事実を物語るものである。すなわち、外的なヘゲモニーによって複合的に、重複的に支配される。換言すれば、争奪の「対象」とされることによって、世界史的に特異なペリフェリー状況がここにつくり出され、そのことが逆にはじめにのべたようなセンター性を獲得させる基本的条件ともなっているのだ、という点に正当な注意が払われるべきであろう。

アラブの政治文化においてアカルチュレーション（異文化受容にともなう文化変容）の問題は非常に重大な要素である。三つの円環の交錯のもとで、いわば世界大の人間・物資・情報の交流の場がここに形成されてきたわけであるが、その結果、ことに顕著な人口移動にともなうアカルチュレーションの多面的・多角的展開が生じた。それは単に伝統の問題としてのみならず、現代的局面においてもっよく認められる。このことについては、パレスチナ・イスラエルに流入した東欧からの強力な人口要素、あるいは南北アメリカ・西アフリカに流出したレバノン・シリア人口、また現在の湾岸産油国において時には人口の過半を占める程の規模をもつ外国人出稼ぎ労働者の問題を例として挙げるだけで十分であろう。このような人口移動とアカルチュレーションの過程は、アラブのセンター性とペリフェリー性との両面をもっとも劇的に、集約的に示している事態だといわなくてはならない。

都市性ならびに商業

アラブ地域社会の性格を問題とするとき、それは世界の中の〈都市的地域〉としてとりあげることができる。そしてこの場合の「都市性」を規定しているのは、アラブの文化において主要な契機をなす商業的機能である。社会における生活形態において都市生活の外側に立つ農民や遊牧民の場合も、かれらの生活と精神を規定し動機づける商業的機能に正しく関心を払わなければならない。つまり商人的行動パターンおよびメンタリティーが、生活形態上の差異を超えて社会的に文化のアーバニズム的性格を形づくっているというべきなのである。

ここで、契約の観念が社会的に重大なモメントをなす理由が明らかとなるであろう。契約の基本的アイデアは神と人 m および人 n とが形づくる三角形によって示すことができ、神という頂点によって人間相互間の対立が統合され、あるいは止揚されるという構造のものとして設定されるのである。ここでは、人はなんらかの集団や共同体に属する前に、すでに個人としての立場を問われるという事態が見出され、それはエゴセントリズムの問題にもつながっていくのである。

しかし同時に、そのような個人がかまど家族(ウスラ usra すなわち核家族)および拡張家族(アーイラ 'ā'ila すなわち血縁的共同性の観念を共有しうるグループ)の結びつきを第一次的な共同体として、そこからさらに拡大する共同体的結合の諸レベルに帰属するという社会統合過程にもまた注目するならば、ここに、個人⇅家族⇅人類あるいは個人⇅共同体⇅世界というオープン・システムが認められることとなる(本書四二頁の図5参照)。それぞれの立場が自由に変換されうるものとして、また連結し移行するものとして存在する。ここに都市性および商業の機能の社会的・精神的表出形態を見出すことができよう。

アラブの社会で言語が担っている重大な統合的機能にも注意を払わなければならない。そもそも「アラブ」という存在意識それ自体が、アラビア語生活者およびアラビア語の意味を共有することによって成立する集団にかかわるものであって、雑多な人間交流のなかでの「理解」の必要性と必然性とが「アラブ」というあり方・自覚を支えているというべきである。この意味で、アラブ「世界」の〈都市的地域〉性がかさねて確認されることになるであろう。

〈アイデンティティ複合〉

イスラムと民族主義をめぐって、両者が結びつく方向でも、あるいは分離する方向でも、さまざまな事態が生まれてくるが、それは、中東における民族意識・民族主義・民族運動が、ひと筋縄ではいかない複雑な要素をかかえているということからきている。この問題は、究極的には、〈アイデンティティ複合〉という問題、つまり、「私とはいったい何者であるのか」という自己確認にかんして、いく通りもの答えがありうるという状況に帰着する。

エジプト人の場合を考えてみよう。エジプト人は、ナイルのほとりに営まれてきたエジプト数千年の歴史を背景に背負う人間だということで、自分がエジプト人(ミスリーまたはミスリーヤ)だということはごく自然に自覚できる。しかし、そればかりでなく、イラクからモロッコに広がるアラブ世界、すなわちアラビア語で生活している人びと(アラブ)の住む地域としてのアラブ世界に属する一員(アラビーまたはアラビーヤ)なのだと、自分を位置づけることもできる。またさらに、東南アジアも中央アジアもインド亜大陸もアフリカも、あるいはバルカンも、いろいろな地域を包括した広いイスラム教徒の世界を考えて、このイスラム世界に属する一員である、自分はイスラム教徒(ムスリムまたはムスリマ)だ、とも主張できるのである。

別の例を考えてみる。イランのフーゼスターン地方の住民の場合をとり上げよう。イラン南西部のフーゼスターンは、アラビスターンとも言い換えられるように、そこの住民はアラビア語で生活する人が多いので、アラブである、ともみられる。しかし、そこの人びとは長い間イラン国家の中に包摂されてきて、イラン人であるという肩書きをもつ。しかし、またその同じ人が、自分は十二イマーム派のイスラム教徒だ、シーア派のイスラム教徒だ、と主張することもできる。もし、自分がシーア派の中の十二イマーム派のイスラム教徒だとすると、その人が属する世界は、イランだけではなく、イラク、サウジアラビアなどペルシア湾岸地域、レバノン南部など十二イマーム派のイスラム教徒の住む世界へとひろがり、そういう地域に属する一人としての自分ということになる。そしてまた、十二イマーム派などと限定せず、自分はイスラム教徒だという主張もできるのである。そうすると、彼または彼女の世界は一挙に拡大する。

また、別の例を考えよう。レバノンの人についてみる。彼・彼女は、自分はレバノン人である、そして古い歴史を背景にして自分はフェニキア人の子孫であり、フェニキアの歴史・文化の伝統を背負っている、と主張できる。しかしまた、当然のことながら、自分はアラビア語で暮らすアラブだ、ともいえる。アラブであるといえば、アラビア語・アラビア文字ということに執着することになるし、フェニキア人の子孫だということを強調すると、その人はアラビア文字などにはあまり未練をもたないで、ラテン文字つまりローマ字にかえた方がよい、ローマ字を発明したのはそもそも自分たちの先

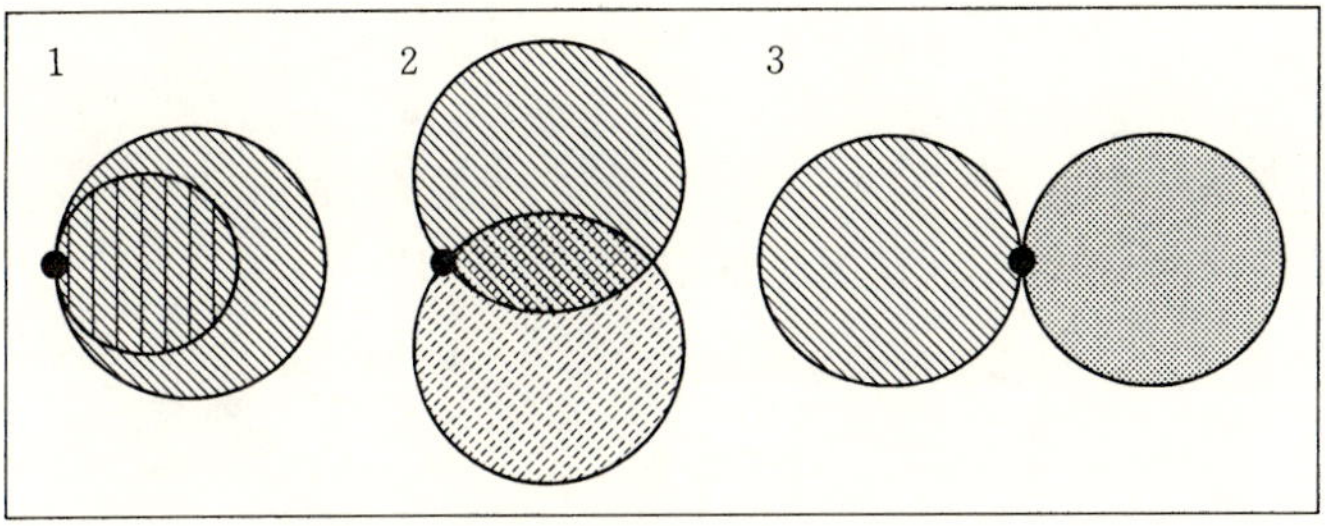

図 9　アイデンティティ複合，3 つのパターン

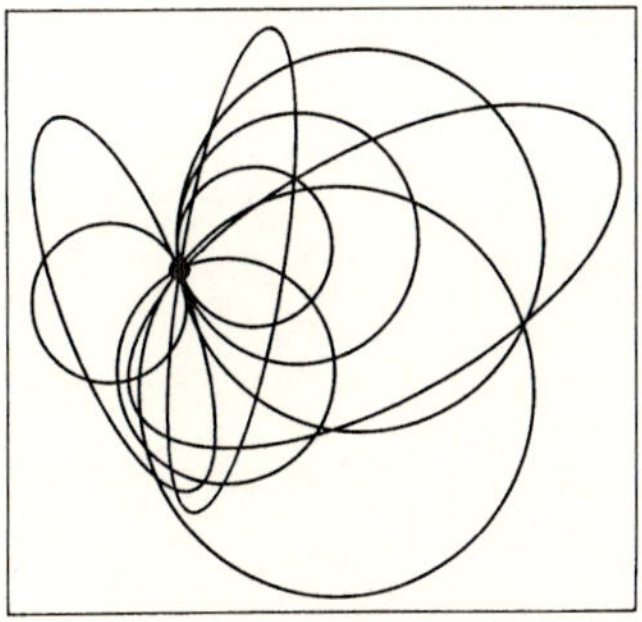

図 10　人間の内面の模式図

祖のフェニキア人であったではないか、しばらくヨーロッパ人に貸しておいた文字を取り返して自分たちで使おう、という考え方にもなっていくのである（フェニキア主義、シドニスム）。その同じ人間が、自分はベイルート・アメリカ大学の卒業生だ、といってみることもできるし、そしてまた宗教の面から、自分はマロン派のキリスト教徒だということを強調することもできる。

　このようにして、いろいろな社会の、いろいろな個人をとってみて、自分が何者であるかについて、異なったいく通りもの肩書きをもっているということがいえるのである。異なったアイデンティティが組み合わさっている〈アイデンティティ複合〉のパターンを整理してみよう。非常に単純化した形で、二つの異なったアイデンティティが組み合わさっている場合、どのような組み合わせがあるかを見ると、つぎの三つのパターンを取りだすことができよう(図9)。第一のパターンでは、「私」は「私」のあり方をいくつもの異なった次元のものに拡大していくことができる。つぎに、私はこういう者であるけれども、ちょっと変わってこういう者にもなることができる、というのが第二。第三は、もっときわだった形で、右するか左するかによって「私」というものがまったく別人になるという、変貌とか変身のケースである。実際にはこういう単純なことではなく、一人ひとりの人間の内面を、もしあえて図形化できるとすれば、あるいは図10のようなことにもなるのではなかろうか。「私」は多方向にさまざまな拡がりへの可能性をもつ異なった「自分」をもっている。これは、一人ひとりが、肩書きの異なる多数の名刺をもっていて、ある状況の中で特定の相手に対してどの名刺を出したらよいかと選び分けている、ということに譬えられるであろう。こうしたアイデンティティ選択がある以上、民族主義、民族意識といっても、それはひと筋縄ではいかないことになる。

社会的価値の相対性・関係性

アラブ社会でもっとも重視される社会的価値は、(i)正義・公正、(ii)平和と安全、である。このことは、かならずしもイスラム化の過程によって確立されたとだけいうべきでなく、前イスラム時代以来のアラブの文化的伝統ともみなされなければならない。

正義・公正 'adāla はたえず一種のつり合いとして認識され、また平和と安全 ṣulḥ; amān も個人対個人、集団対集団という関係の場での契約、取引きとして考えられてきた。これらの価値は、そもそも社会的な場における相対的な関係の中でのみ実現されるものだという理解が前提となっているのである。

一神教の多元主義

シャリーア(神の法)に関して、人の解釈と運用の過程で、ことにそこでの社会的合意(イジュマー)という人間的営為の意義が重視される。イジュマーを通じて神の意志と命令とが実現され充足されるのである。神の法と人の解釈とがここでつり合わされている。また、たてまえとプラクティス、理想と現実のつり合いは、イスラム国家論をめぐるイマーマ(指導)論(後述)において特徴的に認められるであろう。

イスラム法の合理主義的解釈と適用の担い手としてのウラマー(学者たち)を価値的知識層とするイスラムの社会的展開は、個人の内面への沈潜によって神との合一の神秘的体験を追求する神秘主義教団タリーカートの組織化とやがて不可分となった。

またイスラムの思想史を通じて、たえず基軸的論理として提起されつづけるタウヒード tawḥīd(神をひとつとすること)が、実は徹底した個別性・多元性の識別や枚挙的論理と表裏をなすものであったことに注意を払うべきである。

2　指導と支配

イスラム国家

ウンマ umma（イスラム教徒の共同社会）が、イスラム国家論において、理念上も実際上も、もっとも枢要な地位を与えられることになったのはいうまでもない。

ウンマの統治にかんしては、手続き上の問題として、ウンマによってウンマのイマーム imām（指導者）たるカリフ khalīfa（神の使徒＝預言者ムハンマドの後継者、代理人）が選挙されるのであり、選挙そのもの、または選挙結果追認に反映されているウンマの合意こそ、カリフの統治権とそのレジティマシーとを保証するものなのであった。ウンマの選挙といっても、構成員の全員によるものではなく、後述のシャイフにあたる長老的エリートたちが合議で選出するという手続きによるものだったのであり、しかも実際にそのような選挙が行われたのは初期のカリフの時代だけであった。選挙の手続きはたちまち形骸化し、後になればなるほど、むき出しの実力によって権力をにぎるというかたちをとることになっていき、さらには世襲制という王朝的支配も出現してきたのである。そしてまた、やがてカリフとは別に、あるいはカリフの承認と委託とを強要しながら、スルタンとかアミールなどの称号をもつ政治支配者が軍事力を背景として立ちあらわれてもくる。これらの君主による専制的で恣意的・暴力的な支配が、ウンマの意志に裏づけられるべきレジティマシーといかにかかわるのか、すなわちイスラム国家のあるべき姿に照らして、いかなる場合に、いかなる意味で、それは適法であるのか、という問題が、イスラム国家におけるイマーマ(指導)をめぐる問題として、ウラマーによって持続的にさまざまな形で論議されることとなった(まずは、ファーラービー、マーワルディー、イブン・ジャマーア、イブン・タイミーヤ、イブン・ハルドゥーンらの仕事が注目される)。しかし、その論議の過程のみならず、政治の現実をも縛っていたのは、ウンマの指導者はウンマの意志にもとづいて選挙されたものでなければならず、「支配」はつねに「指導」として説明されうるものでなければならない、というたてまえであった。したがって、いかに露骨な残虐な実力によって簒奪者として登場した権力者といえども、理念のうえでは、この約束に従わなければならない。ここからバイアbay'aという手続きが特別の意味を与えられることになる。バイアは、本来は取引きの成立時に商人たちがおこなう手打ちを意味したが、この場合は一種の忠誠誓約にあたる。すなわち、金曜日の集団礼拝の説教において支配者の名が挙げられることにより、ウンマによって「指導者」の事後的選挙・信任にあたるものとしての追認的合意がおこなわれたことにするという社会契約論的手続きである。

こうして、ウンマの政治にかんしては、指導者原理と社会契約的原理とがいちじるしく重視されることになった。そのことは、現代において、民主主義や共和制がイスラムに本来固有のものであるとする見解・主張をも生じさせる根拠となっている。

イスラム国家は、イスラムのウンマを中心として、いくつもの他の宗教の共同体ミッラ milla がそのまわりに、あるいは重なりあうようにして配置されていると考えられ、そうした構造体の全体が統合的に問題にされる。この点にかんして、十字軍史を支えるヨーロッパがわのイスラム理解から、逆にそのもっとも重要な側面を照射することができよう。十字軍は、決して単純にキリスト教世界とイスラム世界との対抗として割り切るわけにはいかない。十字軍の成立過程、ないしは十字軍のヨーロッパ内的過程では、ユダヤ人に対する攻撃が主要な契機をなしており、その攻撃対象のうちに「イスラム世界」のイメージが托されていた。また、聖地をキリスト教のがわで奪回するのだとした十字軍はエルサレムを占領したが、そのエルサレムには東方教会のキリスト教徒が住民として存在していた。このエルサレム在住のアラブのキリスト教徒のがわからすれば、なぜ、またいかにして自分たちの土地を「奪回」するのかという問題が発生するのは避けられないところである。ユダヤ教徒やキリスト教徒がイスラム教徒と共存し共生していた事実を消去し、あるいは無視しようとするところに、「十字軍」史の構図が成立する。ここに十字軍史のイデオロギー性を見出さなければならない。イスラム国家という概念的枠組は、本来、異教徒の存在をその本質的前提条件として予定している、というものだったのである。

アラビア語のミッラは、いわゆる東方問題のなかでしばしばトルコ語のかたちでミッレト millet として問題となるが、それは宗教的には、神の救済計画がはたらく場として設定された人々の集団という意味をもち、換言すれば、神からなんらかの啓示の書を与えられた人々の群れをさすものである。しかしそれは、現実には、宗教別ないし宗派別コミュニティをさすものになっていった。たとえば、ギリシア正教徒のミッラ、マロン派キリスト教徒のミッラ、ユダヤ教徒のミッラといったたぐいである。国家の政治システムが、このような宗教・宗派別編成のうえに組み立てられるべきものだとしたのが、イスラム国家である。各ミッラはイスラムのウンマと契約関係によって結ばれることになっており、その契約はズィンマ dhimma として示された。それは、既述のスルフやアマーンという観念と深く関連しあいつつ、平和と安全とを保障するというものであった。イスラム国家は、イスラム教徒によってだけ構成されるものではなく、他のミッラの存在を不可欠の条件としてはじめて可能とされるのである。本来は、他のミッラに対して保証される平和と安全への見かえり・代価として実現される税(ジズヤ)によって、国家としての財政基盤も確保されるべきたてまえであった。したがって、ウンマの側では、人民の安直な改宗というものをむしろくい止めるというような力が働いた面もあったといわなくてはならない。「改宗か死か」、「コーランか剣か」というのは、いうまでもなく、ヨーロッパ社会のがわで捏造《ねつぞう》した議論であり、しかも自分たちの論理を相手かたにおしつける十字軍的議論であって、「改宗か死か」、「コーランか剣か」という論理の端的な実践は、むしろのちに、イベリア半島におけるレコンキスタの過程をはじめ、ヨーロッパ各地でのユダヤ人駆り立ての運動のなかに、もっとも典型的に示されることとなるのである。かくして、理念上、一体としてのウンマは、諸ミッラをひとつの政治社会のうちに結合させ統合するような契約関係のネットワークの核として説明されうるのである。

したがって、イスラム国家論における二本の重要な柱は、(a)社会統合の単位および基盤としてウンマ、ミッラという宗教コミュニティを重視し、国家を宗教コミュニティ相互間の「関係の場」として眺めること、(b)支配・被支配関係を理念的には絶えず契約関係に置き換えて説明すること、のうちに求められなければならない。

「イスラムの家 dār al-islām」と、「戦争の家 dār al-ḥarb」との対比において、「イスラムの家」とは、イスラム教徒の社会と他のミッラとの契約関係が安定的に成り立っているとされる地域をさす。諸宗教コミュニティ間の契約が成り立っていないとされる地域が「戦争の家」地域であって、ジハード jihād (信仰のための戦い、他の宗教を奉ずる人びとに対するイスラム教徒の戦い)とは、むしろ「イスラムの家」を拡大し「戦争の家」を縮小する、後者の方に前者を押しひろげていく努力、つまり平和と安全のための契約関係が安定的に成立する場を拡張する運動として観念されたのであった。

東方問題は、十字軍に続いて、イスラム国家の理念構造とそれにもとづく政治組織とに対する挑戦であったといえよう。それは、宗教別あるいは宗派別編成を基軸としつつ社会的・政治的統合を実現しようとする構造に対して、その関係の場に踏み込んで、統合過程を攪乱し、組織を解体し、紛争を惹起させようとするものであった。たとえば、ギリシア正教徒のパトロンとしてロシア政府が活動し、マロン派キリスト教徒に絶えず資金と武器とを供給する勢力としてフランス政府が機能し、ドルーズやユダヤ教徒の保護者としてイギリス政府が振舞うといった東方問題的アプローチの基本は、イスラム国家のイデオロギー構造そのものに楔《くさび》を打ち込んでいこうとするものだったのである。

パレスチナ問題の設定も、同様の観点からこれを批判することができる。ここでは、東方問題における ごとき宗教間・宗派間対立の多角的煽動およびそのマネージメントに代えて、ユダヤ教か非ユダヤ教か、ユダヤ人か非ユダヤ人かというような対立図式の単純化と、シオニズム運動を利用しての植民地主義という新しい要因の注入とが認められるにせよ、いぜんとしてイスラム国家論の枠組につけ込み、これを逆に利用しようとするアプローチが基本的に持続しているのである。

以上のことが、現代的イッシューとしてのイスラム国家論の意味と方向とを規定することになっている。そのもっとも典型的な例のひとつは、イスラム同盟の構想やイスラム諸国会議の組織に示されるように、パキスタン・インド・バングラデシュ・マレーシア・インドネシア・アフリカ諸国といった国々をもつらねて、これらを現実に「イスラム諸国」として承認し、これらを国際政治におけるイスラム諸国ブロックとして編成していこうとする現状維持的・体制擁護的イスラム国家論である。すなわち、そのような方向で現代国際政治におけるウンマの現実的形態を追求しようとするものである。また、これとは異なったパターンとしては、イスラム社会革命論がある。これは、現実に多数のイスラム教徒を擁する国家といえども、そのことによってただちにイスラムの社会であることを意味するものではなく、まして「イスラム国家」といえるものではないとして、イスラムの「文化革命」・社会革命によって真のイスラム国家をあらたに獲得しなければならないと主張するラディカルな立場である。ここでは、現代におけるウンマのあり方のあらたな創出が志向されている。イランにおける「イスラム革命」のイデオロギー、およびそこでの「イスラム共和制」の追求も、この立場の一表現である。しかしイスラム同盟論も、イスラム社会革命論も、いずれもが既述のごときヨーロッパ的アプローチに対抗・対応する次元での論理でしかなく、そのためイスラム国家論が歴史的に担っていた社会統合の積極的過程としての意義を摩耗《まもう》してしまっていることを認めなければならない。このことは、現代におけるジハード論が結果としてヨーロッパ的論理に同調するものとなってしまっていることによって明らかである。

これらのイスラム国家論の現代的展開に対して、言語と文化を重視する立場からイスラム国家の伝統的理念をのり越えていこうとするのがアラブ民族意識であるといえよう。すなわち、宗教・宗派の相違を超えて、キリスト教徒であれユダヤ教徒であれ、アラビア語によって生活しその文化を基盤として結びつき社会的連帯を確認しあう限りにおいて、みなアラブとしての共同性を分かちあっているとするアラブ民族主義、言語と文化にもとづくナショナリズムがそれである。すでに一九世紀後半以降の近代のアラブ「民族」意識が、東方問題を克服しようとする立場を主要な契機としてうまれてきたことが、ここであらためて想起されなければならない。

しかし、ここでもまた、アラブ的あり方の獲得をめぐって、カウミーヤ qawmiya 的方向とワタニーヤ waṭaniya 的方向とが分裂し、対立しあう局面が生じていることに注意しなければならない。アラビア語で民族主義を表す言葉に、カウミーヤとワタニーヤとがある。部族とか民族を意味するカウムを基礎にして民族主義を主張するカウミーヤは、しばしばアラビア語による結びつきとか、イスラムという宗教による結びつきを強調して、そのうえに民族主義を主張するものである。それに対して、郷土・祖国を意味するワタンにもとづいて民族主義を主張するワタニーヤは、むしろ土地との結びつき、歴史的に形成されてきた地域社会というものの意味を強調し、いわば愛国主義・郷土主義につながっていく民族主義である。前者は文化の共同性に力点をおき、そのためあくまでも「アラブ」の一体性と統一とが強調され、またアラビア語の意義およびその統一性を保証することによって文化の共同性の基盤を支えるものとしてのイスラム文化の伝統を重視することにより、イスラム国家論に微妙に連結し回帰・解消してしまうことになる傾向をもはらんでいるのに対して、後者は、「国民」形成の歴史的・社会経済的条件を重視し、地域社会の統合性を強調することによって、結果としてはアラブ「諸国」体制を承認し、それにとり込まれることになる条件をもはらんでいる。

非宗派主義《ラーターイフィーヤ》 non-sectarianism のもっとも新しい形態は、こんにち、パレスチナ人の運動のなかでうみ出されてきたパレスチナ国家構想のうちに示されているといえよう。そこでは、イスラム教徒もキリスト教徒もユダヤ教徒も、それぞれ自由に自らの宗教的生活を維持できるような非宗教的国家という形式で、イスラム国家理念の超克が主張されるとともに、パレスチナの「ユダヤ人」(イスラエル市民)の「パレスチナ人」化をめざすことによって、アラブ民族主義の克服をも志向する立場が打ち出されることとなっているのである。

かくして、イスラム国家論の伝統をいかに評価し、またいかに批判するかという課題をめぐるもろもろの立場の間の対立が、現代アラブのアイデンティティをめぐる闘争の主要な形式を規定しているというべきである。

民族主義といってもいかなる民族主義なのかが複雑に組み合わさっている状況の中で、実際には、イスラム、あるいはウルーバ(アラブであること、アラブ性)、あるいは地域社会などいろいろ異なった基盤の上に展開する政治指導を通じて強力な民族統一を実現する政治指導者が現れてきた。民族の統一・統合を体現する、まさしくその人の存在それ自体がある民族を代表するような、そうした強力な指導者である。複雑な民族主義の存在があるからこそ、いっそう指導者の統合の力が重要な意味をもってくるのである。たとえば、一九五〇年代初め、イランの石油国有化を敢行したが打倒されたイランの民族指導者モサッデクや、一九五〇—六〇年代、アラブ民族主義の強力な指導者となったエジプトのナーセルなどが独特に体現していたような強力な統合がそれである。そのような政治指導の中のひとつの道として、政治とイスラムとを結びつけてそこに強力な民族的統合を生みだしていく、という動きも生じうるのである。

実力者・長老

たえずゴッド・ファーザー的な人間がうみ出されるような社会・文化的プロセスが働いているといえる。たとえばイマーム（リーダー）、シャイフ shaykh（老人・長老）である。シャイフとは必ずしも年長者を意味するわけではない。いかなるレベルの社会集団においても必ずシャイフ的な人間がおのずと決まってくるという特殊なプロセスがある。地域ごとに名士、名望家としてのアーヤーン aʻyān（アラビア語で目や泉を意味するアイン ʻayn の複数形）が生み出されるのも、同様である。このような実力者、有力者、長老の機能が「指導」を検討するにあたってその基底として着目されるべき問題である。

知識人

たてまえとプラクティス、合理主義と神秘主義、枚挙と唯一性といった矛盾・対立をたえず調整する社会的価値の担い手としての価値的知識人とでもいうべきウラマー 'ulamā' が伝統的に果した役割が注目される。それは特定の固定した階層や階級によって担われたのではなく、社会のいろいろな部分から引き抜かれた機能集団であった。その意味では非常にモビリティの高い社会であったといえる。ウラマーはカーティブ kātib (書記) といった実務的、技術的な知識人、たとえば官僚とは非常にちがったかたちで機能してきたことが注意されるべきである。

ウラマーは、法の解釈と適用の上で、いろいろな手続き論〔イジュマー ijmā' (コンセンサス)／イジュティハード ijtihād (前例にとらわれない新しい見解)／マスラハ maṣlaḥa (公益)〕をたえず無限に開発することによって、現実に対応しようとしてきた。このような特殊な知識人のタイプが、現代社会の中でも、ウラマーという名前で呼ばれるか否かにかかわりなく、社会変化のもとでの価値の担い手としてあらたな意味をもちつつあるということは重要である。

ミドルマンの系列化と委任

アラブの社会では、中間的な権力あるいは政治過程における中間的な媒介者がたえずつくり出されてきた。たとえば、徴税の問題では請負人がつくり出される。しかも請負は増殖してやまぬ重層化の過程をもつのであった。軍人も、軍事的サービスをおこなうことによって社会的に機能するミドルマンとしての機能をもっていた。労働の組織においても、労働者の口入れ屋あるいは差配＝ハウリー khawlī といったものが存在した。二〇世紀前半までは広くアラブ社会を見渡して、資本家と労働者との対立あるいは経営者と労働者の対立といったものを設定することは困難であって、資本家は実際にはハウリーに事業のある局面を請負わせ、ハウリーが労働者を集め、現場の監督をおこなって一括して受け取った請負料の中から賃金を払うというシステムが多く見られたのである。しばしば労働のプロセスにおいて労働者が直接対面している相手はハウリーであった(参照、Jean Vallet, Contribution à l'étude de la condition des ouvriers de la grande industrie au Caire, Valence, 1911. 板垣雄三「エジプトの初期労働運動および労働者の状態にかんするヴァレの仕事の覚書」、東京大学教養学部人文科学科紀要第61輯『歴史と文化 XI』、一九七五年)。

これを国家という問題にあてはめると、国家と人民との中間的媒介項として前述のウラマー的知識人たちとタリーカート ṭarīqāt という神秘主義教団(スーフィ教団)群とが中間項的機能を果した。たとえばウラマーの場合には人民を代表して悪《あ》しき君主に平和や正義を要求する反乱の主導者ともなりえた半面、日常的にはたえず国家の統制を人民の側に作用させるチャネルでもあった。タリーカートも、都市・農村の住民組織において同様の二面性をもった。このようなタウキール tawkīl やニヤーバ niyāba (いずれも委託・請負、機能的委任)のシステムのなかに見出される伝統ならびに政治文化は、現代においても、軍および政党の組織・機能のうちに再生産されていることが注目されるのである。

二　価値変動への応答——近代イスラムにおける危機意識

◆『イスラム世界』第一〇号(日本イスラム協会、一九七五年六月発行)収載のイスラム講座7「近代のイスラム」。文献案内的部分は、ここでは省略した。石油危機にあたって声高に叫ばれた中東・イスラム理解の必要性への緊迫感も、潮が引くように忘れられていった。イラン革命は近づいていたのに……。ウエスタン・インパクト(西洋の衝撃)の対象物的な、近代化阻害要因的な近代イスラム像への切り込みを企てた。

衰弱の自覚

ナポレオン・ボナパルト軍の占領したカイロで、のんだくれ・女たらしのフランス軍の実態をつぶさに観察しつつも、ヨーロッパの科学には深い関心を示していた歴史家アブド・アッ＝ラフマーン・アル＝ジャバルティーは、その年代記の中で、エジプト社会を激動のるつぼにたたき込んだこのヒジュラ暦一二一三年という年のまとめとして、次のごとく書いた。——「かくて一二一三年は終った。

この年にはいくたの未曾有《みぞう》の諸事件がおきたが、わけても最大のものはエジプトからの巡礼がやみ、キスワ(カーバにかける幕)もスッラ(義捐金《ぎえん》)も送られなかったことである……。」

このことをのちにA・トインビーは問題にして次のようにいっている。

回教紀元一二一三年の出来事で、本当に一番重要であったものはいずれでありましょう――ナポレオンのエジプト侵入でありましょうか、それとも毎年エジプトからヒジャズの諸聖都へやって来る巡礼の中絶でありましょうか。巡礼という回教徒の制度は、それ自身においては単なる一個の外面的な厳格な宗教的慣例にすぎぬことは申すまでもありませんが、しかし一つの象徴としては、それはあらゆる回教徒を一つに結ぶ同胞精神を意味します。それゆえに、巡礼が下火になれば回教国も危うくなることは、われわれもわれわれの世代に実際の経験によって学んだ通りであります。ところで父祖伝来の宗教に蓄積せられた精神的財宝を尊ぶアル・ガバルティ(トインビーはジャバルティーをエジプト風の発音で書いている)は、もちろんこの危機に敏感でありました。……アル・ガバルティの持ち前の、ものの軽重の感覚についての以上の論争において、最後に笑う役割はいったい誰にありましょうか。アル・ガバルティをよむ西欧の読者でありましょうか、アル・ガバルティその人でありましょうか。(『試練に立つ文明』、深瀬基寛訳、社会思想社版現代教養文庫二九五、上巻一一六頁および一一九頁)

トインビーは、こうしていみじくも、ジャバルティーがエジプトの近代の開幕をまさにイスラムの危機の結果としてとらえたことに注目したのであった。

ジャバルティーの記述から一世紀をへた一九世紀末、アブド・アッラーフ・アン＝ナディームののべるところはこうである。

西洋人は主張する、東洋諸国は西洋なしには存在できず、西洋と協同しなければ東洋に栄光なく、西洋のことばを語りうるようにならなければ東洋に名誉はないのだ、と。……西洋は宣言する、汝らは原始的な民族であり、それは何となれば汝らは衣服や家具すらも自らつくり得ず、われらの製品を必要とするからである、と。……かくして西洋は東洋諸国にその製品を氾濫《はんらん》させ、その富を収奪する。……東方の人民は西洋の製品を購《あがな》い西洋の富を増加させるまさにそのために耕し働く苦力《クーリー》の地位におとしめられてしまった。それはあたかも彼らが西洋人に仕えるべきものとして、異種の材料から創造されたかのごとくである。……そして西洋列強は、自ら侵略者と名のることなく、むしろ改革者を装って、しかも文明の名においてその権勢をうち立てているのである。(Sulāfāt 'Abd Allāh al-Nadīm, 第二巻六五頁)

詩人アブド・アッラーフ・アン＝ナディームは、一八八一―八二年のオラービー運動に指導者のひとりとして積極的に参加した革命的知識人であり、八二年イギリス軍がエジプトを占領してからは、そのきびしい追求の手を逃れて、民衆に守られながら地下潜行をとげた。彼の怒りのアジテーションの行間に、状況克服のための自己変革に向かって叫ぶ彼の訴えを、つまり彼にとっての「阿Q」告発を、われわれは容易にきくことができる。占領への抵抗者はイスラム改革の唱道者でなければならないのであった。

従属への陥没をみずからの社会の主体的弱さの結果として考え、それを乗り越えるためにこそ主体の真の力量を回復することが迫られており、しかもそれは可能なのだとする確信が、近代のイスラムを特徴づけている。堕落し衰弱したイスラムを真に力あるイスラムに変えるエネルギーが、イスラムそれ自体のうちにあるはずだ、という信念である。時代的にはジャバルティーとアン＝ナディームとの丁度中間に位置するリファーア・ラーフィー・アッ＝タフターウィーは、ムスリムとしての伝統的教養を十分に身につけながら、同時に西欧の社会と文化の体験者・理解者でもあった。彼はパリの七月革命の目撃者であり、ヴォルテール、コンディヤック、モンテスキュー、ルソーの紹介者であり、ナポレオン法典の翻訳者であった。彼は、ヨーロッパの優越をもたらしたヨーロッパの科学的知識や学問は、本来はイスラムから借り出したものであり、ムスリムは自ら失ったものを自らの努力でとりもどさなければならない、と主張していた（Ṭakhlīṣ al-ibrīz ilā talkhīṣ Bārīz〔一九〇五年カイロ版〕七九頁。Manāhij al-albāb al-miṣrīya fī mabāhij al-ādāb al-'aṣrīya〔一九一二年カイロ版〕三七三頁）。

一九世紀を通じてしだいに決定的なものとしてあらわになっていく政治的・経済的・社会的変動のもとで、事態は「イスラムの危機」として受け取られた。それは伝統的支配イデオロギーの構造が全体として崩れていくことに対する危機感であった。こんにち「中東」と呼ばれるようになっている地域の近代に先立つ伝統的支配イデオロギーの構造は、(1)イスラム法（シャリーア sharī'a）と(2)イスラム神秘主義（スーフィズム taṣawwuf）との複合として示すことのできるものだったといえよう。そしてそれらが政治的・社会的統合過程において機能するチャネルは、それぞれ(1')ウラマー 'ulamā'（学者)、(2′)タリーカート ṭarīqāt (教団) であった(図11参照)。一九世紀には、これらが急速に弱体化し、解体されていくことになるのである。

イスラム法とならび立つ形で、あるいはそれに取ってかわる形で、ヨーロッパの法体系が実質的な力をもちはじめるようになった。一八七〇年代にオスマン帝国およびエジプトにおいて確立していく混合裁判所は、半数のヨーロッパ人判事を含み、ヨーロッパの法典にもとづいて、現地人と外国人との間の係争問題の処理にあたった。それは伝統的なイスラム法裁判所とならんで、法の二重過程を支えるようになったのである。神の法としてのイスラム法の絶対性・自己完結性のイデオロギーは、こうして破壊された。親族法や相続法の次元でイスラム法の適用が逆につよめられるというようなことがおきてくるとしても、それは本来全一的体系であるべきはずのイスラム法がその領分を指定され、その機能を制約されての上のことであった。しかもこれまでイスラム法の適用において不動産質《しち》についても「質権《しちけん》」は最大限に拡張解釈されたにもかかわらず、ついに「抵当権」の形式は拒否されつづけていたのであるが、この抵当権の観念をさえも、混合裁判所はあらたに強制することになったのである。こうして「外国人」の土地取得のためのまったく新しい法的手続きが力をもつことになった。

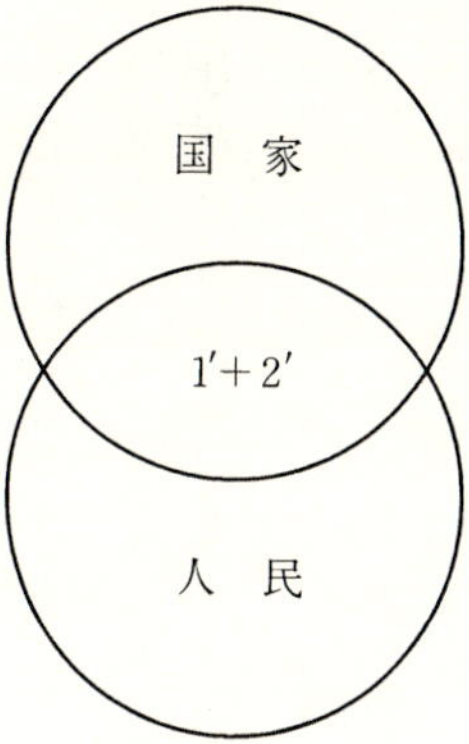

図11

ヨーロッパ商品の圧力が土着の産業に深刻な打撃を与えてギルド的同業・同職組合(アスナーフ、タワーイフ)を解体し

ていったことや、商品作物の生産・流通をめぐる地主制経営の展開が共同体的な「むら」組織を大きくつくりかえはじめたことは、そうした伝統的な社会組織・産業組織を基盤としながら、同時にそのような組織化のイデオロギー的表現となっていた教団という組織を掘り崩すことになった。このことは社会生活におけるスーフィズムの形骸化と残滓《ざんし》化とをもたらすことになる。

　こうして、ウラマーはその活動の場をせばめられ、価値の担い手・体現者としての権威を手いたく傷つけられることになり、また教団はもはや民衆の社会生活における自己の位置確認の拠りどころとはなり得なくなってしまうのである。イスラムの学問に通じた伝統的なウラマーにかわって、技師・軍人・法律家・官僚などあたらしい型の知識層がエリートとして登場してくることになった。一九世紀を通じて世界資本主義的編成が社会の底辺にまで及んでくるにつれて、大衆的なレベルでもろもろのエスニック・グループが移動し混ざりあう過程がはげしく展開した。たとえば、アラブ地域の地中海に面した都市にはギリシア人・イタリア人・アルメニア人などの労働者が多数見られるようになるとか、エジプトのデルタ地帯の農民は村に入り込んできたギリシア人やシリア人の高利貸に苦しめられるとか、イランからの出稼ぎ人がバクー油田で労働するとか、インド人の商人や労働者がペルシア湾の真珠採取に進出してくるとか、貨客船の定期航路がひらけると共にジャワやスマトラからの巡礼者の群れがアデンやメッカにあらわれるというように。またレバノン人がアメリカ大陸に流れ出るかと思うと、ウクライナやポーランドやバルカンからユダヤ教徒が迫害を逃れて南部シリア（パレスチナ）に移住してくるというように。こうしたことが、イギリスやフランスやロシアなどの強国の政治的・軍事的・経済的影響力の強化の過程と結びついておこってきたのである。社会構造の激変、価値観の混乱、文化的摩擦、そして状況に対する無力感、これらは解体されつつある伝統的支配イデオロギーの性質からして、当然「イスラムの危機」という意識をつよめずにはおかなかった。しかも従属がもたらす悲惨や屈辱の現実のもとで、抵抗の足場を探り自らの価値を獲得し直そうとするとき――それはしばしばナフダ nahḍa(めざめ、再生)と呼ばれた――、問題は「イスラムの可能性」にもどってくるのであった。

しかし事態の深刻さは、上にのべたような変動や危機が直接にはムスリムの権力をとおしてもたらされたということである。ジャバルティーがそうであったように、従属がイスラムの危機を結果したのではなく、イスラムの危機が従属を結果したのだというように見られた。事実、アン＝ナディームが怒りをこめて眺めた環境は、オスマン帝国のスルタン＝カリフの勅令によって推進されたタンズィマートの改革やアルバニア人ムスリムであるムハンマド・アリーのエジプト国家の政策が注入口となってはじめて、現実のものとなったのであった。

覚醒のはじまり方

ジャバルティーの認識はけっして孤立したものではなかった。「イスラムの危機」に対決する運動は、すでに早く、上述したような現実が本格的に展開する以前に出発していた。イスラム改革へのとりくみが比較的早期にはじまったのが、いずれもオスマン帝国の領域の外縁部分であることは、おおいに注目されるところである。このことは、近代イスラムの思想や運動が、「イスラム世界」とヨーロッパとの関係というような単純な問題次元で考えられてはならないことを示している。すなわち一体としての「イスラム世界」にウエスタン・インパクトが加えられた結果、「イスラム世界」の内側に生じた反応というようなものではないのである。オスマン帝国の動向そのものがその後の時代の推移や帝国主義の脅威を予知させるものだったのであり、問題はこうした多層構造に即して考えられなければならない。しかしまた、同時にそのような多層構造を貫いて世界認識を形成することのできるムスリム諸社会間のコミュニケーションにも、目を向けることが必要である。

まず第一に挙げなければならないのは、アラビア半島のナジュド高原を中心に拡大したワッハーブ派の運動である。ムハンマド・ブン・アブド・アル＝ワッハーブ(一七〇三―九二)ははじめスーフィー(神秘家的修道者)としてイラクやイランに遊学したが、やがてスーフィズムに対する徹底した批判者となり、イラン人やトルコ人などによってイスラムは堕落させられたとして、原始イスラムに帰れと主張する戦闘的な清教主義の立場をとるに至った。そしてこの運動を、故郷のナジュドで、イブン・サウード家の武力と結合して展開した。ワッハーブ派は自らはムワッヒドゥーン(一神教徒)と名のったが、それは部族的・宗派的枠組に制約されているとはいえ、「アラブ」意識の表明であったことは間違いない。ワッハーブ派の立場は、こんにちのサウジアラビアの支配イデオロギーとして受け継がれている。

ワッハーブ運動で発揮されたイスラムの復古的純化の思想と共通のものは、インドのシャー・ワリーウッラー(一七〇三—六二)の思想のうちにも、またその影響下で北インドにおいてジハードを展開しようとしたアフマド・バレルヴィー(一七八六—一八三一)の運動にも、あるいはベンガルで強力なものとなったファラーイズィー運動にも見出すことができる。それゆえ、ムスリムの国際的コミュニケーションと対抗する形での国際的コミニケーションによって支配を拡大しようとしていたイギリス権力は、セポイの反乱の組織者でもあったこれらのインドの運動を「インドのワッハーブ派」と呼んだのであった。

近代イスラムの改革思想というと、ワッハーブ派から出発して、これを後述するアフガーニー以後の運動に一連のサラフ主義としてつなぐ直線的理解がしばしば見られるが、それは多分に一面的でありすぎる。「イスラムの危機」を積極的に受けとめたものとしては、ワッハーブ派とならんで、サヌースィー派やマフディー運動などにも正当な注意が払われなければならない。

ムハンマド・ブン・アリー・アッ＝サヌースィー(一七九一—一八五九)はアルジェリア西部の出身で、モロッコのファースで学び、ついでトゥニス、トリポリ、カイロ、メッカと遊学して、メッカであたらしい教団を組織した。それはスーフィズムの教団の伝統的組織原理をあたらしい時代に活かそうとしたものである。彼の故郷はフランスの占領下にあり、エジプトはムハンマド・アリーがヨーロッパ人顧問を従えて君臨しており、リビアの海岸地方はオスマン帝国がおさえていた。一八四〇年代以降、サヌースィー派はリビアの内陸部に拠って、それらに抗する抵抗線を形成していくのである。それはやがてエジプトを占領するイギリス勢力、リビアを征服するイタリア勢力に対しても備えるものとなった。

スーダンのマフディー運動は、一八八一年ムハンマド・アフマド(一八四四―八五)がマフディー(救世主)であることを宣言し、そのジハード運動(「不信仰な《カーフィル》」トルコ人やその手先のイギリス人に対する)に大衆的参加がおこなわれることによって拡大した。それはムハンマド・アフマドの没後も、イギリス勢力の南下を阻止し、マフディー国家の滅亡(一八九八年)までアフリカ分割の大勢をくいとめる役割を果たしたのである。この運動はスーダンのスーフィズムの伝統を受け継ぎながら、禁欲と清貧の強調を強烈なマフディー崇拝に結びつける特徴を示した。

サヌースィー派教団やマフディー運動は、一見近代イスラムからとり残されたもののように思われがちであるが、それらを通じて「リビア人」や「スーダン人」の意識がつよめられたのであって、ワッハーブ派も含めてこれらあたらしい運動は、それぞれに異なった対立的な志向や形態をとりながらも、いずれも、批判し抵抗する主体＝たたかう共同体の意識を国土や根拠地に根ざして発酵させようとする運動であった。すなわち、それぞれの「民族的」なやり方で「民族意識」を獲得しようとする運動であったということができる。

こうして見ると、問題はオスマン帝国の領域の外縁部ばかりにあったのではないことに気付くであろう。エジプト人タフターウィーやトゥニスのハイル・アッ＝ディーン(一八八九没)がワタン waṭan(郷土・国土)やワタニーヤ waṭaniya(愛国主義)を重視する立場をのべたのも、外縁の運動と密接に連関しあうものであった。そしてジャマール・アッ＝ディーン・アル＝アフガーニー(一八三九―九七)

が「帝国主義」istiʿmārの脅威にたいしてムスリムの自己変革にもとづく抵抗の統一・連帯を訴えたことについても、同様の視点からこれを見ることができる。彼は一八七〇年代にはエジプトできたるべきオラービー運動を準備し、八〇年代末以降はイランでタバコ・ボイコットに示されるような外国利権反対、シャー批判の民族運動を指導したのではあったが、一八八四年パリでムハンマド・アブドゥフ(一八四九―一九〇五)の協力を得て刊行した『強固な結合』誌(隔週刊)にもられたような帝国主義に対するすべての被抑圧者の団結の呼びかけは、広大なアジア的規模で「民族」を創出しようとするものであったとも見られよう。革命的行動と立憲制とによって内なる専制を倒し、外への抵抗と防衛をつよめようとするアフガーニーの主張の根底には、硬直化したイスラムの徹底的な改革、あたらしい時代に即応したイジュティハード ijtihād(法学者の独創的見解)の再開、つまりイスラム法の創造的適用の要求があった。アフガーニーにあっては、抵抗する民族主体の形成とイスラム改革とが不可分のものとして主張されたのである。

シリアの知識人アブド・アッ=ラフマーン・アル=カワーキビー(一八四九―一九〇二)が、オスマン専制権力と西欧の侵略主義とへの鋭い批判を通じて「アラブ」の民族的再生をとなえた場合にも、イスラム改革への強力な志向が民族的自覚の原点としてあったことが明らかに認められるのである。

改革思想の展開

イスラムと社会のタジャッドド tajaddud(革新・復古)をもとめる潮流は、アフガーニーの活動によって一挙におしひろめられた。それゆえオスマン帝国スルタン、アブデュル・ハミト二世は、オスマン帝国主義のイデオロギー的基礎をパン・イスラム主義にもとめようとしたとき、アフガーニーをその宮廷に招きいれて利用しようとし、そして結局は殺すことになったのである。アフガーニーの思想をパン・イスラム主義として語るのは、オスマン帝国主義の語法であった。アフガーニーが唱えたのは帝国主義への抵抗の統一であり、その抵抗を力あるものとするために、ムスリムが自らの変革を怠った結果生じた衰頽を急速に克服して自覚的・主体的にむしろ「ヨーロッパ化」(タファルヌジュtafarnuj)にとりくむことであった。彼はこの主張を宗教的なことばで説明したが、しかし政治的行動の実践によってより多く語ろうとしたのであった。

これに対して、イスラム改革の思想家と呼ばれるのにふさわしいのは、すでにアフガーニーの協力者として触れたエジプト人ムハンマド・アブドゥフである。アブドゥフもまた政治的人間であった。彼はオラービー運動のリーダーの一人であり、イギリスの軍事裁判でエジプトを追放されてからは、スーダン問題でイギリス政界と接触したり、またマフディー運動下のスーダンに潜入を試みようともした。しかし一八八八年エジプトに帰国を許されてからは、アフガーニーの政治的行動主義から離れて非政治的進路を選びとり、イスラム改革に固有の課題にとりくむこととなったのである。彼はアズハル学院の改革にとりくみ、また九九年最高ムフティー(ウラマーの代表)となってからは、社会生活の変貌に即応した数々の斬新なファトワー(ムフティーの権威に裏付けられた法学上の意見)——たとえば利子・配当の問題、非ムスリムのもたらす食肉の問題、衣服の規定の問題などで制約をとり除く

——を出した。アブドゥフの改革思想は、しかしタフスィール（クルアーン解釈）の仕事を通じてもっとも体系的に示されたのである。彼の立場は、サラフ salaf（父祖・初代の人々）の時代にいきいきと保持されていた合理的精神をとりもどして、タクリード taqlīd（慣行にとらわれる態度）をうち破り、マスラハ maṣlaḥa（社会的利益）やタルフィーク talfīq（状況に応じた創意工夫）にもとづいて法を再解釈し、あたらしい時代の課題に適合させるべきである、というものであった。彼にとってサラフははなはだ弾力的にとらえられていて、それはけっして預言者ムハンマドの教友の世代にのみ限定されるようなものではなく、スンナ派イスラムの発展期の伝統のうちに求められるべきものであった。アブドゥフによれば、アシュアリーやマートゥリーディーもサラフなのである。ここでもっとも重視されるのは合理的精神であり、イスラムは時代の変化に応じて自らを変化させるバイタリティをもつことによって、逆に変化する現実をコントロールする力を発揮すべきなのだ、というように考えられていた。

シリア人ムハンマド・ラシード・リダー（一八六五―一九三五）は、アブドゥフの弟子であり協力者であったが、エジプトでの彼の活動（インドネシアからアフリカまで広く読まれた『マナール al-manār』誌に拠る）は、やがてアブドゥフとは異なる方向に展開していった。アブドゥフにおいて柔軟な状況対応能力として強調されていたことが、ラシード・リダーにおいては厳格な正統主義として強調されるようになった。民主主義・共和制・人民主権などといった制度や理念も、それらは本来ムスリムのものであったのだと主張するように、国粋的価値が前面におし出された。サラフの社会の伝

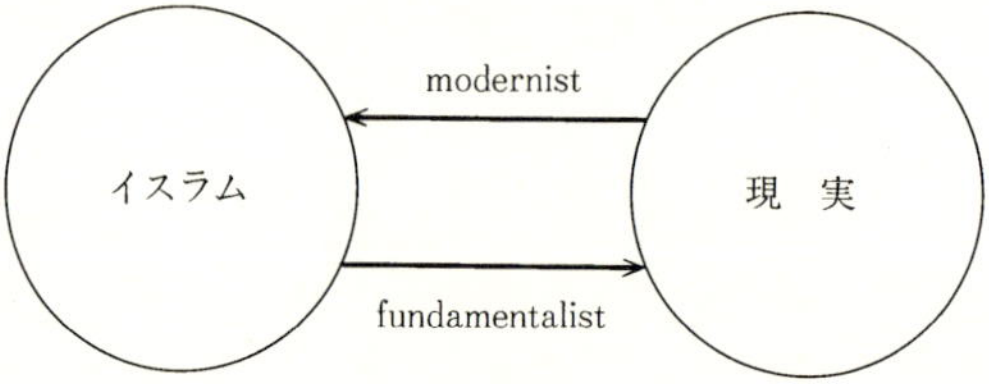

図12

統は宗教を基軸とするカウミーヤ qawmiya（民族主義）にひき寄せて論じられた。アブドゥフとラシード・リダーをサラフ主義（サラフィーヤ）の名のもとに一括してしまうのでなく、むしろそこでの対立に注目する必要がある。

現実からイスラムに問題を投げかけるモダニストの立場と、イスラムを現実におしつけていこうとするファンダメンタリストの立場との対立が、ここに見られるのである（図12参照）。前者は政治的にリベラルであり、国家と宗教との分離を前提とし、信仰を個人の内面の問題としてとらえるセキュラリズムの立場をとる傾向を示すのに対し、後者は政治的・社会的に守旧的であるか、もしくはラディカルでファナティックであり、イスラム国家という形式で宗教と政治の一致を志向することになる。アフガーニーやアブドゥフが前者の道すじをかためたとすれば、ラシード・リダーは明らかに後者に属した。前者の思想潮流の中で関心をひくのはカースィム・アミーン（一八六三―一九〇八）であり、彼は積極的に婦人解放を論じた。このようなリベラルな方向はワッハーブ派を評価するラシード・リダーらの立場から、はげしい反撃を加えられることになった。一九二五年エジプトのアリー・アブド・アッ＝ラーズィクが書いた『イスラムと統治の原理』al-islām wa-uṣūl al-ḥukm や翌二六年同じくエジプトのターハー・フサインが発表した著作『イスラム前の詩』fī al-shi'r al-jāhilī などは、それぞれ「イスラム国家」概念を否定して国家と宗教の分離を論じ、また学問的見地からクルアーンやハディースの伝統的解釈に疑義をはさんだ結果、きびしい非難の煽動がおこなわれて、いずれも免職に追い込まれたのであった。このような煽動の中心にあったのは、ラシード・リダーと『アル＝マナール』誌だったのである。

このような対立は一九五〇年代はじめ、ハーリド・ムハンマド・ハーリドとムハンマド・アル＝ガッザーリーとの間の論争においても繰り返された。しかし一九三〇年代以降において重要なのは、ファンダメンタリストの運動がラシード・リダーの時代のようなウラマーのサークルという枠を越えて大衆運動化したことである。それはムスリム同胞団によって代表された。そしてこのようなイスラム国家をめざす大衆組織としてのイスラム社会運動は、アラブ地域におけるムスリム同胞団ばかりでなく、イラン・トルコ・パキスタン・インドネシアなどでも展開し、全体として大衆ファシズム運動の性格を担うことになっている。

現在のアラブ地域をめぐる政治的指導の局面では、一九六七年以後の政治的反動の表現として、思想的にはこれまでのべてきた対立における後者のファンダメンタリスト的潮流がヘゲモニーをとっていることが観察される。それは、サウジアラビアのファイサル国王のリーダーシップのもとで追求されてきた「イスラム同盟」や「イスラム諸国」会議の路線に示されるような、現状維持派的で国際政治論的アプローチをともなう立場と、リビアのカッダーフィー議長に代表される路線に示されるような、現状打破的・ジハード論的なイスラム社会運動論的アプローチをともなう立場とに分裂している。パレスチナ人の抵抗運動をはじめアラブ地域の大衆運動にとっては、このような指導や組織化をぐり抜け、アフガーニーやアブドゥフの提起した事業をいかに適正に継承しつつ乗りこえていくかということが、こんにち問われているように思われる。

三　体制化を拒む思想——イスラムの歴史をつらぬくもの

◆村上陽一郎編『心のありか（シリーズ・人間と文化3）』（東京大学出版会、一九八九年七月刊）所収の「アラブの心、イスラムの心」。イスラム史全曲から、変革志向をイスラムの主調音として聞き分ける。イスラム社会運動やイスラム国家論に対するかつてのやや点が辛い評価を、イラン革命前後から、諸地域の大衆の動向に即して多面的・弾力的に見直すようになった。〈状況的イデオロギー〉が働く条件の揺れを見きわめることが眼目。

理解のポイント

まず最初に、本章のもっとも大事な要点を述べておこう。それは、イスラムという宗教が、つねに現状否定の宗教であろうとする強烈な動機づけをその内側に埋め込んでおり、そしてこれまで、あらゆる保守主義に反対する立場を繰り返し固め直してきた、ということである。このことを、ぜひともしっかりと頭の中に留めておいてもらいたい。

悪意と偏見

一般に日本社会では、イスラムという宗教を、砂漠の遊牧民の宗教だと思い込んでしまっている人が多く、常識を超えた不可解なものとして描き出さないと、かえって安心できないといったところがある。そのため、イスラムは、常軌を逸した戒律厳しい宗教、進歩に背を向け古色蒼然とした因習的な教え、しかも自らの価値観に固執して他を排撃する挑戦的な狂信、などというレッテルを貼られてしまうことになる。

一日五回の礼拝(しばしばそれを「祈り」と呼ぶ人がいるが、それは誤った認識である)とか、ラマダーン月の断食とか、豚肉を食べてはいけない、酒が飲めない、などが、戒律に縛られた規則ずくめの窮屈さのあらわれだと考えられている。日本の職場でチャイムが鳴って定時のラジオ体操が一斉にはじまるように、礼拝は人々の心身をリフレッシュするものなのだとムスリム(イスラム教徒)は考える。また自らの生活のリズムを自覚的に整え、主体的・合理的に設計することに役立っているとも考える。ラマダーン月の夜には、つまり日没から日の出までは、むしろ盛大に飲食がおこなわれるのである。イスラムは、むしろ食事に関するタブーから人間を解放するものなのだと自らを規定していた。

言ってやれ、「私に啓示されたものの中には、死骸《しがい》、流された血、あるいは豚肉、これは穢《けが》れであるが、あるいは神以外の名で屠《ほふ》られたけがらわしいもの、これらを除いては食べても禁制となるものはなにもない」。なお、欲せずして、または違反するつもりではなくて、やむをえず食べた者には、まことに汝《なんじ》の主は寛容にして慈悲深いお方である。（『クルアーン』六章一四五節、藤本勝次ほか訳『コーラン』中央公論社〈世界の名著15〉の訳文による。以下、同じ）

食べよ、そして飲め。しかし、度を越してはならない。（『クルアーン』七章三一節）

酒についても、『クルアーン』（『コーラン』はアラビア語を知らぬヨーロッパ人の聞き訛《なま》り）では、それは天国の楽しみの一つとされているのであり、現世にあって自制すべきだということも、実は次のような形で示される。

信ずる人々よ、おまえたちが酔っているときは、自分の言っていることがわかるようになるまで、礼拝に近づいてはならない。（『クルアーン』四章四三節）

男は四人まで妻をもつことが許されるとか、ベールやハレムなど女性隔離にまつわることも、異様な習慣、あるいは人道に反する野蛮な習俗と見られている。四人妻の根拠は、

もしおまえたちが孤児を公正にあつかいかねることを心配するなら、気に入った女を二人なり三人なり、あるいは四人なり娶《めと》れ。もし妻を公平にあつかいかねることを心配するなら、一人だけを……。（『クルアーン』四章三節）

という一節に求められるが、それは、イスラム成立期、イスラム共同体の確立のために戦って多数の男たちが戦死したとき、生き残った男たちがいかにして戦争未亡人たちや孤児たちの世話をするかという問題状況に関連して下った啓示であると考えられている。現代のムスリムの多くは、これをむしろ複婚の否定、単婚の奨励と受けとめている。七世紀におけるイスラムの成立とは、実は、嬰児《えいじ》殺し

（間引き）を禁止し、女性にも遺産相続権を認めようとする集団が発生したということを意味したのである。それは、異文化が混ざり合う〈都市的地域〉に生まれた都市民の先進的文明の開花なのであった。ところが、ヨーロッパのオリエンタリズム（イスラムを敵対視する東洋理解）は、『アラビアン・ナイト』や四人妻のイメージを勝手にもてあそんで、イスラムをエキゾチックで風変わりな、また閉鎖的で陰湿で、官能的でエロチックなものとして眺める固定観念を植えつけた。今では、これにイラン革命のリーダー、ホメイニーの髭面《ひげづら》の印象が二重写しになっている。「坊主」（イスラムは聖職者を認めないのだが）が政治を牛耳るような「中世的」テオクラシー（神権政治）の横行する時代遅れ、時代離れした宗教であり、独善的な非合理的な保守主義の牙城でもあるといった偏見がしっかりと根をおろしているのだ。

自己告発の宗教

われわれとしては、色めがねをはずしてその実態を見きわめ、頭をほぐしてそのメッセージを柔軟・的確に聞きわけることが必要なのである。

慈悲ぶかく慈愛あつき神の御名において。神に讃《たた》えあれ、万有の主、慈悲ぶかく慈愛あつきお方、審判の日の主宰者に。あなたをこそわれわれは崇《あが》めまつる、あなたにこそ助けを求めまつる。われわれを正しい道に導きたまえ、あなたがみ恵みをお下しになった人々の道に、お怒りにふれた者やさまよう者のではなくて。

『クルアーン』の冒頭にあるこの短い開巻の章(第一章)はムスリムがいろいろな機会に唱える重要な部分であって、キリスト教徒にとっての「主の祈り」とよく比較される。それは、人間の生の現状をたえず間違った道に踏み迷う逸脱と彷徨《ほうこう》の状態としてとらえ、「どうか正しい道に引き戻してください」と神のヒダーヤ(導き)を乞い求める内容のものとなっている。『クルアーン』がこのような始まりかたをすることにも表れているように、イスラムが「慈悲深く慈愛あつき」神の助けによって人間としての自己の立ち直りを期する自己批判の宗教であるということに注意すべきだろう。「信仰を持たぬ者」を意味する「カーフィル kāfir」というアラビア語が「感謝しない(k—f—r)」という語根からきているように、自分のありかたの間違いの自覚、逸脱と彷徨の意識が、神との関係性の反省に深くかかわっている。そして神との関係が正しくないとき、世界の中での人のありかたも、また世界そのもののありかたも正しくない、と考えるのだ。そこで、神と自分との関係性、自分と世界との関係性の再建がひとまとまりのものとして統合的に求められることになる。生活や社会の現状を否定し、自己のありかたを告発するということが、自己の存在のしかたの全体性を回復し、獲得し直すべき問題として考えられているのである。

たとえば、ひとりの人間の中でからだと心とがそれぞれ勝手な方向を向いて分裂しているとか、家族が愛憎で引き裂かれているとか、個人と社会が矛盾をきたしているとか、集団と集団とがいがみ合うとか、人間と自然とが敵対しあうとか、個人の敬虔《けいけん》さと社会倫理がうまく嚙み合わぬとか、社会の慣習と宗教とがしっくりいかないとか、そうしたぎくしゃく、矛盾、対立、齟齬《そご》、不齐合を乗り越えて、全体性を獲得するためにこそ、現状が否定され、自己告発がなされなければならないということになっている。しかもその場合、実現されるべき全体性＝統合を担い体現する人間は、あくまでも、神の前に立たされてひとりひとり主体的に生きる一個の独立の人間として、ナマ身の個々人として、問題にされるのである。すなわち、主体としての人間が問題になるとき、人の心のありかたが具体的な形で問い直されることになる。

そのことがイスラムの思想の展開の中にどのように示されたか、イスラムの歴史を広く見渡しながら考えてみたい。

アラビア語の位置

アラブとは、アラビア語を話し、アラビア語でものを考える人たちのことである。

日本の社会では、一般に民族とか国家について語るとき、このような基準で人びとの集団を考えることはほとんどないといえよう。「アラブである」、あるいは「アラブとなる」という生き方は、「日本人」イデオロギーといわば真っ向からぶつかり合うような性質のものである。日本人という民族があり、その日本人がつくっている国が日本である、というような「常識」が安直にまかり通ってきた日本社会の問題に対して、アラブを参照項目としながら、「日本語人」すなわち日本語の意味を共有する人々の集団という角度から切り込んでいってみると、新しい視野がひらけてくるにちがいない。

もしわれわれがアラビア語を勉強して、旅行をしてでもよい、アラビア語で誰かと対話するとする。

イエスとかノーにあたるような断片的な言語的反応にせよ、瞬間的にアラビア語で考えることがあるとすれば、そのとき、われわれはアラブとなる。日本出身のアラブである。そのことを積極的に認めて、そのような片言の人々までも全部仲間に取り込んでいこうとするようなアラビア語人の連帯の輪こそが、アラブという存在なのである。

ムスリムの目標が、アラビア語で与えられた啓示の書である『クルアーン』をアラビア語で理解して、神の命令を正しく聞き分けようとすることだとすれば、よきアラブになるという選択こそムスリムの理想なのだということになる。

宗教の本質としてのイスラム

イスラム(少しでも本来のアラビア語に近づけて表そうとすれば、イスラーム islām)とは、「神に無条件降伏して神の意志に身をゆだねることにより、神との関係を平和なものにすること」という意味である。アラビア語などセム系の言語では、s—l—mといった子音の文字の組み合わせによってある意味の拡がり・領域が与えられ、さらにこれに母音の組み合わせをあてはめると、その意味の拡がりの中の特定点を指示することができる、という構造になっているのが特徴的である。アラビア語の辞書でイスラムという語を探そうとすれば、それは語根s—l—mという見出し項目のもとに見つかる。s—l—mは「平和にする」「安全である」「降参する」というような意味の拡がりを囲い込む機能を持っており、「イスラーム」はその領域の中の特定点なのである。同じ領域には、サラーム salām (平和)、サラーマ salāma (安全、幸福)、サリーム salīm およびサーリム sālim (安全な、健全な、完全な)、タスリーム taslīm (差し出すこと、譲歩、受諾)、イスティスラーム istislām (降伏) など、関連し合うあまたの点が包み込まれている。要するに、イスラムは「神への絶対的服従」なのだ。

神のみもとの宗教こそイスラムである。(『クルアーン』三章一九節)

今やわしは、おまえたちのために宗教を完成し、……イスラムをおまえたちのための宗教として是認した。(『クルアーン』五章三節)

これらは、イスラムが本源的な純粋な宗教であり、むしろ宗教の本質なのだ、ということを述べたものである。その意味では、普通イスラム教と呼ばれている宗教だけがイスラムを独占できるわけではない。いわゆる「イスラム教」では、アブラハム、モーセ、イエスをはじめ数多くの預言者たちがイスラムの預言者として認められており、ムハンマドはその最終ランナーと考えられているからである。あらゆる宗教にとっての共通の究極的な目標がイスラムだと考えられている。「イスラム教」は、他の宗教とともに手を携えて、普遍的なこの共同目標、すなわち宗教の純粋型、宗教の本来あるべき姿を一生懸命追求しようとする。ムスリムは、自分たちもまた自らをイスラム化しようと決意し努力するのだということを証《あか》しする旗印として、自分たちの宗教をイスラムと呼ぶのだ。

そこでは、一つの神がさまざまな時代に、さまざまな預言者を通じて、さまざまな言語で、人類に向かって発信した啓示に基づいて成立した諸宗教が、イスラムという共同目標のもとに結び合わされていると主張することによって、あくまでもユダヤ教・キリスト教・仏教など他の宗教に対して共同性の確認を提案しようとする立場から、イスラムという名を自らの宗教に冠しているのだということが、ムスリムによってつよく自覚されている。確かに、最後にポンと締め括《くく》りの封印でもするかのように、つまり真理量を最大化するかたちで、もっとも完全な最終版の啓示がアラビア語で下ったということを信じるとしても、真理性を担っていることにおいてはいろいろな宗教が対等なのだとムスリムは認識しているのであり、独善的に他の宗教を邪教などとして排斥すべきではないと考えているのである。ムスリムのこうした態度は、イスラムという言葉の意味に対する彼らの理解に基づいている。

心の姿・形

イスラムとアラビア語とは切り離すことができない。アラビア語における「心」に目を向けることは、イスラムの理解にとって大切な仕事である。

心にあたる語としては、ルーフ rūḥ やナフス nafs が挙げられる。それらは霊魂とか精気などと表現することができるような心の活動をも意味する。英語のハートにあたるカルブ qalb という語もある。「脈動する心臓」ということから、「胸」とか人間存在の中心・核心を表わし、心の意味になる。さらに、精神を表わすアクル ʿaql という語がある。それはものを識別する感性であるとともに、理性や知性へと高まる心の働きを含意している。シュウール shuʿūr は「感じとる」、「知覚的・感覚的にものを摑む」ということからして、意識とか感情を表わす語となっている。

このように心にかかわるさまざまなアラビア語があるが、それらはそれぞれ心の姿かたちの捉え方を映し出している。ルーフは「動いていく」、「流れていく」というようなニュアンスから、移ろいゆき漂っている雰囲気があり、息づかいをさえ感じさせる。ナフスは「活気づける」ことにかかわる意味の拡がりの中に組み込まれた言葉であり、そこから魂や情《じょう》や志へと通じる。アクルは「ラクダの足を縛る」、「捕まえる」、「把握する」というような意味領域の中に位置づけられる言葉で、「認識的な方向でものを思うこと」、「思慮する心」、「思惟・思弁」の感触がある。ここでこれから注目したいのは、ことにナフスとアクルというような言葉である。

一つと決める

ムスリムがつねにイスラムの原点・原則として強調するタウヒード tawḥīd とは、「一つにすること」、「一つと数えること」、「一つと決めること」なのである。

イスラムの信仰告白(シャハーダ shahāda)は、語根 sh ― h ― d が「見てしまう」ことに関係があるように、もともと人間が追い詰められたところで見てしまい、分かってしまったこと、そのために証人となって生命を賭けても(たとえ命を落とすようなことになっても)証言せざるをえないこと、を意味するが、そのような緊張感を持った信仰告白はイスラム信仰のエッセンスを表現したものだといわれている。それは「ラー・イラーハ・イッラッラー/ワ・ムハンマド・ラスールッラー lā ilāha illa allāh/wamuḥammad rasūl allāh」という短い文言からできている。前半は「神のほかに神的なものはない」、後半は「ムハンマドは神の使徒である」という内容の表明である。つまり前半は、神の唯一性を確信することであり、そして後半は、アラブである預言者ムハンマドを通じてアラビア語による啓示の書(聖書)が与えられたことを信じる、ということになる。前半がタウヒードそのものであることは言うまでもない。しかし後半も、諸宗教が一つの神から出たと考えるイスラムの立場についてすでに述べたように、諸宗教のタウヒードを前提としていることに気がつかなければならない。それゆえ、タウヒードの原則がシャハーダを貫いているのである。そのシャハーダにこそ、ムスリムであることの根拠の必要・十分条件が盛り込まれているといわれる。

こうして、中東はいうに及ばず、東南アジアの島々からアフリカ大陸まで、また中国・中央アジア・インド亜大陸などユーラシアの広い範囲にわたって、ムスリムたちはこのシャハーダの表明をともにすることにより自らを一つのものと自覚することができるのである。そこではもはや、インドネシア人も、バングラデシュ人も、パキスタン人も、ウズベク人も、トルコ人も、スーダン人も、セネガル人も区別はない。国家や民族や人種を超え、性別や職業を超えて、統合がつくり出される。スンナ派(スンニー)とシーア諸派との違いなどといっても、それはもともと信徒共同体のリーダーとして誰を推したてるかという問題をめぐっての政治的対立に発したものだったのだから、信仰の基本としてのシャハーダに関してはいかなる不一致もあるわけではない。しかしそれにしても、イラン・イラク戦争などはムスリムの一体性の自覚と矛盾するではないか、といった疑問をいだく人もあるに違いない。それに対して、ムスリムの多くは、あの血なまぐさい悲劇的な兄弟喧嘩をなかなか解決できなかったのはタウヒードの精神の弱さの結果であり、現代イスラムの堕落や衰弱の結果だと答えるであろう。

問題分割に反対する

日本に近いところでいえばフィリピンや中華人民共和国からはじめて、はるかユーゴスラビアなどバルカン地域や、はてはアメリカ合衆国のブラック・モズレムズにいたるまで、タウヒードの考え方が強調されるところでは、統合的な世界観の教育が日常的におこなわれているのである。イスラムは事物を分割して眺めることにたえず反対する立場をとっている。二分法的な見方を拒否して、つねにタウヒードを要求するのだ。

心身二元論は明快に否定されている。からだの伴わない心や心の伴わないからだは意味をなさない、というように考えるのである。人間と自然とを分割して、対立的にあつかうことにも反対する。それゆえ、自然的存在としてのヒトとその環境、といった見方も、より統合的な人間観や自然観・宇宙観、あるいは社会観に媒介されつつ、またさらに、それらの統合へと発展していくのでなければ、やはり反タウヒードの、木を見て森を見ない反合理主義的・反科学的な分割・分析の論理として批判に晒《さら》されることになるであろう。個人と社会を対置したり分離したりする視点に対しても、社会的存在としての個人、その個人の集合としての社会、という統合的論理の重要性が繰り返し主張されるのである。本章のはじめのほうで述べたような人間としての全体性回復の要求は、実はタウヒードの必然的帰結なのであった。

こんにちの世界における思想的営みの先端的なところで問題にされていることが、イスラムによって七世紀以来すでに先取りされていて、一見イスラムがポスト・モダンの企てと通じ合うのは、はなはだ興味深いことである。しかも現在、もっとも先端的な思想の営み・試みが第三世界の問題状況をヒントとして汲みあげることから生み出されているのとまさしく照応するようにして、イスラムが第三世界の宗教という性格を帯びつつ、そこでのもっともすさまじい都市化の波に立ち向かっているという現実は、意味深長だ。

イスラムの全体論的志向の根底には、例の「ラー・イラーハ・イッラッラー」という言明が原理化されてある。それは、世界内のあらゆる存在とあらゆる関係とを全部、究極的な「一」という存在に結びつけて理解しようとする立場だということになる。人間も樹木も時計も電気も石ころも、すべては被造物として究極性の「一」である神に由来するのだから、人間が平等であるというようなことだけでは済まない。時空の内のありとあらゆる存在と関係がすべて対等なものとされることになる。人間のイスラムも、月のイスラムも、羊のイスラムも、土くれのイスラムも、対等化される。そのような場で徹底したホーリスティック(全体包括的)な思考システムを打ち立てることが企てられてきた。現世と来世を分断することも、政治と宗教を分けて考えることも、批判されることになる。

最近では、イスラム経済論がさかんに議論されるようになっている。イスラムでは、かねにかねを生ませるリバー(利子)が不労所得として禁止されているので、その原則に沿ったイスラム銀行の組織と機能が研究され実施に移されるようになった。もっとも、利子生みの活動をしない銀行だといって、たとえば、ある一つのプロジェクトについて銀行と借り手とが共同して経営に当たり利益を分配するようなパートナーシップの形態(ムシャーラカ、ムダーラバ、ムラーバハなど)をいくら開発してみても、それは結局ある種のトリックでしかないとも見られよう。だが、それにしても、第三世界におけるイスラム経済論の熱気は、経済のイスラム化の実現を旗印にして、いまや欧米にまで波及しているが、少なくともそれは、宗教と経済とを分けて二本立てにして考えるような前提そのものを突き破りたいという願望の現われなのである。

預言者ムハンマド

さて、これまで考えてきたことを踏まえつつ、これから一気にイスラム史の全体を見渡して、その節目節目に何が起こっているのかを見極めることにしよう。

預言者ムハンマドがイスラムという宗教を興したとき、それが七世紀のアラビア半島における新興宗教であったことは間違いない。それはメッカの商人たちの間にあった社会状況という当時の「現状」に対して厳しい批判を突きつけるものであった。しかし、ムハンマドの主張の要点は、アブラハムの宗教を回復せよ、というものだったのである。これは、誰もまったく思いつかなかったことをムハンマドが創唱したとか、まったく新型の宗教運動を開始したとかいうものではなかった。むしろ全人的に神への服従を実践したアブラハムという理想の人間像に中東の宗教の共通の根を求めつつ、そこに宗教の原点としてのイスラムを見出し、そのイスラムを体現したアブラハムの伝統への立ち戻りを訴えたのである。メッカにおいて制度化され形骸化していた「現行」の宗教伝統に反逆し、原点への復帰を掲げる宗教・社会革命によって初心の再獲得を目指した運動が、宗教としてのイスラムを成立させることになったのである。人類史的「宗教改革」であった。

イスラム法の確立

イスラム成立後の最初のおよそ三〇〇年間は、シャリーア sharī'a(イスラム法)が確立していく過程である。シャリーアとは、水飲み場へと導く「道」を指している。それは人間の踏みおこなうべき正しい道であり、人間の救済につながる道でもある。それは神によってイスラムの実現のために定められた人間の生き方であり、神の法としてのイスラム法にあたる。この法は、神の言葉としての『クルアーン』の中に、また預言者ムハンマドの言行に関する伝承から知ることのできる預言者のうち立てた慣行(スンナ)の中に、盛り込まれている。シャリーアの具体的内容は、これらの源泉から汲み出され、解釈がほどこされ、実際の問題に適用されることになった。こうしてイスラム法学が発達する。

イスラム法が確立する過程では、ギリシア哲学の伝統がフルに生かされた。たとえばアリストテレスの著作など古代ギリシアの学問の達成は、シリア語やアラビア語に翻訳されて研究された。このような蓄積はやがてヨーロッパに受け継がれていく。しかし、ルネサンスにおける「古典文化の復興」などという言い方は、ヨーロッパのがわの「オリエント切り捨て的オリエンタリズム」であって、アラブ・ムスリムという決定的に大きな存在はまるであって無きがごとく、見ないことにして、あたかも自分たちが「西洋の古典」アリストテレスに直結しているような振りをする泥棒の言い分である。ヨーロッパの近代思想にとかくタウヒードの論理が欠落してきたのは、アラブ・イスラム文明との関係性に目をつぶるこのような消去法を引きずってきたことと関係があるのではないか。

　イスラム法学や神学の展開においては、古代ギリシア哲学以来の合理主義的な思考方法と論理とが徹底的に生かされた。理性を十分に働かして、神の命令を正しく聞き分け読み取り推論する法解釈上の努力は、イジュティハード ijtihād と呼ばれた。この語は、ジハードという語とともに、「努力すること」にかかわる意味領域を括《くく》る語根 j—h—d から生じる。ジハードを異教徒に対する「聖戦」と訳す人があるが、適当ではない。「聖」という意味はどこにも含まれていないからだ。ジハードの本来の意味は、神の道に立とうとする「努力」なのである。究極性の「一」である神に帰属すべく、自らの規律と規範を発見し実現していこう、一切の魔術的迷信や非合理的因習を打破して、徹底して合理的に生きるようにしよう、ということに人々は力を尽くしたのである。それがイジュティハードであった。このような真剣な努力の中で得られる知識はイルム ʻilm と呼ばれる。現代にあっては、イルムというアラビア語はサイエンスと訳される。この科学は、『クルアーン』やスンナに関して人間が理詰めに獲得していくことができるような知識なのであった。よきムスリムとして生きようとする人々の熱心さは、社会あげての学問的努力を促し、また知識への社会的尊敬を生み出した。イルムを身につけた人々をウラマー ʻulamāʼ (学者たち) と呼ぶ。ウラマーはイスラム法の運用者、法解釈の専門家として、社会統合の実現に発言力を発揮した。

八世紀から一〇世紀にかけて、ウラマーの学的活動において合理主義の極端をいこうとした人々はムータズィラ mu'tazila 派と呼ばれた。彼らの理論活動の一つにクルアーン被造説がある。その主張は、『クルアーン』といっても紙であり、インクであり、読む音声であって、神が創造したものに過ぎないではないか、それを永遠の神の言葉だといってありがたがり神聖視するのは神と被造物を同列に置くこと、つまり別の神を立てる偶像崇拝(多神教)であって、タウヒードと矛盾する、というものであった。この学説は一時アッバース朝国家によって公認されたこともある。しかし一般の信者は、理屈はそうだとしても、『クルアーン』を神の言葉としてあるがままに受入れ、その永遠性を信じたいという気持ちだっただろう。理屈一本槍の知的ゲームでは、信仰はひからびたものになってしまう。結局、一〇世紀初めアシュアリー(八七三―九三五)という学者が決着をつけた。彼は、音声や文字として表現された『クルアーン』はたしかに被造物であるが、『クルアーン』の中に盛り込まれている意味は創造されたものではなく、永遠絶対のものだ、と論じた。逸脱や歪曲から正しい信仰を守る道具としての理性の働きを重視しつつ、その理性に正しい方向付けを与える啓示の優位を明らかにし、こうして神に人格的に服従・帰依するいきいきとした信仰の立場をムータズィラ派の行き過ぎから擁護しようとしたのである。

アクル(前述の心の諸相の一つ)を強力に働かすことによって、イスラム法の体系はきっちりと出来上がっていったが、しかし、理詰めで割り切る技術が幅をきかし、既存の権威に寄りかかる風潮が現れて、しだいに形式主義が跋扈《ばっこ》する管理社会が生み出されるようになっていった。

イスラム神秘主義の展開

そこで、熱した信仰心を欠く自分たちの生き方に対して、これでいいのだろうかという疑問や反省から、神への愛と内面的な充足とを求め、社会のシステムにではなく、むしろ個人の主体性(まさしく自分をほかならぬ自分自身たらしめる心)の内側にイスラムの実現を願うタサッウフ taṣawwuf(イスラム神秘主義)が展開をはじめる。それは九世紀から一〇世紀にかけてのことであった。タサッウフという言葉は、スーフ ṣūf(羊毛)の粗末な服を着た異様な風体《ふうてい》のスーフィー ṣūfī(修道者・神秘家)たちが、神を知り神と一体化するためにはじめた修行の道を指す。自分のあり方を深く懺悔《ざんげ》し、悔い改めて、あらゆる虚飾・贅沢《ぜいたく》・欲望から自分を断ち切って、清貧と禁欲の生活を自らに厳しく課していこうとする。そこでは、またしても語根 j―h―d から派生するムジャーハダ mujāhada(力を尽くして自分の心とたたかうこと)が、こんどは強調されるのだ。「神と私」という問題の立て方がそもそも分割の論理ではないのか、だから「私」を完全にむなしくして、神の存在の中に吸い込まれてしまう、そのようなタウヒードを追い求めよう、というのである。

タサッウフは、やがて修行の方式や階梯を整ったものに仕上げていく。ズィクル dhikr は「神に心を集中すること」だが、必死になって神の名を唱えていると、そのうちに忘我の境地に至り、ファナー fanāʾ(自己が消滅した恍惚《こうこつ》の状態)が達成される。神人合一の歓喜の世界が体験される、という。

それは神がかりの熱狂に過ぎないのではないか、と批評する人もあるかもしれない。だが、イスラム神秘主義の展開は、イスラム法の確立とともにイスラムが制度化され、国家権力に同化して活力を失っていったことに対する鋭い批判なのであった。ハッラージュ(八五八頃―九二二)という神秘家は、ファナーの状態の中で「私は神だ」と口走ったことから、一〇世紀初め、バグダードで処刑された。ナフス(前述の心の諸相の一つ)を高みへと引き上げていくタサッウフが、その内側にはらんでいた革命性、「現状」に突きつける変革の刃を、その事件は暗示していた。「私は神だ」という絶叫は神への冒瀆《ぼうとく》と非難されたが、タサッウフの立場からすれば、叫んでいるのは神なのであって、それは預言者ムハンマドが神の言葉を語らしめられたのと同じことではないか。スーフィーたちは預言者の内面世界を追体験することによって、時代の行き詰まりを突破しようとしていたのであろう。一一世紀末の思想家ガザーリー(一〇五八―一一一一)のように、イスラム法の専門家たるウラマーの中からも、積極的にタサッウフを認め、スーフィーとして生きようとする人が現れた。

ところが、タサッウフの定式化や組織化が進むと、そのイスラム神秘主義にもたちまち停滞と因習化とが襲ってくる。ファナーを達成し奇跡を実現するタサッウフの達人は、その人にあやかりたいと願う追随者たちから聖者崇拝の対象にされるようになった。そして、聖者あるいは聖者の墓を中心にしていろいろな教団が成立してくる。特定の儀礼と修行方法をもった教団は、それぞれ、都市の同業同職組合や農村の共同体組織をあたかも氏子《うじこ》集団のようにして抱え込み、組織する社会編成の担い手となっていった。宗教の体制化を批判し、イスラムを活性化しようとしたイスラム神秘主義も、あらたな体制化のわなに落ち、俗信の日常性に埋没することが避けられなかった。

イスラム復興への動き

一八世紀後半以降、イスラムの「現状」に対する告発の新しい時代が始まった。イジュティハードの精神を失ってイスラム法は先例を踏襲するだけであり、ムジャーハダの迫力を欠いたイスラム神秘主義教団はルーティーンの約束事の上に載った形骸と化していた。形式主義、官僚主義、管理社会化の状況を変革する論理を提起したはずのイスラム神秘主義が、同じ穴のむじなとなってしまった。ここから、近代のイスラム改革運動の潮流は、見失われてしまったイスラムの原点を再発見し、そこに回帰しようという目標を高く掲げることになる。預言者ムハンマドとともに初期のイスラムを支えていた人々、すなわち初代の父祖たち(サラフ salaf)が体現していた純粋なイスラムを取り戻そう、というのである。ここから、それはサラフィーヤ salafiya(父祖の初心・出発点に帰れという運動)と呼ばれる。そこでは復古と革新がおもしろく結合している。しかしそれは何よりもまず、イスラムの現在は堕落してダメになっている、活性を失ったこんにちのムスリム社会は根本からつくり変えねばならぬ、という徹底した内部告発なのだ。これが現代世界に大きな衝撃を与えつつある。イランのシャーが打倒されたのも、エジプトのサーダート大統領が殺されたのも、その余波であった。こんにち第三世界の中で起こっている激流は、まさにイスラム復興への動きである。考えてみれば、七世紀のメッカで社会の汚濁に対して宗教の原点の回復を求め、アブラハムの宗教の復興を唱えて社会革命をなし遂げた預言者ムハンマドの運動は、すでに人類意識にもとづくイスラムの「宗教改革」だったのであり、それはこんにちのサラフィーヤの原型・祖型をなすものであった。

以上により、最初に述べたように、イスラムが現状否定の宗教であるということのヒントを示してみたつもりである。イスラムの歴史それ自体が、たえず心を失い、管理社会化し、形式に流される動きを自ら生み出してくることに対して、原点を探索する、心を回復する、人間としての全体性を取り戻す、という努力の継続であった。つぎつぎと生じてくる革新的な要素がまたつぎつぎと否定されていくという、一種の永久革命的な姿をそこに見出すこともできよう。また一つの精神史としては、ふつふつと内側からたぎる気持ちをさらに高揚させていくような情動としてのナフスに対して、人間が努力して理性を働かせつつ何事かを前進的に知っていくような心の働きであるアクルを対置すれば、ナフスとアクルとがたえず相互に作用し合ってバランスを回復していこうとする律動を想定することができるかもしれない。全体性の回復的実現の課題化というところに、イスラムの歴史の中の「心」の問題を認めることもできると思う。第三世界の人々の心をわれわれがどう受けとめ、どう理解していくかについて、われわれもまた世界認識と人間的接触の原点を模索すべきであろう。

四　可塑《かそ》性と溶解度――リビアの存在理由

◆江口朴郎・板垣雄三編『交感するリビア――中東と日本を結ぶ』（藤原書店、一九九〇年四月刊）の一章、「ワンダーランドとしてのリビア」。連続講座「リビアとわたし」の先頭打者として八七年九月におこなった講義の記録。冗長な部分を圧縮し、同書の「激変する世界の中のリビア」の章の一部を組み入れた。構想の基本は、『地中海学会月報』30（八〇年五月発行）所載「リビアのレゾン・デトル」ですでに提示済み。リビアの政治体制の軌跡およびイラン革命後の情勢変化に応じ、リビア政権への見方を修正している。

〈中東諸国体制〉の一角

中東の国々の境界線は、第一次世界大戦の前後、英国とフランスが中心になって定めた線引きにもとづいている。こんにちの中東諸国の枠組は、こうしてできあがった国分けシステムを抜きにしては語れない。リビアもまた、この国分けシステムの一環に位置づけられた。その点で、リビアは特別というわけではない。しかしそれにもかかわらず、リビアの特異な側面を指摘しておかなければならない。

国分けシステム形成の過程では、エジプトやアルジェリアの場合、国分けの単位(ユニット)が比較的早く決まっていった。しかし、区切り方や編成計画が、やや遅れて決まったところもある。オスマン帝国の支配下にあったシャーム(歴史的シリア)地方を、第一次世界大戦の結果、シリア、レバノン、パレスチナ、トランスヨルダンに分割した場合など、それである。これと関連して、イラクという枠組は偶発的に成立した。このように、早い遅いのズレとともに、ユニットの決め方にも、ある範囲を一ユニットとしてまとめてしまうやり方や、地図上のある区域をいくつものサブユニットに分割するやり方などが、あった。国分けの進行につれて、くっつけたり離したりして陣取りが済んだあとに、残りが出る。いわば「空き地」であり「余り」である。そこが「残余」として一ユニットとなった。それがリビアである。リビアという国は最初からまとまった地域として存在したわけではない。むしろ、この「余り」は、よく見ると、三つないし四つの地方から成っていた。東にベンガージー周辺のキレナイカ、西にトリポリ(タラーブルス)を中心とするトリポリタニア、中間にあるのがフェッザーン、そしてもし第四を挙げるとすれば、南の大サハラにかかる地方。これらが「残余」としてひとまとめにされ、リビアとなった。

空隙《くうげき》地帯としてのリビア

リビアの東隣りはエジプトである。エジプトは、ナイル川に沿って、おたまじゃくし状の地域社会をなしてきた。デルタが頭にあたり、上流に沿って川べりの細い緑の帯がしっぽのように伸びている。地図の上ではエジプトは四角っぽい形をしているが、人が住めないところを海と同じ色で塗ってみると、おたまじゃくし状の細長い島の姿が浮かび上がる。古代以来、この「島」こそがエジプトであった。エジプト「島」の要所要所に海や砂漠を越えて外界と結ぶ「港」＝都市がある。そこには数千年の文明の充実があった。

リビアの西には、チュニジア、アトラス山脈の北側のアルジェリア、そしてモロッコがあり、大西洋へとつらなる。チュニジアからモロッコにかけてのマグリブ、すなわち西アラブ地域は、これまたそれ自体、一つの文明の充実を担ってきた。マグリブはひとかたまりの歴史を背負った地域として、まとまりのある地域ブロック、国分けの大ユニットでありえた。

リビアをはさんで、東と西の両側に文明の充実を担う二大地域がひかえている。リビアはその中間に位置する空隙《くうげき》地帯なのであった。しかも、東のエジプトでは一八八二年に英国がこれを占領、西側では一八三〇年にアルジェを征服するフランスが、二〇世紀初めにかけてマグリブ一帯に勢力を伸ばす。文明の充実の歴史を担ってきた東西の両地域に、こうして外国支配が埋めこまれる。リビアの海岸地方は、一六世紀以来、イスタンブルに都をおくオスマン帝国が制していた。海べりがオスマン帝国の領域であるのに加えて、東側はイギリスの支配領域、西側はフランスの植民地になっていく中で、それらに囲いこまれた内陸部が一種の空白地帯＝「空き地」として残ることになる。ここにあとから駆けつけるのがイタリアであった。第一次世界大戦に先立つことわずか二年足らず、一九一二年に、この「空き地」の併合を宣言する。外まわりから埋まっていったあとの「残余」がこうしてイタリア植民地となったとき、こんにちのリビアが国としての姿を現すのだ。第一次大戦を契機として確立する中東の国分けシステムは、リビアをその不可欠の一構成部分として包摂《ほうせつ》することになった。

歴史的に持続したリビアの介在性

リビアという地域は、古代においても、東にエジプト文明がさかえ、西のチュニジアあたりを中心にカルタゴ国家(レバノンやパレスチナから移ってきたフェニキア人=ポエニの船乗り・商人たちの植民国家)が発展したとき、やはり中間に介在する空間であった。イスラムが入ってくる七世紀以降も状況に変化はなかった。将軍オクバ・ブン・ナーフィーが率いるアラブのイスラム教徒の軍隊が、七世紀なかば、エジプトから地中海の海岸線づたいに西進し、リビアのシルト湾(シドラ湾)の浜を越えてマグリブ征服をおこなう。八世紀はじめ、アラブ支配はアンダルス、つまりスペインまで拡がり、ダマスクスを都とするウマイヤ朝は、中央アジアからイベリア半島まで拡がるイスラム世界を見渡すものとなった。リビアはイスラム化するが、しかしリビアはイスラム世界にとってのいわば通路であって、東方とマグリブ・アンダルシアとをつなぐ往還の途次にあたっていた。歴史の諸段階を通じて、リビアの「空き地」性・介在性が持続してきたのである。

砂漠の内側に出現した組織力

「空き地」性を保持してきた歴史の新しい段階で、「リビア人」という意識が内陸の深奥部で生まれてきた。内陸に拡がる砂漠には点々とオアシスがある。一九世紀にサヌースィーヤと呼ばれるイスラムの教団が、これらのオアシスを結び合わせて一つのネットワークを形づくった。その中心は、エジプト寄りのジャグブーブである。

エジプトのアレクサンドリアから西に進みリビアとの国境にかなり近づいたところに、マルサ・マトルーフという港がある。そこから二五〇キロメートル余り南に下ると、スィーワ＝オアシスがある。一九六五年のことだが、マルサ・マトルーフからスィーワまで、週一便の埃《ほこり》まみれのおんぼろ満員バスに乗っていってみた。酷熱を避けて日暮れがた出発し、小休止ごとに降り立っては満天の星をあおぎつつ、道なき暗闇の砂漠をひたすら南下した。暁には、バスの屋根に積まれた鶏たちの鳴き声を砂塵とともにまき散らしながら走るのである。スィーワはエジプト領であるのに、住民はリビア方言のアラビア語を話す。カイロ出身の警察署長は通訳が要《い》ると言っていた。このスィーワから西へ国境を越えれば、そこはサヌースィー教団の本拠ジャグブーブなのであった。

教団の開祖ムハンマド・ブン・アリー・アッ＝サヌースィーは、アルジェリア西部のムスタガーネムに生まれた。彼はモロッコからエジプトにかけて北アフリカ各地を遊学ののち、メッカにおもむき、そこで一八三七年に新しい教団をひらく。しかし、その間にサヌースィーの故郷はフランス軍が占領する。アルジェリアに帰ろうにも、そこはもうフランスの勢力下にあった。その頃、エジプトでは、チェルケス人、アルメニア人、フランス人などを取り巻きにして、アルバニア人ムハンマド・アリーが君臨していた。エジプトはヨーロッパ勢力への従属の深みにはまっていき、やがて先述したように、英国がこれを支配下に置くことになる。サヌースィーは、メッカとリビア砂漠の奥地との間を往き来して、メッカでひらいた教団の活動を大サハラにひろめようとした。往復の途中、官憲の目をかすめてエジプトを足早に通り抜けた。やがて教団組織の本拠はエジプトを抜けた先のジャグブーブに設けられる。一九世紀を通じて、サヌースィーとその後継者たちの運動は、英・仏・オスマン軍など外国勢力の力が及ばぬ内陸部のオアシスに、ザーウィヤ(修道場)群を着実に建設していった。外国勢力からの打撃を避けつつ、しかし断固として対抗的に介在しようとする戦略が構想されていた。二〇世紀にかけて、サヌースィー教団は、英国、フランス、イタリアの進出に対する根強い抵抗線を形成した。この対峙の中で、「リビア人」意識が生まれてくるのである。

リビア人という自覚の土台

「リビア」の語源はギリシア語の「リビュア」である。その地名の指示する対象は、ラテン語の「アフリカ」の場合とよく似ている。いずれも、アフリカをさしている。古代ギリシア人はアフリカを内陸まで見通して「リビュア」と呼んだ。古代のローマ人は、地中海の彼方を、のちにアラブがアラビア語で「イフリーキーヤ」とか「マグリブ」と呼ぶことになる地域、すなわち北アフリカに焦点を合わせて眺めながら、「アフリカ」と呼んだ。しかし、「アフリカ」は海寄りの旧カルタゴ領域などにだけ限定されるのではなく、南の方までも漠然と包摂するものであった。「リビュア」にも、アフリカ大陸の拡がりを予定しているところがある。アラビア語でリービー（リビア人）、リービユーン（リビア人たち）と自覚する仕方においても、国分けシステム的鋳型をたえず透過してしまう傾向が認められる。

ベンガージーの北方、地中海の彼方はギリシアである。トリポリの港に立って海の向こうに思いをはせれば、手前にマルタ島、向こうにシチリア島、そしてイタリア半島がある。リビアの東部・西部は、北のギリシア・イタリアと向き合って、地中海をはさんで南北にちょうど一対の組み合わせとなるような位置関係、そして歴史的関係にあるといえるのである。むろん、リビアでは実に多様な人びとが一つの社会を形づくっている。しかし、「対岸」との濃密な人の混ざり合い・融合の歴史には特に注目しなければならない。

すでに述べたとおり、サヌースィー教団は内陸部ですでに「リビア人」意識を育てていた。イタリアが「残余」の「空き地」を自国の所有物だと宣言し、国分けシステムに順応しつつ「国」の枠組を設定する植民地化の企てに励む過程で、これに抵抗する運動は「リビア人」意識をいよいよ高めるものとなった。それは、外国勢力が外堀を埋めていくのに対抗してつくり出される民族運動であり、民族意識獲得の過程なのである。

六方向から規定されるから六方向に開く

リビアは六方向に開く。それは、六方向から外堀を埋められたことにより、その形とあり方とが決まってきた結果である。六方向とは、①マシュリク(エジプト、スーダン、アラビア半島、シリア、イラクなど東アラブ地域)、②マグリブ(北アフリカの西アラブ地域)、③西欧、④ソ連・東欧、⑤トルコ、⑥黒アフリカ。以上の六方向からの限定と、そのために生じてきた各方向への開放性とについて、簡単に説明しておこう。

リビアは、①と②のはざまに、今でも位置している。その両側から、労働者たちがリビアに出稼ぎの働き口を求めてやってきた。エジプトやチュニジアとの関係で観察されるように、国交が断絶しようが、戦争や反目が起きようが、第三国経由でも人の流れが停止することはなかった。その場合、第三国とは「対岸」のギリシアやイタリアであった。レバノン問題やパレスチナ問題におけるリビアの役割は独特である。ベイルートでリビア政府の息のかかった新聞がPR活動をしていたり、捕虜交換でイスラエルから釈放されるパレスチナ人が運ばれる先はリビアだったりする。①の方角でエジプトやスーダンとの、②の方角でマグリブ諸国との、国家統合あるいは地域統合の動きが生じるたびに、リビアはつねに台風の目として注目を集める。将来のリビアは、①と合体するのか、それとも②に包摂されるのか、または①と②を結び合わすジョイントの役を演じるのか。

③は、①と②に介在するリビアの「第三国」であるだけではない。独立後、イタリアの影響から解放される過程でリビア革命が起き、英軍や米軍が使っていた外国軍事基地の撤去が進められた。当時、街頭では、イタリア語など外国語の看板を全部アラビア語のものに塗り替えさせる措置もとられた。

それまでして、政治的独立だけでなく、外国支配の文化的・思想的影響からの脱却が目指されたにもかかわらず、しかし経済的には、石油の流れをはじめ、③との接合は依然として強い。経済・社会開発の場面で、イタリア人やフランス人の技術者が多数働いている。リビア出版の書物のかなりの部分がマルタで印刷されている。マルタの首都バレッタはリビアの窓口となっている。IRA援助などをめぐり摩擦・対立をはらみながらも、リビアはヨーロッパ共同体に向かって開いた存在である。

④については、リビアは、一九七〇年代にブルガリア、ユーゴスラビア、ルーマニアなどバルカンの社会主義諸国と関係を深めた。また、ソ連はリビアに対する重要な軍事的うしろ楯となった。米ソ対立緩和の進展やヨーロッパにおける東西関係の変貌にともない、④との関係の変化はリビアにとってむしろ新しい意義を開示する可能性がある。

⑤に関しては、第一次世界大戦までオスマン帝国がリビアの地中海沿岸地方を支配していたという歴史的事情がある。トルコ革命の父ケマル・アタチュルクは、軍人としてリビアに勤務し勇名をはせた。七〇年代以降、トルコからの出稼ぎはリビアのオイル・マネーに吸い寄せられた。イスタンブルやアンカラの街頭では、リビア・トルコ友好の握手のデザインで飾られた本が山と積まれて売られていた。トルコのイスラム復興運動グループの中には、リビアの支援を受けていたものもある。

⑥はリビアが格別重視するところである。南のチャドとの国境紛争の経過やアフリカ統一機構の中でのリビアの地位が関係するだけではない。リビア国家の行動は、スーダン・チャド・ニジェルをはじめアフリカ諸国全体に重大な影響を与えている。カッダーフィー大佐はリビアがアラブの国である

と同時に、アフリカ国家だという定義を強調している。

以上の六方向のほかに、米国との関係も特異である。カーター元大統領の実弟ビリー・カーター氏がカッダーフィー大佐に雇われ、リビアの代理人として米国内で活動したこと、そしてその暴露はやがてレーガン政権成立への一因となった。米国政治にリビア問題は深く影を落としている。八六年レーガン大統領がリビア爆撃を決定したとき、TV視聴率のもっとも高い夜のニュースの時間に合わせてこれを実行した、といわれる。シドラ湾をめぐる軍事対決の繰り返しやリビア石油開発事業における米国企業の役割などが問題になるだけではない。リビアと米国とは、まことに相互浸透的である。

リビアは東南アジアや太平洋や朝鮮半島にも介入した。モロ民族解放戦線との関係はよく知られている。マルコス時代、フィリピン南部問題打開のため、イメルダ夫人はリビアに飛んだ。八七年には、太平洋島嶼《とうしょ》諸国に対するリビアの活動が注目を浴びた。

辺境性が保証する中心性・普遍性

リビアはその「空き地」性ゆえに、多様な方角に顔を向け、あらゆる方向に拡散する。「環境」としての外部地域が折りかさなるようにリビアを閉じ込め、リビアを「辺境」化する。リビアはリビアとして存在しようとすることができぬ宿命を負うのである。たえず周囲の動きのいずれかと一体化することを迫られ、リビアはリビアだけでやっていけばよいという思想が成り立たない。こうした複合的「辺境」化が、リビアに独特の「中心」性を与えている。「お余り」性や「空き地」性のおかげで、開放性と普遍性とを自らの性格として主張できることになる。

カッダーフィー大佐が『緑の書』三部作なるものを通じ自分の思想を「第三の普遍理論」と説明したとき、そこでの普遍性とは、リビアの存在の仕方、運動の方向にこそ、人類的課題・目標が内在化されている、という形で示された。こういう自己規定・自己主張は、深部においてリビアという「地域」の性質に由来すると思われる。リビアの開放性・拡散性にともなう普遍志向は、われわれにとってはまことに奇想天外な着想を提示する。

国家を廃止するジャマーヒーリーヤ(大衆共同体)の思想。議会制や政党政治は反民主主義的で、独裁の別の形態でしかないとする見解。「必要」を経済の基本原理に据え、各家族は家屋と自動車を所有すべきだという主張。女性の「育児権」の社会的保障を阻害するから保育所を廃止せよ、見るスポーツは人間を堕落させるからサッカー場の観覧席は撤去せよ、などの要求。これらは問いかけだけで、答えを与えようとはしない問題提起のように見える。「第三の普遍理論」なるものの空想性・夢想性は明らかである。

七〇年代前半の挙動から、カッダーフィーの立場をイスラム社会運動の系列に固定して理解してしまう傾向が今もある。しかし、七〇年代後半を通じて変化が起こってきた。『緑の書』の中ではイスラム的立場の強調がほとんど見られぬことに注目すべきだろう。七九年秋、ベンガージーで開かれた『緑の書』シンポジウムに参加したとき、黒衣の女性たちを含むイラン革命代表団一行が嵐のような拍手に迎えられたのが印象的だったが、イスラム・ファンダメンタリストたちは『緑の書』に対してむしろ批判的であった。われわれには『クルアーン』がある、それなのに普遍理論とか称して、ありがたい教義のごとく『緑の書』を振りまわすのは由々しきことだ、という批判である。ナイジェリアのカノ大学で教えるガンビア人の旧友に一五年ぶりにトリポリで再会したが、彼もイスラムの立場から『緑の書』に反発していた。

カッダーフィーの思想には雑多な要素が集約され折衷されている。そこには、南欧風のアナルコ・サンディカリスムや地中海風の直接民主制・人民委員会の思想もある。イスラム社会主義という枠組で割り切れるものではない。多方向に開くリビアのあり方が、そこにも凝縮されている。決して、アラブとかイスラムとか、一つの理解軸で分かったことにしてはならないだろう。カッダーフィー自身の発言にも曲折や変遷が認められる。『緑の書』も、第一部から第三部にいたる過程で、強調点は時とともに変わってきた。国内体制も、国際的あり方も、変動が追跡されなければならない。固定的な見方は禁物なのである。

政治的想像力を飛翔させるために

八九年末、米ソ首脳は「国際テロと化学兵器の巣窟」リビアを意識しながら、そしてわずか一一カ月前に米軍の戦闘行為が発生したシドラ湾を睨《にら》みながら、地球上に蔓延《まんえん》する〈第三世界状況〉への対処として、冷戦に終止符を打つマルタ会談をおこなった。リビアは国際共産主義に代わって「世界の敵」、国際テロリズムの巨悪の巣と指定された。世界のあらゆる方角につながり拡散するリビアの可能性が、その「異常さ」への恐れをひき起こしているのであろう。リビアの拡張してやまぬポジションの性質からすれば、外側から危険視される分だけ、役割や演技がさらに流動的に移り変わっていくことは十分に考えられる。リビアという国はいかにして存在することになったのか、それはなぜリビアとしてあらねばならないのか、これは学問上はなはだ興味深い問題である。われわれの世界ビジョンに羽ばたきの刺激を送ってやまない不思議の国として、リビアを眺め直したい。

V

国分けシステム〈中東諸国体制〉の危機

一　政治変動の基底にあるもの——現象のコンテクスト

◆『国際問題』第二一〇号（日本国際問題研究所、一九七七年九月発行）に載った「中東の政治変動の基底にあるもの——「一〇月戦争後」の検討」。文章には若干整理を加えた。「アラブ・イスラエル紛争」の交通整理が効かなくなって、アラブ同士が戦い、アラブとイラン人が戦い、パレスチナ人同士が殺し合うという時期の到来、そして湾岸の社会変動の激烈さから均衡が破れる（イラン革命にいたる）危険、を予測しつつ書いた。今にして見れば、一一月にエルサレムを訪問するサーダートと知恵くらべをしていたと感じる。

変動へのかかわり方

中東があらたなドラスチックな激動を通じて、再編成の時期にはいりつつあることは、いまやひろく認識され、痛感されているところである。そこで特徴的なことは、地域総体として、あらゆる国がそれぞれに著しい政治的不安定状態——現在からくも保たれている均衡があと数カ月持続しうるものなのかどうかも、そもそも問題であるような——のもとにあり、かつ変化の進行のテンポが異常に急速である、ということであろう。中東では、こうした危機に対する対処・対抗の政治的モチベーションがなによりも優先しており、事態の分析や追跡において、政治的要因にたえずプライオリティーを与えざるをえないことになっている。ＯＰＥＣの石油価格調整の過程ひとつをとってみても、それがもはや「経済」の問題ではまったくなく、「政治」の問題そのものであることは、だれしも認めざるをえないのである。

わが国では、急迫した中東の政治変動に対して、組織的な調査・研究の態勢をまったく欠いており、そのため外側からは、政策態度に主体性と一貫性が欠如しているとみられるような結果となっている。悲しむべきことに、この点こそ日本の対中東アプローチの最大の特徴であるとさえ、国際的にはみられているといわなければならない。一例として、パレスチナ人の自決権を確認した国連総会決議三二三六号(一九七四年一一月二二日)に対してはあえて賛成国となった日本が、ヨルダン川西岸のイスラエル占領地におけるイスラエル政府の最近の入植合法化政策に対しては、態度の明確化を保留しており(米国も同政策に対しては明確な批判の立場に踏みきったにもかかわらず)、このことは、日米貿易関係をめぐる米国内ユダヤ人諸団体の圧力が最近おさめえた成功の一つである、と取沙汰する論者も米国内外にあるのである。「イスラエルによるアラブ領土の占領継続を遺憾とし」「情勢の推移如何《いかん》によってはイスラエルに対する立場を再検討せざるを得ない」とする一九七三年一一月二二日の官房長官談話(これ以後の日本の中東問題に対する原則的立場を示すものとされている)は、前年の七二年五月ロッド空港事件の事後処理における立場を突如として一転一八〇度変換したものと国際的にはみられたのであるが、このことをはじめとして、日本の対中東問題政策決定における「風にそよぐ葦」のごとき受動性が、一般に注目されている。

このため、中東問題に関しては、日本は、エネルギー面でのその対中東依存度の異常な高さにもかかわらず、あるいは逆にむしろそのゆえに、他の当事者のすべてから、利害の共同性・相補性がむしろうすい相手、あるいは交渉力が弱く圧力や脅迫をかけやすい相手とみなされる結果を生じることになっている。経済的アプローチにもっぱら偏《かたよ》るとか、政経分離志向とかによって、中東のドラスチックな政治変動への積極的対処を怠り、多角的・多層的交渉能力を高める努力のもとでの政策のコンシステンシーの確保に失敗するならば、おそらく将来においてあらゆる反発が集中される危険に直面することになろう。中東における米国の政治的・軍事的プレゼンスを唯一の保証として、もっぱらこれにのみ依存・同調しようとすることは、遠からず破綻《はたん》せざるをえないであろう。中東のラディカルな政治変動は、あらゆる意味でのコンベンショナリズム(慣性的思考)を打ち砕くような性質のものであるに違いない。

日本にとって、ここでただちに検討され着手されるべき政治的対処のうち、現実に可能で、かつ最大の効果を期待しうるものとしては、広い意味での文化交流の全面的展開をおいてほかにはないというべきではなかろうか。それはきたるべき一つの破局にはとても間に合いそうもない。しかしそれのみが、デフェンスをオフェンスに転換し、幾段もの破局を生きのびるうえで、日本に残されたおそらく唯一の戦略的突破口だといわなければならないように思われる。

一九六七年戦争の劃期《かっき》性

中東での戦争は、一つの戦争の爆発と終結の仕方が、つぎの戦争の爆発と終結の仕方を規定するという形で継起してきた。一九四八―四九年の戦争(パレスチナ戦争、あるいはイスラエル独立戦争)は一九三〇年代以来のパレスチナ社会の激動の「収拾」をはかるものとしての国際連合総会パレスチナ分割決議(一九四七年一一月)を契機として生じたものであり、その終結の形態(交戦国間の個別的休戦協定、イスラエルの国家的承認を欠いたうえでの休戦ラインの凍結化、トランスヨルダンのヨルダン川西岸地区の併合)と影響(エジプトの一九五二年革命による王制の崩壊、バグダード条約によるアラブ諸国間の対立の激化)とが、一九五六年のエジプトと英・仏・イスラエルとの間の戦争(スエズ戦争、あるいはシナイ戦争)の起こり方を条件づけた。そして一九五六年の戦争の収拾方式(境界線のエジプト側にのみ国連緊急軍UNEFを配置する)が、イエメン革命の推移をめぐってのエジプト・サウジアラビア間の戦争、シリアのバース党政権の国際石油資本との対決、イスラエルの国内危機などを媒介として、一九六七年のイスラエルの対エジプト・シリア・ヨルダン攻撃にともなう戦争(六月戦争、あるいは六日戦争)の直接の導火線となった。エジプトの主権行使としての国連緊急軍撤退要求が、イスラエルの国家「生存権」論に道をひらき、対抗的先制攻撃を正当化させることになったからである。

第一に、この六七年戦争の結果、一九四九年以来凍結されてきた休戦ラインは、新しいイスラエル占領地の発生によって、むしろもはや確立した境界線のごときもの(あるべき境界線そのものではないとしても)としての意味を与えられるようになった。占領の継続のもとで、国連安全保障理事会決議二四二号が「中東和平」の原則として多くのアラブ諸国を含めた国際的コンセンサスを得るようになりはじめる。最大の当事者としてのパレスチナ人は、しばらくはこれを断乎拒否せざるをえないのである。

第二に、六七年戦争の結果、エジプト・シリアをはじめとする「アラブ社会主義」体制は致命的打撃を受け、ひろくアラブ諸国の社会的変革をめざす「社会主義」(イシュティラーキーヤ)の潮流はひとまず完全におしとどめられることとなった。六七年秋のハルトゥームでのアラブ首脳会議は、この事実を確認するためのものであったといえる。これ以後、アラブ世界における支配的イデオロギーは、サウジアラビアのファイサル前国王が提唱した「イスラム同盟」論とリビアのカッダーフィー大佐が代表する文化・社会革命論とによって示されるような、イスラム国家論の右翼的諸潮流にとって代わられることになった。六七年戦争後、アラブ世界において、左翼的潮流をもっぱら代表するものとして形成されはじめたパレスチナ抵抗運動も、この「反動」(ラジュイーヤ)の時代への適応をたちまち迫られることになった。この段階のパレスチナ解放機構(PLO)は、まさしくこのような適応の、したがってまたその矛盾の組織的表現であるといわなければならない。しかしまた、第一の結果についてのべたように、パレスチナ人の運動が担わざるをえなかった性格のゆえに、その運動に対する抑圧的措置、またはコントロールのための措置がアラブ諸国のいたるところで起こってくることにもなった。一九七〇年のレバノンでの政府軍とパレスチナ人コマンド諸組織との衝突、およびその収拾としてのカイロ協定というアラブ的合意から、それは本格的に表面化した。一九七〇—七一年には、パレスチナ抵抗運動は、ヨルダン王制とイスラエル軍とによるはさみ撃ちの弾圧にゆだねられることとなる。さきにのべた第一の結果が顕在化すればするほど、「アラブ・イスラエル紛争」という人工的枠組の支柱として再生産されてきた「アラブの大義」論は、アラブ相互間で裏切り者呼ばわりの非難がかわされる状況のもとで、その崩壊を露呈することになるのである。このことは、政治的支配イデオロギーにとってのあらたなる危機の表面化というべきものであって、これを切り抜けるための手続きとして、ジハード(イスラム教徒の異教徒に対する戦い)論に大きく傾かざるをえないことになる。しかもその「ジハード」は、上にのべたような「国際的コンセンサス」に沿ったあたらしい事態への認知をつくり出すための手続きとして、あくまでも限定されたものでなければならないのであった。そしてここにのみアラブ諸国の体制にとっての活路があるとしても、パレスチナ人をいかに、どの程度までコントロールするか、手続きとしての対イスラエル対決の限定度をどれほどのものとして設定するか、をめぐって、あらためてアラブ諸国の体制は相互に対立しあわなければならない。こうして、「アラブ民族主義」の解体が、いわば堂々めぐり的に拡大・進行することになる。パレスチナ人の運動も、いっそう尖鋭に批判的な部分と、いっそう適応的な部分(適応の方向によって、その内部にまた幾重にも対立の契機が含まれる)とに分極化することを強いられる。おかれている立場の特殊性からパレスチナ人は徹底的に分裂しきることができない、そのため、この矛盾はことさら深刻なものとして内攻するのである。

第三に、六七年戦争の結果、またその後の占領の既成事実化の進行(東エルサレムが占領地から切り離されて、イスラエルの一般行政下に併合されるという事態をも含めて)の結果、あたらしい征服地はイスラエルの植民地として編成されはじめる。それは商品および労働力市場としてイスラエル経済の骨組のなかに組み込まれることを意味するのであって、このことにより、イスラエル国家は人口構成の面でも、経済体制の面でも、まったくあたらしい局面へと移行することになった。それはイデオロギーの面でも、シオニズムの伝統にしばられた立場に重大な変質をもたらすことになる。イスラエルの政治と経済は、こうして国内にとり込むこととなったある種の南北問題を主要な契機として展開することにならざるをえないのである。「和平」をテーマとしたいかなる国際政治的調整も、このような事態を、すなわちヨルダン川西岸地区とガザ地帯とがイスラエル経済の基盤となりはじめ、その物理的切離しが、やり方によってはイスラエル社会そのものの崩壊につながりかねない、というあたらしい条件を考慮に入れなければならなくなるかも知れない。同時にこのことは、イスラエル支配領域内部のパレスチナ人の(四八年以来の領域におけるアラブ住民および六七年以後の占領地におけるパレスチナ住民それぞれの)特殊な地位を規定していくことになる。さらにそれは、さきに第二の結果をめぐって触れたパレスチナ人(アラブ諸国をはじめ世界の「ディアスポラ」のパレスチナ人を含めて)全体の直面する困難をいっそう複雑多岐なものとするように作用するのである。

六七年戦争がうみ出した以上のような諸結果にもとづいて、一九七三年の十月戦争(アラブ諸国側ではイスラムの戦い〔ジハード〕という情動への煽《あお》りを反映して「ラマダーン戦争」とも呼び、イスラエル側ではユダヤ教の祭日に攻撃を受け緒戦の敗北を喫した屈辱感を緩和するためにほとんどもっぱら「ヨーム・キップール戦争」と称する)がおきてくる。戦争に至る、また戦争のもとでの政策決定の諸過程は六七年戦争とその諸結果によって条件づけられた。十月戦争において、エジプトは、シリアと共同してイスラエル占領地に対する限定作戦を展開しつつ、サウジアラビアおよび米国の積極的介入をひき出すことに成功する。スエズ運河の渡河、禁輸措置を含む「石油戦略」、イスラエルに一定限度の後退を求める米国の圧力が、この結果として生じたのであった。石油戦略とこれに附随した石油価格の異常な引上げとは、スエズ運河の閉鎖(五六年戦争では数カ月間、そして六七年戦争以降は八年間に及ぶ)がもたらした影響をはるかに越えて、深刻な効果を世界経済に与え、さらに中東問題に対する各国の態度の変更や調整を一挙に迫るものとなった。これらは、一方では一九七〇年代にはいってからのアラブ産油国における石油政策の変化と国際石油資本のこれに対する対応・適応、他方では米ソ間に働くデタントの要求と一九七〇年以来の米国の「プロ・アラブ」政策(七〇年のいわゆるロジャーズ提案にはじまる米国主導の「中東和平プラン」の展開、これを通じて次第に明確化された米国の対中東政策の転換として、それは示された)、およびエネルギー危機論の操作をともなう新経済秩序の模索、などを前提として現実化された。十月戦争は、こうして国際的レベルでの計算されたグランド・デザインとして遂行《すいこう》されたといえよう。

エジプト海軍によるバーブ・アル＝マンダブ海峡の封鎖という事態は、この戦争とともに、南部アフリカを除くアフリカ大陸からイスラエルが外交的に退場するという事態と連関しあっていた。イスラエル不敗の「神話」は崩壊し、パレスチナ民族主義の国際的認知への方向づけが強まる中でイスラエルの国際的孤立化は深まり、六七年以来イスラエル社会にみられた自信とアラブ蔑視の感情とは消滅して、むしろあらたなホロコースト（集団的抹殺）への恐怖がラディカルな、またアグレッシヴな宗教社会運動（グーシュ・エムニームに代表されるような）を刺激するようになった。正規軍による交戦としての十月戦争は、エジプトおよびシリアの領域問題とパレスチナ問題とを分離し、しかもこれを段階的に進行させる方式をうみ出すこととなった。同時にそれは、パレスチナ抵抗運動を〈中東諸国体制〉への脅威とはならないような鋳型の中に固定し封じ込めることによって、その人民戦争的発展を抑止しながら、そのうえで問題の分割と段階的処理にみあう形で「パレスチナ民族主義」の国際的認知と枠付けとをはかろうとする性質のものでもあった。産油国における石油収入の急激な増大と財政の肥大化とが、中東における社会・経済開発の規模と矛盾とを一挙に拡大することになったのも、十月戦争のもたらした重大な結果のひとつである。そしてアラブ産油国による「前線諸国」の体制に対する経済援助は、中東域内の政治動向の問題としては、米国のマニピュレーション能力を著しく強化する方向に働くことになった。石油の禁輸とか生産制限とかが具体的なプログラムとして浮かびあがってきたことは、湾岸に対する軍事戦略的アプローチの意味を強めさせ、インド洋周辺地域の軍事バランス問題を重大化させた。このことは、十月戦争中の米国の対イスラエル緊急武器援助（それ自体、バランスのコントロールと政治的圧力との両面の表現として実施された）における遠距離補給の問題とならんで、グローバルな戦略課題を提起させたといわなければならない。日本の「石油ショック」がその一例であるように、戦争とその結果の国際経済的影響は激甚なものであり、その効果がなお持続的であることについてはもはやとり立てていうまでもない。このようにして、七三年の十月戦争は、アラブ諸国、イスラエル国家、パレスチナ抵抗運動、中東産油国、OPEC、資源ナショナリズム、エネルギー、国際金融、米・ソ・EC・日本おのおのの中東政策、アフリカ、「第四世界」、NATO、ポルトガル植民地等々あまたの問題レベルを包括し、多くのあたらしい問題局面を触発するものとなったのである。

以上にみたように、十月戦争の国際政治・経済における劃期性について、たしかにこれを否定することはできない。しかし中東の政治変動という視野においてみれば、すでにのべたごとく、六七年の戦争のもたらした諸結果が作用する過程というものは七三年の戦争の前後を通じて基本的に貫徹しており、後者はむしろ前者がうみ出した客観的状況の展開の一駒、あるいはせいぜいこれに加速のはずみをつけようとする人為的政策努力のあらわれ、として扱われなければならないのである。この意味では、十月戦争は、ひとつのグランド・デザインとしてこれを計画立案した人びとにとっての政治算術の重みに比して、それ自体で質的にあたらしい状況をきり開くという面では劃期性に乏しかった、としなければならない。六七年戦争がきり開いた大状況が、圧倒的に十月戦争とその後をも規定し、持続的に働いているのである。

たしかに、十月戦争後あたらしい事態が劇的に表面化するということはあった。たとえば、米ソを共同議長国とするジュネーブ中東和平会議の開催、米国の調停(ことにキッシンジャー往復外交)という枠組の中での段階的兵力ひき離し、国連および国連軍のあたらしい象徴的な役割、そして国連におけるPLOの登場、ジハード論に足をとられたファイサル・サウジアラビア国王の暗殺、イスラエルとの共存を承認したエジプトのシナイ協定締結、電子探査要員の配置という形での米国の介入、レバノン戦争と「中東和平」計画を操縦するシリアのアサド政権の役割、「和平」計画の進行にみあうサウジアラビアの役割、OPECの分裂、エジプトの国内政治・経済情勢の不安など。しかし、これらの事態も、「六七年戦争後」の時期に属する一連の発展として眺めることによってのみ、その基本的モチーフを明らかにすることができる。

十月戦争をアラブのあらたなナフダ(めざめ、ルネサンス)と位置づけ、それがアラブのシャフスィーヤ(国民性)を変革したとする議論(al-Sayyid Yasīn, al-shakhṣīya al-'arabīya bayna al-mafhūm al-isrā'īlī wa-l-mafhūm al-'arabī, al-Qāhira, 1973 が先導したような)もあるが、モラールや文化の面で生じつつある変化は政治・社会変動の全体的脈絡の中で検討されるべきであり、ここでもまた、われわれは六七年戦争後を一貫してみとおすという課題に直面するのである。

そして六七年戦争の評価は、おそらく鋭く現状認識の問題にかかわっている。すなわち、六七年にはじまったひとまとまりの時期は、七〇年(ヨルダン内戦)、七三年(十月戦争)、七五年(レバノン内戦開始)というような節《ふし》をおきながら、そろそろその終結点(つまり基本的な転換点)に近づきつつある、と考えなければならないのではないか、とみられるからである。六七年戦争の「戦後処理」としての「中東和平」計画(その骨子はアラブ諸国の側でのイスラエル承認、国境線の画定、ヨルダン川西岸地区およびガザあたりにパレスチナ人のミニ国家ないしホームランドを設立すること〔それは非武装化されるとか、ヨルダンまたはイスラエルとなんらかの結合関係下におかれるとかを条件とする〕、そしてこれらの体制を米国主導下で国際的に保障すること、などとして示される)は、いまや暗礁に乗りあげた。

六七年以来の、そして具体化されたプランとしては七〇年以来の、国際的調整は七七年夏以降、明確に挫折しつつある。イスラエル政府をも含めて暗黙の国際的合意のもとにあった「和平」計画にとって、最大のガンはパレスチナ抵抗運動、ことにその左翼にあった。これに打撃を集中し、全体としてパレスチナ民族主義を「和平」計画にまき込み、これとコミットさせるための非常措置が、レバノン内戦なのであった。それは、カターイブ(ファランジュ・リバネーズ)などマロン派キリスト教徒の右翼的部分を主体とするレバノン民族主義者(フェニキア主義者)を尖兵として、シリアをはじめとするいくつかのアラブ諸国・イスラエル・米国・フランスなどにより、それぞれの思惑の違いはあるにせよ、政治的・経済的・軍事的に操縦され管理される戦争として戦われた。ところが、その終盤において全体のプロットに狂いが生じはじめる。

この結末をもっときわ立った形で表現したのが、七七年五月一七日におこなわれたイスラエル総選挙であった。建国以来つねに政権の中心的地位を占めてきたイスラエル労働党が敗退した。政権担当者をめぐる汚職事件がこの「中東和平」計画の重要な支え手のイメージをいたく傷つけていただけに、それを補強することを米国政府などがつよく期待していたダーシュ(DMC、民主変革運動)も、またまったく振わなかった。そして、かつてはヨルダンまでエレッ・イスラーエール(イスラエルの国土)に併合することを主張していた改訂派シオニストの流れをくむ対アラブ強硬派のリクードに国家宗教党(マフダル)などを結びつけたベギン政権が成立するに至ったのである。アラブ指導者たちにとって、デイル・ヤースィーン村民虐殺事件の責任者メナヘム・ベギン氏を交渉の相手とするのは、国内政治においてあえて危険を自らに招きよせるような賭けだということは明らかである。

このような情勢のもとで、エジプト・リビア間の戦争やエチオピア・ソマリア間の戦争が続発するようになっている。中東には戦争の可能性が充満しているといわなければならない。その発火点はレバノン南部でありうるし、湾岸油田地帯でもありうるし、中東のいずれかの国の政変でもありうる。アラブ諸国の分裂と動揺は、不安定なイスラエルの強硬派政権の出現によって、むしろいよいよ増大することになろう。「アラブ・イスラエル紛争」という恣意的に組み立てられた枠組を保守しようとするものだった十月戦争のような設計されたアラブ・イスラエル戦争は、もはやありえないのである。そして今まさにあたらしい性格の戦争が開幕しつつあるのではなかろうか。この意味でも、多分、将来の歴史家は、一九七七年を六七年からはじまった一時期の終末として説明することになるのではないかと思われる。

変動局面を解析する

これまで六七年戦争の劃期性について強調し、七三年十月戦争以降の政治過程をもそのようなコンテクストに沿って理解することの必要性をのべてきたが、基本的理解はそのようなものだとして、そのうえで、ここでは最近とくに顕著となってきた変動局面の特徴に注意を払うことにする。それらは、六七年以降の一連の展開・深化のプロセスが終結に近づきつつあることを暗示するものである。

(1) 中東地域に設定された国際関係の構造

(a) 諸「国」体制

この面でもっとも重要なあたらしい問題は、レバノン戦争を通じて提起された。六七年以後の発展は、それ自体のうちに六七年のパレスチナ再々分割(一九四七年の分割、四八―四九年の再分割に次ぐ)の編成替えとしての再々々分割(パレスチナ・ミニ国家のプランに示されるような)への要求を必然的に含むものであったが、このことのために中東諸「国」体制と国際政治とはレバノン国家の解体の危険をもあえて冒《おか》さざるをえなかった。一九七五年以降、現在まで、レバノンという国がなくなる(具体的にはレバノンを分割する)可能性が現実の政治的争点となってしまっている。このことは諸「国」体制を救おうとして、かえってその根本的危機を招く、という矛盾をあらわしており、第一次世界大戦後設定された中東域内の国際関係(イスラエル「国」建国予定地としてのパレスチナも、周辺のアラブ諸「国」も、またイランも、トルコも、すべてワン・セットの装置としてリンクしあうものであり、この体制は第一次世界大戦後まったくあらたにつくり出されたものである)にとって重大な岐路をなすものである。中東地域の中で仮りの「インター＝ナショナル」な関係として維持・再生産されてきた「場」の構造そのものがその存立を問われるという事態なのである。歴史的シリア（ビラード・アッ＝シャーム）の一フラグメントとしてのレバノンにおける国家的枠組の崩壊は、いやおうなく一種のドミノ的共倒れを現出することになりかねないし、このことはアラブ諸「国」にとっても、イスラエルにとっても、設定した中東域内「国際関係」のコントロールに利害を賭けてきた諸強国にとっても、深刻な危機であることはいうまでもない。

(b) 強国との関係および強国間の関係

この面では、ソ連の対中東政策がとくに注意されなければならない。六七年以降の「リアクション」（ラジュイーヤ）の時期の特徴の一つは、中東におけるソ連の影響力の退潮である（これについては、たとえば、MERIP Reports, 39, July 1975 参照）。そしてその政治的結果はポドゴルヌイ議長の解任としてあらわれた、というようにも理解される。一九五六年を境にして、中東において英仏の政治的・軍事的影響力が急激に失われ、米ソがこれにとって代わったあと、六七年までの「アラブ社会主義」期にはソ連の影響力の持続的上昇がみられた。ソ連の失速は六七年に起きるが、それにもかかわらずその後、米国主導の「中東和平」計画の進行に関しては、米ソの基本的合意が維持されてきた。

しかしソ連のがわは、勢力関係の不均衡をそろそろ耐えがたいものと感じているようである。

このことはソ連の対アフリカ政策が中東問題に対してもつ意義を検討することによって、かなりの程度明らかにすることができる。こうして最近では、中東問題をめぐる米ソ間の不一致に注目しなければならなくなりつつある。エジプト・リビア関係や「アフリカの角」地域の動向をめぐる米ソ間の利害対立は、きたるべき湾岸での対決にそなえる陣取り競争ともみることができよう。一九八〇年代においては、ソ連もまた大きく中東の石油に依存しなければならなくなるであろうことが予測されている。さらに、米国の対イスラエル圧力の強化は、長期的にみてイスラエルの対外政策における変化をひきおこさせないわけにいかないだろう。一九三〇年代末から四〇年代はじめにかけて、シオニズム運動がそのパトロンを英国から米国に転換し乗り換えていったプロセスが、ここでひとつの参考となるに違いない。イスラエルの米国ばなれが一挙に進行しうるものでないことは明白であるが、少なくともイスラエルの対外政策の弾力化志向が急速に強められるであろうことは確かだといわなければならない。このような問題次元で、ソ連の動向が、中国のそれとともに注意されるべきである。

こうして、資源・軍事戦略・宗教をめぐって展開されるグランド・ストラテジーの交錯において、中東は強国の対立の場として、あらためて浮かびあがらざるをえない。「中東和平」計画の挫折という事態は、この点でも局面のドラスチックな転換への促進要因となるであろう。

(2) 経済的条件の急激な変化

このことに関しては、産油国と非産油国との間のギャップの絶望的なまでの拡大、各「国」における「国民」的経済開発の社会的目標の分裂、地域的統合をめぐる利害対立の激化、などの問題点を指摘するにとどめる。産油国の国別開発計画の競合的な展開が、地域内外のマーケット確保をめぐる一種のアナーキーな対抗をうみ出す可能性は大きい。また、エジプトの場合や南イエメンの場合などのように、経済的条件が政治変動への直接の引き金として作用する可能性にも目を向けるべきである。

（3）社会構成の急激な変化

労働力の移動と編成の面で、中東はいまやまさしく人類的実験のラボラトリーというべきであろう。域内のはげしい労働力移動のみならず、外側からの大規模な外国人労働者の導入が中東の社会を動揺させている。たとえばサウジアラビアにおいて、イエメン人・パレスチナ人・エジプト人・インド人・パキスタン人・韓国人・フィリピン人・トルコ人等々の労働者の受け入れは、サウジアラビアの社会の変動を促進させずにはおかない。ひろく湾岸地域の政治変動の将来において、在留外人や滞留する外国人出稼ぎ労働者が、被差別分子として社会的変革を要求する運動に組織されていかないとは限らない。さらに婦人労働の社会的解放という問題も、教育の問題と連関しつつ、重大な政治的争点として発展していくことになろう。軍人・技術者・官僚・経営者などあたらしいタイプのエリートの増大と多様化・多層化も、その進行スピードが異常であり、機構の内的矛盾が大きいだけに、それがただちに政治問題と化していくことは避けられない。

（4）文化と思想の危機

これまでのべてきた諸問題は、いうまでもなく、価値観をめぐる「挑戦と応答」という形での思想的緊張を異常に高めることになる。中東において、あらゆる既存の政治組織が、いまや、おのおのの内部に深刻な告発と離反とをかかえることになっているのは、そのためである。アラブ諸国において、現在ではすでに、六七年以降の時期の支配的イデオロギーとしての「イスラム国家」論をも根源的に拒否するような（たとえばアッ＝タクフィール・ワ・アル＝ヒジュラのごとき）あらたな過激なイスラム変革の思想・運動が出発している。イスラエル社会において、国際的・国内的政治バランスの操縦に慣れた政治的エスタブリッシュメントを掘り崩そうとするグーシュ・エムニームの運動については、さきに触れた。こうしたラディカルな思想運動の突出については、イランやトルコもまた無縁ではありえない。文化と思想の危機は、現在の中東の政治変動をもっとも深いところで規定している要因だといわなければならないのである。

（5） 体制側の危機感

（1）の(a)でのべたように、国家の枠組それ自体が脅威を受ける危機状況の認識は、むしろ体制がわで著しく尖鋭に受けとめられている。そのために、もっぱら治安対策に傾斜した対応も観察される。そうした政治的対処と抑圧の強化とが、逆に、きたるべき政治変動の転換点を、おそらく格段に劇的なものとさせるように作用するだろうことは確かである。その意味で、この問題もまた政治変動プロセスにおいて考慮を払うべき新事態とみなすべきである。

二　転形期の予感——観察者の視線

◆『世界』三八〇号（一九七七年七月号、岩波書店発行）のために書いた「中東——一つの時代の終り」。七六年から七七年春にかけて、カイロのアインシャムス大学を基地にして中東の社会変化の連動機構を広域的に調査した。住み込みボーリング方式とは違うスタイルを模索する作業の副産物としての印象記だが、いくつか重要なヒントは出しているはず。

予測の手ぬかり

『アラブ世界——紀元二〇〇〇年』と題する新しい書物が、ベイルートでちかく出版されようとしている。それは、どの頁も見事なイラストで飾られた、しかし真面目な未来学的研究で、国際政治・経済、数理統計、人口論、エネルギー問題、農業、工学、技術論、医学、建築、社会福祉、心理学、哲学・思想等々さまざまの分野のすぐれたアラブ専門家約二〇名の協力による将来予測の試みである。協力者の半数が女性だということも興味をひく。

だが、この本が陽の目を見るまでにはいくたの曲折があったという。たとえば、出版準備の最終段階で、女性とその社会的役割の記述について、頑迷固陋《がんめいころう》なイスラム保守派の局外者が横槍を入れてきたり、公衆衛生の変化予測の低い数字に対しては、出版関係者のなかの自称「愛国主義者」がクレームをつけたりで、いろいろの障害を乗りこえなければならなかったのだそうだ。もともとこの本は、ずっと以前にできあがっていたはずのものであった。なんといっても最大の困難は一九七三年の十月戦争によってもたらされた。その年の秋までにひとまず完了していた作業は、戦争の結果生じた局面の激変により、つまり政治状況の変化や石油価格の急激な上昇によって、予測の基礎となるべきデータの大幅ないれ替えを強いられることになった。そして作業のやり直しがやっと一段落したところで、七五年春には、こんどは追い打ちをかけるようにレバノン内戦が始まったのである。こうして発行が遅れに遅れたこの書物は、今ようやく人びとの手もとに届くことになった。関係者のひとりは苦笑して言った、「われわれは紀元二〇〇〇年の予測をしようとして、実はほんの目先の予測の問題で振りまわされ続けたのでした」。書物がいよいよできあがったとき、プロジェクト・チームの大半の人びとは、戦火を避けてすでにレバノンを離れていたのである。

テンポのつかみ方

変化のテンポの早さ、めまぐるしさは、今やなにも中東だけに限ったものではない。そのことは確かだ。しかしそれにしても、中東でのテンポは特別であり、異常でさえあるように見える。一年、半年、一カ月はおろか、一週間前の情報であっても、もはや古い、ということがしばしばある。そのなかで、流れの方向を見定めなければならないのだ。

去年(一九七六年)一年を通じて、ジェッダ、ダンマームなどサウジアラビアの港は滞船の問題がいっそう深刻となり、荷揚げまで沖待ち数カ月などというのは当りまえのこととされていた。ヨーロッパからトルコ、イラク、クウェートを抜けてサウジアラビアにむかう陸上輸送の超大型トラックが波のように押し寄せ、幹線道路の南行き車線ばかりはいくら補修してもこわれるという状態で、空車の多い反対車線の道路の走り心地のよさに比して、著しい対照をなしていたものである。また南イエメンでは、スエズ運河さえ再開すればアデン港の繁栄はもどってくるに違いないと信じられ、これに夢が托されていたが、運河再開後の現実はこの夢を無残にうちこわした。だがそれにもかかわらず、たちまちサウジアラビアむけの資材・機械類の積み替え、積みおろしが急増して、その活況が心理的打撃を緩和する効果をうんでいた。滞船問題、つまり港湾混雑は、インフラストラクチュアの決定的不備のもとで、「身のほどを知らぬ」巨大開発プロジェクトをかかえようとする矛盾がうみ出した運命的結末のひとつだ、というように説明されていた。そのために、周辺諸国をもまき込む形で、輸送システムの転換や革新が求められもしたのである。たしか、気球や飛行船の導入まで考えられていたと思う。リヤードのまちで日毎のパンも事欠くありさまとなり、飛行機で小麦粉が緊急輸送されているというニュースが流れるとか、売り惜しみでセメントが店頭から消えてしまった不安のなかで、沖の船からヘリコプターによってセメントの陸揚げがおこなわれたりするのを見ると、たしかに誰もがこれを「運命的」ボトルネックと受け取ってしまったのであった。

ところが、である。今年(一九七七年)に入って見る見るうちに、去年あんなにまで騒がれた滞船問題は雲散霧消したというのである。開発計画の調整とか、港湾設備のちょっとした増強が、状況をあまりにも大きく変えたのだった。サウジアラビアと同様の問題を、同様の深刻さでかかえていたイランやイラクの場合も、前提条件をめぐっていくらかの差異はあるにせよ、結果としては似たコースを歩んでいる。中東のテンポについて考える上で、これはひとつの材料となるだろう。

別の材料を提供しよう。今年一月下旬ベイルートに行ったとき、ベイルートでわずかに残った繁華街ハムラー地区は、街頭の乱雑な盗品市もとり払われて、なんとか内戦前の様子に近づいたといえるようにまでなっていた。真黒焦げのまま営業しているアントワーヌ書店などを除けば、ハムラー通りの店々のショーウィンドウは元通り美しく、かね繰りのためであろう、やたらと値引きのふだをつけて華麗な婦人服やイカす紳士服が並んでいた。通りに張り出したカフェでは、あちこちに夜遅くまで腰かけている二人連れや家族連れの姿を見ることができたし、映画館の夜九時半からの上映時間にも、ある程度は客が集まるようになっていた。活気があるとは、とてもいえない。しかし、少しずつではあるが、明るさをとり戻そうとはしている。そこには、都市の復元力とでもいうべき上向きの雰囲気があった。

それからおよそ一〇日ほどして、三月中旬にかけ、ふたたびベイルートを訪れたとき、空気は一変しているように感じられた。到着した日の晩、ひどい嵐に見舞われたせいかとも思った。まちの景色や人びとの生活の外見には、それほど大きな変化はない。しかし、たしかに人びとは恐れ、警戒している。知合いのレバノン人やパレスチナ人は、事もなげに「シリア兵の姿がまちから消えたからだよ、奴らは南のほうへいってしまった」という。辻々の要所で検問をおこなっていたシリア軍は、たしかに見えない。検問には、同じ「アラブ平和維持軍」を構成していることになっているサウジアラビア兵や(北)イエメン兵だけがあたっており、イエメン兵は二、三人ずつ銃をかかえて、ときどき宝石店のウィンドウなどを覗きこみながらパトロールしている。シリア軍が移動したとたん、泥棒が大規模に活動を再開したのだそうだ。いちばん最後にシリア軍の進駐を迎え入れた西ベイルートの市民たちの、占領軍を見る視線には、つねにきびしさが隠されている。だが同時に、彼らは本能的に、シリア軍の存在を安全の目じるしと嗅ぎわけてもいるのだった。そうして見ると、商店やレストランの店じまいの時間も、やや早くなっている。夜の人通りも減っている。豪雨のあと、市内いたるところで電話が不通になっている。これは明らかに、沈滞と低迷の下向きの傾向であった。そしてやがて三月一六日、内戦の一方の総大将でもあったカマール・ジュンブラートがベイルート南方のシューフ山中で暗殺される日がやってくる。カイロでパレスチナ国民議会に出席していたPLO議長ヤーセル・アラファートは、追悼演説が声にならなかった、という。ベイルート市民ならずとも、世界中の人びとの胸に、レバノンの戦争再発の日は近い、という思いがよぎった。

ベイルートの破壊はいかにして起きたか

「戦後」(内戦中断期)ベイルートの報告は、二月の方向でか、三月の方向でか、いずれかに偏《かたよ》る危険がある。われわれにとって大事なのは、波動とその振幅を知ることであり、運動のテンポをわきまえることではないだろうか。そして、それがいつ、どこへ向かって収斂していくかを、またその意味を、見抜くことではないだろうか。

ベイルートの破壊の徹底度は、目を見張るものがある。ベイルートから北や南へ海岸道路沿いに、また東へダマスクス道路沿いに、どこへ行っても深い傷あとが残っている。東・西ベイルートの境い目の両側に、廃墟の太いベルト地帯が、旧ベイルートの中心街をなめつくしている。両替屋がひしめきあい、野菜・果物・魚・肉、そしてありとあらゆる商品があふれるスーク(市場)をまわりに配し、遠距離相乗りタクシーが客を呼び込み、安ホテルがにぎわっていたブールジュ(サーハッ・ショハダー広場)はもちろん、それから東へ、港、アシュラフィーエ地区、カランティーナー・スラム、また西へ、銀行街、オフィス街、そして地中海を見渡す最高級ホテル地区、さらにフランス大使館前のオート・クチュール集合ビル、また南へ、博物館周辺、アイン・ルンマーナ、シェイヤーフ両地区、これらは今や穴だらけでがらんどうとなり、あるいは傾き倒壊し、あるいは燃えつきて、死の町と化してしまったのである。市街戦の激しさは、街灯の細い鉄柱にあらゆる方角からの弾痕が残っていることや、ビル入口のシャッターによくぞここまで丹念に、と感歎するほどくまなく穴があいていることに示されている。建物の壁の一〇階ほどのあたりに巨大な風穴が抜けていたりして、ロケットをふくむ砲撃戦のすさまじさを物語っている。「TOTAL《トタール》」という看板の文字だけを不思議に残して全壊したガソリン・スタンドがよく目につくが、なんとも悲しい象徴ではないか。屋根が抜け、壁が倒れた家屋を街道沿いの緑の中に散見するとき、痛切にレバノンの荒廃を思わずにはいられない。

第二次世界大戦後のレバノンの繁栄とは、結局、メジャー(国際石油資本)の中東石油支配に寄生したあだ花にすぎなかった。アラムコの原油はタップライン(トランス・アラビアン・パイプライン)でシドンに運ばれ、イラクのキルクークからの原油はIPCパイプラインでトリポリに出て、それぞれヨーロッパに向け積み出された。レバノンの工業といえば、なんといっても、ベイルートの南と北のこれらふたつの都市に中心をおく石油精製をまず挙げなければならなかった。西欧への中東石油の主要供給コントロール・センターであり、また産油国に対する欧米商品の中継貿易の拠点でもあったベイルートは、あらゆる意味でエージェントという名にふさわしい地位をみずからに課していた、といえる。貴金属・宝石、機械・電気器具、繊維、自動車というレバノンの主要輸入品目とその順位は、輸出の場合にも、つねにそのままピタリと一致してきたのである。

一九六〇年代のベイルートは、目もあやな超近代都市の美観をつくりあげた。国有化や国家的コントロールの「危険」をきらって周辺諸国から逃避してきた資本とか、西アフリカから同様にひきあげられたレバノン資本が、ビル建築に殺到し、地価騰貴と建設ブームとをまきおこしたからである。白く輝く高層ビルの肩ごしに、世界の航空会社のジェット機が、鋭い金属音を轟かしながらひっきりなしに舞いおりるようにもなった。ジェット音がするたびごとに、誰もが「ああ、またカネが落ちる」と思ったものだ。

だが、このようなまばゆい繁栄のかげに、すでに暗い影がのびてきていた。六七年の六日戦争とスエズ運河の閉鎖を機に、タンカーの大型化がすすみ、喜望峰をまわってさえ、石油の海上輸送の採算がとれるようになった。湾岸の石油開発は地域的にもどしどし拡大され、生産量もはねあがった。海底からの採掘も強化された。天然ガスの生産・処理の技術もすすんだ。こうなると、レバノンを終着点とするパイプラインの比重は、いやおうなく低下せざるを得ない。しかも、タップラインは、中東の戦争のたびにシリアとイスラエルとの間で激戦が展開されるゴーラン高地を通っており、さらにパレスチナ人のコマンド活動の根拠地でイスラエルの武力行使がエスカレートしてきたレバノン南部を貫通している。七〇年五月には、このパイプラインはパレスチナ人ゲリラによって爆破され、年余にわたって送油が停止された。ＥＣ諸国はこのような事態をすでに第一の「オイル・ショック」として受けとめ、対抗策を練っていくのである。あまりのリスクをおかしてレバノンから積み出すよりは、サウジアラビアのラス・タヌーラから直接積み出したほうが、はるかに安全で、しかも安あがりであったりするのだ。北側のＩＰＣパイプラインも、イラク・シリア両国政府間のきびしい対立のもとで、これまた著しく不安定要因をかかえていた。

こうして七〇年代には、新しい戦略パイプラインがぞくぞくと新設され機能しはじめる。イラクは湾岸に向かって建設されたパイプラインにきり替え、さらにトルコ・地中海にのびる新線を計画している。エジプトはスエズ・アレクサンドリア間のスーメド・パイプラインを完成し、イスラエルはエイラート・アシュケロン間のパイプラインの能力を高めている。イランもまた、直接トルコのイスケンデルンにまで伸びるラインの着工を検討してきた。そして八年間の空白ののち、スエズ運河もまた再開された。産油国の港湾は、かつて中継貿易を一手に握ったベイルート港と競合するようになった。サウディア航空、イラン航空、ガルフ航空は、世界有数の貨物空輸能力を誇ったレバノンのTMA(トランス・メディタレニアン航空)の足元を掘り崩す可能性がある。もはや中東経済におけるレバノンの凋落《ちょうらく》は、あまりにも明白であった。

レバノンの未来

このような状況のもとで、レバノンの政治・社会体制の危機が激発する。それは支配層の諸グループ間の闘争であったとともに、寄生的経済の展開と都市化のもとで、またイスラエルの攻撃のもとで、難民キャンプやスラムに蓄積されていた貧困層の不満と怒りの爆発をひきおこした。社会の宗派別構成の上に成り立っている支配体制、そしてそのような構成をたえず固定化していこうとする伝統の力、それらをつき破って変革を求める運動は、まさにそのことのために、たえず「宗派間抗争」の鋳型そのものをめぐってたたかい抜かなければならなかった。変革を求めるがわには、パレスチナ抵抗運動の兵士たちや共産主義者諸グループやナセリストたちとならんで、ドルーズの指導者が立ちならび、シーア派大衆やスンナ派イスラム教徒がその集団意識をかかえたまま参加し、スワスティカを連想させるマークをもったシリア民族党(PPS)もこれに伍していた。これに対する反革命の軍事力の中枢は、わけてもマロン派教会の平信徒《ひら》の間に根をはるカターイブ(レバノン軍団、ファランジュ・リバネーズ)のミリシア(民兵隊)で、これに豊富な武器を供給したのは、はじめ東独、ブルガリア、チェコスロヴァキア、やがてベルギー、フランス、イタリア、西独、ポルトガル、ついでイスラエルであって、その資金を提供したのはレバノンの大企業家、マロン派教会、いくつかのアラブ諸国政府であった、といわれている。

ここにこそ、われわれは「階級対立」というもののなまなましい現実を、むしろそのもっとも典型的な形態を見ているのだ、というべきなのであろう。国際政治は、向かいあった窓ごしに顔見知りでさえあるもの同士がねらい撃ちをし合う、この戦いを放置し、そしてむしろ助長したのだった。ベイルートの破壊、レバノンの荒廃の代償は、五八年アメリカ第六艦隊が急遽出動しなければならなかった時代とくらべて、もはやそれほど高く値ぶみされるべきものとは見なされなかったのだ、といわなくてはならない。

間違いなく、ベイルートの瓦礫《がれき》の山は、ある時代の終りを物語っている。資源ナショナリズムと産油国の社会・経済開発、そしてこれを尖兵とする新《ネオ》・新《ネオ》植民地主義、その新しい動きを適応的にはめこんでいこうとする新国際秩序づくり、このアラブ・オイルの新時代を前衛的に告知するかのように、ホリデイ・インやフェニシア・ホテルのどうしようもなく壊れた高い高い残骸が屹立《きつりつ》している。ベイルートでは、『アン=ナハール』新聞が「二年間戦争」とタイトルをつけて手ぎわよく縮刷版を出したのをはじめ、レバノン内戦を扱ったすでに十指に余る出版物があらわれた。空港では、暇をかこつタクシー運転手群が、新観光コースとして破壊現場に案内するといっては、客を奪いあっている。レバノン人の商魂いまだ滅びず、という感はある。しかし目先のきくレバノン人は、もうすでにこれからの勝負どころと見て、湾岸諸国に散っていった。コンサルタント、アナリストのサービス行商人として、もう一回出直そうというのだろう。

「おお、わが祖国よ、私はわが祖国レバノンを愛する」とファイローズが、ステージで、ラジオで、哀切に歌いあげる、その祖国に、今たしかなものとして残っているのは、なお豊かな斜面の耕地と森林とである。シリアの政権に支えられたサルキース指導体制は、カターイブをも含めてあらゆる勢力になんらかの目論見はずれを感じさせており、現在の均衡はいずれにしてもはなはだあやうい、破れやすいものでしかない。それだけにレバノンの民衆にとっては、悪徳と虚栄の市が崩壊した今、自らの本来の立脚点をあらためて考え直すことになっているのだろう。

悪夢のベイルートを見捨て、第二のベイルートを探し求めてやまぬ日本企業を、レバノン人は——流れ出たものも、踏みとどまらざるをえない人びとも——心中どのようにながめているであろうか。

新しい気象条件に注意！

中途半端な経験主義は、中東においてもっともきびしい罰をうける。シリアがレバノンに軍事介入したのち、おのずと人びとの関心は、シリアにいつクーデターがおきるだろうかということに集中した。四〇年代末以来、軍事クーデターが繰り返されたシリアの政治の運動法則が、もう一回なぞられるはずだ、というのである。そんな話題がジャーナリズムでも取沙汰されていた昨年(一九七六年)八月末、私はダマスクスの喫茶店《マクハー》をまわっていた。シリアの喫茶店は政治談義の場であり、シリアの政治のダイナミズムをとらえるのに絶好のラボラトリーなのである。わずかの時間、コーヒーをすすり、水ぎせるを吸っただけで、私は重大な変化に気付いた。一年ほど前までの喫茶店の様子とうって変っていたのは、まず人びとが政治を論ぜず、カードとかタウラとか遊び事にばかり熱中していること、つぎに高校生・大学生とおぼしき若い世代の出入りがやたらと目につくことであった。

これらが暗示していることは多々ある。第一に、人びとは何かを恐れ、黙している。しかも同じ喫茶店につどう社会的連繋《れんけい》のつよいもの同士の間で、自主的組織が断ちきられている。また、ある種のカネ廻りのサイクルが生じて、人々を政治によりは物質的欲望に吸引しようとする力が働いているらしい。さらに、バース党青年・学生組織にうまく乗っかると、勉強など一生懸命しなくても、将来が約束されたと思えるようになるらしい。こうした類《たぐ》いの観察から推論してみると、シリアの政治過程の分析では、新しい枠組と手法とが要求されるようになった、といわなければならなくなる。軍の組織や宗派的動向などだけを追跡するような経験主義的視角からは、この新しい状況の底にある真の不安定要因を探り出すことはできないし、またそこで、状況の転換に向かって突破口がどの辺に用意されることになるだろうか、という点についても、大きな見誤りをおかすことになるに違いない。

レバノン戦争のもっとも重要な争点は、パレスチナ抵抗運動の帰趨ということであった、といえるだろう。中東の革命的エネルギーを代表するものであったパレスチナ人の闘いは、十字砲火を浴びて手負いの状態に陥った。タルッ・ザータル・キャンプの跡は、今ではブルドーザーで整地されたただの空地になってしまって、多くの英雄的な男女が倒れていったあの有名な水くみ場の場所さえ、十分定かではない。レバノン内戦を通じてのパレスチナ抵抗運動のひとつの手痛い挫折は、彼らの指導部の経験主義からきた判断の誤りに災いされて生じたのではないか。それはこれからパレスチナ人自身によって争われ、やがて結論が見出されていくことであろう。レバノン内戦を外側から操縦しようとしたあらゆる勢力が基本的に目指していたものは、パレスチナ抵抗運動の封じ込め、囲い込みであった。レバノン「内戦」は来《きた》るべきパレスチナ・ミニ国家のための犠牲の祭儀だったのではないか。

このために、世界中のあらゆる権力が、パレスチナ・ミニ国家の樹立によるパレスチナ再々分割へ向けて、足なみをそろえていた、といわなければならない。米ソも、アラブ諸国のぎくしゃくした諸レジームも、イスラエル政府も、そして西欧も日本も、この点で一種の神聖同盟を形成していた。レバノン内戦「後」の新しい状況は、そのような政治的再編成を強引におし進めていくはずのものであった。プロットの上では、ともかくそのように予定されていた。

しかし、それがいかなる意味でも「問題解決」でないことはすでに明らかである。中東の平和は、本質的に社会的平和でなければならず、個人対個人のレベルでの和解をその支えとしなければならない宿命を負っている。これは平和なるものの抽象的・理想主義的一般論のお題目としてそうなのではなく、中東がかかえ込んでいるまさしく特殊・具体的な問題状況なのである。パレスチナ社会における、またひろく中東地域における社会統合のズタズタに引き裂かれた姿は、これを克服するために、おそらく確実に、今後少なくとも数世代にわたる社会的・人間的和解への努力を要するものであるだろうということを暗示している。ミニ国家案は冷徹な現実主義をひけらかし、東西両ドイツ国家の分立の経験などによりかかって、その装置の「大人《おとな》っぽさ」を誇示してきたが、この現実主義は中東では、ただちに現実的ではないのである。第一次世界大戦以来重ねられてきたこの地域の「国づくり」(アラブ諸「国」のすべても、イスラエルも、かくしてつくられた)の上塗りとして、さらに「国づくり」に励むやり方は、問題解決どころか、問題を一層ややこしく、難しくするものでしかない。

しかも、なにより問題なのは、この新しい国づくりに捧げられるべき犠牲の祭儀の予定された終幕で、事柄がプロット通りに運ばなくなってしまったことである。人びとは、パレスチナ人の戦列において、PLO主流と拒否戦線との間の関係調整に、あるいはイスラエル占領地域内部のパレスチナ住民の意識と組織の動向に、ミニ国家へ向かってのある「前進」を認めようとしてきた。だが、事態の流れの底に、既存のあらゆる組織に対して、つまり既存の拒否戦線に対してさえ、さらに新しい意味での「拒否戦線」が形成されつつあることについては、きれいさっぱりと見落としてしまっていたのではないだろうか。鳴動はパレスチナ人の中にのみ聞こえるのではない。イスラエル市民の社会内部にも聞こえる。そこではマパイ(イスラエル労働党)の主導権が危機にひんしているだけでなく、あらゆる政治的エスタブリッシュメントが底辺での離反と造反に直面しているのである。グーシュ・エムニームに代表されるような若い世代の宗教的熱狂が、一時はリクードのごときバランスに生きる既成タカ派を押しあげるといった現象をもたらすこともあろう。しかし、どんなに旧テロリストの頑固さを発揮してみせても、リクードもまたもはや同様に反逆されるべき堕落分子の片割れであるに過ぎないことを、未来に希望のもてぬ青年たちや現実の中に出口を見出すことのできぬ東洋系市民は、すでにはっきりと知っている。

こうして国際政治のプロットは、イスラエル・エリートの腐敗の表面化とともに狂い出した。レバノンで流された血のなんと空《むな》しいことか。過ぎ去った儀式が残した荒廃の空間のなんと虚《うつ》ろなことか。

怒りの火花が散る日

ゲヘナの劫火《ごうか》にも似た炎が中東をなめつくしているようにも見える。今年(一九七七年)一月一八日、一九日のエジプト諸都市の民衆蜂起では、大衆は「サーダート、泥棒!」と絶叫していた。カイロのはずれの私の住んでいた家の前の街路には、道幅いっぱいに、「サーダートは〝おかま〟のろば!」という卑猥《ひわい》な落書が書きつけられた。私は最近、一国の指導者でこれほどまでに侮辱されたケースを知らないのである。

湾岸諸国では、その社会に流れ込んだインド人、パキスタン人、韓国人等々が、パレスチナ人、エジプト人、レバノン人とともに、猛烈なテンションと摩擦熱を発生させている。クウェートのハワッリー地区を訪れたときのことだ。富める国として知られたあのクウェートで、砂漠に浮かぶ整備された楽園の中に、舗装もない土ぼこりの道と貧しい家々の一角が、かたわらのクウェート人住宅の豪華さとはあまりにも対照的に、傾いて立っていた。ひとつのフラットに数家族がひしめきあい、キッチンやバス・ルームに住んでいる家族もあるといった有様である。その一室で、パレスチナ人青年が、拳《こぶし》をふりあげて、しかしボソボソと、「われわれに石油さえなければ、われわれはもっともっと幸福であっただろう」という絶望的な繰り言を呪文のようにつぶやくのを聞いたとき、不正におしひしがれた人びとの内面を覆っている暗闇を一瞬じっと見つめた気がした。怒りの火花が中東の石油に引火する日は近いのかも知れない。

石油の発見を待ちながら、そしてカートの葉を口一杯にほおばって嚙みながら、昼さがりをただおしゃべりに費やしているようにしか見えないイエメン人の静かな社会でも、政治批判のおしとどめがたい力が底辺にうごめいている。

疑いようもなく、あるカタストロフィーに向かっての行進が続いている。ところが、今年三月一三日から四日間にわたってサウジアラビアのジュベイルでおきた韓国人労働者の反乱は、日本の社会ではほとんど一顧《いっこ》だにされなかった。それ自体は湾岸に進出した韓国企業とこれをバックアップする韓国政府の問題で、日本企業はこれに直接のかかわりをもたなかったとはいえ、それは明らかに、あるひとつの不吉な予兆ではあったろう。中東の油の上に浮かぶ日本で、「中東は遠い、われわれは中東を知らない」という合言葉がかわされている。ところが湾岸の人びとは、石油がまだ出なかった頃、天然真珠の採取という彼らの生業を奪ったのが日本の養殖真珠であったことを、今でも決して忘れてはいないのだ。われわれは、もしかしたら、なんらかの事態に対してコントロール不能の状態に投げ込まれるかも知れない。日本の社会が、あまりにも「ひよわ」であると、痛切に思わずにはいられないのである。

三　受身に立つ覇権——冷戦体制が掘り崩される

◆松本重治監修、板垣雄三編『中東ハンドブック』〔第四刷〕（講談社、一九八一年一月刊）の冒頭にあらたに添えた「最近の中東の動向」。同書の初刷は一九七八年一一月に出版されたが、状況の急展開に合わせて書き加えた。イラン革命の変転を追いながらその国際体制面での意義を考えようとした仕事の一例としてここに示す。

1　中東の戦略機構とイラン革命

ジョイント装置の破裂

第二次世界大戦後の中東の情勢を大きく転換した事件として、イランのイスラム革命がある。一九七七年後半から高まりはじめたイランにおける体制批判の運動は、七八年の後半に大きな盛り上がりを見せ、七九年の初めには、ついに王制を打倒するところまで発展した。決定的な転換は、七九年の一—二月に起こった。その中で、イランの国王《シャー》は、国外に脱出せざるをえなくなり、革命運動のほこ先をかわすためにつくられたバフティヤール内閣も倒れるということになった。

一九六〇年代以降のシャーによるイラン白色革命が全体として否定され、その体制が崩壊したことは、たんにイラン内部の変化にとどまらず、中東全体の状況を大きく変えることとなった。

世界のもっとも重要なエネルギー源であるのに社会革命の温床でもある不安定なアラブ諸国をとりまくかたちで、トルコ、イラン、エチオピアが配置され、アラブ諸国にうちこまれたくさびとしてイスラエルが機能するという構造があった。それこそ第二次世界大戦後の世界にはりめぐらされた戦略機構のかなめであった。

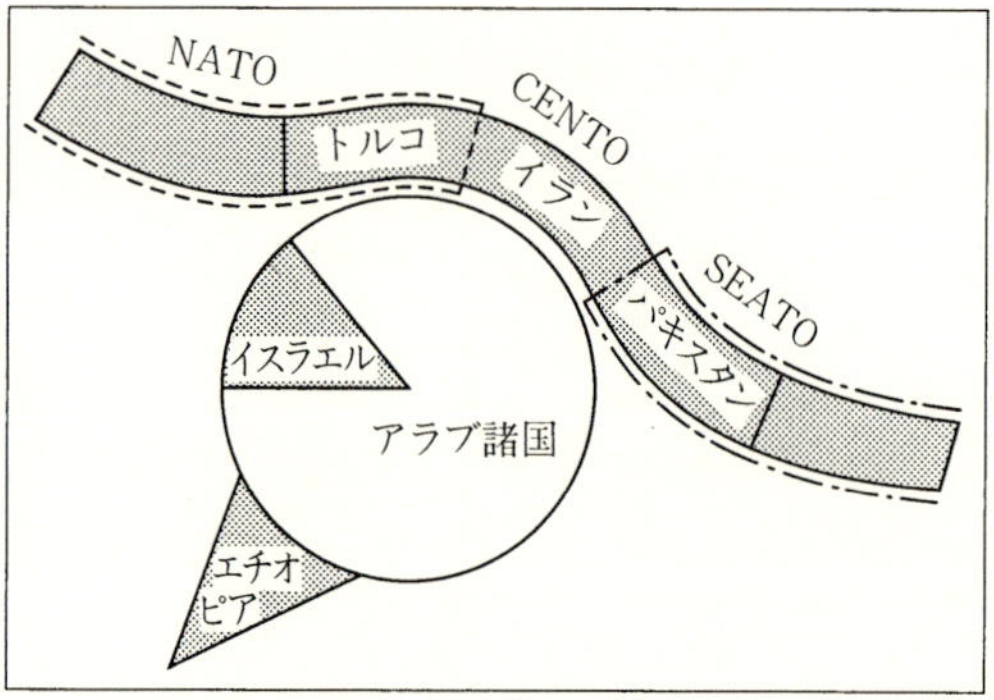

図 13　軍事戦略機構

北大西洋条約機構(NATO)につらなるトルコは、同時にイラン、パキスタンとともに中央条約機構(CENTO)をも構成していた。さらに、そのパキスタンは東南アジアに向かっての戦略的編成をになう役割をも果たしていたのである。

エチオピアおよびイスラエルはそれらと連動しながら、アフリカ諸国に対する働きかけや工作をおこなうことによって、中東における革命の危険に対する防波堤としての任務を背負ってきた。

しかし、エチオピアではすでに一九七四年帝制が倒れた。トルコも一九六〇年代末以降、政治的・社会的混乱が持続的に進行し、キプロス紛争をめぐってギリシアと対立して、NATO東端の拠点としての地位を弱めていた。イスラエルはまた、一九七〇年代半ば以降、次第に国際的な孤立を強めていくなかで、国内の政治的対立や社会的亀裂が表面化してきた。戦略機構全体にとってジョイント装置のこうした解体現象のなかで、いわばとどめを刺すような意味をもったのが、イランにおける王制の崩壊であった。

CDチームとイスラム革命

イラン革命は、パレスチナ問題と深くかかわりあいながら、相互に影響しつつ展開することになった。すでに、一九七七年一一月エジプトのサーダート大統領のエルサレム訪問以降、イスラエルとエジプトとのあいだの単独和平への動きが具体的に動きはじめていたが、これを機軸に、現状維持的な、一種のパレスチナ人封じ込め構想ともいえる米国の中東和平計画がおしすすめられることになった。それは一九七八年九月の米国・エジプト・イスラエル三国間のキャンプ・デービッド合意(CD合意)をうみ出したのである。そしてこのような動きがイラン革命に油を注いだ。七九年一二月半ばまでに具体化を進めるという期限が設けられていたにもかかわらず、結局、調整がつかず合意は流産するかに見えた。米国は米中国交正常化で埋めあわせをしなければならなかった。イスラエルでは、米国の台湾切り捨てをイスラエルに対する警告的サインだと受け取った人もあった。死にかけたキャンプ・

デービッド合意が突如として息を吹き返すことになったのは、ひとえにイラン革命がキャンプ・デービッド組に対して決定的打撃を与えたことの逆効果であった。それが七九年三月末のエジプト・イスラエル平和条約調印の内実であった。

キャンプ・デービッド合意には二つの柱がある。ひとつはエジプト・イスラエル間の和平(エジプトによるイスラエルの承認、国境線の画定、シナイ半島からのイスラエル軍の撤退)であり、もうひとつはイスラエル占領地におけるパレスチナ人の「自治」の問題であった。後者をとりあえず棚上げにし、三国が前者について条約調印に踏みきったのは、イラン革命をきっかけとして表面化した中東全域の状況の地崩れ的変化になんとか辛くも対抗しようとする、いわば受け身の切り抜け策であったことを意味する。したがってエジプト・イスラエル平和条約は、イラン革命の一つの結果でもあったと見なければならない。

条約調印は、アラブ諸国におけるエジプト批判を激化させ、エジプトの孤立化をひきおこすことになった。しかしアラブ諸国の足並は、かならずしもまとまってはおらず、分裂と対立は、トリポリ会議(一九七七年)やバグダード会議(一九七八年)というアラブ首脳会議において、すでに早くもはっきりと露呈されていたのであった。そして、イラク政権の政治的役割は、キャンプ・デービッド組批判からイラン革命に対する敵対へと、やがて急速に大きく転換していくことが注目される。

イラン革命にともなう情勢の激変のなかで、またそれと切り結ぼうとする米国主導の中東和平計画やそれへの対抗的諸力の交錯のなかで、さらに大きな転換が一九七九年一一月に訪れるのである。

2　イラン革命の衝撃波——一九七九年

米国大使館占拠・人質事件

イラン革命は、もともとパレスチナ問題と深いつながりをもっていた。したがって革命を通じてイランは、イスラエルとの関係を断ち切ってPLOのもっとも強力な支持国になっていた。こうして革命イランは、対米批判の強力な煽動《せんどう》者としての位置を占めることになった。

革命後のイランの政治権力には、さまざまな政治勢力間の路線対立が介在しており、かならずしも国内を統一的に支配する一つの権力が確立していたとはいえない。イランを構成する要素、わけてもクルド人とかアゼルバイジャン人とか、あるいはトルクメン、ウズベク人、タジク人とか、バルーチーとか、イラン南西部の石油産出地帯フーゼスタンに多くいるアラブとか、これらの民族集団は、革命とともに、自治を含む多くの要求を掲げて動きはじめていた。

革命後の政府を主導したバーザルガーンに代表されるイラン国民戦線に対し、一方にイスラム共和党に結集する宗教的勢力、他方に王制打倒に大きな役割を演じた左翼諸勢力があり、これらがバーザルガーンの政治指導を揺り動かし、多角的な対立を生むことになった。

このようななかで、テヘランの米国大使館が「ホメイニー師に従うムスリム学生」と名のる一団によって占拠され、館員らが監禁される事件が、七九年一一月四日におこった。イランを脱出した後、エジプト、モロッコ、バハマ、メキシコと亡命生活を送っていたイランの前国王《シャー》が、一〇月末にガン治療という理由で、米国にうけいれられ、ニューヨークの病院に入院することになったことが、この事件の直接のきっかけであった。

この米国大使館占拠事件は、イランにおけるイスラム革命の路線対立に、ある方向を与えるとともに、より広く米国主導型中東和平計画に大きな打撃を与えることになった。バーザルガーン政権は、この事件の翌々日に退陣せざるをえなくなった。そしてイラン国内で激しい論議を呼んでいたイスラム共和国憲法の成立に大きなきっかけを与えた。

もちろんその後の米・イラン関係のなかで、さらに新しい対立がイラン国内で生じることになるとはいえ、ともかくこの事件を契機として、ホメイニー師の指導体制が確立したということができよう。

聖モスクの戦場化

一九七九年一一月に重要な転機としての意味を与えたもうひとつの事件は、一一月二〇日におきたメッカの聖モスク事件である。

ヒジュラ暦一四〇〇年の第一月の元日の未明、メッカの聖モスクが武装した集団に占拠された。軍隊が出動して激しい戦闘の末ようやく鎮圧されるのであるが、鎮圧に半月も要するという深刻な事態が露呈された。サウジアラビアの王制の安定度についてはすでに疑問が発せられるようになっており、王族の間で社会の未来像や社会・経済開発のあり方、進め方、をめぐって対立があることが注目されてきていた。しかしメッカ事件は、そのような権力内部の対立もさることながら、サウジアラビアの王制がはっきりした反王制運動に直面していることを明らかにした。

戦闘が続いていた間にも、世界のイスラム教徒は、そのメッカ聖モスクのカーバに向かって礼拝をおこなっていたのであり、この事件が世界のイスラム教徒に与えた動揺はきわめて大きかったといわなければならない。同じ時期サウジアラビアの産油地帯である東部州においても、激しい大衆デモが連続的に軍隊・警察と衝突するという事態が発生した。七九年一一月サウジアラビアのこれら東西両地域の激動は、王制の危機を如実に物語るものであった。

これら一連の動きは、たんにサウジアラビアにとどまらずペルシア湾に面するすべてのアラブ産油国の国内危機と連動する意味を持っていた。サウジアラビアをはじめとするアラブ湾岸諸国の体制の動揺は、大衆の下からの突き上げによるという点で一つにつながっているものであった。このような状況は、イラクのバース党政権のなかで、すでに権力を確立していたサッダーム・フセイン新大統領の政治的基盤にもただちに影響をおよぼすものであった。したがってここからイラン・イラク間のきびしい政治的対立が生まれてくるのである。

イスラム革命の進行は、たんに米国主導の中東和平計画に対して批判を突きつけるものだっただけでなく、同様にソ連の影響力に対してもきびしく批判的であったことに注意する必要がある。米国大使館占拠事件がおこった翌日、イラン政府はイラン・米国協力協定を破棄しただけでなく、同時に一九二一年以来のイラン・ソ連友好条約の破棄をも正式に決定していたことに注目すべきであろう。

ソ連、アフガニスタンの泥沼に沈む

イラン革命に対するソ連の立場がはっきりあらわれてきたのが、アフガニスタン侵攻事件であった。アフガニスタンでは、人民革命党が一九七八年四月末軍事クーデターによってダーウード政権(一九七三年王制廃止とともに成立していた)を打倒し、権力をうちたてた。しかし人民革命党のおし進めようとした土地改革をはじめとする諸改革に対して、国内の批判がたかまり、七九年一月以降アフガニスタン全土でゲリラ活動が激化するようになってきた。すでに人民革命党内部にあったハルク(人民)派とパルチャム(旗)派の二つのグループの対立は、これによってさらに激しくなっていった。

七八年四月革命によって主導権を握ったヌール・モハンマド・タラキーや、これに代って七九年三月に首相となって権力を樹立したハーフィズッラー・アミーンらが代表するハルク派に対して、七九年末国内的動揺を武力的に打開しようとするパルチャム派のクーデターが、ソ連の直接的な軍事干渉とともにひきおこされた。一二月二七日アミーン議長は処刑され、チェコスロバキア大使として左遷されていたパルチャム派のバブラク・カールマルが革命評議会議長ならびに首相に就任したと発表された。ソ連は、七八年末、当時のタラキー議長訪ソのさい締結したソ連・アフガニスタン友好善隣条約にもとづく介入だと説明したが、これ以降事態は、ソ連軍と、アフガニスタン内部およびパキスタンに基地を持って抵抗するアフガニスタン諸勢力との間の、泥沼のような抗争に陥ることとなる。

ソ連は、すでにイラン革命の進行の中で、中東におけるイスラム革命への理解と警戒の両面を敏感に示しつつあった。ブレジネフ書記長がアゼルバイジャンのバクーに急行して演説するという反応にも、それはあらわれていた。イランの革命はソ連の国内問題なのでもあった。アメリカ大使館占拠事件以降のイラン・アメリカ間の緊張、中東全域における政治的動揺のなかで、ソ連は武力的にアフガニスタンの左翼政権をまもることによって対応、対決するという受け身の選択に踏みきらざるをえなかった。その意味で、米ソはともに、イスラム革命を求める中東大衆の激動と、既存の国家秩序の動揺とに、現状維持的な立場から受け身で対処することしかできなかったのである。

3　世界革命運動の民族主義的転換

米・イラン関係の推移

大使館占拠事件に対して、米国は在米イラン資産の凍結を発表し、さらには八〇年一月、国連安全保障理事会で対イラン経済制裁の決議案を提出した(ソ連の拒否権によって成立せず)。二月には、国連の調査委員会発足に協力しながらも、イスラム共和国憲法にもとづく新しいイスラム共和国の大統領に就任したバニー・サドルに人質解放問題解決への期待をかけたり、さらには四月七日、イランとの断交を含むあらたな経済制裁措置を発表し、事態を打開する唯一の道は軍事行動しかないことを強く示唆したり、イラン内部の変化や、中東の流動的な政治情勢のなかで、動揺するジグザグの対応を強いられることになった。

そして四月二五日、米国は人質救出のための軍事作戦を強行して失敗する。しかも救出に向かった航空機の地上での衝突事故で、乗員八人が死亡するという結果を生むことになった。人質奪回作戦に反対していたバンス国務長官の辞任というような、カーター政権の内部対立も露呈した。

米国の対イラン断交には、ＥＣ諸国および日本も同調することになった。イランの革命政権が、対ＥＣ関係とともに、あるいはそれを上回るかたちで重視してきたのは、日本との関係であった。イランの革命政権は外側からの経済技術協力によるプロジェクトをほとんど中止していたが、イスラム革命の事業として継続することを決めていた唯一のプロジェクトがＩＪＰＣ(イ日石油化学工業会社)であった。それにかかわっていた日本の立場からすると、米国の対イラン断交にともなう日本・イラン関係の転換は、深刻な意味をもつものだったといわなければならない。

しかし、四月以降の米・イラン関係のジグザグの過程は、イラン内部の路線上のあらたな対立をもたらした。それは、バニー・サドル大統領に代表されるような、イスラム革命をテコとしてイランの経済・社会開発を目指す路線と、これに反対するイスラム共和党との対立として、あらわれた。しかし、米国の強硬な対イラン政策は、米国の圧力に抗して「イラン民族」の立場を守り抜こうとする勢力に強力な刺激を加えるものであった。

エジプトに移って病気の治療にあたっていたシャーが七月二七日に死亡したことによって、イランがわの強く要求していた条件に大きな変化が生じることになる。そこで、九月一二日世界のイスラム教徒に向けてホメイニー師が明らかにしたメッセージにおいて示された人質解放四条件が新しい問題を提起することとなった。それは、前国王《シャー》の資産の引き渡し、米国が政治的・軍事的にイランに干渉しないことの保証、在米イラン資産の凍結の解除、イランの利益に反するすべての経済的補償要求を取り下げる、という対米要求として示された。

イラクによる反革命戦争

イラン内部の分裂・対立や、大使館占拠・人質事件におけるイランがわの変化を有利な兆候として見ていたイラクは、八〇年九月二二日、七五年のアルジェ協定の破棄を一方的に宣言し、正規軍による武力攻撃を開始した。これは、イラン革命後も断続的におこっていたイラン・イラク紛争に、全面的な戦争の開幕という新しい局面をもたらすことになった。

イラクは湾岸諸国の主導権を目指し、サウジアラビアに接近し、湾岸の安全保障に関してその主要な責任をになう方向を目指した。さらには、エジプトが対イスラエル単独和平によって「脱落」した後のアラブ世界の中での主導権をも目指していた。また他方、イラクと対立していたシリアのアサド政権は、国内のムスリム同胞団をはじめとするイスラム社会運動の勢力にゆさぶられ、危機転換のためにリビアと合邦宣言をおこなうことになった。以上のような外的環境の変化に応じて、しかもそのころ世界の石油需給において顕著にあらわれていた供給過剰状態や、米国大統領選挙にともなう一種の国際政治的空白状況をもにらみながら、イラクはイラン攻撃に踏み切ることになったのである。

しかし、イラクのサッダーム・フセイン政権が期待したイランのフーゼスタン地方におけるアラブ住民の協力や、かれらのテヘランの政権に対する離反は、ついに起きないまま、戦争は正規軍同士の消耗戦争(イランからは革命防衛隊も参加した)、そして両国の石油関連施設・石油積み出し施設への攻撃・破壊という解決のめどのたたない長期的紛争へと移行していくことになる。イラン・イラク戦争は、対イラン断交以来の米国の圧力が、いかにイランの国内的統合、イランの民族主義的統合に刺激を与えていたかを明らかにしたといえよう。

4 イスラム革命とパレスチナ問題

売り言葉としてのエルサレム法

一九七〇年に始まった米国主導の中東和平計画は、七七年のサーダート大統領のエルサレム訪問、七八年のアメリカ、エジプト、イスラエル三国のキャンプ・デービッド合意、そして七九年、イラン革命によって急展開してエジプト・イスラエル平和条約という結果を生み出してきた。キャンプ・デービッド合意の一つの柱であったイスラエル占領地におけるパレスチナ人の自治をめぐる交渉は、進展を見ないまま、合意の挫折という事態に直面することになった。

七七年に成立したイスラエルのベギン政権は、PLOを排除しながら、パレスチナ人自治をめぐってエジプトと交渉しつつ、同時にこれと並行して占領地における入植運動を推進した。入植によるヨルダン西岸地区のイスラエル化促進の企ては、明らかにパレスチナ自治交渉と矛盾するものであった。

入植運動を促進しながら継続的になされてきたイスラエル軍の南部レバノン攻撃は、イスラエルの国際的な孤立とPLOの国際的承認の動きをいっそう促進するという皮肉な結果を生むことになった。一九七四年以降、西欧諸国がPLO承認を模索する動きが表面化してきたのである。

このような中で、一九八〇年春から夏にかけて、イスラエルはさまざまな強硬措置をとりはじめた。PLOを支持するパレスチナ人の市長たちの追放などの政治的弾圧、あるいは八〇年七月三〇日のエルサレム法(東西エルサレム永久首都化宣言法)のイスラエル国会による可決などがそれである。すでにイスラエルは、六七年六月、六日戦争の直後、占領した東エルサレムをヨルダン西岸地区から切り離して併合していた。

しかし、エルサレム法は、世界のイスラム教徒の間にあらためて大きな反撥を引き起こしただけでなく、カトリシズムをはじめ世界のキリスト教界にも深刻な批判的反応を引き起こした。その結果、八〇年の八月から九月にかけて、エルサレムに置かれていた外国公館のすべてがテルアビブに移転する結果をもたらしてしまった。エルサレム法に対するオランダやラテン・アメリカ諸国などの国際的拒否反応が表面化したのである。同時に、エルサレム法を批判する激しい政治的動揺がトルコにおいておこり、これを乗り切るためのエブレン将軍による軍事クーデターを導くことになった。

パレスチナ人のジレンマ

一九七〇年代のパレスチナ問題は、第一にパレスチナ人の民族的主体としての発展、第二にアメリカ主導の中東和平計画、第三に、上の二つの間で動揺するアラブ諸国およびイスラエル、という三つ巴の対抗関係がジグザグの軌跡を示した。しかしそれも究極的には、パレスチナ民族主義およびパレスチナ人国家建設の国際的承認に進まざるを得ない道筋の一過程として特徴づけられることになろう。PLOとの交渉を認めないイスラエルおよび米国も、遅かれ早かれパレスチナ人を交渉相手とせざるをえないであろう。

しかし、パレスチナ人およびPLO（パレスチナ解放機構）がかかえている矛盾や困難もまた深刻なものがある。イラン・イラク戦争に示される中東域内の抗争のなかで、その対応に苦慮せざるをえず、またPLOが目指すパレスチナの非宗派的国家建設という目標とイスラム革命イデオロギーをかかげるイスラム復興運動との矛盾にも直面せざるをえないのである。パレスチナ人をたえず疎外する中東〈諸国体制〉を批判し、国家を超え出ようとする契機が、「祖国解放」の目標と、ときには相補的に、ときには対立的に働くという基本的矛盾を、パレスチナ民族運動はつねにかかえているのである。一九六七年以来のイスラエル占領地内部におけるパレスチナ民族戦線の抵抗の意義が、いよいよ重要な意味をもってきているとはいえ、ディアスポラのパレスチナ人、イスラエル占領地のパレスチナ人、東エルサレムのパレスチナ人、さらにはイスラエル市民としてのパレスチナ人というようにそれぞれが異なった地位と条件をかかえているので、民族としてのアイデンティティの獲得には、さまざまな困難があるといわなければならない。さらに、ヨルダン西岸地区やガザ地帯におけるパレスチナ人が、イスラエル経済のなかに最下層の労働力として完全にとりこまれるようになった今日、彼らの存在をイスラエル社会の動向から切り離して論じることはできない。パレスチナ人のなかでPLOの機能を相対的・部分的なものとして限定するようなパレスチナ人分断政策を進めるために、ヨルダン王制に一定の役割を担わせようとする力もつよく作用するようになっている。

国家の枠組への挑戦

全体として、一九八〇年代に入った中東では、第二次大戦後も強力に持続してきた大国のコントロール、ことに一九五〇年代後半以降、中東において働いてきた米ソのコントロールが、いちじるしい動揺に直面していることを、まず指摘しなければならない。したがって大国がリードする国際政治という文脈だけでは、中東問題を考えることがすでにできなくなっている。

さらに国家の枠をこえた大衆の現状批判のネットワークが、新しい力として立ちあらわれようとしていることに注目しなければならない。社会変革の要求が、しばしばイスラムにもとづく公正や正義という原則をかかげた運動になっていることにも注意を払う必要があるだろう。したがってそれらは、中東という地域的枠組をこえて、インド亜大陸から東南アジア、アフリカ諸国をも含む、世界のイスラム教徒の運動を刺激する結果となっている。

以上のように中東のすべての国々が、イラン革命によって露呈されたイスラム復興運動の高まりの中で、そもそも国家の枠組そのものの解体の危機をも含めて、深刻な政治的、社会的動揺に見舞われていることに、近年の中東の特徴を見出すべきであろう。

四　〈楕円構造〉のマネージメント――構想力の試練

◆『ワールドレビュー』第五巻第七号（読売新聞社、一九八三年七月発行）に寄稿した「出口のない中東紛争」。一九七五年以後のレバノン内戦、八〇年以後のイラン・イラク戦争、八一年イスラエルのイラク原子炉破壊、八二年イスラエルのレバノン侵攻という畳みかけ、そしてレバノンでの米国の苦境、PLOの内紛、という目前の状況、に応《こた》えるべく、中東地域をめぐる紛争の構造を論じる。八月突然辞職するベギン首相も思案していたはずの問題だ。

〈リンケージ〉の構造

中東は、東はアフガニスタン・イランから西はモロッコ・モーリタニアまで、北はトルコから南はスーダン・大サハラ地方まで、を含む地域とされていて、そこにはさまざまな規模の、またさまざまなレベルでの地域紛争が詰め込まれている。

そのうち若干の主要なものだけを拾い出してみても、アフガニスタン問題、イラン・イラク戦争、湾岸安全保障問題、パレスチナ問題、レバノン問題、中東和平問題、イラク・シリア紛争、キプロス紛争、エジプト・リビア紛争、リビア・スーダン紛争、リビア・チャド紛争、イエメン統合問題、アフリカの角《つの》紛争(ソマリア・エチオピア紛争)、西サハラ問題など、枚挙にいとまなく、それぞれに深刻な意味をもつものばかりである。

これらの多様な紛争の総体が、広い意味での「中東問題」を構成している、といわなければならない。えてして中東紛争というと、もっぱらアラブ・イスラエル紛争、ないしはパレスチナ問題だけに限定して考える向きもあるが、それは誤まっている。たしかに、パレスチナ問題は全体としての中東紛争のなかで基軸的な地位を占めるものではあるが、中東におけるもろもろの紛争局面は相互にリンクし合っているので、それらの間の連鎖反応のシステムや組み換えの機構を、全体として包括的に考えなければならないのである。

パレスチナ問題をはじめ、中東の諸紛争要因は、そのそれぞれと組み合わされつつ交互に反応しあっている諸問題群によっておのおの取り囲まれている、という構造になっていて、かつ問題群はさらに多くの小問題群に分割されたり、あるいは新しい問題群設定の政策的流動性のもとで編成替えされたりしているので、こうしたダイナミックな連動機構、リンケージを把握・分析することがさらに重要となる。

第二次世界大戦後、イラクとサウジアラビアの原油がともにパイプラインによって積出し基地としてのレバノンまで運ばれ、レバノンが中東の金融・商業・情報センターとして機能するようになるという形で、中東の石油経済システムの第一段階が仕上げられていくが、この過程のもとでイスラエル国家が成立し(一九四八年)、パレスチナ問題はその比重を増して、中東問題のもっとも枢要な構成部分となった。それまで中東をめぐる国際戦略の主要な環をなしていた「スエズ運河がいかなる勢力の支配下におかれるのか」という問題も、エジプト革命・イラク革命・アルジェリア革命・イエメン革命などへと導いたアラブ民族主義の問題も、バース主義やナセル主義に代表されたアラブ社会主義の問題も、みなパレスチナ問題を中心軸として運動の軌跡を描くようになった。

しかし、一九六七年の六日戦争(第三次中東戦争)を境として、大きな変化が生じてくる。PLOが体現するパレスチナ民族主義が登場し、またイスラエルによるパレスチナの全一的支配が達成された(東エルサレムを除くヨルダン西岸地区およびガザ地帯はまだ「占領地」であったとはいえ)結果、パレスチナ問題をアラブ諸国・対・イスラエルという対抗図式で割り切るアラブ・イスラエル紛争の枠組の内側に封じ込めておくことが困難となってきた。それだからこそ、その枠組を救うために、中東和平問題(一九七〇年以降)が提起され、七三年の十月戦争(第四次中東戦争)が戦われ、アラブ産油国の石油戦略が発動された。六七年以降すでに始まっていた中東の石油経済システムの変化は加速された。この現実のひとつの認知が、七五年から八二年にいたるレバノン戦争である。こうした過程を通じて、湾岸の社会・政治変動が、パレスチナ問題とならんで、中東問題のもう一本の基軸的柱として浮かびあがってきたのである。

湾岸の問題が、パレスチナ民族主義への対抗のために、意図的に押し出されてきたという面はたしかにある。そしてまた、アラブ湾岸諸国におけるパレスチナ人の無視しがたい役割、反米・反シャーの気運とともに反イスラエルの運動をテコとしておきたイラン革命、中東和平問題の停滞をにらみながら開始されたイラン・イラク戦争、イスラエル空軍によるイラク原子炉の破壊など、一連の事態が明らかにしているように、湾岸問題が密接にパレスチナ問題と結びついていることは否定できない。しかし湾岸の政治変革と紛争が、逆にパレスチナ問題の動向を規定する可能性をもつようになってきたことも、これを認めなければならない。中東問題は、(1)パレスチナ問題、(2)湾岸社会の変動、という二つの焦点をもつ楕円構造に組み替えられたのである。レバノンにおいてPLOに対して一九八二年の痛打をあびせたとき、イスラエルは、ゲームの「場の親」としての自らの立場を、その意図に反して掘り崩してしまった。おそらく、広い意味での中東紛争の諸要因の相互連関は、これから急速に構造的変化をとげることになるであろう。

紛争の複合局面

中東紛争を単純に米ソ対立、東西冷戦という大枠にあてはめて理解し説明することができるとする立場は、はなはだしく一面的である。

すくなくとも経験的には、中東問題に対する米ソの政策的利害が現象的に一致するということはしばしばあった。たとえば、一九四七年の国連のパレスチナ分割決議は、文字通りの「冷戦」期にはいりつつあった米・ソが、ことパレスチナ問題に関しては足並みが一致したことによって成立した。四八―四九年のパレスチナ戦争(第一次中東戦争)において、建国早々のイスラエル国家を武器の面でも、して、ソ連であった。五六年のスエズ戦争（第二次中東戦争）にさいしては、米・ソはともに、英・仏・イスラエル三国のエジプト攻撃を非難する立場にたった。ソ連によるハンガリー事件の強圧的な処理も、この態勢を急拠つくり出すためのものであった、ということが認められる。

一九六七年以降、中東に対するソ連の政治的影響力は急速に後退し、米国が主導権を握るようになったともいわれるが、その米国も、七〇年代のエチオピア革命、トルコの政情の混乱、そしてイラン革命によって、その戦略体制に大きな動揺をきたした。エジプトとイスラエルとを結びつけるキャンプ・デービッド体制やインド洋を含む緊急展開戦略などの応急措置によっても、域内紛争・危機に対するその管理能力の低下はいなめない。状況への対応の受動性が増している。その意味では、ソ連が危機への対処として軍事介入したアフガニスタンをもてあましているように、米国はレバノンをもてあますことにならざるをえない。

中東地域の戦略的地位の重要性と中東紛争の錯雑性とのために、米・ソはともに、中東における両国間の影響力バランスの重大な変更をもたらすような行動については、慎重にならざるをえず、また中東域内のあまりにもドラスティックな政治的変化は、これを望まないようになっている、といえる。そのために、中東諸国の政治指導者のがわでは、米・ソ対立をひとつの与件としてそれに適応し、またそれを利用する、ということが一定程度可能になっているのである。

しかし、以上のべたことにもまして、中東紛争が外側からの操作のチャネルによってでなく、より内在的要因から理解されるべき理由がある。
中東紛争からは、つぎの四つの局面を抽き出すことができよう。
(a) 域内、またはその周辺の国家間紛争
(b) 社会的紛争、エスニシティ
(c) 民族運動にともなう紛争
(d) 国際的紛争

そして、中東紛争を構成するさまざまな問題が、それぞれ、右の諸局面のうち、いくつかのものの複合として示される。たとえば、パレスチナ問題は(a)(b)(c)(d)のすべてを合わせもっているし、すくなくともまず(a)(b)が顕著に認められるイラン・イラク戦争にも、たえず(d)のかげがつきまとい、また(c)の意味が強調されている。西サハラ紛争では(c)(a)が前面に出ているが、キプロス紛争では(a)(d)が目立っている。米・ソ対立は(d)の局限された一側面にすぎず、米・リビア間のシドラ湾紛争(明らかに(d)にあたる)も、それに解消するようなものではない。

一般に、中東紛争では、(b)局面がしばしば重大な意味をもっている。それは(c)に発展することもあれば、(a)や(c)の攪乱要因となることもある。また、国境紛争として発現する(a)が、(b)局面を深部の条件としていることもある。エスニシティとは言語・宗派(宗教)・文化・地域性などにもとづいて進行する集団形成によって、社会的緊張や紛争が惹起されるような事態をさすが、中東では、ことさらにこのような局面が、むしろ(a)や(d)を規定し、制約している面があることを忘れてはならない。

対立の設定と操作

しかし、エスニシティ問題が中東紛争の特質だ、などといって片付けてしまうわけにはいかない。社会的紛争が自然発生的に、あるいは自然成長的に現象するのではなくて、紛争の図式の設定と操作がたえず外側からおこなわれるからである。パレスチナ問題における「ユダヤ人」対「アラブ」という対立の形式は、その代表的な例である。

アラブとは、アラビア語でものを考え、生活している人々をさす。他方、ユダヤ人の定義問題は、それ自体イスラエル社会内部の紛争要因となっているが、イスラエルでは、さしあたり、ユダヤ人とは「ユダヤ人を母とするもの、およびユダヤ教徒」とされている。しかし、ユダヤ人という概念は、人間をユダヤ人と非ユダヤ人(ジェンタイル=異邦人)とに分類するキリスト教の考え方にもとづいて生れてきたもので、したがって厳密にいえば、それは、キリスト教が有力な社会において普遍的に見出される社会的差別の標識である、といわなければならない。欧米社会におけるユダヤ人差別が、ユダヤ人をつくり出したのだということができよう。これに対して中東では、歴史的にそのようなユダヤ人問題をもたなかったために、ユダヤ教徒は存在したが、ユダヤ人という在りかたは存在しなかったのである。アラビア語生活者としてのアラブのなかには、イスラム教徒も、キリスト教徒も、ユダヤ教徒もいた。そこでは宗教がユダヤ教であるものは、ユダヤ教徒のアラブであって、アラビア語を話すユダヤ人なのではなかった。

欧米社会のユダヤ人差別に依拠しながら、パレスチナにユダヤ人の民族的郷土をつくり出すことをめざすシオニズム運動は、イギリスのバルフォア宣言(一九一七年)によって支持され誘導されることとなった。この宣言を実行するためのイギリスのパレスチナ委任統治は、ユダヤ人をもたなかったアラブ社会にヨーロッパのユダヤ人問題を押しつけ、一方でアラブのユダヤ教徒をユダヤ人におきかえる手法を強制するアラブ分裂政策とともに、他方でヨーロッパからパレスチナに向かってユダヤ人を押し出す植民政策を追求した。ユダヤ人押し出し政策をもっとも効果的に推進したのは、ナチズムであった。こうして「ユダヤ人」対「アラブ」という形式の対立が、まったく新しく設定され、操縦されることになる。この手続きはつぎのようにも示される。

(1) 「アラブ」=(アラブ)-(アラブのユダヤ教徒)

(2) 「ユダヤ人」=(ユダヤ人という名の植民者)+(アラブのユダヤ教徒)

このような試練のもとで追放と離散、抑圧と屈辱の痛苦をなめたパレスチナ人アラブは、アラブとユダヤ人を包摂する未来の新しい「パレスチナ人」のヴィジョンに賭けるようになっている。そしてまた、イスラエルの内部では欧米系ユダヤ人と東洋系ユダヤ人との対立が増大し、イスラエル内外のユダヤ人の間ではイスラエル国家の政策に対する批判が強まって、ユダヤ人の一体性のイデオロギーに影がさしはじめた。

中東紛争の政策的構図は、ユダヤ人対アラブの対置ばかりでなく、別の次元でも問い直しがはじまらざるをえない。ひとしくシャーム(歴史的シリア)の民であったレバノン人・パレスチナ人・シリア人の関係は、レバノン・イスラエル協定によって固定できるものではない。イラン・イラク戦争の構図をなすアラブ対イラン人の対立の図式も、けっして安定したものとはいえない。イラクは人口の過半を占めるシーア派の住民をかかえている。多民族国家というべきイランでは、戦場のもっとも近いところにアラブ住民が「イラン人」として暮している。イラク軍のイランへの進撃は、アラブのイラン人が、アラブであることよりイラン人であることを選んだために、挫折した。

波及と内攻の相乗作用

中東紛争においては、そこでのあらゆる事象が世界化(地球大化)＝空間的拡大と歴史化＝時間的拡大という傾向を露呈している。しかもそれは楕円の二つの重心においてもっとも顕著である。

聖地問題やエルサレム問題は、世界のユダヤ教徒、キリスト教徒、イスラム教徒の共通の関心事であって、域内問題としての解決は不可能である。パレスチナ問題は、ミュンヘン・オリンピックでエンテベ空港で、ウィーンのＯＰＥＣ総会場で、争点となった。ソ連を出国してイスラエルにおもむこうとする移民の問題は、ソ連社会の内部の問題をパレスチナ問題に直結させ、米国内部のユダヤ系市民の動向は、米国の国内問題であると同時に、そのままパレスチナ問題の一部分なのである。湾岸で予想される社会・政治変動が、ただちにグローバルな波動をひきおこす可能性をもつことについては、今さら多言を要しない。

パレスチナ問題は、植民運動において十字軍の歴史を、アラブ分割政策において一九世紀の東方問題の計略を受け継ぐ構造になっている。シオニズムは「嘆きの壁」に向かって涙する宗教的熱狂に支えられており、世界のイスラム教徒は、アクサー・モスク放火事件や岩のドーム乱射事件のたびに預言者ムハンマドの「夜の旅」を想起する。そしてイラン・イラク戦争では、交戦する双方がそれぞれの解釈の仕方でイスラムの歴史を記念している。

中東の将来を展望しようとする者にとって、中東紛争の出口を安易に予定することはできない。すでにのべたように、国際政治が中東紛争の内部に埋め込み、拡大的に再生産し、内攻させてきた社会的紛争の局面は、国家的レベルでの調整や調停や和解によっては解決しきれないものだからである。おそらくそれは少なくとも数世代にわたる社会的平和のための努力を必要とするものであろう。そしてそれを可能ならしめるためには、中東紛争を管理し運営してきた国際政治のシステムが変化しなければならないに違いない。しかも、ここでまた、あらためて「歴史化」が問題とならざるを得ない。ヨーロッパの歴史を一貫してきたユダヤ人問題が欧米の社会で克服されなければ、パレスチナ問題の「解決」はないからである。

中東紛争の打開について、パッケージ方式や、一括解決方式や、問題分割方式や、ステップ・バイ・ステップ方式や、経時効果方式など、さまざまなプロットやシナリオが提案され、試みられている。しかし、最大の困難は、中東域内の国家システムの不安定性、脆弱性にあるといわなければならない。今日の中東の「諸国体制」は、第一次世界大戦以降、人工的につくり出されてきたものである。そこでは、人々はそれぞれ、肩書きの異なったあまたのＩＤカードを選択的に使い分けながら、きわ立って状況対応的に、したがって政治的に生きている。例えば、ひとりの人間が、自分をエジプト人とし、アラブとし、イスラム教徒とするアイデンティティの選択的獲得を、日々おこなっているのである。アーゼリー（アゼルバイジャン人）であり、クルドであり、バルーチーであり、アルメニアンであり、タジキーである人々が、イラン人になっている。〈アイデンティティ複合〉とエスニシティの渦まく中では、国家はしばしば影のうすいものとなってしまう。たしかに、国際的社会は、中東の諸国体制を維持し、現存の国家システムの規定力を強化しようとして、必死の努力を試みてはいる。極言すれば、「人の生き残り」よりも「国の生き残り」に力点を置いている、といわれても仕方のない面さえある。しかし中東紛争は、国際政治の設定した装置を掘り崩す形で、確実により深刻な社会的紛争へと内攻しつつある。

イラン・イラク戦争の結果ペルシア湾に流出した原油の環境汚染が象徴するように、中東紛争にはたえず新奇なモメントが生じている。安直な「解決」を夢みて一喜一憂すべきでないことはいうまでもないが、むしろ、対応の方途を見失うような危険にこそ備えなければならないであろう。

五　イラン・イラク戦争の解読――〈戦争と戦争効果の国際管理〉

◆歴史教育者協議会編『一〇〇問一〇〇答　世界の歴史』(河出書房新社、一九九〇年八月刊)所収の「イラン・イラクはなぜ戦ったか」。その初出は、同協議会発行の『歴史地理教育』四一〇号(一九八七年三月)に載った「イラン・イラクはなぜたたかうのか」。八七年一月のバスラ攻防(イランのカルバラ―五号作戦)という山場(結果的に最後の)の成り行きを注視しながら書いたのが基幹部分。

対立図式のパターン

イラン・イラク戦争(一九八〇年九月―八八年七月)が戦われていたとき、それは隣国同士のいつ果てるとも知れぬ泥沼の戦争のように見えた。地域紛争というと、米ソ対立に還元することによって割り切れる代理戦争だという理解が横行してきたが、イラン・イラク戦争はどうにもこの尺度にあてはまるものではなかった。そこで、この戦争には、イラン革命の宗教的熱狂などが絡む複雑微妙で奥深い背景があるのだ、ということにされた。理解しにくい問題はみな宗教対立の根深さという話にしてしまえば、なんでも分かったような気分にひたることができる。パレスチナ問題の例の「宿命的対立」という悪意ある解説が、ここでもまた再生産された。イラクとイランの抗争を説明する対立図式としては、以下のような割り切りがまかり通っていた。

①アラブ対イラン人。イラクはアラブの国であり、イランはイラン人の国であって、運命的に敵対関係にあるという話。

②スンナ派(スンニー)対シーア派。イラクの政権はスンニーで、イラン・イスラム共和国はシーア派だから、この戦争は宗教戦争なのだという話。

③アラブ対イスラム。イラクのバース党政権の立場はアラブ民族主義で宗教色が薄いが、それだけに、イランのイスラム革命輸出には脅威を感じないわけにいかないのであって、戦争は世俗主義とイスラム原理主義との衝突からきているという話。

④イスラム対ゾロアスター教的イラン。イスラムという宗教を生み出しひろめたのはアラブだが、イランには古代以来のイラン文化の伝統があり、イスラム初期の時代からマワーリー(イラン人など非アラブのイスラム教徒)問題やシュウービーヤ運動(アッバース朝の初期にイラン人を中心とする非アラブのイスラム改宗者がイラン文化の優越性を主張し、アラブと非アラブの平等を要求した文化運動)のごとく、あい容れぬところがあったという話。

⑤体制維持派対反体制的・革命的シーア派。シーア派はウマイヤ朝への反対というその成立の初期からつねに反体制的であり、またアッバース朝革命の原動力でありながら未完の革命の担い手に

終わった。シーア派第三代イマーム、フサインのカルバラーでの殉教の死を記念する被害者意識は、人びとを「死の美学」へと誘い、イスラム革命に敵対するイラクのサッダーム・フセイン政権と戦うため丸腰同然の子どもたちまで地雷原を渡るのだという話。

⑥サッダーム・フセイン対ホメイニー。シャー（イラン国王）の白色革命に反対して国を追われイラクに亡命したホメイニー師は、イラク滞在一三年目の一九七八年、すなわちイラン革命のただなかで、サッダームに追われてパリに移らなければならなかった。革命の成就とともにテヘランに帰ったホメイニーは、イラクのイスラム革命を呼号することになる。思想も性格もまったく異なる二人は、どちらかが倒れるまで戦争はやめないという話。

パターンを支える両交戦国

イラクは、現代のイラン・イラク戦争を西暦六三六年イスラム教徒のアラブ軍がサーサーン朝のペルシア軍を撃破したカーディスィーヤの戦いになぞらえた。またイラクは、開戦とともに、イラン占領下にあったペルシア湾のアブー・ムーサー、大小トンブの三島をアラブ首長国連邦になりかわって奪回した。そもそもアラブ諸国はペルシア湾をアラビア湾と呼ぶよう要求してもいた。これらは右の①と④とを宣伝する仕掛けだったといえよう。他方、イランは、イラクとの戦争下で進撃の象徴的目標をカルバラーと喧伝し、さらにはカルバラーのかなたにシオニスト・イスラエルの占領するエルサレムがあるとして、その解放を誓う「エルサレムの日」を定めた。これは右の②と③と⑤とをふりかざす立場につながる。イラクはイランがイスラエルから武器の供給を受けていると非難するのに対して、イランはイラクのサッダーム政権がイスラエルと同類項でイスラムへの敵対者だと非難した。

イランは、戦争がイラクの侵略によってはじまったとして、だからイラクの戦争責任の明確化と責任者サッダーム・フセインの退陣とを伴わぬ戦争終結はありえない、と主張していた。国際社会にこのことを確認させるためにも、徹底的に戦うというのだった。これにたいしてイラクは、即時無条件にでも戦争終結に応じる用意があるとしつつも、ホメイニーの指導体制にひび割れが生じ、イランの権力中枢に分裂が起こることを期待していた。こうして⑥の見解が補強された。

二国間戦争の枠組に対する批判

単純化された二項対立にそって彼我の関係で戦っているとみえるイランとイラクという二つの国家・社会を、ここで観察し直してみよう。

一九八〇年九月、イラク軍が大挙侵入したイラン南西部のフーゼスターン地方には、イランのアラブ住民(アラビア語生活者)が暮らしていた。イラク政府は、フーゼスターン住民はアラブの旗を掲げてイラク軍を歓迎し、テヘランの政府に反逆してイラン革命の体制は解体をはじめる、と読んでいたとみられる。ところが、彼らはイラク政権が期待したようには動かなかった。「イラン人のアラブ」という存在と戦争下での彼らのアイデンティティ選択の結果とは、①の根拠を揺るがすものである。イラクの人口の過半数は、イラン人の大多数と同じくシーア派(しかもそのなかの十二イマーム派)

である。一九八二年六月以降、逆に押し返したイラン軍が圧力をかけ浸透を試みるようになったバスラ周辺のイラク南部では、住民の中でシーア派の比重はことさらに高い。バグダードのバース党政権は、有力な閣僚や党指導部メンバーにキリスト教徒やクルド人とともにシーア派の人々をも抱えていたのであり、けっしてスンニーの権力とはいえなかった。それゆえ、②の解釈は崩壊する。

以上のことから、④と⑤の説明が短絡であったことも明らかとなるだろう。ことに、戦争の過程を通じて、イランでは激しい権力闘争が展開し、バニー・サドル大統領の失脚やイスラム共和党指導者の多数の爆殺事件などが起きたことは、イスラム権力としてのイラン政権の性格も単純な一枚岩としてみるわけにはいかないことを証明した。またアゼルバイジャン人、クルド人、アラブ、バルーチー、タジク人、ウズベク人、トルクメン人、パシュトゥーンなど多民族を包摂するイラン社会を一色に塗り上げて済ますこともできない。政治指導者の役割を正しく評価することは大事だが、⑥のように戦争を個人的対立のレベルに解消したり、権力機構の動態を無視したりすることは論外であった。

交戦する両国の立場を要約する場合には、しいて言えば③がそれぞれの主張に近かったとはいえる。すなわちイスラム革命、対、アラブ民族主義という対置である。しかし、たてまえとしてのこのような主張が、二国間戦争の枠組をたえず突き破る作用をしていることに注意しなければならない。いいかえれば、両国はじつはそれぞれの国内体制の生き残りのために戦っているのに、まさしくそのためにこそ、両国ともそれぞれ自らの国家のあり方を否定し克服すべきものと認めなければならないのである。イランはイスラム革命の課題をイスラム世界に向かって突きつけることにより、「イラン」イスラム共和国を乗り越えようとしなければならない。イラクは、サウジアラビアをはじめ湾岸アラブ産油国の経済援助やヨルダンの協力やエジプトの軍事的支援に支えられていただけでなく、アラブの国として戦う限り、しかもバース主義の看板を掲げる限り、「イラク」という国の枠をとりはずし、アラブの統一に向かって限りなくみずからを解消していこうとする表向きの姿勢を保持しなければならないのだ。

このようなたてまえは戦争の組織・マネージメントや国民の動員の必要に沿うものであるとはいえ、しかしまた、戦争する国家の現実や要求とはしばしば矛盾するものだった。国内反体制派や相手国内自国亡命者につけこむ論理を与えることにもなる。そのうえ、アラブの一国でありながら、そしてバース主義の旗を掲げながら、反イラクのシリアがイランを支持してきたことは、交戦する両サイドにとっては、③の名目でさえ不安定なものだったということを意味した。

イラン・イラク戦争をなんとか二国間戦争として眺めようとする場合でも、きわ立って特異なことの一つは、シーア派の聖地、すなわちイラン人の多くがそこに葬られたいと願っている場所であるナジャフやカルバラーが、イラクにあるということだっただろう。イランとイラク、イラン人とイラク人、これらの間に働く相互浸透性というものに注目しなければならない。

歴史を振り返りつつ、この地域の地図を時代ごとに作成してみると、しばしばイラン高原に成立した政治権力がメソポタミアをも支配したことに気付く。イランとイラクという二国が併存し対峙するようになったのは、二〇世紀のことなのである。イランはロシア革命の力の限界線を区切るようにして英国の政策的主導下で創出されたパフレビー朝の領域として、イラクは英仏による歴史的シリア(シャーム)分割の一破片として、並び立つこととなった。ことにイラクは、第一次大戦中の英仏露三国の秘密条約である一九一六年のサイクス・ピコ協定では英仏の勢力範囲として南北に分かれるはずであったものが、パリ講和会議と一九二〇年のサン・レモ会議を通じて偶発的に形成された領域であった。イギリスが北イラクの油田地帯をも掌握したのである。

イラン・イラク戦争が国境紛争として発火したのは、このような二国の並列をつくり出した英国が残していった遺産のためである。

押しつけられた重荷

こんにちのイラクにあたる地域とイラン西北部とは、一六世紀から一七世紀にかけて、オスマン帝国とサファヴィー朝国家との争奪の場であったが、けっきょくイラクにあたる地域はオスマン帝国に帰属することになった。そののちオスマン帝国とカージャール朝国家との間に設定された境界線を受け継ぎながら、二〇世紀にはいると、英国はイラクとイランとの国境線をシャット・アル＝アラブ川のイラン側河岸に定めた。英国の権益一本槍の論理であった。

英国の勝手を清算しようとしたのは、国王《シャー》の強権のもとで世界第五の強国を目指し石油輸送の大動脈ペルシア湾の憲兵をもって自ら任じていたイランだった。一九六九年イランは国境協定を一方的に破棄し、イラク北部のクルド民族運動の支援に乗り出した。またバハレーンの領有権を主張して湾岸諸国の独立に嘴《くちばし》を入れ、七一年にはホルムズ海峡に近い前記三島を占領した。OPEC首脳会議のさいアルジェリアの仲介で結ばれた七五年のアルジェ協定は、イランがイラク内のクルド人への支援を打ち切ることを条件に、イラクが国境線をシャット・アル＝アラブ川の中間線とすることに同意したものである。だが、この妥協も、イラン王制の崩壊、イラン内部のアラブやクルド人などの動揺、テヘランの米国大使館占拠・人質事件、イラクへのイスラム革命拡大の呼びかけ、メッカの聖モスク占拠事件、ソ連軍のアフガニスタン介入等を契機として、八〇年九月イラクのアルジェ協定破棄、対イラン攻撃とともに破れ去った。この戦争は、明らかにイラン・イスラム革命に刃を突きつけるイラクの反革命戦争ではあったが、戦局の動向は両国の政権によってそれぞれ国内矛盾の転化のために利用された。

新奇さのプレパラート

この戦争は「湾岸戦争」とも呼ばれた。サウジアラビアはイランからの巡礼を受け入れ、戦争の最終段階の直前まで外交関係を維持した。首長国連邦の港ではイランとの密貿易が絶えなかったが、アラブ湾岸産油国はイラクの戦費を援助していたのである。米国の供与したAWACS（空中警戒管制機）が見張るペルシア湾ではタンカー攻撃が繰り返され、クウェートから十数キロ先は毒ガスも使われる激戦場となった。イラクへのフランスのエグゾゼ・ミサイル売却やイスラエルの対イラン武器供給、米国の「イラン・ゲート」事件などに示されたように、イランとイラクとには世界の死の商人が群がった。人工衛星が戦況を監視し、片方のがわの総崩れを回避するために、米ソをはじめ三〇以上の国々が双方の戦力のバランスをとった。外貨不足や累積債務に悩む中国やブラジルなどは、両国への有力な武器売り込み国となった。交戦国双方が、心理戦としてミサイルによる相手国の都市攻撃をおこなった。そして国際的には、ホルムズ海峡封鎖の危険や原油の海中流出の情報をまじえつつ、石油の需給や価格が操作された。この戦争はいわば一九八〇年代のオイル・グラット(だぶつき)をマネージする戦争でもあったのだ。しかも、湾岸戦争はレバノン情勢に、またニカラグア情勢に連結していた。国連も、非同盟諸国会議も、イスラム諸国会議も紛争解決には無力だった。むしろ国際政治がイラン・イラク戦争とその戦争効果とを維持し管理したのである。

こうして、国際管理戦争としての湾岸戦争が八年間にわたって維持された結果、イラン革命はその普遍主義の牙《きば》を抜かれ、イスラム革命として拡大していくのではなく、むしろ一国の枠にこだわる革命に終わっていくことになった。ホメイニーはこのにがい現実を見とどけて死去する。彼にとって、イスラム革命の理想の最後のあかしは、インド出身の英国人作家サルマーン・ルシュディの作品『悪魔の詩』への糾弾であった。一九八八年七月イランがついに前年七月の国連安全保障理事会決議五九八号を受け入れ、停戦の成立へといたる背景には、八七年末イスラエル占領地(ヨルダン西岸地区とガザ地帯)で開始されたパレスチナ人住民の反イスラエル抗議運動(インティファーダ)がパレスチナ問題を国際政治の前面に押し出し、イラン・イラク双方の指導者たちに、そして国際政治のあらゆる担い手たちに、湾岸での戦争の打ち切りを急がせることになる、ということが隠されていた。

六　湾岸戦争の向こう側──歴史のパースペクティブ

◆『世界週報』第七一巻第三八号〔一九九〇年一〇月二日号〕(時事通信社、九月一八日発売)に掲載の「中東と世界の政治地図を激変させる湾岸危機」。八月下旬までに湾岸戦争の基本的対抗関係が形成されるのを見届けて書いたという感じ(平凡社『百科年鑑1991』および『百科年鑑1992』〔一九九一年四月／九二年四月刊〕に寄稿した「湾岸危機」、「湾岸戦争」参照)。〈諸国体制〉成立の背景については、岩波講座『世界歴史』第24巻〔現代1〕(岩波書店、一九七〇年四月刊)所収「第一次世界大戦とアラブ地域」で論じた。

近代国際秩序の組み換えに向かって

イラクのクウェート侵攻という無法からはじまった今回の湾岸危機は、世界中に未曾有《みぞう》の深刻な波紋を拡げている。今後の推移のなかで破局的事態をなんとか回避できたとしても、世界はこれを機に大きく変貌することになるに違いない。米ソの凋落《ちょうらく》はすでに覆いがたく、日本の国際的地位はいやおうなしに一層おしあげられることになるだろう。しかし、きたるべき世界とは、近代の国際秩序をはげしく根底から組み換えていくような紛争と争乱の充満する世界なのではないだろうか。

湾岸危機は、そのような時代の本格的開幕の合図だといってよいかもしれない。この危機がどのような形で決着するにせよ、中東のこれまでの〈諸国体制〉(国分けのシステム)に、いずれ大変動が起きるのは避けられないだろう。いくつかの国が解体したり消滅したり、またまったく新しい国が形成されたりして、地域や国家や民族の枠組が大幅に組み換えられ、政治地図が一変する可能性がある。このような中東の大変動が世界の他の地域の大変動とリンクしあうことも予想される。現在の危機が証明しつつあるように、中東という地域は、宗教の面でも、資源の面でも、コミュニケーションの面でも、つまり文明戦略論的に、たえず世界全体を巻き込む問題性をかかえているからだ。

中東諸国は、イラクからモロッコまで東西にひろく拡がるアラブ諸国のほか、イラン、トルコ、イスラエルも、みなそれぞれに、いちじるしい政治的不安定の状態にある。わけてもアラブ諸国は、みずからの国家的枠組それ自体を大国支配の残した負の遺産として批判的に問いなおす歴史をたどってきた。

〈諸国体制〉の成立

中東〈諸国体制〉は、第一次世界大戦後に生まれた。それは、英仏の中東支配の道具立てとして設計されたのである。第一次世界大戦まで三、四百年にわたってオスマン帝国に領有されていた肥沃《ひよく》な三日月地帯は、戦後、一九二〇年のサン・レモ会議で、日本を含む連合国により、委任統治という形式で英仏の支配下におくことが決定された。イラクとヨルダン(当時はトランスヨルダンと呼んだ)とパレスチナという三つの断片が英国の統治下に置かれ、シリア・レバノンという断片はフランスが支配することになった。

第一次大戦中、英国は、戦争遂行の必要上、三枚舌外交ともいわれる駆け引きによって、矛盾しあう戦後処理の約束を乱発していた。①一九一五年のマクマホン書簡は、メッカの知事、ハーシム家のフセイン(フセイン現ヨルダン国王の曾祖父)に、オスマン帝国下でアラブ反乱を起こせば肥沃な三日月地帯とアラビア半島の全域にアラブ独立国家を造らせると約束。②一九一六年の英仏露三国の秘密条約、サイクス・ピコ協定は、肥沃な三日月地帯を南北に二分し、南をイギリスが、北をフランスが勢力範囲とする山分けを約束。③一九一七年のバルフォア宣言は、パレスチナにユダヤ人の民族的郷土(国家)創設を約束。結局、これら戦後処理計画の錯綜を交通整理し後始末をつけたのは、英仏によるこの地域の分割を決めたサン・レモ会議だった。

③の約束は、ユダヤ人植民運動(そのもっとも強力な推進者はナチズム)を経て、一九四八年のイスラエル独立へと結実する。②の約束は手直しされ、メソポタミア(肥沃な三日月地帯の東半分)についてはこれを南北に二分せず、一単位として英国の支配下に置くことになった。こうして英国委任統治領イラクの輪郭が定まる。フランスは、北イラク産出原油の安定供給を受けることを条件に、領有の権利を譲った。英仏協議の過程で、イラクという国の枠組は、いわば偶然に生まれたのだ。メソポタミア文明数千年の歴史を背負うというイメージとは裏腹に、イラク国家の人工的鋳型がしつらえられ

た。

①の約束を英国は反故《ほご》にした。英国は、サウード家にメッカを征服させてハーシム家を追い出す(サウジアラビア王国の成立)代わり、ハーシム家の息子たちを英国委任統治領のイラクとヨルダンとにそれぞれ王として据え付け、①の約束をまったく破棄したわけではないことにした。のちに一九五八年、ハーシム家のイラクのほうの王制は革命で倒れるが、ヨルダン王制は生き残った。

英仏が勝手にやった線引き、縄張りにより、またそれを伸ばして中東全域に張りめぐらすことにより、トルコ共和国やパフレビー朝イランをも含め、中東諸国体制の国分けが確定される。英国はすでに一八九九年に、クウェートという保護国を設定していた。バグダード鉄道建設によりペルシア湾への進出を目指していたドイツに対抗して、ペルシア湾への出口をふさいだのだ。このような区画も、第一次大戦後の諸国体制のなかにはめ込まれていく。クウェートはイラク国家の領土だった、というイラクの主張は成立しない。

大国管理の動揺

第二次大戦をはさんでアラブ諸国の多くが独立したが、それは英仏のお仕着せの枠組にもとづいていた。解放と独立への悲願は、当然のことながら、英仏の支配装置として区切られた国の壁を乗り越え突き破って、より広い連帯や政治的統合を求めた。しかし、ことに英国は、パレスチナをめぐって、アラブ対ユダヤ人、アラブ諸国対イスラエルという対立の構図を押しつけ、これを操作しながら、アラブ・ナショナリズムを管理・誘導した。アラブ連盟は、英国の指導下で、国単位の加盟による国際組織として編成された。

アラブ・ナショナリズムといっても、そこでは、アラブ「諸国」の提携や協力だけを考える体制維持型と、国の枠組の自主的変更を通じてアラブ世界の政治的一体化を求める体制変革型とが、きびしく対立しあっていた。そして「アラブの大義」はたえず後者へと揺れるのだ。スエズ運河を国有化しアラブ世界で統一への気運を高めたエジプトのナーセル政権の呼びかけ、シリアやイラクでアラブ統合の旗をかかげたバース(＝復興)党の挑戦、フランス植民地支配に武装闘争を挑んだアルジェリア民族解放戦線(FLN)の運動などが、諸国体制を動揺させた。一九五六年イスラエルと手を組んでのエジプト侵攻に失敗した英仏は、中東での覇権を急速に失いはじめる。

アラブ・イスラエル紛争の操縦という英仏の手法を受け継ぎながら、米ソが、英仏を出し抜いて影響力を伸ばし、中東地域の管理者として振る舞うようになった。しかし一九六七年からのち、ユダヤ人国家イスラエルが占領地(ヨルダン西岸およびガザ)に居座り、東エルサレムやゴーラン高地を併合して、多数のパレスチナ人を支配領域にかかえる国家となると、パレスチナ・ナショナリズムが中東諸国体制を揺るがすあらたな力として登場する。パレスチナ人はイスラエル国家からの迫害を受けるだけでなく、アラブ諸国のもとでも疎外され圧迫される存在だった。国連安全保障理事会決議二四二号は域内の「すべての国の生存権」をうたい、「アラブの石油戦略」を含む一九七三年の第四次中東戦争で米ソはアラブ・イスラエル紛争という形式だけはなんとか保守したものの、一九七〇年代以降の諸国体制の管理は米ソの思惑通りにいかなくなった。

アラブとアラブがはげしく対立し、パレスチナ人同士が殺しあうようになった。一九七五年以来の内戦、八二年のイスラエルの侵攻を経て、レバノン国家は事実上解体してしまった。米ソを先頭として国際政治は、イランのイスラム革命を封じ込めその普遍主義の牙《きば》を抜くために、イラクの対イラン攻撃に便乗し(アラブ・イスラエル紛争でなく、アラブ・イラン紛争という形式)、イラン・イラク戦争を維持・管理しなければならなかった。一九八〇年代を通じて、米ソは中東でたえず受け身の対応に終始し、同地域に対する掌握力をいちじるしく弱めたのである。以上のような経緯のツケが、このたびのイラクのクウェート侵攻である。国際法の原則の擁護とサウジアラビア国家防衛とのために決然と立った米国のブッシュ政権の選択を、将来の歴史家は、没落する帝国への同情をこめた挽歌に寄せて考察することになるかも知れない。

奈落の底

レバノンの解体に続いて、今度はクウェートが一夜にして消滅するという事態を、私たちは目撃した。目前の紛糾にだけ気を取られるのではなく、より長期的な地殻変動の不気味な響きに耳を澄まさなければならない。近代世界の所産の一部だった、そしてなにより欧米支配の道具立てを持ち越してきた中東諸国体制は、好むと好まざるとにかかわらず、いま劇的な再編成の時代に突入したのだ。

人口の七割を「非クウェート人」と位置づけて差別し、特権的「クウェート人」の民主化要求にさえ強権的弾圧で臨み、出口なき政治的混迷のうちにイラク軍を迎えたクウェート首長制国家は、今後イラク軍が撤退しても、原状を回復することは不可能だ。バース党のアラブ・ナショナリズムの受け皿をクウェートにうまくつくりだせなかったイラクのサッダーム・フセイン政権は、国内に不安定要因をかかえつつ、米国の対応のおかげで立場を強化できた。その倒壊は指導者を英雄化させる場合もある。米国のサウジアラビア防衛は、それが仇《あだ》となって、サウード家の王制を苦境に立たせるだろう。国内的基盤の弱さに悩んできたヨルダン王制の苦悶は、湾岸諸国から放逐されるパレスチナ人を迎えて一段と深刻になる。エジプト内部のイスラム急進派など反体制勢力もあなどりがたい。PLOも振り出しからの出直しを迫られている。ともあれ、中東はいま奈落の底を覗《のぞ》いているのだ。

アラブの社会は、家族という枠の設定を自由自在に伸び縮みさせることによって、個人がアダム族(人類)に直結する普遍主義的な意識空間を育《はぐく》んできた。「国」の座り心地はもともとよくない。統治の正統性も民衆のきびしい批判の目につねにさらされている。政府や指導者の動きに眩惑されることなく、中東の激動の基底にあるものを注視すべきだ。

VI

オリエンタリズム批判の可能性

一　一六世紀からの読み替え――相互浸透的世界と「東方」の客体化

◆板垣雄三・荒木重雄共編『新アジア学』(亜紀書房、一九八七年一〇月刊)の一節、「一六世紀という時代」。一六世紀の問題のなかに現在を、現在の問題のなかに一六世紀を見分けることが可能であり、必要ではないか。中東で一九六七年に社会主義が打撃を受け、そして世界史先取り的に潰《つぶ》れていくのを見て理解できるようになったことは、ブローデル(『地中海』〈五分冊〉、浜名優美訳、藤原書店、一九九一年一一月以降刊)やサイード(『オリエンタリズム』、今沢紀子訳、平凡社、一九八六年一〇月刊)の理解と呼応し合う。

「外敵」オスマン帝国

舞台は一六世紀のバルカン半島。

スルタン＝スレイマン一世をいただくオスマン帝国軍は、破竹の勢いでモハーチの野にハンガリー軍を打倒した(一五二六年)。ヤゲロ朝のハンガリー・ボヘミア王ラヨシ二世は戦死する。ここから、ハンガリー王国の分裂、そしてオスマン帝国軍によるウィーン包囲といった事件が起こってくるのだ。かいつまんで、その間の経緯を説明しておこう。

モハーチの戦いの結果、ヤゲロ朝の王統が絶えると、ハンガリー貴族らはその有力リーダー、サポヤイ・ヤーノシュを押し立てて王にしようとした。これに対して、ハプスブルク家の神聖ローマ皇帝カール五世の弟、フェルディナント(ラヨシ二世の妃となっていたマリアの弟でもあった)が、ハンガリーの王位継承権を主張する。もともとハプスブルク家は、婚姻関係をフルに利用しつつ、ドイツ、スペイン、ネーデルラント(オランダ・ベルギーなど)にまたがる広大な領域を手に入れていたのだった。ともあれ、こうして、片やサポヤイ、片やフェルディナントの対抗によって、ハンガリーは真二つに割れた。しかもサポヤイのうしろには、北イタリア争奪をめぐってハプスブルク家と衝突していたフランスがついている。時あたかも、ヨーロッパ各地では宗教改革の炎が燃えさかり、カトリック教会も、神聖ローマ帝国も、既成の権威はきびしい挑戦に直面していた。モハーチの戦いがおこなわれたのは、ドイツ大農民戦争が血の弾圧のもとで終息に向かった翌年である。ヨーロッパ政局の帰趨《きすう》は、今やハンガリーという場で争われているかとも見えた。ハンガリーの分裂の中にヨーロッパの対立が凝縮されていた。しかし、このような動きの鍵をにぎっていたのは、モハーチの勝利者オスマン帝国なのであった。

一五二九年秋ウィーン包囲作戦に先立って、スルタン－スレイマンはハンガリー王位の象徴というべき聖イシュトヴァン宝冠をサポヤイに授けていた。オスマン帝国軍はウィーン攻略をあきらめ、包囲を解いて撤退したが、オスマン軍の再来を恐れるハプスブルク家は、その命運にかかわる拠点都市ウィーンの危機を回避するため、使節をイスタンブルに送って休戦交渉につとめた。結局、ハプスブルク家のフェルディナントは、オスマン帝国のスルタンを父とし、大宰相を兄として、そのような立場に立つ者として、貢税とひきかえに西部ハンガリーの支配権を承認されることとなった。のちに(一五五六年)神聖ローマ皇帝となるフェルディナントは、サポヤイの存在も、またそれを組み込んだオスマン帝国の東部ハンガリー統治の現実をも、認めざるをえなかったのである。

これと並行して、オスマン帝国とフランスとの関係が急速に緊密化していった。一五三五年、フランスはスルタンからキャピチュラシオン Capitulations の特権を与えられる。それは、商業活動の自由、安全航行の保証、免税の特権、居留地、領事裁判権、捕虜の釈放と身柄引き受けなどを内容とするものである。イスラム国家は、それが七世紀にメディーナで出現したはじめから、イスラム教徒の共同体とユダヤ教・キリスト教など他の宗教の諸共同体(単数形はミッラあるいはミッレト、複数形はミラル)との間で安全保障の協約を結ぶことの上に成り立ってきた。戦闘的・侵略的イメージをふりまく「コーランか剣か」などという言葉は、イスラムを非難するためにヨーロッパで捏造《ねつぞう》されたものである。そのヨーロッパでこそ「改宗か死か」が実行されていた。イスラム国家とは諸宗教共同体(ミラル)間の安全協約システムだったのである。オスマン帝国をオスマン・トルコとかトルコ帝国と呼ぶのは間違いで、その国家には自らをトルコ人の国と考える考え方はまったくそなわっておらず、それは「イスラム国家」イデオロギーで身を固めていた。国内的にはミラル関係を整備していたオスマン帝国が、こんどは対外的に、一六世紀の国際関係の中で安全をめぐる社会契約というイスラム法の思想を実践しようとしたのが、キャピチュラシオンであった。それは、フランスのキリスト教徒に対する、あるいはキリスト教徒の一共同体としてのフランスに対する、安全の保障だったのである。

こうしてフランスがオスマン帝国からキャピチュラシオンを獲得した最初の国となった結果、ヨーロッパ諸国の中でのフランスの外交的地位は一挙に、しかも決定的に高まった。オスマン帝国は地中海でいちじるしく力を伸ばしていたが、オスマン水域を航行する外国船は、安全のためにはフランスの旗を立てなければならなかった。また、オスマン帝国内で活動するヨーロッパ人は、何かと言ってはフランス領事の世話にならなければならぬことになった。エルサレムの聖地や巡礼の管理についても、イスタンブル駐在のフランス大使が発言力をもった。先行したフランスを追いかけて、二番手のキャピチュラシオンを認めてもらったのは、エリザベス女王治下のイングランドである。ロンドンの商人代表一行はオスマン帝国の友好国ポーランドを経由して、当時もっとも文明的な服装だと彼らが考えたトルコ服に着替えた上で、イスタンブルに到着した。イングランドは一五七九年、英国船がフランス旗ならぬ自分たちの旗を掲げて航行できるという権利をついに手に入れたのである。エリザベス女王は時計仕掛けのオルガンという気張った贈り物をイスタンブルに届けさせた。一九世紀になると文字通り治外法権として、ヨーロッパのアジア進出・支配の道具立てとなるキャピチュラシオンは、一六世紀にあっては、ヨーロッパ人がイスラム国家の恩恵として感激して受けとるものだったのだ。

スペインなどでの異端審問という思想・信条への野蛮な圧迫を逃れて自由を求めた人びとの大半を

受け入れたのは、一六世紀のオスマン帝国である。ヨーロッパでのプロテスタンティズムの確立を直接・間接に支援したのもオスマン帝国であった。ベネチアの衰退も、オランダの独立も、スペインの無敵艦隊を撃破したイングランドの勝利も、一六世紀のヨーロッパの歴史のなかの何もかもが、オスマン帝国を脇に押しのけては語れない。一七世紀前半、ヨーロッパ諸国が三十年戦争という大戦乱にうつつを抜かすことができたのは、すでに述べたようなハンガリー情勢の固定化のおかげであった。

ところが、われわれが習ってきた世界史の記述では、オスマン帝国はいつもヨーロッパの「外敵」なのであり、ヨーロッパの「外」的攪乱要因として眺められるのが普通である。そして一九世紀になると、オスマン帝国はもっぱら「東方問題」の舞台として扱われ、それはヨーロッパ諸国の火花を散らす角逐《かくちく》の場、争奪の対象でしかない。ヨーロッパ史におけるオスマン帝国のこのような排除、外在化、客体化は、いったいどうして起こってきたのだろうか。この疑問への答えは、すでにここまでの話の中にほとんど隠されている。その秘密を取り出してみよう。

近代世界秩序に埋めこまれた秘密

(a)　一六世紀のハンガリーは、ハプスブルク家の帝国とオスマン国家という二大勢力によって東西に分割された、という筋書きか、あるいは、オスマン国家の征服の魔手がついにここにまで及んできたが、ウィーン攻撃の失敗にともない、その進出はくいとめられた、という筋書きによって説明される。西ハンガリーで見れば、神聖ローマ帝国がオスマン帝国の秩序のなかに組み込まれている部分がある、などという由々《ゆゆ》しき事実はできるだけ触れないで済ませようというわけだ。ハプスブルク家がオスマン帝国からハンガリーをまるまる取り上げる一六九九年のカルロヴィッツ条約に向かって、何がなんでもそれを目指して脇目もふらず足早に駆け抜けよう、ということになる。ヨーロッパがイスラム国家の風下《かざしも》に立ったり、イスラム国家のなかにキリスト教徒が安全に包摂されていたりするということは、あってはならず、またゆるされてはならないからだ。

(b) イスラム法に基づく国家の行動規範(スィヤル siyar)の考え方、すなわち宗教集団間・国家間の関係を規定する法が働いていて、そこでは平和と安全とをめぐる安定した契約が成立しうるのだ、という思想や行動がキャピチュラシオンを支えており、ヨーロッパ人もこれに参与することを通じて、宗教的立場や国家の違いを超えて作用する自然の法というものを実感し、ヨーロッパにおける国際法的秩序が構想されることになっていく。ところが、実はここで、このような過程を黒く塗りつぶしてしまおうとする陰険な運動が生じてくるのだ。つまり、オスマン帝国などという存在はヨーロッパからむりやり切り離し、見ないことにして、諸国家体系としての国際社会の成立をもっぱら三十年戦争終結のウェストファリア条約(一六四八年)にだけ結びつけて説明しようとする動きである。国際法的秩序を自主的に生み出したヨーロッパは、これからだんだんとそれを地球大にひろめて、非ヨーロッパを教育し適合させていく使命を帯びることになったというのだ。国際法学の祖とされるグロティウスの思想や仕事は、彼の時代の生き生きとした現実から遮断され、「ヨーロッパ」という切り取られた空間の中に宙吊りにされる。

(c)　どうして交流や相互浸透や融合の実態を認めたがらず、イスラム的東方をたえず想念のなかで隔離しようとするのかといえば、それはヨーロッパ社会の自己認識の仕方やコンプレックスのためである。西洋対東洋という二分法をいたるところに当てはめ、東方や東方的なものを敵として設定することをテコに、自らのアイデンティティを確保するという努力は十字軍以来のことだ。東方への憧れと恐れ、親近感と憎悪、羨望と侮蔑のアンビバレンスもまた、同様に久しい。そして、やがて一九世紀には、あらゆる停滞性、後進性、奇嬌性、官能性、受動性、被浸透性をアジア・イメージとしてアジアに押しつけようとする(言い換えれば、それらと完全に反対の性格とイメージとをヨーロッパに予定する)ヨーロッパのオリエンタリズムが、知と力の体系として猛威をふるうことになる。このような優越意識は、コンプレックスのために逆にとめどもなく自らを肥大化して、恐れ・憎悪・侮蔑だけを強調しつつ驀進《ばくしん》するのである。この見方で、強引《ごういん》にアジアの歴史の全面塗りかえをしてしまう、あるいはアジアの歴史の特殊性・偏頗《へんぱ》性への閉じ込めをしてしまうのが、近代ヨーロッパの「客観的」学問の常道となった。そしてこの「客観的」学問で武装したヨーロッパ人は、支配人種として振舞った。「アジア的」とか「東洋的」とかいった形容詞は、そのあとに「専制」とか「生産様式」とか「奢侈《しゃし》」とかが付かなくても、すでにある隠微な価値意識の働きを内蔵するものなのであった。前記の(a)や(b)は、このような見方の応用問題に過ぎなかったのだといえる。一六世紀の世界であれ、古代世界であれ、現代世界であれ、一九世紀の暴力的ブルドーザーで地ならしをしてしまうやり方に、われわれはすっかり慣らされてしまい、これを不思議とも思わなくなってしまっているところがあるのではないか。アジアについて考えるというとき、東洋対西洋、アジア対ヨーロッパという例の二分割、二項対立の論理がわれわれの頭の中になにくわぬ顔をして忍び込んでくるのである。

比較国家史への道

一六世紀の世界を見渡すと、西アジア・北アフリカ・バルカンを領有したオスマン帝国のみならず、インド亜大陸に政治的統合をもたらしたムガール帝国という巨大国家が聳え立ち、明にかわって中国を統一する清朝の大帝国が出現しようとしている。これらのいずれもが、いわゆる征服王朝によって建てられたとはいえ、あるいはむしろそのゆえにこそ、それぞれの地域の伝統的なイデオロギーと文化価値の継承者・体現者として自己主張するものであったことは興味深い。清朝は中国皇帝支配の、ムガール朝はインド・イスラム文化を背負ったパーディシャー支配の、オスマン朝はさきに述べたごとくイスラム権力の、それぞれつよい自覚に鼓舞された熱烈な実践者であり、イデオロギーの体現者でもあった。北京とデリーとイスタンブルとは、こうしてアジアの諸文明の力の集中点となる。そしてこれらの巨大国家がその統合力を失って解体していく過程こそ、近代の開幕にあたるものなのである。そこで、アジアの人びとは、一九世紀以降、これらの帝国の伝統的イデオロギーや制度、またヨーロッパ支配の論理や装置、これらの二重の絡み合いに抵抗しなければならないことになる。近代アジアで起こってくる民族運動は、多くの場合、この二重の複合的な重荷を批判し克服しようとするものなのであった。

アジアの三つの巨大帝国の周辺に、ロシアやオーストリアのごとく帝国的編成を目指す国家が生まれつつあったのも、一六世紀の特徴である。これらの国は、ときにその「東方的」性格が強調されるかと思うと、アジアに対しては「ヨーロッパ列強」に組み込まれる。このようなご都合主義は例の二分法の約束のインチキさ加減を証明するものであろう。アジア・ヨーロッパにまたがるこれら諸帝国の相互依存や相互浸透関係について考えるためのヒントは、これまでの記述においてすでに与えられているはずである。

アジアでは、三つの巨大帝国の内側にも外側にも、さまざまなタイプの政治権力が展開していたということに対して注意を払わなければならない。それらは規模・性格・機能の上で実に多様な政治社会と政治過程とを生み出していたのである。ヨーロッパ勢力のこれらに対する対応もまた多様であった。ここでもまた「ヨーロッパとアジア」などという二分法による単純化は成り立たない。十字軍の時代以来、ヨーロッパにおいては、イスラム的東方と非イスラム的東方とを区別しようとする姿勢が見られた。東方にキリスト教の王がいるとするプレスター・ジョン(祭司ヨハンネス)伝説、東方伝道、「シナ学」、印欧語(インド・ヨーロッパ語)研究、アーリア人神話などに、それはあらわれている。イスラムという敵と闘うためにアジアの中にも味方を見つけ出そう、つくり出そう、という企てと、これらは深く関係している。アジアの大小さまざまの国家権力、社会権力はまた、このような戦略に対抗し対処しなければならぬことになった。キャピチュラシオンを含む種々の条約関係から絶滅(ジェノサイド)にいたるまでの多岐にわたる運命がそれらを待ちかまえていた。一九世紀末のアフリカや太平洋では、地域社会の政治権力の存在と機能とを無視して勝手にそこを「無主地」と決めてしまい、そしてそれを「先占」の対象とするような世界分割の横暴もまかり通った。一六世紀に生まれ出てきてウェストファリア体制を支えるようになった西欧型の「国民国家」だけが「国家」の名に値するのだ、それらに領有されていない場所はまだ「空き地」なのだというう ぬ惚《ぼ》れと思い込みがその基礎にあった。そして世界はヨーロッパを手本として「近代化」していくべきであり、アジアの人びとはそれぞれに国民国家と国民経済とをやがて築きあげることによって国際社会に晴れて参加できるようにならなければならない、というのであった。しかしこんにち、このような考え方の行きづまりと破産とは明らかだ。国民国家が誕生に向かい国際社会の核が形成されたという説明で分かったことにされてきた一六世紀は、今われわれの視野の中ではいちじるしく違って見える。今日的課題として、アジアの豊穣な国家史の研究にこれからはじめて本格的に着手する人びとがあらわれ出なければならない。

二　ユダヤ人問題の重層化——中東和平への視点

◆イブラーヒーム・スース著、西永良成訳『ユダヤ人の友への手紙』(岩波書店、一九八九年六月刊)に付した「解説・『ユダヤ人の友への手紙』に寄せて」。本書に収録するさい、かの本の著者イブラーヒーム・スースに直接言及した部分をカットして整理した。エリー・ヴィーゼル批判の記事の翻訳も割愛した。本稿は、八七年末以降イスラエル占領地で起きたパレスチナ人の抗議運動=インティファーダに関する観察・考察ノートでもある。

石が叫ぶ——現代のダビデたち

第二次世界大戦の足音を聞きながら、歴史家、羽仁五郎は書いていた。

ミケルアンヂェロの『ダヴィデ』〔の彫像〕は、ルネサンスの自由都市国家フィレンツェの中央広場に、その議会の正面の階段をまもって、はっきりと立っている。……左手に石投げの革を肩から背にかけ、ゴリア〔テ〕を倒すべき石は右手にしっかりとにぎっている。左足はまさにうごく。見よ、かれの口はかたくとざされ、うつくしい髪のしたに理知と力とにふかくきざまれた眉をあげて眼は人類の敵を、民衆の敵を凝視する。……『ダヴィデ』をながむる人は、現代の人は現代の心のかぎりをこめて、この像をみつめることがゆるされる。『ダヴィデ』を、ミケルアンヂェロを、近代的にあまりに近代的に理解すべきでない、などとゆう凡庸歴史家たちに対しては、ミケルアンヂェロ自身が彼の言葉をなげつける、「十世紀も後になって見よ」！　と。(羽仁五郎『ミケルアンヂェロ』岩波新書赤版、一九三九年)

いま、イスラエル占領地で、パレスチナ人の子供たちは、占領当局から手に負えぬ非行少年の烙印《らくいん》を押され、狙い撃ちされながら、あの聖書の物語を、そしてミケランジェロが刻み込んだ自由・独立の精神を、みずから体現しようとしているのではないか。

ペリシテ人〔ゴリアト〕は……ダビデが血色の良い、姿の美しい少年だったので、侮った。……「さあ、来い。お前の肉を空の鳥や野の獣にくれてやろう。」……ダビデも言った。「……主は救いを賜るのに剣や槍を必要とはされないことを、ここに集まったすべてのものは知るだろう。」……ダビデは袋に手を入れて小石を取りだすと、石投げ紐を使って飛ばし、ペリシテ人の額を撃った。石はペリシテ人の額に食い込み、彼はうつ伏せに倒れた。ダビデは石投げ紐と石一つでこのペリシテ人に勝ち、彼を撃ち殺した。ダビデの手には剣もなかった。……　(『サムエル記上』一七章四一―五〇節。以下、聖書の引用は新共同訳〔一九八七年〕による。)

つぶて、石投げという闘い方は、ダビデだけのものではない。中世の徒党・悪党のそれをはじめ、日本の場合についての興味津々《しんしん》の考察もある(網野善彦『異形の王権』平凡社、一九八六年、所収の「飛礫覚書」、「中世の飛礫について」)。網野は、諸民族の比較研究の提案にあたって、朝鮮での飛礫《ひれき》の伝統に注目していたが、まさしくその伝統を受け継いで、現在の韓国の学生たちが官憲に激しく投石して抵抗するさまは、TVの画面が生々《なまなま》しく伝えるところである。こうして、パレスチナと韓国はあい寄り、あい交わるのだ。パレスチナでは石投げの歴史は古い(『士師記』二〇章一六節、『歴代誌 下』二六章一四節、『ヨブ記』四一章二〇節などに、その形跡がある)。光が溢れだす透明な空気のなかで、野も山も地表いたるところに岩石の露頭が点在し、そのため景色が白く霞んで見えるパレスチナの風土は、石投げの行為を自然な成り行きと納得させる。巨岩を覆って建つ「岩のドーム」がひときわ映える都市エルサレムも、全体が石の構築物の累積なのだ。「やがて時が来て、敵が……四方から攻め寄せ、……石を残らず崩してしまうだろう。」「一つの石も崩されずに他の石の上に残ることのない日が来る。」(『ルカによる福音書』一九章四三—四四節、二一章六節)というイエスの予言は、まさしくエルサレムならではのものであった。いまやインティファーダ(アラビア語で「振り払うこと」「震動」「激動」を意味し、転じて「決起」「蜂起」という呼び名で世界的に知られるようになったパレスチナ人の抗議運動は、「この人たちが黙れば、石が叫びだす」(『ルカによる福音書』一九章四〇節)という表現さながら、文字通り「石のたたかい」なのである。

インティファーダがはじまったのは、一九八七年一二月初旬のことだ。イスラエル人運転のトラックが引き起こした交通事故を引き金にガザのジャバリーヤ・キャンプではじまった住民の抗議デモは、ガザ一帯、そしてヨルダン川西岸へと野火《のび》のように拡がり、たちまち占領地全体を覆った。まるで乾燥しきった物体が一度に自然発火したような感じである。なぜ、そうなったのか。あと智恵の説明やわけ知り顔の詮索《せんさく》はいろいろある。しかし、それが積もり積もった怒りの同時爆発であり、鬱屈《うっくつ》した気分の破裂であったことは間違いない。一九六七年六月から数えて占領二十周年はすでに半年も前に過ぎていってしまったというのに、占領地パレスチナ人住民には、先ゆきに希望のひとかけらも見えなかったのだ。占領当局の鉄拳政策は一層苛酷さを増し、武装入植者グループの跳梁と挑発も目に余るものがあった。パレスチナ人の既成のリーダーたちが唱えてきた堅忍不抜（スムード）というスローガンも、「イスラエル社会に呑み込まれてしまわないよう頑張ろうぜ」と掛け声をかけるだけのことで、じつは占領の永続化に手も足も出ない諦《あきら》めムードの産物ではないのか、という疑問が大衆の心をかすめていた。PLO（パレスチナ解放機構）は弱体化し、レバノンのパレスチナ人キャンプは包囲されて絶望の極にあり、イラン・イラク戦争はいつ果てるとも知れず、アラブ首脳会議は頼りにならず、世界全体がテコでも動かぬイスラエルの武力占領に肩をすくめて諦め顔、こうした八方ふさがりの閉塞感を、占領地のパレスチナ人自身が突き破った。

若者たち、少年少女たちは、それまでの散発的反抗とは異なり、気をそろえて倦むことなく占領者に石を投げ続けた。商店主らは、イスラエル兵がシャッターをこじあけ銃を突き付けて脅迫しても、連日の商店ストを貫いた。婦人たちも、イスラエル軍の銃口の前に昂然と立ちはだかった。それは、幼児まで加わった住民総ぐるみの抗議運動だったのである。それはすでに一年半たゆみなく続き、日常化してしまった。この状態をリードし、支えてきたのは、「インティファーダの世代」と呼ばれる若年層である。彼らは生まれてからイスラエルの占領支配しか知らない。占領の二〇年を通じて、ヨルダン西岸とガザは、ユダヤ人入植者のための土地と水を奪い取られただけでなく、イスラエル製品の販売マーケット、イスラエル産業の下積みの安価な労働力プールへと編成されてきた。占領地パレスチナ人は、イスラエル経済・社会の最底辺に原住民労働力、被差別者集団として組み込まれたのだ。しかも、イスラエル軍の兵士たちが銃を構えて生活の場に踏み込んでくる。辻々や市場を見下ろす堡塁の機銃にいつも狙われている。身に覚えのない逮捕や尋問の危険にたえずさらされている。生き抜いていくためにはヘブライ語も知らなければならない。このような状況の中で育った、また育とうとしている世代、それが現代のダビデたちとなってインティファーダの先頭に立っている。

インティファーダがもたらしたものは大きかった。それはPLOを蘇生させ、新しいスタイルの若い指導部を内側からつぎつぎと生み出している。核兵器の牙まで持つとみられる重武装のイスラエル、この現代のゴリアテに素手《すで》で立ち向かった占領地パレスチナ人は、自信を取り戻した。幼児にまで脅える占領者の不安と恐れは隠せない。インティファーダは、ソ連軍のアフガニスタン撤退やイラン・イラク戦争の停戦を促した。PLOの立場をはっきりと転換させ、イスラエル国家の存在を認めた上で、これと並び立ち共存するパレスチナ国家をヨルダン西岸とガザに建設するという新しい路線へと導いた。パレスチナ問題解決のための国際会議を開いてイスラエルとパレスチナ人を同じテーブルにつかせなければならないという雰囲気が、国際政治のなかで支配的となった。パレスチナの声を聞くために、国連総会はジュネーブに席を移した。世界のマスコミは日夜、民衆反乱にたいする弾圧の生々しい情景を報じ続け、インティファーダ開始の一年後には、米国もテロリストと非難し続けてきたPLOとの公式対話に踏み切らなければならなかった。イスラエル市民の間にも、パレスチナ人と話し合うべきだ、PLOと交渉すべきだ、と考える平和グループの声がようやく強くあがるようになった。

しかし、インティファーダを押し潰そうとする力も強い。パレスチナ人の抵抗は、せいぜい石と旗と声、そしてタイヤを燃やす、火炎瓶を投げる、といった程度である。民族統一指導部のビラの指示に従って、人々は結束して行動する。そのビラは、所持しているだけでも逮捕の危険があるのに、コピー機でネズミ算的にふやされ、手から手へと渡されていく。地域ごとに自主的な隣組としての人民委員会(ラジュナ・ジャマーヒーリーヤ)がつくられ、犠牲者が出ても近隣共同体が支えあうのである。抑圧者の側では、この結束を掘り崩し破壊することが目標となる。昼近くになると一斉に店じまいする商店ストに介入して営業を強制し、通行人の時計を調べて統一指導部が自主的に定めたサマータイムに合わせていると没収し、にせのビラをまいて統一行動を攪乱する、という具合に。占領下で繰り返されてきた抑圧措置はさらに強められた。無差別逮捕、拷問、長期の行政拘留、自宅(または自室)拘禁、レバノンへの追放、家屋の爆破、外出禁止令、地区閉鎖などの集団懲罰。インティファーダとともに生じた弾圧の新しいやり方もある。棍棒で手足の骨を折り、実弾のほかにゴム弾やプラスチック弾を多用し、あらゆるレベルの学校を閉鎖し、家庭でひそかに開かれる家庭学級さえも急襲し、病院や家々に化学兵器の催涙ガス弾を投げ込む、モスクを閉鎖して礼拝者を近づけない、など。赤・

白・緑・黒の四色からなるパレスチナの旗を連想させる絵を描いたというかどで逮捕された画家もいる。子供が投石したといって父親には年収を超える罰金が課せられ、またつぎつぎと少年少女が囚人として拘置されている。インティファーダの一年半を通じて、五〇〇人余のパレスチナ人が殺されたが、そのなかに四、五歳から一三歳までの子供も多く含まれている。関節を砕かれたり、失明したり、プラスチック弾を体に留めていたりする子供たちは、数知れない。イスラエル軍が通りすがりの子供をつかまえて銃で脅し、誰かが高圧線に投げ上げた旗を取りに行けと命令して鉄塔に登らせ、感電死させた例も少なからずあった。殴打やガス弾の影響で妊婦が流産する場合、失われる胎児たちの生命も忘れるべきではない。農民にたいする懲罰として、オリーブなどの果樹が組織的に切り倒され引き抜かれている。若木もまた死んでいるのだ。

抑圧は新しいインティファーダを産む。幼児も、老人も、催涙ガスに目を泣きはらしながら、「占領がなくなるまでインティファーダはやめない」といってVサインを送る。しかし、壁にスローガンひとつ吹きつけるにせよ、イスラエル製タンブール印のスプレーを使わぬわけにはいかない。イスラエルの「植民地」にされてきた西岸・ガザで民衆反乱を維持することは、たしかに自分で自分の首を締めるようなものだということは否定できない。だから、インティファーダの息切れや党派間の足並の乱れをあてにする人々もいる。さらには、たとえばシリアとの新しい戦争によって、イスラエルにはインティファーダなど吹き飛ばしてしまうチャンスが来るといった計算をしている人もいる。国際世論のなかで孤立すればするほど、ユダヤ教の熱狂的強硬派や武装した入植者集団は一段とかたくなで攻撃的になり、パレスチナ人住民にたいして大規模な流血の衝突を挑まないとはかぎらない。インティファーダ民族統一指導部のリーダーだったという嫌疑でイスラエル支配領域の外へ追放処分を受けた五人のパレスチナ人が、のちに「インティファーダの成果とは何か」という質問にたいして語った内容にも、インティファーダの行くえにたいして、一挙に高い到達目標を提示するのではなく、判断を抑制しているのが見られる（パリ発行のアラビア語誌『アル＝ヤウム・アッ＝サービア』一九八八年一二月五日号）。すなわち、ファタハに属する二人は、おのおの「反乱が日常生活のパターンになった」、「軍政を麻痺させ、人民の権威を構築した」といい、民主戦線のメンバーは「新しい型のパレスチナ人社会の形成」、人民戦線のメンバーは「占領権力（警察、市政）の基盤を解体し、権力のオルタナティブの核を置いた」、パレスチナ共産党のメンバーは「ヨルダンに西岸に対する法制上・行政上の主権要求を放棄させる条件をつくりだした」と、それぞれに抑えた評価をする。他方、民族統一指導部と対立するイスラム抵抗運動（通称ハマース）はパレスチナ人の中のムスリム同胞団のインティファーダ版だが、PLOの路線転換に厳しく反対し、イスラムの戦いを呼びかけている。インティファーダが窒息させられるにせよ、あるいは宗教紛争にねじ曲げられるにせよ、そのような道は、もともと困難な中東の平和を絶望的かなたへと追いやるだけのものとなるだろう。

知力を鍛える――「ユダヤ人」になったパレスチナ人

インティファーダが開始される直前のイスラエル占領地での見聞を克明に綴ったあるルポルター

ジュの中に、テルアビブで開かれた国際婦人デーの集会のさい、壇上でイスラエルの一老婦人が語った言葉が記録されている(土井敏邦『占領と民衆――パレスチナ』晩聲社、一九八八年)。

私はナチの残虐な仕打ちによって、ほとんどの家族を失ってしまいました。そして今、ナチの残虐な行為を他のだれよりも憎んでいるはずのユダヤ人自身が、パレスチナ人に対して同じような仕打ちをしている。ひとりのユダヤ人として私はそれが許せない。それはユダヤ人の良心を破壊することだからです。

ガザやヨルダン西岸のパレスチナ人キャンプに近づくと、有刺鉄線を張りめぐらした柵や不気味な監視塔の櫓《やぐら》などの重苦しい情景が、写真に見るあのナチの強制収容所の不吉ないまわしい景色のイメージと二重写しになって見えてくる。占領し支配する者は、どうしてこのように似通った装置を必要とするのか。イスラエルでは、建国の過程からつねに、国家の安全と国の生存権とが強調されてきた。事実、イスラエル社会でもっともよく聞かれる言葉の一つは、ヘブライ語のビタホーン(安全保障)である。国の安全と生き残りのために、国土の拡張と併合がたえず正当化されてきた。本来の住民を追い出し、外来の入植者を送りこんで、土地の景観を、また地名を、変えてしまうことすら、ビタホーンの名のもとでは正義とされたのである。ところで、インティファーダのもとでの占領地パレスチナ人の日々の生活は、ベトナムやアルジェリアなどで民族解放運動をたたかった人々の姿をほうふつとさせるだけでなく、ナチズムの支配に抗して立ち上がったヨーロッパのレジスタンス運動における庶民の智恵や表情や身のこなしをあざやかに想起させるのだ。地下組織が人々の目立たぬ連携動作のなかで守られている。街角の露台にさりげなく抵抗のビラが置かれている。通りで遊ぶ子供は、遊ぶと見えて見張り役である。レジスタンスの記憶は小説や映画を通じてだけよみがえるのではない。司令部との交信の雑音を響かせながらイスラエル軍の重装備の車両やパトロール部隊が目まぐるしく跳ねまわるただなかで、住民は静かに淡々と抵抗の任務についているのだ。そのような人々に襲いかかる機械化された抑圧機構の非人間性は覆い隠すことができない。

一般に、パレスチナ人の上にふりかかってきたことは、郷土からの切り離し、土地や財産の喪失、家族の分断、流転と漂泊、迫害と差別、貧困と屈辱、無視と排斥、剝奪そして虐殺、離散の民の運命、どれをとってもユダヤ人の境遇として語られてきたことばかりである。一九四八年以来、パレスチナ人の離散の歴史は、すでに四〇年の歳月を越えた。脱出のさい家の戸締りをした鍵を大事にかかえたまま流亡の生活を送りながら、ひたすら帰宅できる日を待っていた世代の人々も、今では残り少なくなってしまった。パレスチナ人のディアスポラ(離散の地)は世界に拡がった。親族があらゆる大陸に散っていることにより、パレスチナ人家族は、国を超えた地球規模のものとなってしまったのだ。そのため、個々のパレスチナ人の置かれている境涯も多様である。レバノンの包囲されたキャンプで、水と食糧を絶たれ、爆撃と砲撃と狙撃に日夜さらされつつ、人間存在そのものの否定と絶滅の危機に直面してきた人びともあれば、クウェートや南米などで、よそめには経済的成功者と見える生活を享受している者もある。〔やがて、湾岸戦争でクウェートのパレスチナ人社会は壊滅する。〕政治的立場や態度も、いま、どんな国に住み、どんな暮らしぶりをしているか、所属する宗教は何か、どんな教育を受けたか、一族にどんな人間がいるか、などによって、色とりどりのスペクトルを呈することになる。PLOは多彩で異質な諸潮流の政治的統合体なのだ。一九六〇年代半ば以降、二〇年余り、PLOの運動は、ディアスポラ・パレスチナ人によって牽引された。しかしインティファーダは、イスラエル占領地にその中心拠点をつくり出し、イスラエル支配領域の深奥からPLOを再生させたのである。

もっとも、イスラエル支配領域のなかでも、パレスチナ人の地位は一様ではない。①イスラエル国家成立後もその内側に踏みとどまり、差別を受けながらもイスラエル市民となった「アラブ」、そしてドルーズ(宗教的マイノリティーの一派)。これらの人々、ことに「アラブ」は、自分たちをパレスチナ人と強く意識するようになっている。②一九六七年以降イスラエルが国際世論の反対を押し切って併合をすすめ、イスラエルの主権下に置いた東エルサレムのパレスチナ人市民。③一九六七年以来のイスラエル占領地、すなわち東エルサレムを除くヨルダン川西岸地区およびガザ地帯(イスラエルはこれを管理地と呼ぶ)のパレスチナ人住民。このように分割された人々が、パレスチナ人としてのアイデンティティをともに獲得し共有しあいながら、政治的生き方を相互に区別しているのだ。つまり、インティファーダを担っているのは②と③の人たちなのである。この人たちのなかには、もともと西岸(エルサレムを含め)やガザの住民だった者(とその子孫)ばかりでなく、イスラエル国家成立時に着の身着のまま避難してきて定着した者も多く含まれる。そんな人たちにとっては、いわば、避難先までイスラエル軍が追いかけてきて占領してしまった、そのために、結果としてイスラエル支配領域のなかで地続きとなった(なってしまった)元の自分の家を見に行けるようになる、夢に見た「帰郷」がなんとイスラエル統治のおかげで可能になる、という運命の皮肉が待っていたのである。イブラーヒーム・スースの知人が「帰還」して家の持ち主におさまっていたルーマニア出身の老人と出逢う話は、ベイルートで暗殺された抵抗作家ガッサーン・カナファーニーの問題作『ハイファに戻って』の構図を思い起こさせる(『現代アラブ小説全集7・カナファーニー　太陽の男たち〈黒田寿郎訳〉/ハイファに戻って〈奴田原睦明訳〉』河出書房新社、一九七八年。なお、野間宏編『現代アラブ文学選』創樹社、一九七四年、にも収録)。それは、「地続き」になった途端ハイファーの家に取るものもとりあえず「戻って」みたパレスチナ人夫婦が、一九年前に連れ出せぬまま生き別れになった赤ん坊、いまは成長してイスラエル兵士となっている息子と、そしてまた、その養父母、ポーランドのナチ収容所から解放されて移住し割り当てられた家屋に取り残されていた赤ん坊をユダヤ人として育てたユダヤ人夫婦と、運命的な対話を展開する、という小説である。パレスチナ人が「ユダヤ人」的あり方を強要されていることの意味への問いかけが幾重にも設定されている。

ワシントンDCに住むことを余儀なくされているパレスチナ人画家カマール・ブッラータのエルサレムへの旅の記録映画『ストレインジャー・アット・ホーム』(英語版、オランダ語版)は、前出の土井のルポルタージュにも紹介されているが、「不在者」とされた画家は、故郷に帰ってみて「祖国のなかの異邦人」でしかない。この旅を通じて、彼は自分こそ「ユダヤ人」なのだとの思いを深めるのだ。さきの②③の人々であっても、嫌疑をかけられるやいなや家屋を爆破されるといった暴圧にさらされているかぎり、祖国のなかの異邦人であることに変りはない。ましてそのイスラエル支配領域からも追放されてディアスポラ・パレスチナ人に組み込まれる人もある。一九四八年に周辺アラブ諸国に押し出され世界に散っていったディアスポラ・パレスチナ人のほかに、一九六七年を境として②③の分類に入るはずだったのに、たまたま留学や事業や政治活動のためそこに居あわせなかったばかりにディアスポラ・パレスチナ人となった者も多い。画家カマール・ブッラータがそうであった。逆境を生きぬくために、パレスチナ人は離散家族が力を合わせて子弟の教育に賭ける。だから驚くほど多数の者が外国に留学する。それが個々人の法的地位やアイデンティティを規定し翻弄するのだ。現代世界においてユダヤ人問題の重荷をまるごと背負わせられる存在となったパレスチナ人のこのような自己疎外が、彼らの知性と感性とを磨くのである。思考の戦略として浸透も逆転も異化も恐れない知力が鍛えられる。たえず自分自身を獲得しなおし、ひとりひとり、しかも時に応じて、違ったたたかい方を強《し》いられているパレスチナ人が共同のアイデンティティの形成を求めて格闘している現実の全体像、そしてその共通の根っこというべきものの実態を見きわめなければならない。

共同のアイデンティティを探し求める課題は、パレスチナ人という民族的アイデンティティをうちたて擁護するだけでは満足しない。パレスチナ人は、自分たちの解放のためにはより広い裾野をもった人間的アイデンティティの獲得という思想の戦略をもつべく運命づけられている、と感じているのではないか。ユダヤ人国家によって剝奪され放逐され抹殺される存在、ユダヤ人国家の最下層にうごめく被差別者、そしてデラシネ(根無し草)として絶滅の淵をのぞき込んでいるパレスチナ人にとっては、「ユダヤ人」的あり方の根源を問いかえし、ホロコーストを批判し、ユダヤ人差別＝反ユダヤ主義に反対して、それを克服することなしには、脱出口がないのである。それゆえ、問題は、どうしたらユダヤ人とパレスチナ人とが共存できるようになるか、そのための政治的調整はどうしたら可能か、などという次元にとどまるものではないはずである。国際婦人デーの集会で「ユダヤ人の良心」が語られたのと同じ次元で、将来いつの日か「パレスチナ人の良心」などを語るようなことになってはならない、それを超え出なければ「解決」はないのだ、と考えられているのではないか。それはある崇高な宗教的感情にさえ通じるところがあるかも知れない。

パレスチナ人の問題意識にまっこうから対立し、それをねじ伏せようとする力が働いている。まず第一に、ユダヤ人はあくまでもユダヤ人であり、ユダヤ人国家の安全はユダヤ人自身の手で守らなければならない、ということが強調されるところで、ユダヤ人概念そのものが攻撃性を発揮する。イスラエル国家の存立の根拠は、それがユダヤ人国家であり、ユダヤ人が明確に区別されうるものでなければならない、ということである。だからイスラエルにおいては、その成立以来、ユダヤ人とは誰か？　というユダヤ人定義問題がたえず深刻な政治的争点となった。「帰還法」に基づいてディアスポラ(離散の地)からエレッ・イスラーエール(イスラエルの地)に移住する人々は、いかにしてユダヤ人と認定されるのか。ユダヤ人の法的規定は、ユダヤ教の宗教法(ハラハー)を下敷にして、「ユダヤ人を母とする者またはユダヤ教徒」とされているが、個別事例の判断や処理をめぐって多くの法的紛争や内閣危機や政府と裁判所の対立が繰り返し発生してきた。そのたびに、正統派ユダヤ教の立場の厳密な実践と宗教法の徹底とを要求する政治勢力の発言権が強められたのである。そしてそれは、イスラエルの外側のユダヤ人諸コミュニティにおける論争と困惑という波紋をも引き起こした。しかし、「ユダヤ人国家」イスラエルにとっては、この永遠に疑問を生じる規定のシシュフォス的建て直しは避けて通ることのできぬ問題だったのだ。ユダヤ人を法的に定義するというやり方は、ナチ国家の一九三五年ニュルンベルク法(ドイツ帝国公民法)に示されている。それは、祖父母に「人種上の完全なユダヤ人」が何人いるかとか、ユダヤ教団とのかかわり具合などによって、ユダヤ人を確定しようとしていた。人種上の完全なユダヤ人といっても、その鑑定の反科学性は明らかなのであったが(アブラハム・シュルマン〔村上光彦訳〕『人類学者と少女』岩波現代選書、一九八一年)。イスラエル国家がナチズムのこのような法的定義を定めるアイデアと方法を受け継いでいることの意味の深みは、十分に考察されなければならない。ユダヤ人国家はユダヤ人差別=反ユダヤ主義を不可欠の前提として成り立っているのだ。

ヨーロッパの歴史を貫いてきた反ユダヤ主義において、所詮《しょせん》ユダヤ人とは「ユダヤ人とされた人」のことであった。人間をユダヤ人と非ユダヤ人(異邦人)とに分類して、キリスト教は異邦人の宗教なのだとするキリスト教の立場(『使徒言行録』二八章二八節)は、このユダヤ人差別を助長してきた。ヨーロッパのキリスト教がひろまるとき、そこに普遍的にうみ出される被差別者がユダヤ人だったと見ることができるだろう。キリスト教の拡大とともに、ユダヤ人差別も、したがってユダヤ人の存在も世界的なものになった。こうしてユダヤ人に「民族」的「故郷」としてのパレスチナを指定し、そこへの「帰還」を促進することは、ユダヤ人差別をもつ社会からの被差別者の追放を意味したのである。

もちろん、人類に向かって開かれた普遍主義的宗教であるユダヤ教とこれを奉じるユダヤ教徒とは、たしかに厳然と存在し、拡大してきた。ユダヤ教徒が、ユダヤ人としてではなく、アラブの一員として生き続けてきたパレスチナに、植民運動とともに外側からヨーロッパのユダヤ人問題を埋め込んだ結果がイスラエル国家なのである。この国家は、成立後、アジア・アフリカからのユダヤ教徒を東洋系ユダヤ人として迎え入れた。一九六七年以後は、占領支配下に多数のパレスチナ人をかかえ込むことによって、ユダヤ人国家の変質をきたすことになる。その結果、新しい「ユダヤ人」的存在としてのパレスチナ人と、イスラエル社会の二流市民としての東洋系ユダヤ人とが、それぞれ体制に向かって突きつける批判の刃を別々にかわすために、イスラエル国家はあらためてユダヤ人概念の強化に専念しなければならないのだ。

パレスチナ人の問題意識に加えられる攻撃の第二は、これもすでに使い古しの道具立てであるが、「アラブ・イスラエル紛争」あるいは「アラブとユダヤ人の確執」というお定まりの対立構図の押しつけによる歪曲である。この仕掛けは、一九一七年のバルフォア宣言から始まり、パレスチナ問題の中でたえず再生産されてきた。あらゆる意味で事実誤認もはなはだしい「宿命の民族的・宗教的対立」という悪意あるレッテル張りによって、民族解放運動としてのパレスチナ人の抵抗運動は二つのナショナリズムのあいだの紛争・衝突という話にすり替えられ、パレスチナ人はアラブ一般のなかに解消されて、その存在の独自性を否定される。アラブ・イスラエル紛争はアラブ諸国とイスラエルとの対決、あるいは戦争ゲームに置き換えられてしまうのだ。こうしてイスラエルの自衛権と報復の論理とが正当化され、パレスチナ人はアラブ諸国の間隙《かんげき》をぬって、またその一部に操られながら、策動するテロリストはねあがり分子に過ぎぬと決めつけられる。

しかし、イスラエル占領地でのパレスチナ住民によるインティファーダの中から生まれてきた新しい状況は、この伝統的な歪曲の構図を逆手《さかて》にとって、パレスチナ人とイスラエル人との間の対話、将来に向けての実《みの》りある協力の呼びかけを現実化させようとしている。それはPLOの路線転換を生み出した。現代のダビデたちをはじめインティファーダに立ち上がった人びとは、アラブ―ユダヤ人という国際政治の「紛争」管理技術者の手垢にまみれた組み合わせを棚上げしつつ、パレスチナ人―イスラエル人という組み合わせの新しい刺激的なテーマを身をもって表現してきた。イスラエル人がユダヤ人国家の呪縛から解放されて土着化すること、植民者としてではなく、みずからの文化伝統の価値を深める新しい民族として発展していくことが期待されている。パレスチナ人が国土と自由とを得て、新しい民族として発展していくのと肩を並べて。パレスチナ人農民の生産する果実を「イスラエル産品」にし、ホンモス(ひよこ豆)のペーストを「イスラエル料理」に仕立てあげ、地域の歴史を「ユダヤ民族史」に置き換えるような文化の略奪とすりかえに反対して、パレスチナが歴史的に育んできた民族と文化の〈融合〉の新しい未来が語られようとするのである。

「局外」には立てぬ――日本のわれわれもまた

「平和」と反「平和」とがパレスチナでせめぎあっている。局地での対抗のように見えて、それは地球規模の政治、そして人類の精神史にかかわる。
しかし、問題の局地において、歴史を貫く基調は[平和]であった。パレスチナは文明の十字路として、古来、世界中のさまざまな人を迎えいれてきた。そこは異質の文化が融けあうるつぼでもあった。あまたの個人や集団が通り過ぎ、あるいは踏みとどまって住民の一部となった。侵略と破壊の傷痕を残していったものもあれば、異文化の交配の果実をみのらせたものもある。十字軍の野望もパレスチナの伝統文化の奥行きのなかに吸い込まれ消えてしまった。東方問題をあやつるヨーロッパ列強が、住民のあいだに不和と反目の楔《くさび》を打ちこもうとしても、宗教宗派の違いを越えて、イスラム教徒もキリスト教徒もユダヤ教徒もみな、アラビア語生活者としてのアラブの一体感を逆に強めただけであった。パレスチナ、ことにその臍《へそ》であるエルサレムは、三宗教にとってそれぞれ象徴性に満ちた世界の中心なのである。それぞれの聖地が接し合い、聖なる意味を分かちあったり、共有しあったりしてきた。イスラームの聖典『クルアーン』の一節(一七章一節)、
ああなんと勿体《もったい》なくも有難いことか、(アッラー)はその僕《しもべ》(マホメット)を連れて夜(空)を逝《ゆ》き、聖なる礼拝堂(メッカの神殿)から、かの、我ら(アッラー)にあたりを浄められた遠隔の礼拝堂(エルサレムの神殿)まで旅して、我らの神兆を目のあたり拝ませようとし給うた。まことに耳早く、全てを見透し給う御神。(井筒俊彦訳『コーラン』中、岩波文庫、一九六四年)
はイスラム教徒の想像力を刺激し、預言者ムハンマドの一夜の旅、すなわちメッカからエルサレムへの飛翔(アル＝イスラー)と七つの天あるいは天国と地獄の歴訪(アル＝ミーラージュ)の伝承が生まれ

た。エルサレムは天国と地獄の接点なのであった。この認識がイスラム教徒の独占物でなかったことは、ダンテの『神曲』が地中海一帯にひろまったイスラム教徒の伝承の翻案として書かれたことにも表われている。パレスチナには、そのようにのびやかな共同の宇宙論的理解が備わっていた。ところで、預言者ムハンマドは、純粋の一神教徒アブラハムの宗教を復興するのだということを強調していた。このことからも分かるように、アブラハムは三宗教の人々の共通の精神的よりどころなのである。アラブはアブラハムを自分たちの先祖だと考えている。アブラハムと女奴隷ハガルとのあいだに生まれ、父とともに神との契約のしるしである割礼を受けたイシュマエル(アラビア語では、イスマーイール)から、また、アブラハムの別の妻ケトラが産んだ子供たちから、アラブの人々は出てきたと信じられているからである(『創世記』一六章一五—一六節、一七章、二五章一—五節)。パレスチナの歴史の流れに眼を凝《こ》らせば、「宿命の民族的・宗教的対立」どころか、むしろ共生と融合の妙なる主題が繰り返しかぶさるように聴こえてくるのだ。

しかし、二〇世紀は不幸なパレスチナ問題の世紀となった。持ち込まれた不和と抗争が、反「平和」の調べを断然優勢なものとしたからだ。一八九七年、スイスのバーゼルで第一回シオニスト会議が開かれた前後、ユダヤ人の郷土を創設すべき場所としては、まだアルゼンチンとかウガンダとかが取り沙汰されていた。しかし、多数のユダヤ人人口を擁していた東欧から植民者をリクルートするためには、目的地は宗教感情を十分に喚起できるパレスチナでなければならなくなった。こうして二〇世紀には、まず宗教熱心な人と社会労働運動の活動家とがユダヤ人国家建設のために東欧からの移民としてやってきた。このある種の棄民を暴力的に推進してシオニズムを助ける役割を果たしたのは、はじめロシアのツァーリズム、ついでナチズムだった。第一次大戦後「委任統治」の名においてパレスチナを統治するイギリス、ユダヤ人入植運動を支えるもろもろの財団の活動を税制上の特別措置によって優遇した米国、などがこれに加わり、国際的植民地主義の円環ができあがった。イギリスの委任統治政府は、パレスチナの「経済的吸収能力」を考慮してと言いつつ、半年ごとにユダヤ人代表機関に新規の移民の割当数を示した。一九三〇年代には割当数を超えた「非合法」移民も増すのである。ナチが政権を取った一九三三年を境に、パレスチナのユダヤ人社会(イシューヴ)は一挙に増大し、一九三〇年代末にはパレスチナ総人口の三〇%を占めるまでになる。庶民の日常生活の場でも、ユダヤ人を追いたてる反ユダヤ主義の力が、欧米社会の隅々で働いていた。リクルートするシオニズム運動のがわでは、イギリスの作家イスラエル・ザングウィル(一八六四―一九二六)のモットー「民なき土地を国土なき民に!」のごとく、はじめはパレスチナの住民の存在を無視しようとする姿勢をとった。しかし実際には無視できるはずもなく、そこで一九三〇年代には、農園や工場からアラブを力ずくで締め出してユダヤ人に仕事の場を確保しようとする「労働の征服」運動が起こった。ロシア・ポーランドなど東欧から社会主義の夢を抱いてやってきた人々がこうして落ち込んでいった植民者、民族的抑圧者としての奈落は、二〇世紀社会主義がやがて避けては通れなくなる一般問題の前兆であった。

宗教熱心な人たちが政治づいて、実現されるべき国家の領域の議論に熱中しだすのも、一九三〇年代であった。ウクライナ出身のジャボティンスキー(一八八〇―一九四〇)を先駆者とするシオニスト改訂派の人々は、エレッツ・イスラーエール(イスラエルの地)がベルサイユ体制の一環として定められたパレスチナの範囲に縛られるべきではなく、ヨルダン川の東側(トランスヨルダン)をも含むべきだ、と主張した。その論拠は、聖書に求められた。

(シケム(現在、ヨルダン西岸のナーブルス)で)主はアブラ(ハ)ムに現れて、言われた。「あなたの子孫にこの土地を与える。」(『創世記』一二章七節)

(ベテル(エルサレムの北)付近の丘で)「さあ、目を上げて、あなたがいる場所から東西南北を見渡しなさい。見えるかぎりの土地をすべて、わたしは永久にあなたとあなたの子孫に与える。……」(『創世記』一三章一四節)

その日、主はアブラ(ハ)ムと契約を結んで言われた。「あなたの子孫にこの土地を与える。エジプトの川から大河ユーフラテスに至るまで、……」(『創世記』一五章一八節)

聖書の記述が、突如こうして、現代の国際政治における領域の問題に無媒介に結びつけられた。しかもそれは解釈しだいで拡張自在である。ここから大イスラエル(エレッツ・イスラーエール・ハガドール)構想の膨張主義が生じるのだ。建国後イスラエルの政権の中心を占め続けた労働党に代って、一九七七年以降、主導権を握るようになったリクードのリーダー、メナヘム・ベギン(一九一三—九一、白ロシア生まれ)やイツハク・シャミール(一九一五—、ポーランド生まれ)は、独立にかけてそれぞれイルグン・ツヴァイ・レウミ(通称イツルまたはエツェル)やシュテルン団というテロ組織を指導したが、彼らはいずれも改訂派から出てきた人々である。このような流れは、さらに新しい型のグーシュ・エムニームやカハ(指導者メイル・カハネ)などの戦闘的な尖鋭な運動を生み出し、それらは、ユデヤ・サマリヤと呼ばれるようになったヨルダン西岸地区からパレスチナ人を立ち退かせて「ユダヤ化」する計画を練っている。かつてナチズムがヨーロッパを「清掃」してユダヤ人のいない(ユーデンライン)土地にしようと考えた「ユダヤ人問題の最終的解決」と同じように、これは「パレスチナ人問題の最終的解決」を策するものだといわなければならない。イスラエルの反戦兵士グループが、いまや、自らをイェシュ・グヴル(限界がある)と名乗るのは、占領地にたいする膨張への反対のギリギリの意志表示としてなのだ。

以上のような反[平和]の干渉のプロセスがパレスチナ問題である。パレスチナ問題の歴史は大きくはつぎのような四つの段階に区分できるだろう。①一八八〇年代—一九一七年、②一九一七年—四八年、③一九四八年—六七年、④一九六七年—現在。①→②、②→③、③→④の境目は、それぞれ、バルフォア宣言、イスラエル建国、六日戦争である。各段階においてパレスチナを支配した勢力は、①オスマン帝国、②イギリス、③イスラエルとヨルダンとエジプトによる三分割、④イスラエル。いま④がどのように最終決着するかが、インティファーダのなかで問われている。各段階を特徴づければ、

①パレスチナ問題の成立に先立つ前史の段階。アラブの民族的自覚による東方問題の行詰まりの時代。シオニズムの形成期。

②パレスチナ問題の形成の段階。イスラエル国家の成立へと導く前史の段階。一九三六年のアラブ反乱を境に、パレスチナ分割プランが始動する。

③パレスチナ問題の展開の第Ⅰ期。「アラブ・イスラエル紛争」と呼ばれる装置が機能したかに見えた段階、すなわち、アラブ民族主義対ユダヤ民族主義の対抗という説明による割りきりが働いていた段階。一九四八―四九年のパレスチナ戦争に続き一九五六年のスエズ戦争。

④パレスチナ問題の展開の第Ⅱ期。パレスチナ人の民族的主体性の形成の段階、すなわちPLOに集約されるパレスチナ民族運動の確立期。それだけに、イスラエルではもちろん、アラブ諸国においても、パレスチナ人の主体性・自立性を抑圧しその自主的成長を弾圧しつつ、政策の具として利用しようとする力が強められるということが見られた。六日戦争の後始末がパレスチナ問題の「解決」の中心テーマとされ、国連安全保障理事会決議二四二号におけるイスラエル生存権の確認と占領地からのイスラエル軍の撤退という二原則(つまり土地と平和の交換という「解決」方式)が国際政治の合意点にされていく。一九七三年の十月戦争。一九八二年のレバノン戦争。そして一九八〇―八八年のイラン・イラク戦争と一九九〇―九一年の湾岸戦争。

パレスチナ人がたどってきた苦難の道がそこにある。それは、予期しなかった展開、初めて直面する冷酷な支配技術、差別の重層構造とその世界的連関などに立ち向かって、間違いを繰り返しながら、そして彼我の力を測りなおしながら、「平和」の現実化に向かって苦渋に満ちた選択に賭けていく道のりだったというべきだろう。

日本では、「平和」のためのこの苦渋のなかから発せられている問いかけは、いったいどのように受けとめられるだろうか。日本社会では、いまだにこの地球的問題を単なる一地域紛争だと思い込んでいるきらいがある。石油の問題さえ絡まなければ関係ない、という心理も働く。イスラム教徒が多い東南アジアを日本の首相が訪問しても、中東が議題にのぼらない、あるいは議題にのせないことの不思議について、考える人は少ない。自民族の犯した罪を告白するヴァイツゼッカー西独大統領の演説に良心の叫びを聞いて感激した人が、同演説のパレスチナ問題にたいする、したがってユダヤ人問題にたいする曖昧さには目をつぶっている。日本が朝鮮を植民地として支配し、帝国の生命線確保のためと称して中国大陸に進出し、「満州国」を建設して五族協和、王道楽土を謳《うた》った近代の歴史を反省するのであれば、今日の中東の状況にたいしてどのような態度をとることがその証しとなるのか。イスラエルの政治学者ヨシャファト・ハルカビーは、一九八八年の年末にエルサレムで筆者にたいしてつぎのように語った。「一九三〇年代ドイツや日本が世界の孤児となって侵略に突き進んだとき、これを心配しながら見ていた世界の目が、いまは私たちの国に向けられている。……政治家は、こうなったらどうするよりほかないかは分かっているはずだ。しかし、手順を踏んで国民の考え方や気分を変えながら事態を導くのが政治家の手腕だ。問題は政治指導者の度量や見識ではない。もっとも深刻な根源的問題は、イスラエルの知的風土がユダヤ人としての創造性を失いつつあることだ。新しい状況にたいして、新しい説明と、新しい方向づけとを与えていく思想の力がインテリに枯渇してきている。それが私たちの国の悲劇だ」と。このような発言を、日本社会は、ひとごととしてではなく、自らの問題としてはどのように受けとめることができるだろうか。もともとイスラエルはヨーロッパのオリエンタリズムの尖兵であった。アラブの知識にたけ、アラブの表も裏も、酸いも甘いも知りつくし、したがってアラブを支配する資格を持つオリエンタリスト国家として、それは成立したのだった。日本にまとわりついてきたオリエンタリスト国家的性格(自称アジア通アジア人のアジア離れ的アジア支配)からの脱皮は、パレスチナ問題といかにかかわるのだろうか。パレスチナ問題は日本問題としてもあるのではないか。広島―アウシュヴィッツ、東京大空襲―ホロコースト、といった被害者的意識からだけの問題理解の欠陥は明らかである。

三　多元的世界の普遍主義――〈「二つの世界」論〉の虚構

◆『学士会会報』第七九一号(学士会、一九九一年四月発行)に載録された「湾岸戦争と古くて新しい「東・西」対立」。十字軍から湾岸戦争まで貫通する問題史の現前に着目する。中東の問題を、また第三世界の問題を、東西対立や「冷戦終焉」の副次的・周辺的・客体的次元に押し込めようとする国際政治理解の通念迎合的傾向にも強く反発している。

湾岸戦争とイスラム世界

「無人の砂漠にガスが紅蓮《ぐれん》の炎を高くあげて燃えるサウジアラビアの油田では、炎のなかに神の声を聞いたモーセのごとき厳粛な気持に襲われる。暗闇のペルシア湾上をジェット機で飛ぶと、黒い海面に点々と無数のガスの火がともって妖しく照りはえる美しさは、人間の文明への感懐とその終末への予感とをそそるのである」(板垣雄三編著『中東ハンドブック』講談社刊、一一頁)。

これは、私が一九七八年はじめ頃に書いた文章の一節である。それは、まだイラン革命やイラン・

イラク戦争が起きるよりも前、湾岸におもむくたびに粛然として味わった実感を、記録したものだった。湾岸戦争のなかでクウェートが油井群もろとも燃えあがる情景がテレビの画面に写し出されるのを見て、脳裏にとどまっていた感覚が、書きとめたメモの記憶とともに突如よみがえり、暗澹たる思いをつのらせた。

湾岸戦争が人類と地球とにどんな傷跡を残すのか、それが私たちにすでに十分はっきりと見えているわけではない。しかし、多分間違いなくいえるだろうことは、この戦争が、アラブ諸国の大衆の胸に、またより広くイスラム世界の大衆の胸に、今後ながく消し去りがたい痛恨と屈辱感と怨念の炎をかき立ててしまったのではないか、ということだ。

ことに、パレスチナ人の怒りと嘆きは格別だろう。まもなく四分の一世紀になろうとするイスラエル占領の桎梏《しっこく》につながれてきたヨルダン川西岸やガザのパレスチナ人たちの現在の境遇は、さながら風前の灯ともいうべき危うさである。民族離散の総仕上げにあたる立ち退きを迫られる日が来ないとは限らない。インティファーダ(イスラエル占領に対するパレスチナ人住民の抗議運動)を実践することによって身につけた自信は、湾岸戦争を機として一挙に無残にも打ち壊され、彼らは今や絶望の淵に立たされることになった。

怨念や絶望は、けっして、戦争の一方の陣営がその種《たね》をまいたのではない。それは、サッダーム・フセインを支持するといった立場から、多国籍軍に対してだけ向けられるというような性質のものなのではない。どちらかといえば、サッダーム・フセインによってもその運命をもてあそばれたという結果への憤《いきどお》りであり、むしろ全体状況の中でみずからの無力感に対する徹底した怒りということになるのであろう。

パレスチナ人ならずとも、アラブ大衆にとっては、戦争は二〇世紀のアラブ民族主義の歴史に、最後のとどめを刺すにがにがしい結末を生み出しつつあり、イスラム教徒一般にとっては、聖地の守護者たるべきサウジアラビアに米軍が展開し、イランのイスラム革命に対するかつての敵対者イラクのバース党政権がにわかにイスラムの名において語りかける、といったあらゆる苦肉と偽善の便宜主義が、イスラム教徒たちの虚脱感・喪失感を抜きさしならぬものとした。

いずれにしても、そこでは、人びとは人間として極限まではずかしめられた、おとしめられた、と感じているのではないだろうか。

心理的・感情的要因

ハイテク戦争などと呼ばれた湾岸戦争だが、それが曲がり角にさしかかるたびに、方向を見定め直し決断する政治指導者たちを究極的に衝き動かしていたものは、どうやら感情的要因だったらしいということに、気付いた人は多いと思う。コンピュータを駆使する冷徹なシミュレーションも、選択肢に出会うごとに、あるいは選択肢を組み立てるごとに、強烈な選好を働かせて感情移入をおこなうのである。

イラクの指導者が名誉と体面、つまりメンツにこだわったとすれば、米国の指導者は敵愾《てきがい》心を振るいおこし、相手をのっぴきならぬところまで追いつめ叩きのめして、相手の顔を完膚《かんぷ》なきまでつぶすことにこだわった。正義はもっぱら多国籍軍側にのみあるのであり、米国は、過ちを犯したイラクを裁き、懲罰を加える責任をみずからに課していた、とも見られよう。それは、有無《うむ》をいわせず体罰を加える乱暴な父親にも似ていた。秩序攪乱者に判決を下す秩序制定者という関係が、はたして多元化した現代世界の秩序にふさわしいあり方であるか否かは別として。

このような対応を奥底で支えていた心理的・感情的要因として、この場合、アラブと欧米との間に横たわる特殊な事情をかえりみる必要がありはしないだろうか。「日本叩き」における対日イメージなどと比較しても、サッダーム糾弾の歴史心理学的な構造のおそるべき根深さに目を向けなければならない。それはオリエンタリズムの問題である。

オリエンタリズムとは、オリエント(=アラブ・イスラム文明)を道具立てとしておこなわれてきたヨーロッパの自己認識であり、西洋・対・東洋という二分法の論理を内蔵するヨーロッパ的言説で、それはヨーロッパの東方イメージを東方に強制してやまぬ「知」の体系だとも説明できる。あらゆる停滞的・後進的・受動的・被浸透的・官能的・非合理的・専制的なものの総合が「非ヨーロッパ」(わけてもアラブ・イスラム的東方)であるとされ、ヨーロッパのアイデンティティがその対極として獲得されることにより、ヨーロッパの東方支配は合理化・正当化される。

しかし、ヨーロッパのアラブ・イスラム文明に対する関係は、実は奇妙な敵対意識によって彩《いろど》られてきたのである。欧米のがわで抱くアラブ・イスラム文明の「敵」としてのイメージには、羨望《せんぼう》や畏敬から嫌悪や軽蔑が不断に生み出されるような心理的コンプレックスが作用しており、このような隠微な愛憎の葛藤《かっとう》が識別されなければならない。ヨーロッパの近代科学も社会理論も、さらにはヨーロッパ製だと取り違えられている個人主義・合理主義・普遍主義など近代的諸価値も、みなアラブ・イスラム都市文明に負うところが決定的に大きかったからである。欧米のアラブ・イスラム文明に対する関係は、日本の中国文明に対する関係に近似しているといってもよい。

湾岸危機においては、領域や境界線やリンケージや国際会議などに関する条件の糸を繰り出し投げかけつつ、取引きや交渉を提案し、談合的解決のペースに乗せようとしたイラクのアラブ流〈都市〉型政治外交術に対して、米国政府は、これを不正義、ごまかし、詐欺、不道徳、泥棒の屁理屈として斥け、「政治」の曖昧さを毛嫌いするカントリー・スタイルの潔癖《けっぺき》を地でいこうとした。それは、オリエントに対する引け目であり、力《りき》みでもあった。

冷戦終焉論の逆立ち

湾岸危機が発生したとき、これを、ポスト冷戦期の開幕にもかかわらず起こった不幸な事件だとか、ポスト冷戦期だからこそ起きた地域紛争の新しい形だとか、といった解説が目立った。そしてことさらに、きたるべき新しい国際秩序形成における米ソの共同歩調の新しい意義が強調された。しかし、そのような議論には、いろいろな意味で問題があった。

第一に、共同歩調とはいっても、またイラクに対してクウェートからの撤退の実行を迫るところでは一致していても、米国の軍事的突出と武力行使の枠組みづくりに向かっては、ソ連はパレスチナ問題リンケージを含む外交的・政治的解決方式の追求によって、米国の足を引っ張っていた。

第二に、いわゆる冷戦期においてさえ、こと中東に関しては、米ソの利害が一致したり、共同歩調がとられたりすることが特徴的に見られた。それは、国連のパレスチナ分割決議(一九四七年)やイスラエル建国(一九四八年)に寄せる態度において、一九五六年スエズ危機に際し英仏の覇権の掘り崩しにおいて、またその後イラン・イスラム革命(一九七九年)にいたる中東での米ソ共同覇権の展開において、さらにイラン・イラク戦争(一九八〇—八八年)を通じてのイラク軍事力の強化の企てにおいてさえ、観察することができた。

冷戦の終焉と呼ばれた事態は、むしろ世界的規模での民族紛争の激化の徴候に備えようとするものだったのではないか。東西対立が緩んだから地域・民族紛争が高まりはじめる、のではない。論理の順序が逆転している、といわなくてはならない。一九八九年末、マルタでの米ソ首脳会談が、化学兵器製造の嫌疑をかけられていたリビアの目と鼻の先で、しかも米国とリビアの軍事衝突が発生したばかりのシドラ湾のすぐ脇で、開かれたことは意味深長であった。また湾岸危機それ自体は、ソ連国内におけるペレストロイカの行詰まりと民族問題の紛糾とから急角度に高まったユダヤ系市民のイスラエルへの、ことにイスラエルが一方的に併合している東エルサレムへの移住運動(アリヤー)が、引き金となったものだといえよう。

一九七〇年代ユダヤ人人口の伸び悩みをかかえたイスラエル国家は、ソ連からのユダヤ人の出国を期待した。ソ連のユダヤ系市民の出国を促進するため、米国を中心にして「社会主義に自由はあるか」を問うキャンペーンが展開され、ソ連当局に圧力をかけた。これがあまり成果を挙げないと見ると、一九八〇年代には、エチオピアのユダヤ教徒(ファラシャ)のイスラエル移住が注目されるようになる。そこでは、「アフリカの飢餓」がテーマとなった。そして、今度はふたたびソ連からのアリヤー、ただしその大波である。この勢いの中でしぼんでしまったパレスチナ問題解決への可能性に、あらたな弾《はず》みをつけようとする暴力的企てこそが、イラクのクウェート侵攻だった。

東西の二項対立を前提とするオリエンタリズム的心情に鼓舞されつつ、米国が決然としてオリエントの化け物退治に立ち上がった結果、湾岸戦争の向こう側は、見通しの立たぬ民族紛争の大激動、そしてイスラム復興運動的気分のもたらす都市テロリズムがだらだらと続く過程、こうした不透明で不安な時代であるのかもしれない。

十字軍的裁断

もともと〈二つの世界論〉なるものは、西洋の十字軍史観に根ざすものだった。キリスト教世界とイスラム世界とが対置され、イスラムの手に落ちたエルサレムをキリスト教世界の手に奪還しようとする戦いが十字軍なのである。

実際には、十字軍は、ヨーロッパ社会の中で差別されたユダヤ人(東方イスラム世界とつながりをもつスパイに仕立て上げられた)に対する迫害・攻撃からエネルギーを引き出していた。また、イスラム世界と位置づけられた東方は、決してイスラム一色ではなく、キリスト教徒もユダヤ教徒もゾロアスター教徒も共存する都市文明を花開かせていた。エルサレム市民であるアラブのキリスト教徒にとって、十字軍がエルサレムを「奪還」するとはどういうことだったのか。

このような欺瞞《ぎまん》に満ちた〈二つの世界〉像、〈二つの世界論〉が、その後、大航海の時代や東方問題の時代を生き残り、モンゴル禍・トルコ禍の連想を膨らませながら、二〇世紀の冷戦にまで脈々として生き続けたのは、まことに驚くばかりである。

それはこんにち「イラク対世界」の図式へと転化し、「自由」なクウェートを奪還すべく正義の戦いが遂行されることになった。かつてヨーロッパ人の大航海が目指した祭司ヨハンネス(プレスター・ジョン)とのコンタクトという目標が暗示するように、良き東方人に照応する「良きアラブ」もまた、「アラブ禍」への反撃としての湾岸戦争の中で役割を与えられた。

しかし、湾岸戦争の経験を通じて、欧米では、二項対立と分割の論理であるところのオリエンタリズムに対して深刻な反省が生じないわけにはいかないであろう。多元的で、融合的で、連結的な世界(これこそ、歴史的にはイスラム都市文明が体現していた特徴)が、急速に拡大・深化していて、やがて湾岸戦争を衝き動かした心理的・感情的要因など溶解させてしまう可能性もある。フランス社会にはアラブの、ドイツ社会にはトルコ人の、軽視し難い規模の人口がすでに織り込まれている。

人を見たらユダヤ人か非ユダヤ人(異邦人)かを見分ける考え方の癖を身につけてきた欧米の社会で、ユダヤ人差別がいかに積極的に克服されるか、という問題こそが、中東のパレスチナ問題を決する重要な鍵なのである。古くて新しい〈東・西〉の対抗と分断の論理こそが、ユダヤ人問題とパレスチナ問題とのリンケージをつくり出した張本人なのだ。

イスラムという宗教が志向してきた立場は、タウヒード（一つにすること、一と数えること、統合）だと言われる。それは、めげず臆《おく》せず、また飽きずに、個体・個物を枚挙しながら、究極的な神の唯一性を信じ抜こうとする態度でもあるのだ。その強烈なまでの多様性・多元性の承認こそが、普遍主義の強靭さを支えるものとなっているのである。

湾岸戦争後の世界では、二分法の世界ビジョン、善玉・悪玉の二項対立、そして正義は一つ、という十字軍的、イスラム聖戦論的潮流と、これに対するに、世界では人さまざま、宗教さまざまだということを積極的に認めていこうとする多元主義的アプローチ、そしていくつもの正義の折り合いをつけていこうとするタウヒード的潮流との、衝突と競合と相互浸透とが、ややしばし続くことにはなるだろう。

四　比較の中のアーバニズム——都市性のメッセージとしてのイスラム

◆『学術月報』第四五巻第一号、通巻五六五号（日本学術振興会、一九九二年一月）に掲載された「都市性と比較」。これは、板垣雄三・後藤明編『事典　イスラームの都市性』（亜紀書房、一九九二年五月刊）の序文ともなっている。文部省科学研究費重点領域研究「イスラームの都市性」の共同研究のまとめとして執筆した。イスラムの未来ならびにイスラム研究の可能性に対する希望の表明。

イスラムと都市空間

イスラムは都市の宗教である。しかもそれは、狭い意味での宗教という性格をはるかに超え出たもので、人間と社会、自然、宇宙、これらの総体を神の唯一性を中心にしていかに統合的に理解するか、ということをめぐって構築された信念体系であり、またそれにもとづいて社会組織を形成していくような文明体系なのである。中東から都市は生まれた。人類史のなかで都市を発明した商業的社会の産物であるイスラムは、人と物と情報が交流しあう場としての「都市」をいかに生きるかということに関するメッセージなのだともいえよう。

イスラム文明においては、その都市的性格が最大の特徴をなしている。けっして砂漠の風土や遊牧民の気質から説明しきれるものではない。イスラム文明は、古代オリエント文明やギリシア・ローマ文明の果実を受け継ぎながら、「都市的に生きる」ことを人間の理想にかかげ、合理主義、個人主義、普遍主義の都市型宗教にともなう独特の社会空間を展開させてきた。それは現代都市のあり方に即、通じあうものをもっている。イスラムは、家族の私的空間(プライバシー)の防護システムを支えるとともに、宗教・教育・福祉・衛生などのための公共空間を精緻なものに仕立て上げ、世界史的にも公共益のための信託財産(ワクフ)制度の網の目を先駆的につくりだした。学者集団(ウラマー)・教団儀礼・任侠《にんきょう》集団など、社会関係の調整・管理の仕組みは、都市文明のホメオスタシスを維持する重要な機構であった。「コーランか剣か」というヨーロッパ人の悪意に満ちた中傷とは裏腹に、多様な異なる宗教・文化を担う人々が絶えず混ざり合い取引きすることこそが当たり前の日常茶飯事であった(はじめから「国際化」してしまっている)社会に展開したイスラムは、「都市」を安全と公正という価値の実現の場として、そこに強い精神性を注ぎこんだ。良きイスラム教徒として暮らそうとすれば、おのずと都市的な生活・文化を求めるようになる。イスラムは人間と社会を「都市化」してきたともいえるのである。

現代世界における都市化

これに対して、最近の日本の都市論においては、都市化を消極的・否定的に眺める反省的立場が認められる。ふるさと創成も、マイタウンも、田園都市も、なにかしら深い喪失感と疎外感あればこその話である。都市のアメニティも、むしろそれが欠乏するから問題にされる。機械モデルとしての都市の機能性追求の行き着く先に、住民参加と人間性回復を求める批判的要求が発生する。都市化の暴走と過度集中とを抑制すべき悪と捉える社会的気分の背景には、おそるべき人口移動をともなって世界を覆いつつある都市化現象の驀進の不気味さに立ちすくむ不安の感覚が作用しているであろう。それは、「第三世界」的都市のラビリンス(迷宮)への恐怖だといってもよい。都市ゲリラの温床としてのスラムや過剰なエネルギーを抱えた市場の雑踏など、「魔界」としての都市がわれわれのところまで溢《あふ》れ出てくるのではないかという悪夢なのである。

ところが、こうした都市イメージが膨《ふく》らむ一方で、日本社会の未来像が描かれるとき、第三世界の宗教であるイスラムがさりげなくある種の文明感覚として連想され参照されたりしている現象については、あまり注意が払われていない。宣伝広告の分野で働いている直観力鋭い人々がCMにしばしば中東のイメージを盛り込むのは、日本の都市社会の将来への予感を先取りしていることだと見られよう。人間の理想型として「都市的に生きる」ことを予定し、都市化の極限に向かってひるむことなく、人の生き方と社会関係のあるべき姿とについてメッセージを発信し続けるのがイスラムであると、イスラム教徒たちが確信し主張しているように見えることへの感応なのではないだろうか。

現代世界を翻弄《ほんろう》する都市化の波は、人口爆発をともなう第三世界でことさらその影響が著しい。それどころか西欧社会も、多数のアラブやトルコ人のイスラム教徒移民を飲み込むことによって「イスラム化」しつつある。旧ソ連や中国も、イスラム教徒の動向によって揺れている。難民・移民の発生、労働力移動、環境破壊、社会的格差の拡大、都市犯罪とテロリズムなど深刻な問題が世界大に拡がり、いかに「都市」を生きるかが新しい課題として問われている。イスラムは、そうした状況に対して、都市生活再建のための新しい解答を与えることができるだろうか。イスラム世界と深く相互浸透しないわけにはいかない日本社会にとっても、二一世紀の世界の運命にかかわるこの問題から目を離すことはできないのである。

都市研究とイスラム研究

ひたすら近代主義を追い求めてきたことへの反省と批判は、一九七〇年代以降、都市デザインにおいてポスト・モダニズムの潮流を生み出した、といわれる。いわゆる近代化のコースに対する疑問や近代市民社会のあり方への懐疑は、これまでの都市論の根底を揺るがすものであった。ポスト・モダンの着想がエジプト人建築家ハサン・ファトヒーの新クルナ村の実験によって刺激された一面があったように、またその後、ポスト・モダニズムの多様な展開の先端的局面で、都市を工業生産物的構造体として機能主義・効率主義でだけとらえるよりも、生物的組織体のライフ・スタイルとして、つまりアーバニズム(都市的生き方・住まい方、都市性)においてとらえようとする考え方がますます強まってきているように、旧来の都市論のパースペクティブを押し拡げ、中東・イスラム世界の都市史観察と第三世界都市の現実鑑識とを、認知の飛躍へと導く必須の触媒として、そこにどうしても組み込まないわけにいかないということがおこってきているのである。

他方、イスラム研究における都市への関心においては、「イスラム都市」という概念モデルの再検討に進まざるをえない。それは、ヨーロッパの側から見た「イスラム社会」の停滞性というイメージにいつも結びつく、ヨーロッパ都市とは異質の、特殊な、変わらざる都市空間、すなわち、住民の自治組織は不分明だが、しばしば国家権力の拠点であり、金曜日の集団礼拝用のモスク(ジャーミー)と市場(スーク、バーザール)をもち、これらを囲繞《いにょう》する迷路と中庭付き住宅の無表情な外壁とがつくり出す乱雑で不規則で非組織的な都市空間として、カテゴリー化されたものであった。

しかし、研究史における「イスラム都市」概念の発生の経緯を振り返ると、それは、一九世紀以来、北アフリカ(西アラブ=マグリブ地域)に進出し、支配を拡大したフランスの植民地統治と深い関係をもつものであったことが分かる。ことに、第一次世界大戦後から一九五〇年代にかけて、マルセ兄弟やルイ・マシニョンらに代表されるフランスの研究者たちがおこなったマグリブ諸都市の調査の中で、その知見は「イスラム都市」の特徴をつかむ仕事としてまとめられていった。それは、一六世紀にフィリピンに進出したスペイン人がそこで出会うイスラム教徒を「モロ」として認識したのと同じように、イスラム世界の拡がりとそこでの地域的特質の多様性を無視して、管見の知識を勝手に一般化して説明するやり方であった。ここでの都市研究の方法的基礎はマックス・ウェーバーやアンリ・ピレンヌに依拠するヨーロッパ都市研究を通じて得られたものであり、そこでヨーロッパ都市を基準にすえて比較対照する参照軸ということになれば、十字軍時代以来の敵で、いま警戒怠りなく統治すべき対象となった胡乱《うろん》な原住民社会は、「イスラム」という枠組で括《くく》られるのがもっとも「自然」だったのである。こうしたマグリブ都市研究の蓄積を整理して、その土台にあった先入見や偏見、性急さや歪みという「不自然さ」を顧みることなしに「イスラム都市」の理論モデルを組み立てたのは、ドイツ生まれで米国に渡ったイスラム学者ギュスターヴ・フォン・グルーネバウムである。

イスラム研究では、最近二五年ほどの間に、都市研究のめざましい開拓が進み、記述主義や理念型(「イスラム都市」の形態・要素など)の議論の埒《らち》を乗り越えて、都市内外のネットワーク構造や社会空間構成の法的・文化的コンテクストなどの分析が試みられてきた。しかし、それでもなお、ヨーロッパ中世都市→近代都市という「典型」的発展からの偏差として配置される「イスラム都市」概念の罠《わな》のいましめを解き放ち、自由に羽ばたくことができたとはいえない。日本では、一九七〇年暮れに京都で開かれた「イスラム化」研究プロジェクトのシンポジウム「イスラムと都市」において、すでに「イスラム都市」論への批判の見地をめぐって討議が交《か》わされていた。その後、日本でも、イスラム研究者の多くがイスラム世界の都市に関する問題に取り組むようになったのである。

以上のようにして、都市研究およびイスラム研究のいずれにおいても、パラダイム(理論枠組)の思いきった変換をなし遂げることが課題となってきた。それは、いずれの場合も、西欧のコミューン(自治都市)に都市の原型を求めてきた西洋中心主義の呪縛から身をふりほどくことである。言い換えれば、西欧の独自性に関するマックス・ウェーバー流の理論的前提にまとわりついてきたオリエンタリズム(ヨーロッパの自己中心的東洋理解)を克服するという課題なのである。こうして、一般に都市研究にとっては、新しい理論展開のために、いまイスラムを透視できる視座の確立が強く求められ、イスラム研究にとっては、都市研究一般の広い視野の中でイスラムのアーバニズム(都市性)の特質を説明できるようにする実力の養成こそが、イスラム研究の全面的飛躍の捷径《しょうけい》なのだということが、はっきりと自覚されるにいたったのである。

オリエンタリズムにおける比較

オリエンタリズムは、本来は東洋趣味とか東洋学を意味したが、一九七八年にエドワード・サイードの『オリエンタリズム』という研究が出現してからは、あらたな内容をもつにいたった概念である。こんにちサイード的定義は、賛否のいかんに関わらず、すなわちサイードの立場や方法に対して批判的な人々を含め、一般に論議の前提ないし対象としては認められた意味づけとなっている。サイード的定義とは、要するに、オリエンタリズムが東洋に対する西洋の思考様式ならびに支配の様式であり、しかもオリエントを道具立てとしておこなわれるヨーロッパの自己認識であって、つねに東洋対西洋という二分法あるいは二項対立の論理を内蔵するヨーロッパ的知のあり方ないし言説なのだ、とする。それはヨーロッパの側で勝手につくり出したオリエント・イメージをオリエントに押し付けてやまぬ(つまり、オリエントの「オリエント化」を強制する)力へと絶えず転化するような知の体系なのである。ヨーロッパが自らと正反対のものとして二項対立的に措定するオリエントとは、あらゆる停滞的、後進的、受動的、被浸透的、官能的、非合理的、専制的なものの総合であって、ヨーロッパのアイデンティティは絶えずその対極または裏返しとして獲得し直され、ヨーロッパのオリエント支配を正当化し合理化する、というのである。こうしてサイードは、ダンテからマルクスにいたるオリエンタリズムの歴史的展開をパノラマ的眺望のもとに置いて見せた。

このようなヨーロッパ的「知」の攻撃性は、むしろ、ヨーロッパの側でのアラブ・イスラム都市文明に対する敬意と警戒感、負い目や引け目、そして何よりも抜きがたい劣等感の、大きさに比例する表現なのであった。科学と芸術の面で、商業・交通・軍事・農業作物・医療・福祉などをも含む技術の面で、社会組織の面で、宗教的シンボルと世界知識の面で、近代的価値意識の面で、そして生活様式・風俗・人間類型を含むアーバニズムの面で、ヨーロッパは中東から学習することが多大であり過ぎた。頭があがらないから貶《おとし》める、好きだから嫌い、というコンプレックス、愛憎の葛藤が働いたのである。大航海を通じてより広い「東洋」に接したとき、ヨーロッパ人は相手がイスラムか非イスラムかを見分け、異なった対応を示すのだ。

その意味で、ある種の地域認識パターンとしてのヨーロッパ・オリエンタリズムのイスラム世界像において、憧れと恐怖、親近感と憎悪、羨望と侮蔑といった矛盾しあう心理的契機が歴史の中でどのように結合したか、それが他者認識としてヨーロッパの哲学や社会理論の中にどのように位置づけられ作用したか、さらに、近代諸学がヨーロッパ人の経験の記述と体系化の上に、つまり「地域研究」の達成として、成立してきたものだとすれば、他者認識のアンビバレンスや歪みは近代諸学にどのように埋め込まれ、また影響しているると見るべきなのか、そのような学問の方法を用いて世界の諸地域・諸社会を研究し比較するとはいかなることなのか、ヨーロッパ・アイデンティティにおいてイスラムへの敵対意識がスプリングボードとして働いているとすれば、近代諸学に包摂されるそのようなイスラム観の偏《かたよ》りとその効果をわれわれはどのようにして克服できるか、等々の問題がここで一度に浮上してくることになる。

セクシュアリティの面で、ヨーロッパ〔人男性〕の側がオリエントないしイスラム世界を凌辱《りょうじょく》(レイプ)の対象として眺めるのは、男性として引け目を感じる強迫観念のために、かえって男性的に行動しようとする倒錯、と診断できるであろう。ヨーロッパの内側でオリエント的・都市的文化を身につけた人間をユダヤ人として識別し差別する被差別者集団設定も、ユダヤ人が儀式殺人や聖体のパンの冒瀆行為を犯していると想像するユダヤ人観の深部では、切り裂かれる犠牲の小羊(アニュス・デイ=神の仔《こ》羊)としてのキリストのイメージ、あるいは犠牲に供せられるキリスト教徒少年という「犯されるもの」のイメージ、およびそれらのカタルシスが作用していたのであり、コンプレックスと差別との複雑な結合に、アーバニズムへの反発をテコとする十字軍的・オリエンタリズム的地域認識までが組み合わさった、歴史心理学的問題なのである。これにさらに、ヨーロッパの民衆文化としての反ユダヤ主義という視点をも加味することが必要であろう。こうした隠微な歴史心理的基盤と近代科学の客観主義・実証主義とがどのように折り合っているのかという問題は、はなはだ深刻で、かつ入り組んだものなのである。しかし、知の体系を支えてきたものを批判するには、そこまで踏み込まなければならない。

タウヒードの都市性

一九世紀には、すべて「非ヨーロッパ的」なものは「アジア的」という枠で括られるようになるが、ヨーロッパ対アジアという二項対立で世界を割り切る見方は、オリエンタリズムの帰結であり表現なのであった。オリエンタリズムの根底にあるのは分割の思想である。サイードのいう「心象《イマジナティブ・》地理《ジオグラフィ》」も、あるいは十字軍的「二つの世界」論の亜種(遡《さかのぼ》ってペルシア戦争観、下って東西対立・冷戦体制論)の生産も、それに発する。ヨーロッパ的論理方法における二分法の意義づけについては、すでにさまざまな検討が加えられてきた。弁証法は絶えざる「二」への分化を前提にしており、対立物の統一＝止揚もその展開の一階程なのである。

それに対して、イスラムの論理の基本はタウヒード(一つにすること、あるいは一と数えること、また一と決めること)だとされ、神の唯一性の信仰とも説明される。それは究極の「一」に厳しくこだわる立場であるけれども、その前提には、枚挙の論理に基づく森羅万象の個別性・差異性を認識することが不可避的だということについての徹底的な強調があることに注意しなければならない。この世にあまたの言語と宗教が存在するのは、神の啓示の過程が(人知にとっては)不特定多数回にわたり繰り返される啓示の歴史の中で理解される。たゆみなく個別的認識を積み重ねることを通じて、はじめて統合の視点が浮かび上がる構造になっている。タウヒードの論理形式にあっては、「一」という存在はつねに「多」を前提としているといえるのである。個別性・多様性・雑多性を恐れぬ態度・方法が、二分法と二項対立で割り切る分割の論理とは異質なものとして自己主張する。

近代と前近代、ヨーロッパと非ヨーロッパ、正・邪、真・偽、善玉・悪玉の二つの世界、こうしたファジー集合を認めようとしない分割の論理に対して、タウヒード的思考は遷移や透過や変身などに媒介される万華鏡的中東地域社会の融合的現実を反映するものだと考えることができるのではなかろうか。ポスト・モダンの思想潮流が着目するのは、まさしくタウヒードのこのような「都市性」なのだといえよう。

たしかに、男と女、昼と夜のごとく、二元的対立とか一対の構造として事物を捉える思考の局面は、当然のことながらイスラムにもある。時間のなかにある現世ドゥンヤーと時間を超えた来世アーヒラの区別と対置は二分法だと考えられるかもしれない。しかし、人間が現世を祝福として感謝して受け取り、そこでの諸関係(神との、自然との、社会との)を正しく生きるべく努力しなければならないのは、現世が来世のインターフェースでもあって、個々人の現世での信仰と行為には超時間的意味・価値がこめられており、終末の審判の日のカタストロフィーによって現世と来世とは連結され統一されるからだ、とされるのである。精神と身体、霊と肉の関係については、対立や相剋という視点からではなく、心を欠く体も、体を欠く心もともに意味をなさないとして、統合的な人間存在をトータルに問題にしようとする。肉体と精神を兼ね備えた一個の独立の人格が、全人的に創造主たる神に対していかなる関係に立つか、が問われるのだ。個人と社会、人間と自然の問題分割にも反対する。個人は、子であり、親であり、夫または妻であり、兄弟また姉妹であって、そのようにして社会関係の網目の中にしか存在しないからである。また、人間のイスラムも、羊や野草や土くれや月のイスラムも、神の前に対等なのだからである。こうして、タウヒードの論理は徹底した多元主義の立場を保証するものとなる。

比較がめざす普遍主義

そもそも比較とはいかなる営為であるか。何のために比較するのか、比較のモチーフ、スケール、参照枠組(リファレンシャル・フレイムワーク)あるいは関心範囲(スコープ・オブ・インタレスト)、それら全体をひっくるめて、比較研究とはそもそも何であるのかという問題が、イスラムのアーバニズムに焦点を合わせれば、まさしくそこから特異的に、とめどもなく湧き出てくることについて、すでにかなりの程度明らかにすることができたと思う。

「イスラム都市」論とそのオリエンタリズム的基礎を批判することとは、同時に、現代イスラムにおけるタウヒードの衰弱、さらにイスラム研究の局地化とパロキアリズムに批判の目を向けることでもある。アーバニズム(都市性)は、定義を前提にしないで定立しうる基礎概念と考えることができ、むしろそこに豊かな意味を吸引するような発見の道具として用いられるべきであろう。都市的な生き方について広く人類的に比較する立場を貫くところで、われわれは、都市性研究のみならず、イスラム研究をも普遍主義化することができるはずである。それは、地域「研究」としてのオリエンタリズムの批判が、われわれに比較という作業の思想的再点検を迫るとともに、地域間比較あるいは地域研究群の間の比較という地域認識の拡張的局面にまでわれわれを導くであろうことと並行した問題なのである。

〔参考文献〕

『イスラム化に関する共同研究報告・四』東京外国語大学アジア・アフリカ言語文化研究所、一九七一年。

板垣雄三「現代アラブと商業」、川床睦夫編『東西交渉史におけるムスリム商業』中近東文化センター、一九八二年。

板垣雄三「地域研究とオリエンタリズム」、『アジア・アフリカ諸地域の社会・政治変動とイスラムに関する比較研究』(昭和六一―六二年度科学研究費補助金一般B研究成果報告書)一九八八年。

木島安史『カイロの邸宅――アラビアンナイトの世界』丸善、一九九〇年。

黒田壽郎編『共同体論の地平――地域研究の視座から』三修社、一九九〇年。

後藤明『メッカ――イスラームの都市社会』中央公論社(中公新書)、一九九一年。

エドワード・W・サイード(板垣雄三・杉田英明監修、今沢紀子訳)『オリエンタリズム』平凡社、一九八六年。

陣内秀信『ヴェネツィア――水上の迷宮都市』講談社(現代新書)、一九九二年。

陣内秀信・谷水潤編『トルコ都市巡礼』プロセス・アーキテクチュア、一九九〇年。

第五回「大学と科学」公開シンポジウム組織委員会編『都市文明イスラームの世界――シルクロードから民族紛争まで』クバプロ、一九九一年。

B・S・ハキーム(佐藤次高監訳)『イスラーム都市――アラブのまちづくりの原理』第三書館、一九九〇年。

羽田正・三浦徹編『イスラム都市研究〔歴史と展望〕』東京大学出版会、一九九一年。

布野修司『カンポンの世界――ジャワの庶民住居誌』PARCO出版局、一九九一年。

五　地域研究の課題——近代の学問体系の組み換え

◆『私大政策研究』第7号（京都私大連協ほか編集、一九九一年一二月発行）に載った「今求められる大学の知性 ― 大学論の再構築に向けて」（同年七月に同志社女子大学でおこなった講演の記録）の中で地域研究を論じた部分を思い切って整理・改造した（本書収録の他の論考と重複する話題は削除）。年来の主張を、湾岸戦争停戦後の世界への取り組みの提言としてのべた。なお、地域研究については『教養学科紀要』第一三号（東京大学教養学部教養学科、一九八一年三月発行）の「シンポジウム・地域研究の問題点」（八〇年一〇月、本間長世・渡辺守章・増田義郎諸氏とともにおこなったシンポジウムの記録）における発言も参照してほしい。

既成の学問の展開とその限界性

学術専門分野（ディシプリン）は、どのようにして成立してきたのだろうか。

そもそもは古代のギリシア語世界において形づくられた知識の体系が、やがてイスラム教徒たちに受け継がれ、そこでより広い世界の知恵の交流・融合を通じて、整備された学問分類をもつ諸学の体系へと仕上げられたのである。こうして、大学にあたる高等教育・研究の学院(マドラサ)の活動がイスラム世界の各地に展開することとなった。イスラム世界における学知の制度を学習したヨーロッパ人が、遅れて一二、一三世紀頃からようやく大学を形成しはじめる。『ファウスト』第一部冒頭のモノローグを借りれば、哲学も法学も医学も、あらずもがなの神学まで、イスラム世界から移植された学問の仕組みとしてヨーロッパに広まり定着していったのである。

しかし、それが近代の学問体系として確立されるにあたっては、一六世紀以降のヨーロッパ人の知的・学的活動が決定的に重要な踏み台となったことは間違いない。しかも、ここで注目すべき点は、ヨーロッパ人のある種の「地域研究」の成果がその土台となったということである。その「地域研究」は博物学(ナチュラル・ヒストリー)とも呼ばれた。それは諸事象を広く研究する学問だが、ある地域の自然環境、生態、つまり地形・地質、動植物(ファウナ、フローラ、シルヴァなど)から民族や言語・文化、社会組織にいたる、ありとあらゆる事象を総体的にとらえて、それらを個々に詳細に記述するという仕事である。たとえば、ナポレオン・ボナパルトのエジプト遠征に同行した約二〇〇名のフランス人学者集団は、まさしく博物学的アプローチの共同作業の成果として、『デスクリプシオン・ド・レジプト』(エジプト誌)という膨大なエジプト地域研究の作品を結実させた。ヨーロッパに関して、またヨーロッパ人が活動を拡げていった世界諸地域に関して、一六世紀以来獲得された具体的な知識と経験の集積・集合を土台として、それらの知見を一般化し抽象化し理論化するという仕事の延長線上に、やがて近代的な学問体系が形成され、地理学、地質学、気象学、動物学、植物学、民族学、言語学、社会学、政治経済学等々、多様な各種の学術専門分野が確立していったのである。

こんにち何々学と称せられる各ディシプリンを連ねて学術体制の組織原則となっている学問体系(諸学のシステム)の背後に、またその基礎に、実は膨大な地域研究的博物誌の知識の集積があったことが忘れられてはならない。数学、物理学、化学などから技術にいたるまで、ひろく「純粋」・「応用」の諸学の発展は、いずれもこのことと決して無縁ではない。ヨーロッパ人の活動が世界的に拡大し、他地域の社会に対して直接的働きかけをおこなう中で、ヨーロッパ産のディシプリンが、一見、普遍妥当性の姿・形を整えることができるようになったといえるだろう。

ところが、これらのディシプリンは現象のある局面について説明を与えたり、問題を解決したりすることはできるとしても、まったく歯が立たない問題も多々あることが自覚されるようになっている。ことに多元化世界の変動が交錯する現在において、既成のディシプリンの限界性が強く意識されるようになった。学問がだめだというよりも、世界のより豊富な諸事象が衝撃的に迫ってくる、世界や宇宙がもっと豊かなものだということが分かりかけてくる、といったことであろう。法の理解と実務的適用に関連して、イスラム法やヒンドゥ法の再編の動向に、あるいはまた中国の法観念・法意識の変化の過程に、どのようにしたら取り組むことができるのか。欧米の社会的経験を記述し分析する作業を通じて構築された経済学から導き出される理論値や理論モデルを、他の地域にそのままの形で適用できないとすれば、どうすればよいか。紛争研究にたずさわる政治学でも、宗教運動を観察する宗教学でも、地球環境問題に切り込む自然科学諸分野のいずれでも、ガンやエイズの発症の機構を解明しようとする医学でも、技術の最適化を志す工学でも、みな類似の問題に直面しているといえよう。そこでは、多元化世界の諸地域に関する知識の集約と総合という課題が切迫した緊急のものとなってきているのである。だが、振り返ってみれば、これまでいつも学問は、一般に諸地域の個別的知識の集約・総合の上に飛躍が可能になったのだ。

新しい突破口としての地域研究

ここで、世界に関する具体的な知識の組織的集積と総合により、たゆまず理論枠組(パラダイム)の反省的点検を進める営為が地域研究だとすれば、それこそがまさしく基礎学の名に値するものだ、と言わなくてはならない。しばしば、地域研究(エリア・スタディーズ)とは、学術専門分野の研究から生まれた一般理論を、実地に、つまり個々の「現地」の特殊な事情に向かって、適用し応用するものだ、とする考え方がある。しかし、これは基礎と応用との関係を転倒する見方ではないか。地域研究は体系的に確立された方法論をもたず未分化で未熟な研究領域だとか、地域研究者はもっと専門分野の修練を積むべきだとか、土地カンをつかむ地域研究は政策科学の適用面・実施面で有効性を証明すべきであるとか、これらの認識はいずれも「転倒」の諸例と言えるだろう。地域研究という基礎学、すなわち世界の具体的知識の集積・整理、そこからたえず出発しなおす一般理論化、総合体系化、構造化的精緻化の営為を土台にして、その上に個別的・特殊的専門分野の研究作業と研究成果とが析出してくるのである。明治以来の日本では、しばしば、基礎からの積み上げの自主的努力をないがしろにして、理論・学説の展開の表層や末端部分を祖述したりいじりまわしたりすることこそ学問だと勘違いした面があったことは、否定できない。

近年、学部・学科とか学位について、それらを定義したり、その一覧表を提示したりすることが、しだいにむずかしくなってきた。これは学術研究の高度化や学際領域の展開に柔軟に対応するために避けられぬことだとも説明されている。しかし、従来のディシプリンの枠組を分割したり組み合わせたり、中間の境界領域を埋め立ててみたり、二つ以上のディシプリンをつないでみたりする中で、専攻分野の定義が揺れ動き、博士号の種類も限定できなくなったりしている。インターディシプリナリーな立場というとき、前提にあるディシプリンの枠組はそのままにしておいて、その二、三を交互に参照するような問題領域の立て方で済むことなのか。むしろディシプリンを斜め切りし、積極的に解体し、脱構築していくようなトランスディシプリナリーな陣形が必要であろう。ここで、地域研究という総合化が、必然的で、有意味で、かつもっとも効果的な突破口(ブレークスルー)となるのである。かつては哲学が、壮大な世界観的体系である前に、何よりもまず事物(現実)を観想してその道理を見極め、学知の全体系の産婆役となったように、である。

日本では、研究者は細分化された専攻分野の分類表のコード番号にもとづいて登録されている。科学研究費の申請も与えられた分類表の網の目に収まっていなければならない。既成の学問分類も、最近では複合領域という別枠を弾力的にふくらますことによって状況への適応が工夫されてはいるが、学問的課題に見合うべく対応していくことが、やがて追いつかなくなる危険もないとはいえない。学術体制において地域研究というあらたな軸を確立し学知を再編成していくことは、学知の体系の基本認識としても、学術政策の基本姿勢としても、もっとも重要な課題だと考えられる。日本学術会議の機構においても、このような方向で学術の新展開を促すような組織をあらたに考案することが期待される。この問題は、図書館の分類法にはじまって、情報処理のシステム全般に及ぶ、知の体系の全体的とらえ返しや再構築という課題とも一体のものである。

〈多元化世界の地域研究〉

近代の学術が一六世紀以来のヨーロッパ人の知見や経験を記述し分析して体系化する仕事の上に成立してきたために、しかも、ことに大学・研究所やアカデミー・学会など、学術の制度化が推進された一九世紀に、あらためて強烈なヨーロッパ・オリエンタリズムの「世界分割」イデオロギーによって色揚げされた結果、そこでは「ヨーロッパ対非ヨーロッパ」という価値論化的二分法に支えられたヨーロッパ中心主義の鎧《よろい》が「客観性」の科学の晴れ着の下に隠されることになった。七世紀のメディーナでウンマ(国民)国家が成立したこと、そして都市化・商業化・政治化を媒介として個人主義・普遍主義・合理主義という近代的価値の実現に向かおうとする「近代化」の巨大な世界史的波動がそこから動きだしたこと、これらのことに覆いをかぶせて見えないようにし、言い換えればヨーロッパ近代の位相と特質とを広い世界史的視野の中で見分けようとする視線をさえぎって、近代ヨーロッパの学術の「近代性」にだけスポットライトが当てられるようになったのである。

地域と民族の再獲得への運動を噴きあげてやまぬ多元化世界の現在において、なお蟠踞《ばんきょ》するオリエンタリズムないしヨーロッパ中心主義を批判し克服することは、学問体系の組み換え、知のパラダイム・シフトのために、いよいよ重大な意味をもつようになった。そして、それは、地域の組み換えを恐れぬ、また地域間比較の場の自在な組み換えをも恐れぬ〈多元化世界の地域研究〉、すなわち本来的に総合の基礎学であるべき地域研究のさらにダイナミックな多層・多段・多角的な総合化としての世界研究が、多元化世界の現実のもとでの協業として組織化されていくときに、はじめて可能となっていくだろう。オリエンタリズムの克服とは、ヨーロッパ中心主義の批判にとどまらず、結局ヨーロッパ中心主義にしてやられることとなる七世紀以来の(=〈イスラム化〉に触発された)「近代性」の世界史的長期波動が結果として抱えこむことになる負の遺産をたっぷりと蓄めこんだ現在に決着をつけることでもあるからだ。しかも、多元化世界の現在において、旧ソ連のムスリム地域、アフリカ、ヨーロッパでことさら顕著に認められるように、中東・イスラムはあらたな拡張をさえ示しつつある。中東はやがて中国にまで拡がってくるだろう。世界の将来を見定めるために、中東・イスラムの歴史の現在に対するラディカルな批判こそが、いま問われているのである。

■岩波オンデマンドブックス■

歴史の現在と地域学――現代中東への視角

1992年11月26日　第1刷発行
2002年12月6日　第2刷発行
2015年6月10日　オンデマンド版発行

著　者　板垣雄三《いたがきゆうぞう》

発行者　岡本　厚

発行所　株式会社　岩波書店
〒101-8002　東京都千代田区一ツ橋2-5-5
電話案内　03-5210-4000
http://www.iwanami.co.jp/

印刷／製本・法令印刷

ISBN 978-4-00-730207-7　　Printed in Japan

人 名 索 引

→：見よ／⇨：参照／f：以下の頁で頻出／〔事〕：事項索引

ア 行

アギナルド Emilio Aguinaldo　59
アサド Ḥāfiẓ Asad　297, 331
アシュアリー al-Ash'arī　247, 267
アシュマーウィー／サーリフ・アル＝アシュマーウィー Ṣāliḥ al-'Ashmāwī　139, 144
アタースィー　→ハーシム・アル＝アタースィー
アダム／アーダム Ādam　42　⇨〔事〕バヌー・アーダム
アッバース・ハリーム 'Abbās Ḥalīm　105
アッバース・ヒルミー 'Abbās Ḥilmī 二世　69
アドリー 'Adlī Yaqan　71
アブー・アッ＝ティンマーン　→ジャーファル・アブー・アッ＝ティンマーン
アフガーニー／ジャマール・アッ＝ディーン・アル＝アフガーニー Jamāl al-Dīn al-Afghānī　68, 244, 246, 248, 250
アブデュル・ハミト Abdülhamit 二世　66, 246
アブド・アッラーフ・アン＝ナディーム／アン＝ナディーム 'Abd Allāh al-Nadīm　237–238, 241
アブド・アッ＝ラフマーン・アル＝バンナー 'Abd al-Raḥmān al-Bannā　144
アブド・アッ＝ラフマーン・ファフミー 'Abd al-Raḥmān Fahmī　73, 74
アブド・アル＝アズィーズ(モロッコの)'Abd al-'Azīz　60–61
アブド・アル＝アズィーズ(サウード家の)'Abd al-'Azīz b. Sa'ūd　66
アブド・アル＝アズィーム・アニース 'Abd al-'Aẓīm Anīs　199
アブド・アル＝イラーフ 'Abd al-Ilāh b. 'Alī　98
アブド・アル＝カーディル・イスマーイール 'Abd al-Qādir Ismā'īl　96, 98
アブド・アル＝ハキーム・アーブディーン 'Abd al-Ḥakīm 'Ābdīn　144
アブド・アル＝ハフィーズ 'Abd al-Ḥafīẓ　61
アブド・アル＝ファッターフ・イブラーヒーム 'Abd al-Fattāḥ Ibrāhīm　96
アブド・アル＝ファッターフ・ヤフヤー 'Abd al-Fattāḥ Yaḥyā　104
アブド・アル＝ムンイム・アブド・アッ＝ラウーフ 'Abd al-Mun'im 'Abd al-Ra'ūf　140
アブドゥフ　→ムハンマド・アブドゥフ
アフマド・アッ＝シャラバッスィー Aḥmad al-Sharabaṣṣī　170
アフマド・アッブード Aḥmad 'Abbūd　163
アフマド・アブド・アル＝アズィーズ・ガラール Aḥmad 'Abd al-'Azīz Jalāl　139
アフマド・バレルヴィー Sayyid Aḥmad Barēlwī　243
アフマド・フサイン Aḥmad Ḥusayn　105

アブラハム Abraham (Ibrāhīm)　258, 264–265, 393, 395
アミーン，ハーフィズッラー Ḥāfiẓ Allāh Amīn　328
アミーン・アル＝フサイニー Amīn al-Ḥusaynī　99
網野善彦　376–377
アラファート Yāsir ʻArafāt　309
アリー・アブド・アッ＝ラーズィク ʻAlī ʻAbd al-Rāziq　90, 248
アリー・サブリー ʻAlī Ṣabrī　201
アリー・マーヒル ʻAlī Māhir　104
アリストテレス Aristoteles (Arisṭū)　265–266
アレンビー Edmund Henry Hynman Allenby　72, 74
アントゥーン・サアーダ Anṭūn Saʻāda　109
イーデン Robert Anthony Eden　149
イエス Iesous (ʻĪsā)　41, 258
イシュマエル Išmaʻel, Ismāʻīl　393
イスマーイール・スィドキー／スィドキー Ismāʻīl Ṣidqi　101–105
イブラーシー al-Ibrāshī Pasha　104
イブラーヒーム・スース Ibrāhīm Ṣūṣ (Souss)　375, 386
イブン・ジャマーア Ibn Jamāʻa　225
イブン・タイミーヤ Ibn Taymīya　225
イブン・ハルドゥーン Ibn Khaldūn　225
イメルダ・マルコス Imelda Marcos　281
ヴァイツゼッカー Richard von Weizsäcker　398
ヴィエノ Viénot　112
ウィルスン Woodrow Wilson　74
ウィンゲート Reginald Wingate　74
ヴィルヘルム Wilhelm 二世　61, 66
ウェーバー Max Weber　413, 414
ヴォルテール Voltaire　238
ウマル(カリフ) ʻUmar b. al-Khaṭṭāb　166
ヴント Wilhelm Wundt　52
エッデ Emile Edde　112
エブレン Kenan Evren　333
エリー・ヴィーゼル Elie Wiesel　375
エリザベス Elizabeth 女王　368
オクバ・ブン・ナーフィー ʻUqba b. Nāfī　275
オスマーン・アフマド・オスマーン ʻUthmān Aḥmad ʻUthmān　205
オットー・バウアー Otto Bauer　15, 36
オンム・カルソーム Umm Kalthūm　200

カ　行

ガーズィー Ghāzī　94, 98, 99
カースィム・アミーン Qāsim Amīn　248
カーズン George Nathaniel Curzon　72, 74

カーター Jimmy Carter　281
カーター，ビリー Billy Carter　281
カーミル・チャディルチー Kāmil Jadirjī　96
カール Karl 五世　366
カールマル Babrak Kārmal　328
ガザーリー al-Ghazālī　269
カッダーフィー Mu'ammar al-Qadhdhāfī　249, 281-283, 291
カナファーニー Ghassān Kanafānī　386
カハネ，メイル Meir Kahane　396
カマール・ジュンブラート Kamāl Junbalāṭ(Jumblat)　309
カマール・アッ＝ディーン・フサイン Kamāl al-Dīn Ḥusayn　140-143
カマール・ブッラータ Kamāl Bullāṭa　386-387
カワーキビー／アブド・アッ＝ラフマーン・アル＝カワーキビー 'Abd al-Raḥmān al-Kawākibī　68-69, 245
ガンディ Mahātma Gāndhī　128
木島安史　421
キッシンジャー Henry Kissinger　201, 205, 297
ギディングズ Franklin Henry Giddings　68
クッドゥース／イフサーン・アブド・アル＝クッドゥース Iḥsān 'Abd al-Quddūs　165
グルーネバウム Gustav von Grunebaum　414
黒田壽郎　421
グロッバ Fritz Grobba　98
グロティウス Hugo Grotius　370
グンプロヴィッチ Ludwig Gumplowicz　68
ケチュワヨ Ketshewayo　64
ケトラ Keturah　393
ケマル／ケマル・アタチュルク Kemal Atatürk　128, 280
ゴードン Charles George Gordon（ハルトゥームでの「英雄」）　55, 57
後藤明　22, 421
ゴビノー Joseph Arthur de Gobineau　68
ゴリアテ／ゴリアト Goliath　375-376, 379
コンディヤック Etienne Bonnot de Condillac　238

サ　行

サーダート／アンワル・アッ＝サーダート Anwar al-Sādāt　140, 143, 201-210, 270, 319, 323
サーダート夫人（ジーハーン）Jīhān al-Sādāt　201
サーデク Muḥammad Aḥmad Ṣādiq　201
サード・ザグルール／サード Sa'd Zaghlūl　71-75, 77, 84, 99, 100, 101
サイイド・クトゥブ Sayyid Quṭb　140, 173
サイイド・ヤスィーン al-Sayyid Yasīn　297
サイード Edward Sa'īd(Said)　365, 415, 418, 421

サイモン John Allsebrook Simon　103
ザカリヤー・ムヒー・アッ＝ディーン Zakariyā Muḥī al-Dīn　169
サッダーム・フセイン／サッダーム Ṣaddām Ḥusayn　327, 331, 349–350, 362, 401, 403
サフラン／ナダヴ・サフラン Nadav Safran　137, 146
サヌースィー／ムハンマド・ブン・アリー・アッ＝サヌースィー Muḥammad b. 'Alī al-Sanūsī　243, 276–277　⇨〔事〕サヌースィー[派]
サポヤイ・ヤーノシュ János Zápolya　366–367
サモリ・トゥーレ Samori Touré　59
サラーフ・アッ＝ディーン・アッ＝サッバーグ Ṣalāḥ al-Dīn al-Ṣabbāgh　98
サラーマ・ムーサー Salāma Mūsā　89
サルキース Ilyās Sarkīs　315
サルマーン・ルシュディ Salman Rushdi　355
サルワト 'Abd al-Khāliq Tharwat　71, 101
ザングウィル，イスラエル Israel Zangwill　394
シェリーファ・ファドル Sharīfa Faḍl　200
シャー　→モハンマド・レザー・パフレビー
ジャーファル・アブー・アッ＝ティンマーン／アブー・アッ＝ティンマーン Ja'far Abū al-Timman　96, 98
ジャーファル・アル＝アスカリー Ja'far al-'Askarī　98
シャー・ワリーウッラー Shāh Walī Allāh　242–243
ジャバルティー（ガバルティ）／アブド・アッ＝ラフマーン・アル＝ジャバルティー 'Abd al-Raḥmān al-Jabartī　235–236, 238, 241
シャフバンダル 'Abd al-Raḥmān Shahbandar　111
ジャボティンスキー Vladimir Jabotinsky　394
シャミール，イツハク Itzchak Shamir　395
ジャミール・マルダム Jamīl Mardam　111
シュクリー・アル＝クッワトリー Shukrī al-Quwwatlī　111
シュフディー・アティーヤ Shuhdī 'Aṭīya al-Shāfi'ī　76, 199
章炳麟 Zhāng Bīng-lín　69
陣内秀信　421
スターリン Stalin　15–16
スタインメッツ Sebald Rudolf Steinmetz　68
スブヒー・ワヒーダ／ワヒーダ Ṣubḥī Waḥīda　198
スミス Wilfred Cantwell Smith　136
スライマーン・フザイン Sulaymān Ḥuzayn　191
スレイマン Süleyman 一世　365
セシル・ローズ Cecil Rhodes　54, 64–65
ソシュール Ferdinand de Saussure　52
孫文 Sūn Wén　128

タ 行

ダーウード Dāwūd　328

ターハー・フサイン Ṭaha Ḥusayn　90, 197, 248
タウフィーク・アル＝ハキーム Tawfīq al-Ḥakīm　198
タウフィーク・ナスィーム Tawfīq Nasīm　105
高島善哉　19
ダビデ／ダヴィデ Dāwid　375–376, 391
タフターウィー／リファーア・ラーフィー・アッ＝タフターウィー Rifā'a Rāfi' al-Ṭahṭāwī　176, 196–197, 238, 244
タラート・ハルブ Ṭal'at Ḥarb　161
タラキー Nūr Moḥammad Tarakī　328
ダンテ Dante Alighieri　393, 416
チェンバレン J. Joseph Chamberlain　69
チェンバレン J. A. Joseph Austen Chamberlain　101
チトー Tito　120, 132
チュラロンコーン Chulalongkorn 王　50
デーヴィス H. B. Davis　19
デュルケーム Emile Durkheim　52
ド＝マルテル Damien de Martel　110, 112
土井敏邦　383, 386
トインビー Arnold Toynbee　236
富川盛道　21–22

ナ　行

ナーセル／ガマール・アブド・アン＝ナースィル Jamāl 'Abd al-Nāṣir　118–119, 131–133, 149, 164, 170–172, 175, 200, 202–205, 232　⇨〔事〕ナーセル
ナギーブ Muḥammad Najīb　119, 122, 139–141, 143, 144
ナッハース／ムスタファー・アン＝ナッハース Muṣṭafā al-Naḥḥās　101, 104–106, 123, 145
ナポレオン・ボナパルト Napoléon Bonaparte　214, 235, 423
西野照太郎　117, 122
ヌーリー・アッ＝サイード Nūrī al-Sa'īd　94, 98
ネルー Jawāharlāl Nēhrū　120, 132

ハ　行

バークーリー／ハサン・アル＝バークーリー Ḥasan al-Bāqūrī　143
バーザルガーン Mehdī Bāzargān　325–326
ハーシム・アル＝アタースィー／アタースィー Hāshim al-Atāsī　110–111
ハーリド・バクダーシュ Khālid Bakdāsh　109
ハーリド・ムハンマド・ハーリド Khālid Muḥammad Khālid　150, 249
ハーリド・ムヒー・アッ＝ディーン Khālid Muḥī al-Dīn　140
ハイル・アッ＝ディーン Khayr al-Dīn Pasha　244
ハガル Hajar　393
ハキーム Besīm Selīm Ḥakīm　421
バクル・スィドキー Bakr Ṣidqī　96–98

ハサン・アル＝バンナー／バンナー Ḥasan al-Bannā　106, 140, 143, 146–147
ハサン・ナシャート Ḥasan Nasha'ṭ　89
ハサン・ファトヒー Ḥasan Fatḥī　412
バッラーウィー Rashīd Barrāwī　124, 129, 132
ハッラージュ al-Ḥallāj　269
バニー・サドル Abū al-Ḥasan Banī Ṣadr　329, 351
羽仁五郎　375–376
羽田正　421
バハー・アル＝フーリー Bahā' al-Khūlī　151
ハルカビー Yehoshafat Harkabī　398
ハルガルテン George W. F. Hallgarten　122, 126
ハン Julius Ferdinand von Hann　52
バンナー　→ハサン・アル＝バンナー
ヒクマト・アブー・ザイド Ḥikmat Abū Zayd　189
ヒクマト・スライマーン Ḥikmat Sulaymān　95–98
ビスマルク Bismarck　55–56
ビノグラードフ Vinogradov　209
ピュオー Gabriel Puaux　113
ピレンヌ Henri Pirenne　413
ファード Fu'ād〔一世〕　71, 106
ファーラービー al-Fārābī　225
ファーリス・フーリー Fāris Khūlī　111
ファールーク Fārūq　106, 123, 124, 143–144, 205
ファイサル(ハーシム家の) Fayṣal b. Ḥusayn　93, 94
ファイサル(サウード家の) Fayṣal b. 'Abd al-'Azīz　249, 291, 297
ファイローズ Fayrūz　315
ファトヒー・ガーニム Fatḥī Ghānim　165
ファーニヴァル John Sydenham Furnival　51
ファリーダ Farīda〔王妃〕　201
ファン・ヘルデレン Van Gelderen　51
ブー・ハマーラ Bū Ḥamāra　60
フェルディナント Ferdinand　366–367
フォン・デア・ゴルツ Colmar von der Goltz　66
フサイニー／イスハーク・ムーサー・フサイニー Isḥaq Mūsā Ḥusaynī　136, 143, 146
フサイン(第三代イマーム) al-Ḥusayn b. 'Alī b. Abī Ṭālib　82, 349
フサイン・シャーフィイー Ḥusayn Shāfi'ī　140
フサイン・ファウズィー Ḥusayn Fawzī　198
フスニー・アル＝オラービー Ḥusnī al-'Urābī　89
フセイン(アラブ反乱勢力の代表者) Ḥusayn b. 'Alī　358
フセイン(ヨルダン国王) Ḥusayn b. Talāl b. 'Abd Allāh b. Ḥusayn　358
フダイビー／ハサン・イスマーイール・アル＝フダイビー Ḥasan Ismā'īl al-Huḍaybī　139, 143–145

布野修司　421
フルシチョフ Nikita Sergeyevich Khrushchev　161, 172, 203
フレーザー James George Frazer　52
ブレジネフ Leonid Iliich Brezhnev　329
プレスター・ジョン／祭司ヨハンネス Prester John　373, 407
ブローデル Fernand Braudel　365
ヘイカル，ムハンマド・ハサナイン Muḥammad Ḥasanayn Haykal　165, 200
ヘイカル，ムハンマド・フサイン Muḥammad Ḥusayn Haykal　198
ヘイワース＝ダン J. Heyworth-Dunne　136
ベギン Menachem Begin　299, 332, 395
ヘッケル Ernst Heinrich Haeckel　52
ヘルツル Theodor Herzl　69
ヘンダースン Arthur Henderson　101
ポドゴルヌイ Nikolai Viktorovich Podgornyi　301
ホメイニー Rūḥollāh Khomeynī　254, 325–326, 330, 349–350, 355
ポンソ Henri Ponsot　108–110

マ　行

マートゥリーディー al-Māturīdī　247
マーワルディー al-Māwardī　225
マクドナルド Ramsay MacDonald　89
マクナマラ，ロバート Robert Strange McNamara　201
マドファイー Jamīl al-Midfa'ī　98
マフディー　→ムハンマド・アフマド
マフムード・シャウカト Maḥmūd Shawkat　96
マフムード・スライマーン Maḥmūd Sulaymān　74
マフムード・ファフミー・アン＝ヌクラーシー Maḥmūd Fahmī al-Nuqrāshī　147
マルクス Karl Marx　19, 416
三浦徹　421
ミケランジェロ／ミケルアンジェロ Michelangelo　375–376
ミルナー Alfred Milner　72, 79　⇨〔事〕ミルナー調査団
ムスタファ・アミーン Muṣṭafā Amīn　173, 205
ムハンマド(預言者)Muḥammad　41, 166, 258, 264, 271, 393　⇨〔事〕『ムハンマドの生涯』
ガッザーリー／ムハンマド・アル＝ガッザーリー Muḥammad al-Ghazzālī　139, 146, 150, 152, 170, 172, 249
ムハンマド・アニース Muḥammad Anīs　70, 77, 78
ムハンマド・アブドゥフ／アブドゥフ Muḥammad 'Abduh　68, 196, 245–248, 250
ムハンマド・アフマド(マフディー) Muḥammad Aḥmad　244
ムハンマド・アリー Muḥammad 'Alī　206–207, 241, 243, 277
ムハンマド・サイード Muḥammad Sa'īd　87–88
ムハンマド・シャウキー・ザキー Muḥammad Shawqī Zakī　136
ムハンマド・サブリー Muḥammad Ṣabrī　76

ムハンマド・ハディード Muḥammad Ḥadīd　96
ムハンマド・ブン・アブド・アル＝ワッハーブ Muḥammad b. ‘Abd al-Wahhāb　242 ⇨〔事〕ワッハーブ派
ムハンマド・マフムード Muḥammad Maḥmūd　101–102, 105
ムハンマド・ムハンマド・ファルガリー Muḥammad Muḥammad Farghalī　144
メイエ Antoine Meillet　52
メーン Henry James Sumner Maine　52
モーセ Mōšeh　41, 258, 400
モサッデク Moḥammad Moṣṣadeq　232
モハンマド・レザー・パフレビー／シャー Moḥammad Reḍā Shāh Pahlevī　270, 321, 322, 326, 330, 331, 349, 353
モンテスキュー Montesquieu　238

ヤ 行～ワ 行

ヤースィーン・アル＝ハーシミー Yāsīn al-Hāshimī　94, 95
ヤフヤー・ハミード・アッ＝ディーン Yaḥyā Ḥamīd al-Dīn　66
ラービフ Rābih al-Zubayr b. Faḍl Allāh　59
ライスーリー Aḥmad b. Muḥammad al-Raysūlī　61
ラシード・アリー・アル＝ガイラーニー Rashīd ‘Alī al-Kaylānī　94, 95, 98
ラシード・リダー／ムハンマド・ラシード・リダー Muḥammad Rashīd Riḍā　247–249
ラッツェンホーファー Gustav Ratzenhofer　68
ラヨシ Lajos 二世　365–366
ランプスン(キラーン卿) Miles Lampson, Lord Killearn　104
リー・スタック Lee Stack　89
リヴィングストン David Livingstone　49
リサール José Rizal　59
リッター Carl Ritter　49
リファート・アル＝マフグーブ Rifa‘t al-Maḥjūb　189
ルシュディー Ḥusayn Rushdī　71
ルソー Jean-Jacques Rousseau　238
ル＝ボン Gustave Le Bon　68
レーガン Ronald Reagan　281
レーニン Vladimir Iliich Lenin　16, 19
レオポルド Leopold 二世　53, 54
ロイド Georges Lloyd　72
ローズ　→セシル・ローズ
ロジャーズ William Rogers　205, 294
ロックフェラー David Rockefeller　201
ロベングラ Lobengula　65
ワヒーダ　→スブヒー・ワヒーダ

事項索引

→：見よ／⇨：参照／〔人〕：人名索引／単数形 ◁ 複数形／
複数形 ▷単数形／f：以下の頁で頻出

ア　行

392； ──放送 104
アラブ ʻarab　231, 256, 342–344, 348, 390　⇨ウルーバ； イスラエル市民としての── 385；イランの──〔住民〕 325, 344, 350–351, 354； ──意識 69, 242； ──民族主義／──・ナショナリズム 197, 230–231, 292, 338, 351, 360, 362, 397, 402　⇨カウム[カウミーヤ], ワタン[ワタニーヤ]； ──反乱 396； ──統一 151, 231, 352； ──分断政策 343–344； ──首脳会議 291, 324, 378； ──連合 153； ──連盟 360； ──平和維持軍 309； ──の大義論 292, 360；──・イスラエル紛争 292, 299, 360, 390, 397； ──対ユダヤ人 343；──社会主義 151, 154, 164–165, 169, 170, 173–175, 194, 199, 203, 291, 301, 338　⇨イシュティラーキーヤ； ──社会主義連合 al-ittiḥād al-ishtirākī al-ʻarabī 151, 167, 194
アラムコ Arabian-American Oil Company　311
アリヤー ʻaliyah　405–406
アルジェ協定　331, 354
アルジェリア民族解放戦線 F. L. N.　360
アルメニアン／アルメニア人 Armenian　109, 113, 277, 346
アレクサンドレッタ Alexandretta, Iskandarūna, Hatay 問題　112–113
アンサール anṣār　58
安全∥──保障　40, 41, 222, 227, 228, 367, 368, 370, 383, 410　⇨アマーン, ズィンマ, スルフ
アンダルス al-andalus　192, 275
イェシュ・グヴル yesh gvūl　396
イエメン革命　290
医学　425
育児権　282
遺産相続権　254
石投げ／投石／飛礫　376–377, 381
イシューヴ yishūv　394
イジュティハード ijtihād　233, 245, 266, 270
イシュティラーキーヤ ishtirākīya　164, 167, 170, 203, 206, 208, 291； イシュティラーキー　206
イジュマー ijmāʻ　223, 233
イスティーマール istiʻmār　68, 245
イスティクラール istiqlāl　→独立； ──派 111
イスティシャーラ istishāra　73
イスラー isrāʼ　392
イスラーフ iṣlāḥ 派　98
イスラエル　──国家 293, 343, 379, 385, 390, 396, 405　⇨エレツ・イスラーエール； ──建国 405； ──社会 383, 390； ──労働党 298, 318, 395； ──占領地 355, 377 f, 391； ──化 332；大── 395
イスラム　39–40, 43, 150–151, 170, 173, 257–259, 348, 408, 409, 420； ──の家／ダール・アル＝──dār al-islām 40, 228； ──史 264 f； ──観 417； ──研究 414–415, 420； ──化 215, 222, 258, 264, 412, 414, 428； ──法 →シャリーア； ──法学 265–266　⇨シャリーア； ──神秘主義／タサッウフ taṣawwuf／スー

カ　行

サ　行

タ　行

ナ 行

ハ　行

マ　行

ヤ　行

ラ　行

ワ　行